BANK'S JOINT CREDIT GRANTING SYSTEM IN CHINA: RULES AND CASES

银行业联合授信政策与案例解析

卜祥瑞 王晓明 等 编著

中国财经出版传媒集团
中国财政经济出版社

图书在版编目（CIP）数据

银行业联合授信政策与案例解析 / 卜祥瑞等编著.
--北京：中国财政经济出版社，2019.11
ISBN 978-7-5095-9381-3

Ⅰ.①银… Ⅱ.①卜… Ⅲ.①银行业务-信贷管理
Ⅳ.①F830.51

中国版本图书馆 CIP 数据核字（2019）第 243857 号

责任编辑：王　丽　　　　责任校对：徐艳丽
封面设计：陈宇琰

中国财政经济出版社 出版
URL：http：//www.cfeph.cn
E-mail：cfeph @ cfeph.cn

社址：北京市海淀区阜成路甲 28 号　邮政编码：100142
营销中心电话：010-88191537
北京时捷印刷有限公司　各地新华书店经销
787×1092 毫米　16 开　16.75 印张　355 000 字
2019 年 11 月第 1 版　2019 年 11 月北京第 1 次印刷
定价：68.00 元
ISBN 978-7-5095-9381-3
（图书出现印装问题，本社负责调换）
本社质量投诉电话：010-88190744
打击盗版举报热线：010-88191661　QQ：2242791300

前　言

授予信用，承担风险，获取利益，是现代银行业务经营的核心所在。银行业联合授信政策的推行，为防范银行业授信业务风险，抑制企业过度融资，有效管控金融风险奠定了坚实的政策基础。

银行业联合授信政策并非一项全新的工作，银行业从推行统一授信到集团客户授信，再到联合授信经历了20多年的时间，银行业授信业务风险管理水平也得到有效的提升。但是，近些年来，随着金融业的创新发展，在授信领域违法违规乃至犯罪现象时有发生。银行业授信领域乱象出现，一方面影响金融服务实体经济天职的实现，另一方面也损害了银行业良好的声誉。从监管规制乃至法制上规范银行业授信行为已经刻不容缓。

银行业推行联合授信是一项长期而系统的工作，联合授信政策推行的阻力来自多个方面：一是部分企业对银行业实行联合授信政策存在抵触情绪，甚至错误地认为银行业金融机构、监管机构没有权利管控其他渠道融资、对外担保等所谓企业自主经营行为，忽视作为最大债权人保护权益的基本权利；二是部分银行业金融机构不愿意共享授信相关信息，仍以狭隘的“独立经营”为借口，忽视银行业整体授信风险管控；三是部分银行业协会对自身在联合授信中的法律地位以及权利与义务并不清晰，推广联合授信政策力度不够；四是部分监管机构存在等、靠、要等不作为思想。与此同时，在联合授信政策的具体实施过程中，相关主体对联合授信在有关政策界限的理解和把握上也存在不同认识。

联合授信政策推广实施具有政策性、专业性和操作性较强的特点。为便于银行业、企业界等有关人士理解把握有关联合授信政策界限，有效管控与联合授信相关的政策与法律风险，笔者结合近年来工作实践，尝试对联合授信政策、授信额度、台账管理、协议风险、争议解决等问题进行解读，并对与联合授信相关的民间借贷、不良贷款化解、债委会工作、破产中银行债权保护、逃废银行债务以及失信惩戒等问题进行了阐释，同时还对银行业联合授信行政处罚、表内外授信业务争议以及相关刑事犯罪等案例进行了分析，旨在为读者提供一个联合授信业务全面风险管控读本。

联合授信政策推广仍然任重道远。本书的出版发行，仅是我们的努力探索和尝试，囿于作者水平有限以及联合授信实施环境不断变化，有关政策解读仅为一家之言，相关案例的分析亦为一孔之见，不当之处恳请读者批评指正。

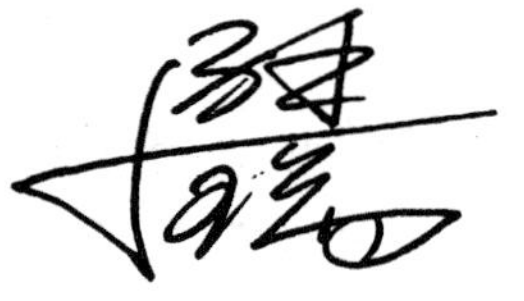

2019 年 9 月于北京

目　　录

第一章
银行业联合授信政策深度解读

第一节 《联合授信办法》概述

为贯彻落实党中央、国务院关于降低企业杠杆率的要求，防控重大金融风险，2018年6月1日，中国银保监会发布《银行业金融机构联合授信管理办法（试行）》（银保监发〔2018〕24号，以下简称《联合授信办法》）。《联合授信办法》共计四十二条，分别从总则、联合授信管理架构、联合风险管控、联合风险预警处置、联合惩戒机制及监督管理以及附则六个方面全面系统规范了联合授信的一系列问题。

《联合授信办法》发布与联合授信机制建立，将有利于提升银行业金融机构信用风险管控能力，有效遏制多头授信、过度融资，对于优化金融资源配置、提高资金使用效率、支持供给侧结构新改革具有重大现实意义。

一、出台《联合授信办法》的背景

近年来，我国相继爆发了渤海钢铁、东北特钢、中钢集团、雨润集团、齐星集团、赛维集团、辉山乳业等企业重大信用风险事件，其中债务危机中不仅涉及金融债务巨大，而且涉及银行业金融机构债权人数量少则十几家、几十家，甚至上百家，往往涉及多个或十几个省市的银行业金融机构。系列企业集团重大信用危机的爆发，反映了多头融资、过度授信的危害性，同时也暴露出银行业金融机构在企业真实债务水平评估上的缺陷。

根据银行业内部数据统计分析，贷款余额达到一定规模的企业均在不同程度上存在多头授信问题。在贷款余额50亿元以上的企业中，相当一部分在5~10家银行业金融机构获得授信。贷款余额超过100亿元的企业普遍在10~15家银行业金融机构获得授信。多头授信、过度授信、不适当分配授信削弱了企业风险承受能力，加剧了企业的高杠杆，降低了银行风险管控能力，放大了银行体系的脆弱性，扩大了金融体系的不稳定性。造成企业多头融资、过度授信的原因较多。

（一）银行业对企业融资行为缺乏有效约束

有些企业盲目扩大生产规模、盲目投资房地产、盲目多元化经营，银行无法采取有效措施控制其多渠道融资，加之过度授信，在企业偿债能力出现问题时，往往形成巨额不良贷款，此类事件屡见不鲜。

（二）银行存在对客户的不当竞争

部分银行为了扩大市场规模，放松信贷投放标准，特别是一些中小银行迷信大银行授信政策，盲目跟风授信。银行业金融机构之间为了竞争，刻意设置客户信息共享壁垒。个别银行金融机构甚至为了市场营销，利用战略合作进行形式授信，加大了授信泡沫。

（三）银行与企业信息严重不对称

一些企业利用银行间的信息不对称，在不同渠道进行多头融资。由于工商行政企业登记信息不全面，股东、法定代表人身份信息真实性尚未进行实名登记注册，银行对关联企业信息把握难上加难，银行对企业融资的全貌掌控困难重重。企业通过互联网融资、民间借贷融资脱离监管，在征信系统中也不可能全面、客观得到反映，甚至出现了一家企业以一套申贷材料在多家银行获得授信的现象。

（四）银行授信过度依赖担保

银行业金融机构在授信过程中存在过度依赖担保的倾向，个别银行甚至存在只要有担保就可以贷款的错误经营理念，对融资类担保公司担保总额缺乏科学、客观的管控。一旦企业出现债务偿付危机，就形成了大量的以物抵债。在授信担保中，一些担保公司出现“跑路”后，银行债权悬空，形成了借款人无财产可执行的问题，银行业大量胜诉案件未能得到有效执行或者被终止（中止）执行，与过度授信密切相关。几年前，中国银行业协会统计数据显示，银行业胜诉未执行高达万亿元，98%以上均为不良债权，虽然通过最高人民法院开展执行督办，取得了一定成效，但与实现债权全面清偿目标仍然存在巨大差距。

（五）监管规制有待完善

2004年以来，中国银监会先后发布了《商业银行授信工作尽职指引》《银团贷款指引》《商业银行集团客户授信业务风险管理指引》《商业银行并表管理与监管指引》《关于集团客户授信风险提示的通知》《关于进一步加强信用风险管理的通知》《关于防范化解金融风险严守风险底线工作的意见》等一系列与授信管理密切相关的政策性文件。2018

年，银保监会发布了《商业银行大额风险暴露管理办法》。值得注意的是，上述政策虽然都强调了统一授信管理问题，但因缺乏强制性的统一授信要求，授信管理方面的政策执行效果并未全部达到预期。

（六）涉及授信违规事件呈多发态势

监管机构处罚情况深刻反映了授信管理中的许多问题：有的超授权审批贷款；有的未尽职调查贷款用途真实性，发放虚构用途的贷款；有的三查不尽职，接受壳公司贷款、重复抵（质）押、违规担保；有的以同业合作、资管通道等方式向不符合贷款条件的企业进行融资；有的超借款企业实际资金需求而发放流动资金贷款；有的发放流动资金贷款被挪作开票保证金，形成不良贷款；有的违规发放流动资金贷款用于固定资产投资或者股权投资；有的授信后未严格监控贷款资金用途和流向，放任企业“以贷转存、虚增存款”。有的对抵（质）押担保品委托第三方监管，但与第三方监管公司权利与义务约定不明，形成损失、争议甚至刑事犯罪案件，如上海钢贸事件、青岛港事件在押品管理上教训十分深刻。

近年来，福建、浙江、江苏、重庆等银监局、行业协会为了防控多头融资和过度授信风险，都探索建立了联合授信机制，取得了一定风险管控效果。在国际上，银团贷款制度、主办行制度、杠杆管理制度为我国开展联合授信管理提供了很好的经验借鉴。可以说，强化授信工作补短板，制定并有效实施《联合授信办法》迫在眉睫。

二、《联合授信办法》的主要内容

（一）明确了联合授信的基本问题

一是明确了制定法律依据、规制目标、适用范围。二是定义了联合授信、融资等重要概念，联合授信是指拟对或已对统一企业（含企业集团）提供债务融资的多家银行业金融机构，通过建立信息共享机制，改进银企合作模式，提升银行业金融服务质效和信用风险防控水平。一般说来，企业融资应该包括银行业金融机构对企业的贷款（含贸易融资）、票据承兑和贴现、投资、债权投资、特定目的载体投资、开立信用证、保理、担保、贷款承诺，以及其他实质上由银行承担信用风险的融资，囊括了企业在银行业金融机构的一切债务融资行为。三是规定了联合授信坚持的依法合规、市场导向、公开透明的基本原则。

（二）建立了联合授信管理框架

《联合授信办法》建立了联合授信管理框架，主要包括以下七个方面的内容：

一是明确信息共享机制启动，两家以上银行业金融机构对同一企业进行授信时，可以建立信息共享机制，共同收集汇总，交叉验证企业信息。

二是明确了联合授信组建的条件与时点，即银行业金融机构对企业、企业集团融资额超过50亿元、3家以上银行业金融机构有融资余额。对融资余额20亿元至50亿元之间的企业，可以采取自愿原则建立联合授信机制。银行业金融机构、银行业协会发现企业达到联合授信机制的组建条件时，应通知债权银行在1个月内组建联合授信机制。

三是组建联合授信委员会，签署联合授信、银企框架“两个协议”。成员银行联合授信协议包括但不限于授信机制架构、议事规则、成员银行权利与义务、违约责任、联合风险防控、风险预警、风险处置等。成员银行在遵守协议的前提下实行自行确定的融资条件、自主决策、独立审批，自行开展企业风险评估，试行资产分类。联合授信银企框架协议明确了银企双方的基本权利与义务，包括但不限于企业融资条件、利率、限额、使用、调整、变更、信息共享等基本内容。

四是明确界定了联合授信委员会的五项功能定位，包括共同收集汇总、交叉验证企业经营和财务信息，识别隐性关联企业和实际控制人，确定企业的融资额度，采取风险控制处置措施，与企业进行协商并签订相关协议等。

五是明确联合授信委员会地位与联席会议议事规则。联席会议是授信机制的决策机构，其决议对全体成员银行有约束力，联席会议原则上每个季度召开一次，由牵头银行或占金融债权总额的三分之一以上比例的成员银行提请，亦可召开临时联席会议。涉及联合授信机制、联合授信额度等重大问题，需经成员银行债权金额三分之二以上成员银行及全体成员银行半数同意。其他事项需要经二分之一以上比例按成员银行同意。

六是明确成员银行权利与义务。符合建立联合授信机制情形的，所有成员银行必须加入联合授信机制，成员银行加入和退出牵头银行应当在5个工作日完成相关登记和报备，对企业的存量融资额以及拟新增融资额不超过企业融资总额千分之五的银行业金融机构，在不突破联合授信额度的前提下，可以不加入联合授信委员会。连续12个月没有融资余额的自动退出联合授信机制。成员银行的权利包括获得银行各类共享信息，提交议案、提前召开临时联席会议、遵守协议和决议、及时报送相关信息、主动收集企业信息等。

七是对牵头行的产生和牵头行的权责做了具体的规定。

（三）确定了联合授信的风险管控举措

一是为联合授信委员会实施联合风险管控，规定了如何有效开展信息共享。二是要落实统一授信、穿透管理的要求。三是明确不得统一规定对企业利率、期限、抵（质）押要求等融资条件。四是明确了联合授信额度测算。在融资限额测算方面至少要考虑资产负债率、利润率、增长率、经营现金流、企业所属行业、区域、还款历史、经营年限等基本指标。企业因经营需要可以申请联合授信委员会对联合授信额度复评。五是建立并维护企业融资台账管理。牵头银行要组建专职小组，维护企业融资额度台账，全面记录企业融资信息，并在会员银行之间以及银行业协会共享，通过融资前查询有效控制融资额度的使用。

（四）明晰了联合授信的风险预警处置方向

一是明确了企业融资风险预警条件：企业融资总额达到授信额度的90%，或者企业出现较大数额不良资产、债券违约或者其他重大风险事件，或者企业发生偿付困难等经营管理环境发生重大变化。二是明确进入风险预警状态风控安排。针对预警要启动联席会议，研究应对方案和管控措施，未经联合授信机制同意，不得新增企业融资。如风险预警信号消除、预警信息不准确、预警不会形成风险，则可以解除预警状态。三是出现偿债风险后续安排。一旦融资企业可能发生偿债风险，联合授信委员会可以与银行业债权人委员会对接，并按照有关法律规定和银保监会相关监管政策规定运作债委会，研究债务重组、资产保全工作。

（五）建立健全了联合授信惩戒机制

一是对融资企业瞒报与融资相关信息、规避联合授信融资管理、恶意逃废债务行为等违反联合授信银企框架协议，成员银行可以依约采取联合惩戒，情节恶劣的可以申请银行业协会列入失信企业名单；二是成员银行违反成员银行协议或者拒不加入联合授信机制，损害授信机制集体利益的银行业金融机构，可以报请银行业协会依据相关规定将其纳入涉金融严重失信人名单，推送全国信用信息共享平台，实现跨领域联合惩戒。

（六）强化了联合授信自律与监督管理

在银保监会指导下，银行业协会要建立配套的统计信息系统，监测联合授信机制组建情况，动态更新企业融资台账，为银行业金融机构提供信息查询服务，建立、实施联合授信机制应按照规定的时限，向银行业协会进行必要的报备。在联合授信机制实施过程中，对银行业金融机构不加入联合授信机制、违反成员银行协议、未按规定向银行业协会报备信息、违反银企框架协议损害企业合法权益的，银行业协会可以采取自律、报告等惩戒措施，监管机构依法视情况进行监督或采取处罚措施。

（七）对联合授信机制实施做出安排

一是规定《联合授信办法》解释权归中国银保监会。二是对过渡期进行安排。《联合授信办法》实施之日起，相关债权银行在3个月内组建联合授信机制。企业存量实际融资总额超出联合机制确定联合授信额度，联合授信委员会可以与企业协商确定，过渡期原则上不超过3年。三是超出联合授信额度的存量融资可由联合授信委员会成员银行协商确定退出次序，当然也可以选择按照合同到期日次序退出。四是开展联合授信试点工作，各地试点方案于2018年6月30日前进行报备，各银监局选择10家试点企业，计划单列市及经济总量较小的省份可以选择不少于5家企业进行联合授信试点。从2018年第三季度起，各地将向中国银保监会报送试点情况。上述过渡期安排不仅有利于联合授信机制有序推行，也便于总结《联合授信办法》试行经验，完善联合授信规制。

三、进一步推进联合授信制度的举措与建议

联合授信工作是一项涉及银行、企业、协会、监管多个维度的复杂管理工程，多策并举的同时，还需要开展一系列具有创新性服务工作。

（一）提高对联合授信工作重要性的认识

银行业监管机构、银行业金融机构、企业各方都要理解、掌握、执行有关联合授信的新规定，把联合授信工作重要性提高到深化金融改革、防控金融风险、服务实体经济的高度来认识。要把联合授信工作摆到重要的日程，认真组织学习研究，深刻领会《联合授信办法》的政策内涵和工作要求。近期，中国银行业协会将组织召开全国银行业协会联合授信工作会议，宣传、贯彻、组织实施《联合授信办法》。

（二）建立健全联合授信信息共享机制

要依据《联合授信办法》规定，尽快建立健全银行与银行之间、银行与行业协会之间、行业协会与监管机构之间授信信息共享机制，解决“银行、企业、协会三个自律缺失”问题，有效解决银企信息不对称问题，提高对管理企业、实际控股股东的识别能力。

（三）发挥银行业协会自律作用

各银行业协会（公会）要严格按照《联合授信办法》规定，积极发挥主观能动性，积极配合监管机构实施联合授信试点工作，配备专人专职开展联合授信管理与服务工作。中银协也将在监管部门支持下，尽快开发联合授信信息系统，并把担保总额管理、失信债务人信息、银行从业人员失信信息、银行业不良债权转让信息、票据公示催告信息、反欺诈信息等纳入其中，进行集约化平台开发建设，为成员银行提供高效、便捷、精准的授信信息服务。中银协还将依据《联合授信办法》授权开展对企业、银行业金融机构失信惩戒工作，公示部分严重失信债务人名单，发布失信惩戒示范合同条款。

（四）依法依约保护企业合法权益

联合授信机制必须坚持市场导向、注重平等协商、尊重各方合法权益。要坚持银企协商一致推动联合授信工作，对企业因业务经营需要调整联合授信额度的，支持企业向联合授信委员会申请启动复评程序。要尊重成员银行自由选择，非成员银行只要认可并承诺遵守成员银行协议即可自动加入，并在授信额度内自主选择融资业务合作对象。授信委员会不得统一规定对企业的利率、期限、抵（质）押要求等融资条件，要尊重自主定价权利。对于违反银企协议、损害企业合法权益的成员银行，银行业协会或银行业监督管理机构将

采取相应的自律惩戒措施或监管措施。

（五）及时修订《联合授信协议》《银企协议》参考文本

《联合授信办法》对“两个协议”作了最基本规定，银行之间、银企之间在授信业务中的权利与义务还有很多具体问题需要收集、整理，并以协议方式逐项进行明确。银行业协会已经发布“两个协议”参考文本，下一步应尽快进行修订完善，并制定《联合授信操作流程手册》，努力探索建立高效联合授信机制，维护银企双方合法权益，解决联合授信过渡期一些工作的基本问题，防控联合授信工作法律风险，切实服务实体经济。

第二节 联合授信额度管理

中国银保监会发布的《联合授信办法》规定，银行业联合授信政策的实施主要有三大工具：一是联合授信额度；二是信息共享；三是两个协议，即成员银行联合授信协议与银企联合授信框架协议。在这三大工具中，联合授信额度的管理是银行业联合授信政策目的能否落实的核心。如何确定联合授信额度、如何有效管控联合授信额度，是银行业金融机构、企业乃至银行业协会等参与主体必须把握的工作重点。

一、银行业授信与授信额度管理过程

授信是银行业常用的概念，在众多的监管规制中对授信的内涵并没有统一的界定，更多是以列举方式陈述其外延。授信是授予某主体信用的简称。银行业常常使用个人授信、法人授信、集团授信以及统一授信、联合授信等来区分不同的授信业务。

有关授信的监管规制定义，由 1996 年中国人民银行制定的《商业银行授权、授信管理暂行办法》（银发［1996］403 号）首次提出。《商业银行授权、授信暂行办法》第六条规定：“本办法所称授信，是指商业银行对其业务职能部门和分支机构所辖服务区及其客户所规定的内部控制信用高限额度”。这一定义强调的是当时历史背景下商业银行内部统一授信问题。授信是一家银行对单一客户内部控制的信用高限额度，即我们通常所言的最高授信额。为实现单一商业银行授信总额控制，《商业银行授权、授信暂行办法》第二十三条规定：“各商业银行应建立对客户授信的报告、统计、监督制度，各行不同业务部门和分支机构同一地区及同一客户的授信额度之和，不得超过全行对该地区及客户的最高授信额度。”另外，《商业银行授权、授信暂行办法》还将银行业授信分为基本授信和特殊授信。基本授信是指商业银行根据国家信贷政策和每个地区、客户的基本情况所确定的信用额度；特别授信是指商业银行根据国家政策、市场情况变化及客户特殊需要，对特殊

融资项目及超过基本授信额度所给予的授信。受金融业发展状态限制，当时授信具体范围仅列举了贷款、贴现、承兑和担保四种业务。

2003 年 8 月 27 日，中国银监会发布《商业银行集团客户授信业务风险管理指引》（银监会令2003 年第5 号，2010 年修订后以银监会第4 号令发布，以下简称《授信业务指引》）。《授信业务指引》第二条明确规定："本指引所称授信业务包括贷款、拆借、贸易融资、票据承兑和贴现、透支、保理、担保、贷款承诺、开立信用证等"。第三条明确规定："本指引所称集团客户授信业务风险是指由于商业银行对集团客户多头授信、过度授信和不适当分配授信额度，或集团客户经营不善以及集团客户通过关联交易、资产重组等手段在内部关联方之间不按公允价格原则转移资产或利润等情况，导致商业银行不能按时收回由于授信产生的贷款本金及利息，或给商业银行带来其他损失的可能性"。这是银行监管部门首次以指引方式提出了集团客户授信业务存在多头授信、过度授信和不适当分配授信额度等典型授信问题。同时，在《授信业务指引》的第六条、第七条、第十一条、第十二条、第二十六条中还分别提出了总体授信额度、授信限额标准、最高授信额度、授信余额、授信风险预警线等重要概念。

2004 年 7 月 25 日，中国银监会发布的《商业银行授信工作尽职指引》（银监发〔2004〕51 号，以下简称《授信尽职指引》）再次以列举方式阐释了授信的具体含义。《授信尽职指引》第二条规定："本指引中的授信指对非自然人客户的表内外授信。表内授信包括贷款、项目融资、贸易融资、贴现、透支、保理、拆借和回购等；表外授信包括贷款承诺、保证、信用证、票据承兑等"。另外，《授信尽职指引》还对"正常授信"和"问题授信"进行了区分。针对问题授信，该指引第四十六条提出了包括确认实际授信余额，对于没有实施的授信额度，依照约定条件和规定予以终止等多项措施。

2006 年，中国银监会发布《商业银行小企业授信工作尽职指引（试行）》（银监发〔2006〕69 号），进一步强化商业银行对小企业的授信尽调工作。2007 年 8 月 11 日，中国银监会印发的《银团贷款业务指引》（银监发〔2007〕68 号，此后以银监发〔2011〕85 号修订）亦明确要求银团成员应按照"信息共享、独立审批、自主决策、风险自担"的原则自主确定各自授信行为，并按实际承担份额享有银团贷款项下相应的权利，履行相应的义务。

2012 年，中国银监会下发《关于实行新版客户风险统计制度的通知》（银监发〔2012〕39 号）将同业业务表内外授信纳入新的统计系统。2013 年，中国银行业协会印发《关于推动建立企业授信总额联合管理机制指导意见》的通知（银协发〔2013〕63 号）。2015 年，中国银监会下发《关于集团客户授信业务风险提示的通知》（银监办发〔2015〕181 号），明确提示对集团客户过度授信、违规办理授信业务、贸易融资授信风险突出以及部分金融机构通过与企业签订债权债务抵消协议等四大问题，强调对集团客户统一授信、坚持审慎经营防止过度授信、加强授信业务管理、审慎开展异地授信业务、进一步加大监管力度等五项措施。2014 年 12 月 30 日，中国银监会印发《商业银行并表管理与监管指引》（银监发〔2014〕54 号）强调银行集团结合跨境跨业相关法律法规及监管要求，制定符合银行集团统一授信管理要求的授信政策。

2016 年 2 月 22 日，中国银监会印发《关于防范化解金融风险严守风险底线工作的意见》（银监办发〔2016〕27 号），要求银行业金融机构按季向监管机构报送不良贷款处置情况，并综合运用续贷展期、联合授信、追加担保、并购重组、资产置换等措施缓释潜在风险，严控新增不良；对授信总额大的单户企业或重大项目，原则上应当采取银团贷款或联合授信方式。同时，中国银监会还提出防控跨区域授信业务风险，要求各级监管机构要加强对异地授信业务的调查研究，建立异地授信业务台账监测制度，规范异地授信业务管理。由此，“联合授信”的提法首次在监管文件中体现。

此后，在中国银监会《关于进一步加强信用风险管理的通知》（银监发〔2016〕42 号）中，中国银监会更是集中提出改进统一授信管理、加强授信客户风险评估、规范授信审批流程等具体监管要求，明确银行业金融机构应将贷款（含贸易融资）、票据承兑和贴现、透支、债券投资、特定目的载体投资、开立信用证、保理、担保、贷款承诺，以及其他实质上由银行业金融机构承担信用风险的业务纳入统一授信管理，明确综合授信限额应包括银行业金融机构自身及其并表附属机构授信总额。

2017 年 4 月 7 日，中国银监会印发《关于银行业风险防控工作的指导意见》（银监发〔2017〕6 号）要求银行业金融机构要加强统一授信、统一管理，严格不同层级的审批权限。加强授信风险审查，有效甄别高风险客户，防范多头授信、过度授信、给“僵尸企业”授信、给“空壳企业”授信、财务欺诈等风险。明确各级监管机构要重点治理放松授信条件、放松风险管理、贷款“三查”不到位等问题，对辖内银行业金融机构新发生的大额不良贷款暴露，要及时进行跟踪调查。

2017 年 11 月 22 日，中国银监会印发《关于规范银信类业务的通知》（银监发〔2017〕55 号），要求商业银行在银信类业务中按照实质重于形式的原则，将商业银行实际承担信用风险的业务纳入统一授信管理并落实授信集中度监管要求。

2018 年初，中国银监会下发《关于进一步深化整治银行业市场乱象的通知》（银监发〔2018〕4 号）明确 2018 年整治银行业市场工作要点，其中明确违规开展存贷业务行为包括：虚存虚贷，授信集中度管理不力，存在多头授信、过度授信、不适当分配授信额度等情形，超授权额度审批并发放贷款，贷款三查严重不尽职，接受壳公司贷款、重复抵质押、虚假抵质押、违规担保，以代销名义向不符合贷款条件的企业进行融资，违规发放流动资金贷款用于固定资产投资或股权投资，违规通过第三方中介、返利、延迟支付、以贷转存、以贷开票等方式吸存，违规通过理财产品、同业业务倒存，虚增存款规模等。

2018 年 4 月 24 日，新成立的中国银保监会发布《商业银行大额风险暴露管理办法》（银保监会令 2018 第 1 号），明确要求银行承担信用风险的所有授信业务均纳入大额风险暴露监管框架，包括：贷款、投资债券、存放同业等表内授信业务；资产管理产品或资产证券化产品投资业务；债券、股票及其衍生工具交易；场外衍生工具、证券融资交易；担保、承诺等表外业务；按照实质重于形式原则，信用风险由商业银行承担的其他业务等。

2018 年 5 月 22 日，中国银保监会印发《商业银行联合授信管理办法（试行）》，并于 6 月 1 日公开发布。有关通知要求充分认识联合授信的重大意义，切实加强组织工作协调，选好试点企业，持续监测跟踪等。至此，银行业金融机构联合授信管理试点工作在全国有序开展起来。

2018 年 8 月 3 日，国家发改委、人民银行、财政部、银保监会、国资委联合下发《2018 年降低企业杠杆率工作要点的通知》（发改财金〔2018〕1135 号），明确提出加强金融机构对企业负债的约束，通过债委会、联合授信等机制以及银行对企业客户开展债务风险评估等方式，限制高负债企业过度融资。前述部委在《2019 年降低企业杠杆率工作要点的通知》中再次强调了联合授信工作。

2019 年 2 月 14 日，中共中央办公厅、国务院办公厅在近期印发的《关于加强金融服务民营企业的若干意见》（以下简称《意见》）中，提出要充分发挥民营企业在稳定增长、促进创新、增加就业、改善民生等方面的不可替代的作用，要求坚持问题导向，着力解决金融机构对民营企业“不敢贷、不愿贷、不能贷”问题，抓紧建立“敢贷、愿贷、能贷”长效机制。同时明确强调，要深化联合授信试点，鼓励银行与民营企业构建中长期银企关系，促进实现“六稳”目标。

2019 年 2 月 25 日，为深入贯彻落实中共中央办公厅、国务院办公厅印发的《关于加强金融服务民营企业的若干意见》精神，进一步缓解民营企业融资难融资贵问题，切实提高民营企业金融服务的获得感，银保监会下发《关于进一步加强金融服务民营企业有关工作的通知》（银保监发〔2019〕8 号）（以下简称《通知》）。《通知》从持续优化金融服务体系、抓紧建立“敢贷、愿贷、能贷”的长效机制、公平精准有效开展民营企业授信业务、着力提升民营企业信贷服务效率（如通过推广预授信、平行作业、简化年审等方式，提高信贷审批效率）、从实际出发帮助遭遇风险事件的民营企业融资纾困、推动完善融资服务信息平台、处理好支持民营企业发展与防范金融风险的关系、加大对金融服务民营企业的监管督查力度等八个方面，对落实《意见》精神提出了二十三条细化措施。

2019 年 5 月 17 日，银保监会下发《开展“巩固治乱象成果　促进合规建设”工作的通知》（银保监发（2019）23 号）明确要求加强信贷管理，治理集团客户统一授信管理和联合授信管理不力，大额风险暴露指标突破监管要求乱象，注重不良资产、信贷资产转让等合规建设问题。

通过上述历史回顾，我们可以看出：从银行内部统一授信到集团客户统一授信，从加强信用风险管控到银行业金融机构联合授信，经历了 20 年风雨历程，深刻反映了银行业对授信业务风险管控理念的变化。截至 2019 年 8 月末，全国银行业金融机构总数约 4 600 家，总资产达 275. 86 万亿元，总负债为 252. 62 万亿元，贷款余额约为 150 万亿元。《联合授信办法》的试行，将在防控重大企业信用风险，优化信贷资源配置等方面发挥积极作用，既可以弥补监管短板，又可以防控重大信用风险，还将优化信贷资源配置。因此，稳健推行联合授信政策，对稳定金融、防控风险、发展经济都具有极其重要的现实意义。

二、联合授信额度的确定原则

《联合授信办法》第三条规定：本办法所称联合授信是指拟对或已对同一企业（含企业集团，下同）提供债务融资的多家银行业金融机构，通过建立信息共享机制，改进银企合作模式，提升银行业金融服务质效和信用风险防控水平的运作机制。按照《联合授信办法》规定，对在3家以上银行业金融机构有融资余额，且融资余额合计在50亿元以上的企业，银行业金融机构应建立联合授信机制。对在3家以上的银行业金融机构有融资余额，且融资余额合计在20亿元~50亿元的企业，银行业金融机构可自愿建立联合授信机制。如何确定企业授信额度，是联合授信机制能否有效发挥作用的关键所在。

授信额度是指商业银行为客户核定的一定时期的授信业务存量管理指标。从银行业务角度分析，可以分为单笔贷款授信额度、分项授信额度（贷款额度、开立信用证额度、出口押汇额度、开立保函额度、开立银行承兑汇票额度、承兑汇票贴现额度等），从主体上将可以分为个人授信额度、法人授信额度（企业授信额度和集团企业授信额度）。

依据《联合授信办法》规定，联合授信机制应坚持依法合规、市场导向、公开透明原则。确定企业授信总额也应该在三个原则基础上进行，也就是说，在确定企业授信总额过程中，应当遵守国家有关法律法规，符合国家的信贷政策，联合受新机制运作应充分发挥市场机制配置金融资源的决定作用，注重平等协商，明晰参与主体的权利与义务，恪守契约精神，尊重各方合法权益。各参与主体应该按照约定及时、完整、真实地披露信息，加强信息共享，提高信息的透明度。

众所周知，就在银保监会发布《联合授信办法》不久，中共中央政治局于2018年7月31日召开会议，分析研究当前经济形势，部署下半年经济工作。会议要求做好稳就业、稳金融、稳外贸、稳外资、稳投资、稳预期工作，“稳”字成为关键词。有关专家认为，2019年宏观政策组合将是“稳货币、松信贷、宽财政”。在此背景下，把握什么原则、如何确定企业授信额度显得尤为重要。

（一）联合授信额度确定的“六宜”原则

与“六稳”大政方针相协调，在联合授信试点阶段，企业授信额度的确应当坚持“宜高不宜低、宜简不宜繁、宜疏不宜堵”的“六宜”。

1. 宜高不宜低。所谓“宜高不宜低”，是指联合授信委员会综合确定企业授信总额不能不切实际一味压降，而应该满足企业正常生产经营需求，不轻易以联合授信为名扣减企业授信额度。对于生产正常、按时偿还借款本息的，努力做到“不压贷、不限贷、不抽贷”。

在联合授信试点阶段，需要着力培育银行、企业联合授信理念，在初期确定企业授信额度时，可以略高于理论测算的授信额度，不能指望通过联合授信试点，过多压降正常生产经营企业授信余额，既不能因过于宽松而放任企业过度融资，又不能因过于严苛而束缚影响企业正常发展，进而引发信用风险。

对于已经明显超额授信的企业，通过授信额度的测算，能够达到警示各银行业金融机构不再增加授信，并采取必要化解措施，也就客观上实现了联合授信的目的。对于新建企业授信余额应该严格按照《联合授信办法》规定，科学合理测算授信额度，并通过联合授信委员会做好风险监测。

2. 宜简不宜繁。所谓“宜简不宜繁”，是指企业授信额度的测算方法不能过于复杂。每一个企业状况千差万别，每一家银行的风险偏好也不尽相同。银保监会有关部门或者中国银行业协会更没有制定统一授信额度测算公式的可能，但有一点可以明确，那就是联合授信额度测算不能简单地进行加权平均或者汇总。我们更提倡以联合授信委员会的牵头银行或者副牵头银行综合授信额度为基础，经过联合授信委员会成员集体讨论，提出修正建议，作为一家企业一定期限框架协议约定授信额度。若牵头银行仅有单一项目贷款，虽然对授信额度占比较高，仍不能以单项授信作为企业授信额度。同时，“简”还要体现在用信审批手续上，即客户获得授信额度后，可以自行决定额度使用方式和履约时间，不应再逐笔逐项报授信银行审批，简化单笔授信审批程序。

3. 宜疏不宜堵。所谓“宜疏不宜堵”，是指企业对授信额度存在争议或者不同意见的，应该以沟通为基础，做好银企框架协议签署的基础工作。部分企业对联合授信委员会测算授信额度不认可，甚至把银行授信额度作为声誉去维护，这不仅是对联合授信理解上存在偏差，而且是对授信额度与实际用信关系把握不当。

从全国联合授信试点授信额度与用信额度统计情况看，用信平均仅占授信额度的50%多一点，相当一部分企业的用信额度仅占授信额度的20%~30%。一方面，银行业对超额授信问题予以正视，过度授信会影响银行的核心资本运用，授信额度测算不仅要考虑企业自身状况（给已经过度授信的企业留足退出和压缩整改时间），还必须充分考量银行业授信状况，一些中小银行业金融机构应努力克服跟风授信不良心态。联合授信委员会及各银行应与企业强调“授信不等于用信”观念。另一方面，无论是企业还是银行业金融机构都应该明确授信额度既是双方协商确定的结果，也是可以根据银企双方状况变化进行动态性、开放性、可循环的调整。银企协议的签署在授信额度时限安排上不宜过长，一般以1~5年为宜，即便是项目贷款也不应该约定20年、30年。

值得注意的是，在《联合授信办法》征求意见初稿中，并没有企业授信额度概念，而是授信总额，授信总额内涵上容易产生歧义，故而在银保监会主席办公会审议后修订为授信额度。因此，联合授信额度要充分尊重银行与企业缔约自主权，在银企框架协议中不应做出具体分项授信安排。同时，经授信银行同意，应该允许企业各单项产品的授信额度调剂使用，充分体现运用授信额度的灵活性。

（二）联合授信额度的测算原则

在明晰授信额度原则的基础上，如何测算企业的授信额度？在联合授信机制中并不考虑各银行对企业的授信额度，而只是考虑企业已经完成的融资或企业的或有债务，而在具体测算企业授信额度时必须把握企业融资债务状况。其实，银行业金融机构过度授信的重要影响因素是无法把握企业实际债务，尤其是对外担保等或有负债。企业实际债务中最主要的是银行业金融机构的负债，其次是信托投资公司、租赁公司、保险公司、证券公司、财务公司等非银行业金融机构债务，最后是债券市场融资、民间借贷等其他渠道的融资。企业对外担保往往存在多种情形，包括规范的对外担保（不违反法律法规效力性强制性规定、经由董事会或者股东会做出决议、不突破公司章程规定的限额等）和不规范的对外担保。其中，企业集团对子公司提供的担保、子公司之间的担保等情况现实中普遍存在，但并不影响联合授信企业授信额度的测算。因此，无论是银行还是授信委员会，都对企业债务融资统计存在较大的现实困难，故在《联合授信办法》中赋予企业报告实际债务与或有负债的协议义务。

在企业授信额度确定过程中，联合授信委员会肩负着特殊职能，依据《联合授信办法》规定，联合授信委员会应组织成员单位联合评估企业的整体负债状况、实际融资需求和经营状况，测算企业可承受的最高债务水平，就测算依据和测算结果与企业充分沟通，协商一致后共同确认企业联合授信额度。联合授信额度包括企业在银行业金融机构、非银行业金融机构、其他渠道的债务融资，以及对集团外企业的担保。企业实际融资总额不得超过双方确认的联合授信额度。联合授信委员会要与企业就确定联合授信额度和风险管理要求等进行协商并签署银企框架协议，明确成员银行在与企业约定的联合授信额度内向企业提供融资。

为有序推进联合授信工作，无论是政府部门、监管机构、还是银行业金融机构、企业以及银行业协会，都必须准确理解、把握授信额度的内涵。授信额度是对企业债务水平设定的最高限额，银行业金融机构的融资、非银行业金融机构融资以及其他渠道融资，包括企业对外担保债务融资都必须以联合授信额度为限。授信额度是企业与联合授信委员会共同协商的结果，但不代表银行业金融机构对企业的融资承诺，换言之，即便银行在联合授信框架下没有按照具体授信合同履行，也并不属于银行业金融机构违约，在此条件下，银行业金融机构应该享有特殊的“违约”豁免权。联合授信额度适用于企业集团整体，并且不存在在成员银行之间进行预先分配问题。

《联合授信办法》第二十四条规定：联合授信委员会应根据企业经营和财务情况测算其可承受的最高债务水平，就测算依据和测算结果与企业充分沟通，协商一致后共同确认企业联合授信额度。企业实际融资总额不得超过双方确认的联合授信额度。联合授信委员会测算企业联合授信额度时应至少考虑资产负债水平、利润及其增长率水平、经营现金流、所属行业、所在区域、还款历史、经营年限等因素。

（三）联合授信额度的运用原则

联合授信额度经过一系列程序测定后，接下来的问题是如何科学合理地对其进行运用。联合授信额度本质是余额管控，不仅涉及授信额存量，也涉及授信额度的增量，也就是联合授信机制的加入与退出问题。根据《联合授信办法》第十五条、第十六条规定，对企业的存量融资额以及拟新增融资额合计不超过企业融资总额的5‰的银行业金融机构，在企业不突破联合授信额度的前提下，可不加入联合授信委员会向企业提供融资，但应在每次融资行为发生或融资余额发生变动5个工作日内向联合授信委员会报告该笔融资的相关信息。对企业融资余额为零的成员银行可主动退出该企业的联合授信委员会。连续12个月对企业融资余额为零的成员银行，自动退出该企业的联合授信委员会。牵头银行应做好相关登记和报备工作。

联合授信额度管控的主要工具是企业融资台账。《联合授信办法》第二十七条规定：联合授信机制建立后，由牵头银行牵头组建专职小组，建立并维护企业融资台账。融资台账应至少包括企业联合授信额度、实际融资和对外担保情况、剩余融资额度、融资违约情况等内容。已确认的企业实际融资及对集团外企业担保，应在企业融资额度使用台账中逐笔登记，并等额扣减企业剩余融资额度。因此，企业应当承担提供联合授信额度的使用情况的主体责任，银行业金融机构进行复核。从协议角度讲，企业拒绝填报或者隐瞒填报的应当构成违约，依法应承担违约产生的一切法律后果。

建立健全联合授信额度的协商确定、联合授信额度使用监测以及联合授信额度预警等机制，有效发挥了联合授信额度在管控信用风险中的特殊作用。

三、联合授信额度管理应注意的问题

联合授信额度的管理并非在联合授信委员会确认后就一蹴而就，还需要以授信额度为中心，处理好授信额度相关业务关联关系。

（一）联合授信相关合同关系

联合授信业务是银行业的核心业务，涉及面极其广泛，尤其是涉及成员银行协议、银企框架协议以及所有涉及授信业务的协议。为有序推进联合授信工作，银行业金融机构必须建立有效的合同管理机制，协调好相关合同关系，尤其是银行与企业授信合同、借款合同以及相关担保合同关系。以联合授信额度为核心，统一协调各相关合同中的权利与义务，确保合同中授信额度不存在利益冲突。

（二）牵头银行与成员银行关系

依据《联合授信办法》第十八条规定，联合授信委员会应从与企业无关联关系，且向企业提供的实际融资额居所有债权银行业金融机构前三位的成员银行中推选产生一家牵头银行，并可增设副牵头银行。牵头银行应该承担更多的银行业社会责任，履行《联合授信办法》第二十条规定的八项权利与义务，而成员银行需要履行第十七条规定的七项权利与义务。

牵头银行并联合授信机制的领导机构，其与成员银行的权利义务为平等法律关系，牵头银行与成员银行之间权利与义务通过成员银行协议加以明确。既不存在牵头银行分配授信额度问题，也不允许牵头银行利用共享信息进行不正当竞争。无论是牵头银行还是成员银行其法律地位完全平等，一旦违反成员银行协议，均应承担违约责任。

（三）联合授信与银团贷款关系

早在1996年中国人民银行制定的《贷款通则》（中国人民银行令〔1996〕第2号）中，即借鉴西方发达国家贷款管理经验，要求借款人应按中国人民银行的规定与其开立基本账户的贷款人建立贷款主办行关系。1997年10月28日，以银发〔1997〕415号印发《银团贷款暂行办法》（2012年1月4日，中国人民银行公告〔2012〕第1号决定废止）。2007年8月11日，银监会印发《银团贷款业务指引》（银监发〔2007〕68号，后以银监发〔2011〕85号进行了修订）。

从银团贷款规制的历史沿革分析，可以看出，银团贷款与联合授信是一脉相承的关系，银团贷款是联合授信的重要组成部分，联合授信可以为银团贷款实施提供更多共享信息，能够更好管控银团贷款信用风险。银团贷款义务也必须遵循联合授信的基本规制，并纳入联合授信额度管理。

（四）联合授信与债委会关系

从2016年银监会年初工作会议提出建立银行业债权委员会，全国银行业纷纷成立债委会，出现了逢债必组的混乱局面，此后银监会先后下发了《关于做好银行业金融机构债权人委员会有关工作的通知》（银监办便函〔2016〕1196号）、《关于进一步做好银行业金融机构债权人委员会有关工作的通知》（银监办便函〔2017〕802号），银行业债委会工作得到了规范，较好发挥了支持去产能、维护银行债权、推动企业债务重组等作用。据银保监会统计，截至2018年底，已建立债委会1.9万家，帮扶企业4 854家。在两年多的时间里，银行业累计处置不良贷款3.48万亿元，引导信贷资金有序退出“僵尸企业”，防止过度融资和多头融资，为新增信贷投放及时腾出空间，有效支持了实体经济融资需求。在银行业债委会工作取得成绩的同时，我们更需要理解业界对银行业债委会工作的争议，如银行业债委会运行缺少法律基础、与《企业破产法》债委会制度缺乏必要的衔接以及便函不具有规制效力等问题。据了解，原银监会有关部门曾起草有关《企业金融债务重组管理办法》等规制，但因种种原因未能出台。

联合授信机制和债委会机制均为金融机构相互协作共同防控信用风险的工作机制，两者在风险控制阶段上有所差异。联合授信机制立足关口前移，通过建立事前控制和事中监测等机制抑制企业多头融资、过度融资的行为。债委会机制主要针对已经出现偿债风险的企业，开展债务重组、资产保全等风险处置工作。联合授信机制和债委会机制互为协同、互为补充，构成覆盖事前、事中、事后全流程的风险防控体系，切实防范潜在重大信用风险。

《联合授信办法》第三十二条则明确，当企业可能发生偿债风险时，联合授信委员会应与企业的其他债权人联合组建债权人委员会，集体研究债务重组等措施，有序开展债务重组、资产保全等相关工作。该条所强调的是联合授信委员会与企业的其他债权人组建债委会，与《企业破产法》相关规定作了较好的衔接，体现了联合授信规制的法律地位与战略格局。正因如此，在国家发改委等五部委联合印发《2018 年降低企业杠杆率工作要点》（发改财金〔2018〕1135 号）中，明确要求加强金融机构对企业负债的约束，通过债权人委员会、联合授信等机制以及银行对企业客户开展债务风险评估等方式，限制高负债企业过度债务融资。由上可以看出，《联合授信办法》关于债委会作用的安排起到了良好的社会效果，有效遏制了部分地方抵触联合授信额度管控以及不切实际信贷增长期望，也为联合授信在银行业全面推广奠定了基础。

第三节　联合授信融资台账管理

《联合授信办法》共分 6 章 42 个条文，分别为总则、联合授信管理架构、联合风险防控、联合风险预警处置、联合惩戒及监督管理、附则。在其联合风险防控部分，主要包括信息共享、联合授信额度管理和融资台账管理等风险防控机制。联合授信融资台账不仅是联合风控的重要内容，也是联合授信委员会应对企业（含集团）运行管理、经营效益、重大项目投资、对外担保、关联交易、交叉违约等信用风险有关情况，对其进行监测并实现信息共享的基础，更是防控银行业金融机构过度授信、企业过度融资的重要工具。

一、联合授信融资台账的主要内容

依据《联合授信办法》第二十条第二款的规定，融资台账应至少包括企业联合授信额度、实际融资和对外担保情况、剩余融资额度、融资违约情况等内容。事实上，仅仅以上五项内容并不能满足联合授信风险管控的基本要求，更不可能通过以上五项内容以简单的报表加手工汇总方式得以解决，而必须将融资台账纳入联合授信乃至中国银行业协会信息咨询大服务平台中统筹加以落实。为实现联合授信风控基本要求，建立健全联合授信融资台账细目，中国银行业协会已经向其会员单位下发了企业联合授信基本情况统计表、发生业务统计表、定期余额统计表、重大事项报告表、剩余融资额度表等模板文件，作为联合授信额度管控以及信息共享的基础信息。

（一）企业基本情况信息

企业基本情况信息表主要包括企业基础信息与财务信息两个方面。基础信息如名称、子公司、股权结构、组织机构代码、主营行业、注册地址、法定代表人姓名、注册资本等；财务信息则主要包括企业的资产情况、负债情况、税前利润等。

（二）企业联合授信发生业务的统计

企业联合授信发生业务统计表分别由企业和成员银行填报，企业填报部分又分为企业在银行业金融机构融资担保情况，企业在非银行业金融机构、其他渠道融资担保情况。前者包括业务发生时间、债务企业名称、债权银行业金融机构名称、债务融资（合同编号、融资金额）、对企业集团外提供担保金额、到期日等；后者包括业务发生时间、债务企业名称、债务融资担保渠道、债权人/担保人名称、融资/担保金额、到期日等。

成员银行填报企业联合授信发生业务表内容主要包括：业务发生时间、债务企业名称、债权银行业金融机构名称（法人名称、业务实施分支机构名称）、债务融资（合同编号、合同金额、业务性质、到期日期）等。

（三）企业联合授信定期余额的统计

企业联合授信定期余额统计表同样分别由企业和成员银行填报。企业又分别填报在银行业金融机构融资担保情况和在非银行业金融机构、其他渠道融资担保情况。前者包括债权银行业金融机构、联合授信额度使用情况；后者包括债务融资担保渠道、债务人/被担保人名称以及联合授信额度使用情况（实际融资、对外提供担保余额）等。

成员银行需要填报企业联合授信定期余额统计表内容则多一些项目，包括债务企业名称、提供表内外融资的具体情况（贷款、贸易融资、票据贴现买断、直接债券投资、特定项目载体债券类/信贷类投资）以及信托贷款余额、融资租赁余额等。

（四）企业联合授信剩余融资额度统计

企业联合授信剩余融资额度表由牵头银行填报，内容主要包括联合授信额度、联合授信额度使用情况（向银行业金融机构债务融资余额、非银行业金融机构债务融资余额）、其他渠道融资余额债务融资余额以及对企业外担保，通过前几项涉及授信额度数据统计，填报剩余融资额度。

（五）联合授信试点工作情况统计

为了全面了解、掌握联合授信开展情况，还下发了联合授信试点工作统计表。对联合授信试点企业基本信息、成员银行信息、联合授信额度、联合授信额度使用以及剩余额度进行统计。

需指出的是，为提高联合授信融资台账的使用功能以及信息共享的有效性、及时性、准确性，中国银行业协会已经组织专门会议，成立联合授信项目开发小组，针对上述表项中概念的内涵、外延进行界定，并在开发联合授信融资台账和信息咨询服务平台系统过程中确定数据标准，努力实现联合授信信息的建立、改进，提升阶段性目标，为银行业金融机构提供具有银行业协会特色的服务功能。

二、共享联合授信融资信息参与主体主要义务

银行业联合授信工作涉及面广泛、参与主体众多，尤其是有关联合授信信息系统建设开发工作，既要落实《联合授信办法》规制要求，又能够满足各参与主体信息共享目的。联合授信企业融资平台的数据主要来源于银行业金融机构、非银行业金融机构以及企业填报，而平台用户使用者主要是银行业金融机构（牵头行、成员行）、银行业协会、银保监会及各地银监局。

（一）牵头银行

按照《联合授信办法》规定，银行业金融机构的牵头行既要建立联合授信工作团队，还要组织测算联合授信额度，设置融资风险预警线。由牵头银行牵头组建专职小组，建立并维护企业融资台账，对已确认的企业实际融资及对集团外企业担保，应在企业融资额度使用台账中逐笔登记，并等额扣减企业剩余融资额度，监测企业整体负债水平，监督企业银企协议履行情况。同时，牵头银行还应在成员银行间共享融资台账，并报送中国银行业协会。企业进入风险预警状态后，牵头银行要组织召开联席会议，共同研究应对方案。牵头银行还要监督成员银行协议和联席会议各项决议的执行，向联席会议或银行业协会提出违约成员银行处理建议。

（二）成员银行

在联合授信机制中，成员银行在获得其他成员银行共享的企业信息的同时，还应向成员银行真实全面地共享本行对企业的融资信息，以及企业向其报送的其他与融资相关的信息，并将调查收集的企业其他相关信息及时与各成员银行共享。要求成员银行不得在约定的信息共享范围外泄露和滥用企业提供的信息。

按照《联合授信办法》第二十二条规定，各成员银行还应健全信用风险管理体系，落实统一授信、穿透管理等要求，确保向联合授信机制报送信息真实准确。需要说明的是，《联合授信办法》规定的成员银行相关义务，同样适用于银保监会监管的加入联合受信机制的信托公司、融资租赁公司以及在华设立的外资银行，这些机构在一定条件下同样可以成为企业融资台账及联合授信相关信息的使用主体。

从规制制定宗旨上看，成员银行还应该包括中资机构在境外设立的分支机构或者子公

司，如果联合授信试点企业涉及这些机构，亦应纳入成员银行管理。

（三）企业

企业是银行业联合授信机制建设、信息共享的关键主体，企业提供信息的准确性直接影响联合授信机制运行，也关乎银企框架协议约定权利与义务能否实际、全面履行。

依据《联合授信办法》第十条规定及银企框架协议约定：企业在联合授信额度内，可自主选择成员银行作为融资业务合作对象，协商确定融资条件。企业实际融资总额不得超过银企双方确认的联合授信额度。企业应及时完整地向联合授信委员会披露所有关联方及关联交易情况，提供真实财务报表，在各类融资行为发生后 5 个工作日内告知联合授信委员会。企业通过联合授信委员会外的其他渠道，进行可能实质性改变企业债务状况的重大融资和重大对外担保前，应征得联合授信委员会同意。企业应允许在成员银行范围内共享企业提供的各类信息，并在银行业金融机构范围内共享企业融资台账信息（这一点需要做出具体条款安排）。当企业可能发生偿债风险时，企业应配合联合授信委员会工作，配合债务重组等措施，切实维护银企双方合法权益。

（四）中国银行业协会

在联合授信机制中，中国银行业协会肩负特殊的使命，是监管机构推行银行业联合授信政策的配合者，是联合授信信息共享的必要提供者，也是银行业联合授信风险管控的协助者，更是联合授信机制中失信惩戒的执行者。可以说，在联合授信机制建设中，银行业协会具有承上启下的特殊作用。

第一，在银行业金融机构发现企业符合建立联合授信机制条件时，银行业协会协调企业的债权银行业金融机构在 1 个月内建立联合授信机制。

第二，接受联合授信委员会报送融资台账等应报送或备案的信息。

第三，建立配套的统计信息系统，监测联合授信机制建立和运行情况，动态更新企业融资信息，并向银行业金融机构提供信息查询服务。

第四，向银行业监督管理机构全面开放相关统计信息系统，并定期报告联合授信机制建立和运行情况。

第五，对于违反银企协议，提供虚假信息，超出联合授信额度对外融资，逃废成员银行债务的企业，可由牵头银行组织成员银行按银企协议约定进行联合惩戒。情况严重的，银行业协会可将企业列入失信企业名单，并推送至全国信用信息共享平台，按照有关规定实现跨领域联合惩戒。

第六，对存在违反《联合授信办法》规定的银行业金融机构，可采取相应的自律惩戒措施。对拒不纠正整改，影响联合授信机制运行，可能引发重大风险事件的，应向银行业监督管理机构报告，银行业监督管理机构可依据有关规定采取监管措施或依法实施行政处罚。

第七，按照监管机构的要求配合银行业金融机构做好银团贷款风控、债委会维权等工作。

第八，配合监管机构、银行业金融机构完成其他与联合授信相关的工作。特别需要指出的是，为全面、有效、规范推进联合授信工作，不浪费人力、物力与财力，在联合授信信息系统建设方面，不提倡各省（市区）银行业协会自行开发联合授信有关的信息系统。

值得注意的是，《联合授信办法》送审稿中，相关条文明确的是中国银行业协会，在审议过程中，有的参会代表提出，全国还有数百家地方银行业协会，为了在联合授信试点过程中发挥作用，建议统称为银行业协会（公会）。但是，从目前试点情况看，地方银行业协会（公会），尚不能完全承担《联合授信办法》赋予的相关权利与义务，未来一个时期，各地银行业协会（公会）可能在中国银行业协会相关信息系统上注册为某一类特殊用户。

（五）联合授信委员会

在联合授信机制中，联合授信委员会是特殊的主体。按照《联合授信办法》第八条规定，联合授信委员会是企业债权银行业金融机构通过签署联合授信成员银行协议所组建的，并通过成员银行协议明确联合授信委员会的组织架构、议事规则、运作方式等。同时，联合授信委员会应履行以下主要职能：共同收集汇总交叉验证企业经营和财务信息，共同挖掘企业内外部信息源，联合测算企业可承受的最高债务水平，设置企业融资风险预警线，与企业确定联合授信额度，协同监测企业履约情况，联合采取风险防控、风险预警和风险处置措施。

在联合授信融资台账管理上，联合授信委员会的职能主要由牵头银行来落实和完成。依据《联合授信办法》第四十一条规定：联合授信机制建立时，若企业存量实际融资总额超过联合授信机制确定的联合授信额度，联合授信委员会应与企业协商确定达标过渡期，报银行业协会备案。过渡期原则上不超过3年。超过联合授信额度的存量融资由联合授信委员会成员银行协商确定退出次序。

需要特别强调的是，在全国银行业尚未开发完成联合授信信息系统的情形下，联合授信委员会对相关信息共享工作不能等、不能靠，而应积极作为，充分发挥手工融资台账的基本功能，及时向成员银行通报、分享企业融资台账的基本信息，实现牵头银行、成员银行间信息的共享，实现特定条件下企业信息的共享。

（六）银行业监管机构

联合授信规制是银行业监管机构倡导并推行的一项重要的防风险、稳金融举措。从《联合授信办法》的制定、试点、推广乃至未来修订来看，银行业监管机构始终处于引领者角色。各地银保监管机构在联合授信试点及运行中，主要承担以下职能：

一是按照银保监会有关联合授信通知要求组建试点工作领导小组。

二是要承担联合授信试点指导协调工作，指导辖内银行业协会做好会员单位的协调组织工作，加快完成统计信息系统建设，完善各项配套工作机制，加强与各级地方政府及有关部门的沟通协调，争取支持和配合。

三是负责选择在性质、行业、规模上具有较强代表性试点企业。

四是对联合授信违规行为进行处罚。对银行业金融机构应加入联合授信机制而不加入、违反银行成员协议、违反银企协议损害企业权益以及未按要求向银行业协会报送或备案相关信息等行为，依据有关规定采取监管措施或依法实施行政处罚。

五是在银行业协会建立融资台账和相关信息管理系统后，银保监会及各地银保监局，可以查询企业、银行业金融机构信息，并适时建立联合授信信息预警机制。

三、银行业协会信息咨询服务平台的构架

上海钢贸事件、青岛港事件陆续爆发以来，银行业协会一直探索建立银行业授信信息、动产融资担保以及担保总额管理等信息平台工作。2014 年 9 月，在青岛专题召开银行业授信风险管理信息服务座谈会；2015 年 4 月 9 日，在北京召开了全国 20 家大型行业协会负责人以及民政部、银监会有关部门负责人参加的行业协会信息共享座谈会。后经银行业协会党委研究报经原银监会同意，计划筹备成立银行业大数据服务中心，而且制定了比较翔实的工作方案，但因监管机构改革以及协会内部决策因素的影响，相关方案未能实施。

2017 年 11 月，中国银行业协会又在青海召开银行业信息咨询服务平台研讨会；2018 年 6 月，银行业协会成立联合授信工作领导小组，并设立联合授信办公室（筹），统筹落实联合授信试点工作与相关信息平台开发工作；2018 年底，中国银行业协会党委召开专门会议，研究联合授信工作及信息平台建设问题，明确提供必要资金支持；2019 年 1 月，中国银行业协会在成都召开联合授信暨系统建设工作会议，系统总结了联合授信试点以来工作情况，分组讨论由专业开发公司设计联合授信暨信息平台建设方案，并决定成立联合授信及相关信息系统开发项目工作小组。银行业协会信息咨询服务平台建设纳入议事日程。

以银保监会授权中国银行业协会施行联合授信试点信息服务为契机，以大数据理念、挖掘、搜集、分析技术为依托，建立健全银行业协会集综合性、专业性、创新性、开放性于一体的特色信息咨询服务平台，不仅有利于贯彻落实联合授信政策，也有利于银行业金融机构防控金融风险，更有利于中国银行业协会发挥自律组织的特殊服务功能。

所谓综合性，是指银行业协会统一规划银行业金融机构在信息服务方面的诉求以及协会 32 个专业委员会、19 个部门的需要，以服务监管、服务会员为宗旨，统筹制定银行业协会信息咨询服务平台规划。所谓专业性，是指以银行业的专业需求为目标，运用成熟的银行业科技开发体系，集合银行业金融机构专业人才提供高端专业咨询。所谓创新性，是指解决银行业金融机构无法自行搜集、检索的与风控有关的行业信息。所谓开放性，是指

系统以银行业大数据仓为基础，可以根据银行业金融机构及各专业委员会需要，适时添加操作模块，也可以与有关行业协会、监管机构、政府部门、公检法司进行有效数据共享，并为实现行业协会信息价值化、市场化工作奠定基础。

为满足银行业金融机构信息服务的需求，银行业信息咨询服务平台，可以以联合授信融资台账、信息共享为基础，按照轻重缓急，实现分期开发投产。从银行业目前信息服务诉求分析，应该优先安排的是联合授信密切相关的信息，如企业融资台账、失信惩戒、融资担保机构担保信息、不良资产转让信息、反欺诈信息等，次优先则应考虑银行业业务经营密切相关的其他信息，如银行业从业人员违法违规违章信息、中介机构及中介人员处罚信息、票据公示催告信息、反洗钱信息等。具备一定条件后，考虑信息咨询服务平台全面外接信息，如公检法、发改委、征信机构、税务、市场管理等第三方服务信息。通过分步骤实施，最终实现一个平台基本满足银行业金融机构、地方银行业协会以及非银行业金融机构的日常信息咨询服务需要。

银行业联合授信融资台账以及相关信息服务平台的建设，是一项庞大的系统工程，离不开监管机构的政策与技术支持（如信息报送专线），离不开银行业金融机构、行业协会、企业等的配合，更需要银行业协会投入大量人力、财力、物力。从功能需求分析、系统模块搭建，到信息系统测试、组织推广投产，再到功能系统添加，最快也需要一年到两年的时间。咨询服务信息实用性、简便性、安全性、灵活性定位说起来简单，从初步理念到落地实施还需要一定的时间，因而更需要联合授信参与主体真正担负起社会责任，集中行业优势，解决银行业联合授信融资台账以及相关信息服务平台建设的基础性问题，为共同实现银行业联合授信及相关风险管控做出贡献。

第四节　联合授信协议风险管理

截至 2019 年 9 月 30 日，全国各地银行业监管机构确立联合授信试点企业（集团）共计 440 多户，授信总额约为 19.5 万亿元，用信总额约为 10.5 万亿元，涉及银行业金融机构近 600 家（法人或者分支机构）。

联合授信试点工作业务规模较大、涉及业务范围十分广泛，参与主体纷繁复杂、授信方式较为多样并存在不同的授信法律关系，如何依法合规管理好联合授信中的合同风险，对扎实稳健推进联合授信工作、维护联合授信参与主体的合法权益具有特别重要的现实意义。

一、正确认识联合授信办法的性质

众所周知，《联合授信办法》的试行，主要是针对银行业金融机构过度授信、企业多头融资与过度融资问题，尤其是企业投融资与过度融资，不仅推动了企业高负债运营、盲目扩张，而且形成企业融资行为的不当激励。建立联合授信机制有助于银行业金融机构防控金融风险、服务实体经济、稳定金融秩序，有助于将企业债务率维持在合理水平，提高其财务稳健性，更有利于企业长远发展。

（一）《联合授信办法》是银行业金融机构合规的重要内容

《联合授信办法》是中国银保监会原审慎局主导起草并经主席办公会审议通过的规范银行业金融机构授信业务的重要监管政策，也是银行业金融机构开展联合授信业务的基本监管规范，是较为典型的监管规制。依据巴塞尔协议有关界定，合规风险包括银行因未能遵循法律法规、监管要求、规则、自律性组织制定的有关准则和已经适用于银行自身业务活动的行为准则而可能遭受法律制裁或监管处罚、重大财务损失或声誉损失的风险。据此，《联合授信办法》作为监管规制，银行业金融机构在开展联合授信乃至合规经营中必须严格遵守，违反《联合授信办法》则要承担相应的法律责任。

（二）《联合授信办法》自律措施对金融机构具有特定约束力

《联合授信办法》作为监管规制，并非首次授权银行业协会承担必要的监管政策的推进工作，但是《联合授信办法》是截至目前监管机构授权内容最明确、授权内容最多、最有利于行业协会发挥作用的监管规制。在《联合授信办法》第 6 章第 42 条中，直接明确银行业协会工作的有 8 条，条目占比达 19 %。可以说，中国银行业协会发挥规制授权的特殊作用，配合监管机构推进联合授信工作大有作为。

（三）《联合授信办法》尚不能作为评判合同效力的依据

监管规制对于实现当前服务实体经济、防控金融风险、深化金融改革三大目标具有特殊意义，但是需要准确划定金融商事行为自由与金融监管的边界。依据《合同法》及最高人民法院有关司法解释的规定，只有违反法律和行政法规的效力性、强制性规定或违背善良风俗的合同才无效（违反规章的行为违背公序良俗的需要有特别的说理）。《联合授信办法》并非法律法规，相关条款也不具有效力性和强制性，故不能作为认定合同效力依据。换言之，银行或者企业即便是违反《联合授信办法》中的禁止性规定，也不能因此认定有关成员银行联合授信协议或者银企联合授信框架协议无效，更不能认定违反前述两个协议而确认银行与企业签署有关授信协议或者借款协议无效。

二、准确把握联合授信相关合同关系

（一）发挥参考文本对联合授信试点推进作用

按照《联合授信办法》的规定，经中国银保监会审核同意，中国银行业协会先后发布了银行业《联合授信成员银行协议》《银企联合授信框架协议》（以下分别简称“成员银行协议”“银企框架协议”）两个参考文本（鉴于联合授信试点工作的特殊性，为充分尊重银企双方自主权，未定义为示范文本），推动了全国银行业联合授信试点工作有序进行，为防控银行业金融机构过度授信、企业过度融资以及科学合理配置金融资源起到了积极的作用。各地应积极推进联合授信成员银行协议与银企框架协议签署工作，为全面推进银行业联合授信做好试点工作，确保在规定时限内完成联合授信试点两个参考文本的签署工作。

（二）建立授信业务协议协调管理机制

银行业联合授信业务需要一系列协议来构建银行业金融机构与企业客户的关系。成员银行协议与银企框架协议仅仅是《联合授信办法》的实施工具而已，并不能也不可能替代银行业授信协议全部法律关系。

第一，要把握成员银行协议与银企框架协议在相关协议关系中的地位。银行协议与银企框架协议与其他授信相关协议并非简单主从关系。银行业金融机构、企业要遵循银行协议与银企框架协议所确立的原则性权利与义务，与授信有关的协议具体内容不能与银行协议、银企框架协议相冲突，通过协议安排，确保《联合授信办法》规定的核心内容得以落实。

第二，要全面修订与联合授信相关的协议。要按照《联合授信办法》规定，全面修订授信协议、借款协议、承兑协议等一切与授信相关的协议，确保相关协议符合联合授信监管规制要求，有效避免不同协议间出现权利冲突。要根据联合授信试点工作反馈意见尽快修订中银协发布的联合授信参考文本，完善相关内容，发布示范文本；要对已经签署的联合授信协议期限过长、额度不当等内容进行修订；要明确相关协议增加内容，明确《联合授信办法》的限制以及成员银行协议、银企框架协议的约定，虽然银行与企业签订授信协议或者借款协议，但因联合授信额度（余额）的限制，银行无法履行相关协议的不构成违约。要明确牵头银行、融资企业的信息共享义务。

第三，要将联合授信与失信惩戒有机结合。要明确当事人违反《联合授信办法》的法律后果，尤其是银行可以行使不安抗辩权以及银行、银行业协会、监管机构失信惩戒权利等。要在联合授信试点工作推进过程中，落实好中银协已经发布的失信惩戒示范合同条款。要明确成员银行协议、银企框架协议争议解决方式应优先选择协商、调解、仲裁方式。要以仲裁机构公信力为核心，摆脱地域束缚，优先选择优秀的仲裁机构解决联合授信争议。

第四，要构建成员银行协议法律审查免审流程。各总行、总社、总公司应通过内部工作指引、通知等方式，明确免审事宜。联合授信牵头行法务部门，应加强与联合授信试点企业法务部门的沟通，建立高效的内外法律审查沟通机制。值得注意的是，提倡成员银行协议、银企框架协议免审或简化审查流程，并不等于不关注协议签署的合法性，相关协议的签署，仍然需要注意对客户名称、签字代表授权文件、签名者身份等所签署协议的合法性进行必要核查。通过建立成员银行协议免审流程，加快推动银行业联合授信试点工作。

三、明确联合授信协议风险管理的重点问题

联合授信试点工作是一项系统工程，授信协议风险管理应重点体现在推动联合授信协议签署、明晰信息共享边界、推动金融失信惩戒、有效化解争议风险等方面，以及未来联合授信工作应如何从监管推动转化为自律践行问题。

（一）规制规范与契约自由问题

《联合授信办法》作为监管规制，对银行业金融机构具有行政监管上的约束力，违反该办法不仅要受到银行业协会自律性规则的约束，也会受到银行业监管机构的行政处罚。在联合授信试点过程中，个别企业以联合授信影响企业融资、非银行业金融机构融资与企业对外担保，以及企业集团总部不同意等各种理由拒绝签署银企框架协议，甚至还强调契约自由精神。《联合授信办法》作为科学配置金融资源、防控“黑天鹅”“灰犀牛”的信用风险政策，所有参与联合授信的主体均应共同遵守相关规定。作为银行业金融机构对企业的存量融资额以及拟新增融资额合计不超过企业融资总额5‰的银行业金融机构，在企业不突破联合授信额度的前提下，可不加入联合授信委员会向企业提供融资，但应在每次融资行为发生或融资余额发生变动5个工作日内向联合授信委员会报告该笔融资的相关信息。对企业融资余额为零的成员银行可主动退出该企业的联合授信委员会。连续12个月对企业融资余额为零的成员银行，自动退出该企业的联合授信委员会。这些规定充分体现了联合授信机制的开放性，银行业金融机构也必须遵守这些规定。作为联合授信协议的签约主体，企业应当依约履行银企框架协议约定义务，就这一点而言，联合授信签署无论是对企业还是银行业金融机构都具有一定的强制性。

众所周知，契约自由是近现代契约法的基本原则，当事人只要不违反法律的规定和公序良俗，可以享有决定合同订立与否、合同相对人、合同内容、合同的变更解除、合同形式的自由。《联合授信办法》为防止授信垄断，专门针对保护参与企业授信企业契约自由权利做出了安排，如第十条（四）规定：企业在联合授信额度内，可自主选择成员银行作为融资业务合作对象，协商确定融资条件。再如第二十三条规定：联合授信委员会可以根据企业的风险状况提出风险防控要求，但不得统一规定对企业的利率、期限、抵（质）押要求等融资条件。前述规定充分保障了企业在联合授信缔约过程中的自主权。对于个别联合授信试点企业纠结的授信额度问题，《联合授信办法》第二十四条规定：联合授信委员会应根据企业经营和财务情况测算其可承受的最高债务水平，就测算依据和测算结果与企业充分沟通，协商一致后共同确认企业联合授信额度。《联合授信办法》第二十五条规定：联合授信委员会应会同企业定期复评企业联合授信额度，企业因经营需要需调整联合授信

额度的，可向联合授信委员会申请复评。授信额度具有动态性，并非一成不变。同时，联合授信额度并非由联合授信委员会单方面确定，授信额度不能在成员银行之间进行预先分配，而且在调减授信额度时，成员银行应提前 1 个月告知相关用信企业。可以说，联合授信机制的协商一致、自由选择、自主定价规制安排平等保护了银企双方合法权益。同时，《联合授信办法》明确对于违反银企协议、损害企业合法权益的成员银行，银行业协会或银行业监管机构将采取相应的自律惩戒措施或监管措施。

（二）信息共享与权利保护问题

信息共享机制是控制银行过度授信、防止企业过度融资的重要手段，是联合授信管理中的最基本、最重要的制度安排。信息共享机制改变了企业向多家银行业金融机构分别报送信息的传统模式，实现了银行业金融机构之间企业融资信息的共享。

联合授信信息共享必须把握有效、合理、合法的基本原则，不能因信息共享侵犯企业的合法权益。所谓有效，是共享信息客观、真实，有利于联合授信的风险管控。所谓合理，是联合授信信息共享范围适度，包括企业基本信息、投融资状况和重大事项（如诉讼、处罚等）。对银行而言，依规依约提供信息才能够享有共享信息。所谓合法，是指共享信息应当在法律允许范围之内。依据民法总则等法律法规规定，企业重大对外投资或并购等商业秘密、涉及银行利率或费率的竞争敏感信息、企业法定代表人等高管人员与联合授信无关的个人隐私信息等依法不能共享。对企业与联合授信有关的合法基础信息应以共享为原则，以不共享为特例。在强调信息共享的过程中，企业合法权益保护的同时，企业作为联合授信主体也必须履行银企框架协议约定的义务。

按照《联合授信办法》第十条有关银企框架协议内容的规定，企业应及时完整地向联合授信委员会披露所有关联方及关联交易情况，提供真实财务报表，在各类融资行为发生后 5 个工作日内告知联合授信委员会。企业通过联合授信委员会外的其他渠道进行可能实质性改变企业债务状况的重大融资和重大对外担保前，应征得联合授信委员会的同意。企业应允许在成员银行范围内共享企业提供的各类信息，并在银行业金融机构范围内共享企业融资台账信息，成员银行不得在约定的信息共享范围外泄露和滥用企业提供的信息，而且联合授信委员会以及银行业协会对信息共享还应制定相应操作规范，明确企业与联合授信相关信息的登记、复核、汇总、发布等流程。

（三）联合授信与失信惩戒问题

授予信用、承担风险、获得利益是银行业金融机构授信业务的三部曲。一方面，银行业金融机构授予企业信用既不能过度，也不能因授信不足而影响正常企业的生产经营。另一方面，无论是银行业金融机构还是企业，涉及金融失信均应得到应有的惩戒。

依据《联合授信办法》规定，对于违反银企协议，提供虚假信息，超出联合授信额度对外融资，逃废成员银行债务的企业，可由牵头银行组织成员银行按银企协议约定进行联合惩戒。情况严重的，银行业协会可将企业列入失信企业名单，并推送至全国信用信息共享平台，按照有关规定实现跨领域联合惩戒。对不履行约定义务的成员银行，联合授信委员会可依据成员银行协议予以处理。对存在违反成员银行业协议、银企框架协议或者办法规定的其他义务的银行业金融机构，银行业协会可采取相应的自律惩戒措施。对拒不纠正整改，影响联合授信机制运行，可能引发重大风险事件的，银行业协会应向银行业监督管理机构报告，银行业监督管理机构可依据有关规定采取监管措施或依法实施行政处罚。上述《联合授信办法》规定的内容，需要通过成员银行协议、银企框架协议以及与授信业务有关的其他协议条款逐一落实。

据中国银保监会披露，截至2019年第三季度末，中国商业银行不良贷款余额为2.37万亿元，不良贷款率为1.86%，从信用风险角度解读，不良贷款所涉及的信贷违约企业都是典型的失信债务人。中国银行业协会组织开展的“内部通报一批、媒体公示一批、联合惩戒一批以及提请法院执行督办一批”的“四个一批”专项活动，也是集中在银行业授信领域的失信惩戒。因此，联合授信协议在管控过度授信、过度融资风险的同时，必须明确失信惩戒措施。尤其是在国家失信惩戒政策较多但尚缺乏失信惩戒法律规定的情形下，通过协议约定失信惩戒具体事宜，显得尤为重要。

（四）法律风险与声誉风险问题

法律风险包括但不限于商业银行签订的合同因违反法律或行政法规可能被依法撤销或者确认无效的风险，商业银行因违约、侵权或者其他事由被提起诉讼或者申请仲裁，依法可能承担赔偿责任的风险，以及商业银行的业务活动违反法律或行政法规，依法可能承担行政责任或者刑事责任的风险。法律风险管控如何，直接涉及银行业金融机构声誉风险。

联合授信试点参与主体众多，既有不同经营范围的银行业金融机构，也有生产规模、经营范围完全不同的企业或企业集团，还有银行业协会以及相关监管机构，加之联合授信规模巨大，具体授信、用信方式更是多样化，授信担保涉及问题更为复杂，联合授信涉及多重法律关系交织，相关法律风险亦十分突出。从人民法院、仲裁机构披露的金融纠纷数据上看，涉银行业授信业务纠纷，近年来始终呈上升态势，部分法院、仲裁机构涉及授信纠纷已经达到纠纷总量的20%以上。

近些年来，银行业数以万亿计的不良贷款中存在争议的90%以上通过诉讼手段予以清收，而后在通过债务重组、执行，以及执转破、呆账核销等方式完成化解。联合授信试点过程中成员银行业协议、银企框架协议涉及授信标的合计在30万亿元的以上，为有效化解未来可能产生的法律风险，防控银行间诉讼带来的声誉风险，避免讼累，银行业金融机构必须采取多元化的手段化解相关争议。

从联合授信协议签署情况看，成员银行协议争议解决方式95%以上选择了银行业协会、联合授信委员会或者仲裁机构进行调解、仲裁，银企框架协议争议解决方式也只有不到20%选择了诉讼方式，以推行联合授信协议参考文本为手段，通过顶层设计，有效推动了联合授信争议的多元化解决方案。未来一个时期，各银行业协会、银行业金融机构还应进一步落实中国银行业协会印发的《关于运用仲裁手段化解金融纠纷工作指引》要求，完善联合授信协议争议解决安排，并把多元化解决金融争议落实到银行业各个业务领域。

（五）监管推动与行业自律问题

根据中国银保监会《联合授信办法》通知和有关会议精神，联合授信试点初期，将以监管推动为主，银行业协会配合为辅，随着中国银监会和保监会的合并与内设机构职能调整和《联合授信办法》主要起草人员离职等一系列因素的影响，业界对联合授信试点工作存在不同的认识。

监管推动银行业联合授信仍是今后一个时期的工作重点。中国人民银行党委书记、银保监会主席郭树清在年初民营企业座谈会上表示，拓宽民营企业融资渠道，充分调动信贷、债券、股权、理财、信托、保险等各类金融资源，降低民企融资成本，争取三年后，银行业对民营企业的贷款占新增公司类贷款的比例不低于50%。要加大不良资产处置，建立联合授信机制，腾出更多资金支持民营企业。在2019年银行业和保险业监督管理工作会议上，郭树清主席再次强调在银行业推进联合授信工作。中国银行业协会也将按照中国银保监会的工作部署，进一步采取措施推进全国银行业联合授信工作的深入开展。

推进银行业联合授信工作离不开银行业金融机构参与，离不开银行业协会协调配合，如何把联合授信监管要求通过联合授信相关协议进行安排，实现监管目的是一项复杂而艰巨的工作，银行业协会在发挥自律作用的同时，还必须能动发挥特定推动作用。要通过持续不断的培训、宣讲、会议等措施在银行业和企业界普及并培育联合授信理念；要根据联合授信试点情况，选择跨省（市、区）企业在全国范围内统筹签署银企框架协议；要积极研发联合授信信息管理系统，建立健全系统化的企业融资台账，全面反映企业联合授信额度、实际融资和对外担保情况、剩余融资额度、融资违约情况等信息，并将失信债务人、银行业反欺诈信息、银行业从业人员违法违规违章违纪信息、不良资产处置信息等统一纳入系统开发建设，为实现联合授信信息智能化查询提供有效服务，发挥好银行业协会自律、维权、协调、服务的基本职能作用，在总结银行业联合授信试点经验的基础上，完善《银行业联合授信管理办法》，进而全面推广银行业联合授信机制建设。

第五节　联合授信的争议解决

银行业联合授信工作涉及众多银行业金融机构、企业（集团），授信总额和用信总额均以万亿元计，在银行业授信工作实施过程中，相关主体之间难免发生利益冲突，有效防范、化解相关争议是联合授信风险管控工作的重要内容。

按照《联合授信办法》的规定，经中国银保监会审核同意，中国银行业协会先后发布了银行业《联合授信成员银行协议》《银企联合授信框架协议》（以下分别简称《成员银行协议》《银企框架协议》）两个参考文本，对涉及银行业联合授信争议做出了策略性的安排，为防控银行业联合授信法律风险以及银行业声誉风险奠定了基础。

一、银行业联合授信试点工作基本特点

银行业联合授信试点工作具有政策性强、专业要求高、时效性突出、参与主体广泛等特点，银行业授信业务涉及银行运营流程事前、事中、事后多个环节，同时还涉及银团贷款、银行业债委会等方面的工作。

（一）联合授信参与主体众多

在授信主体上包括银行业金融机构总行、分行、支行，以及信托公司、融资租赁等非银机构。授信客体上包括全国性集团公司、分公司、子公司，还涉及中国银行业监管机构及其派出机构，更有肩负联合授信信息系统开发，并负责登记、复核、汇总、查询、发布乃至开展涉金融失信惩戒的中国银行业协会、各地方银行业协会（公会），各相关主体在联合授信业务推进中的法律地位截然不同。

（二）联合授信方式广泛多样

联合授信涵盖了银行业金融机构的表内授信和表外授信。表内授信包括贷款、项目融资、贸易融资、贴现、透支、保理、拆借、回购等；表外授信包括贷款承诺、保证、信用证、票据承兑等。联合授信既涉及一般企业授信，也包括集团客户授信，还包括银团贷款，在授信发生重大风险时，还会涉及企业债务重组以及债权人委员会工作。可以说，联合授信不仅形式广泛多样，而且涉及银行业诸多业务领域和风险管理环节。从一定意义上说，联合授信未来将是银行业务中最重要、最核心的领域。

（三）联合授信法律关系复杂

按照《联合授信办法》规定，以及中国银行业协会印发银行成员协议、银企框架协议约定，联合授信工作的主体分别承担不同的权利与义务。

在成员银行协议中，银行与银行之间、成员银行与牵头行之间的权利与义务平等，成员银行依规应当履行自我约束责任，成员银行不履行成员协议约定义务，依约应当承担违约责任。

在联合授信的企业方既要享有联合授信管理办法规定的权利，也要遵守联合授信管理办法规定的信息披露义务，同样要严格恪守银企框架协议中约定的具体义务，如非银行金融机构大额融资、对外提供重大质押或担保等重大担保应征得联合授信委员会同意等，否

则银行有权依法依约行使相关权利。

有关银行、企业还要处理好成员协议、银企协议、借款协议之间的关系，确保银行与企业相关权利义务约定相一致。银行按照联合授信管理办法授权，行业协会对违反联合授信管理办法规定、联合授信协议约定的银行可以采取自律措施，也可以对银行、企业采取涉金融失信惩戒措施。监管机构依法可以对联合授信参与主体违法违规行为采取行政监管处罚。同时，银行还要处理好银团贷款协议、债委会议事规则等与联合授信相关协议的法律关系。

（四）联合授信业务规模巨大

根据《联合授信办法》规定，银行业金融机构涉及企业（包括集团）授信 50 亿元以上的可以被选为联合授信试点单位，涉及授信额度 20 亿元以上的，可以自愿建立联合授信机制。

根据中国银保监会 2019 年初公布的银行业贷款 140. 6 万亿元规模，以及银行业金融机构客户状况，有关专业人士估算，全国涉及额度在 50 亿元以上的客户可能接近 1 700 家，涉及授信额度在 20 亿元以上的客户可能在 5 100 家以上。目前银行业金融机构试点 440 多家企业客户涉及授信总额约为 19. 5 万亿元，涉及用信总额约为 10. 5 万亿元。如果银行业对涉及授信总额在 20 亿元以上的 5 100 多家客户全部建立联合授信机制，其涉及授信总标的额可能在 70 万亿元以上。如果将成员银行协议、银企联合授信框架协议两个协议标的总额合计计算，涉及联合授信的标的将十分巨大。

联合授信业务规模巨大、涉及范围十分广泛，加之主体纷繁复杂、授信方式多样化以及不同的授信法律关系，产生民商事争议乃至行政诉讼均存在现实性，随着联合授信试点工作深入开展以及后续推广，产生相当数量的民商事争议，将成为一种必然趋势。正视并重视联合授信法律风险的防控与化解问题，已经是银行业、司法界、仲裁界无法回避的现实。

二、银行业联合授信争议解决协议安排

多元化解决民商事争议已成为全球的趋势，银行业联合授信争议的解决同样可以采取协商、调解、仲裁乃至诉讼等多元化解决方式。

（一）成员银行协议争议的解决

联合授信过程中，银行与银行签署联合授信协议，通过协议明确银行业金融机构之间权利义务关系。银行成员联合授信协议是联合授信委员会成立的基础，也是联合授信委员会成立的标志。按照《联合授信办法》规定，协议中应当包括联合授信委员会的组织架构、议事规则、运作方式，成员银行的权利义务和违约责任，联合风险防控、风险预警、

风险处置的工作规则等。根据《联合授信办法》第八条规定："企业债权银行业金融机构应签署联合授信成员银行协议，并组建联合授信委员会"。

从文义上看，应签署协议是规制上的监管要求。对所有存量债权涉及企业要建立联合授信机制，银行业金融机构应加入而不加入，应视为违反监管规制。对于在联合授信机制建立后增量债权银行拟向企业融资的银行机构，也应按照强制性要求签署银银协议。《联合授信办法》明确，已建立联合授信机制的企业，银行业金融机构应在成为联合授信委员会成员银行后，方可在联合授信额度内向该企业提供融资。签署成员银行联合授信协议是施行联合授信的制度性安排。

基于《联合授信办法》之授权，中国银行业协会组织会员单位起草并下发了成员银行协议参考文本。在争议解决方面明确银行业金融机构之间因联合授信引发争议，统一明确选择仲裁方式解决联合授信争议。主要考量因素有四个：一是近年来银行业金融机构之间金融争议案件数量呈明显上升态势，且标的额巨大，诉讼时限漫长，诉讼费用较高。二是各类媒体对银行业金融机构金融纠纷曝光频率日益增多，严重损害了银行业的声誉。成员银行之间通过自行协商、行业协会调解或者主管部门协调不成的金融争议，选择保密性突出的仲裁方式解决金融争议，更有利于维护金融机构的声誉。三是联合授信试点涉及银行业法人机构 110 家，其中负责牵头的大型银行、股份制银行、城商行占比近 90%。负责联合授信牵头银行普遍具有较好的法律风险管理机制，对金融争议裁判结果能够有客观、正确的预期。四是相关机构中法律事务部门负责人专业能力较强，多数在不同仲裁机构担任仲裁员，相关银行业金融机构能够比较好地把握仲裁规则，并能够加以灵活运用。五是运用仲裁的一裁终局制度解决金额至少 20 亿元或者 50 亿元以上的联合授信争议，能够明显降低案件受理费、律师代理费等争议解决成本，能够提高联合授信争议解决效率，公允解决成员银行之间有关联合授信争议。

《联合授信办法》规定："银行业金融机构在签署成员银行协议或以其他适当形式认可并承诺遵守成员银行协议后，自动加入联合授信委员会。牵头银行应做好相关登记和报备工作"。银行与银行联合授信协议约定为仲裁解决争议方式，也为后续加入联合授信机制的其他金融机构提供了良好的争议解决路径。

（二）银企框架协议争议的解决

银行与企业签署联合授信框架协议，是确保授信法律关系中银行与企业法定权利得以保护的重要工具，也是联合授信机制解决银企信息不对称，防止银行业金融机构信贷垄断的制度保障。按照《联合授信办法》规定：企业的融资总量必须遵守联合授信额度的限制。企业必须真实全面地向联合授信委员会报送信息。企业通过联合授信委员会外的其他渠道，进行重大融资或者对外提供重大担保，应征得联合授信委员会同意。《联合授信办法》明确：联合授信委员会不得统一对企业的利率、期限、抵（质）押要求等融资条件。成员银行在联合授信框架内有权与企业协商确定融资条件，非成员银行可自动加入联合授信委员会，并在联合授信剩余额度内向企业提供融资。前述规制要求是银企联合授信框架协议核心要素，无论是银行包括牵头银行或者企业违反协议约定，均应承担违约责任。

为公平推行联合授信机制建设，充分保障联合授信涉及企业的自主权，在中国银行业协会印发银企框架协议参考文本中，对银企因施行联合授信业务而发生争议，并没有按照银行与银行联合授信协议参考文本中的规定，仅确定仲裁方式为争议解决安排，而是充分考虑企业一方在争议解决方式上的选择权利（这亦是未将文本定义为示范文本的重要因由）。鉴于多元化解决争议（ADR）已成为国际商事争议解决的趋势，故在银企框架协议中明确解决争议方式为（1）在________仲裁；（2）在________法院诉讼。参考文本将仲裁解决联合授信争议列为首位，十分明确地体现了银行业协会倡导运用仲裁解决争议的大方向。

考虑到目前全国共计有仲裁机构 255 家，各仲裁机构性质、仲裁规则（金融仲裁规则）、公信力等存在明显差异，为防止联合授信争议解决出现行业垄断，甚至违反《反不正当竞争法》的规定，行业协会并没有明确提出优先选择仲裁机构名单，而是在有关工作部署中提出优先选择仲裁公信力优异的仲裁机构，解决银行与银行、银行与企业联合授信争议。

在全国开展联合授信试点过程中，将标的数万亿计的成员银行协议、银企框架协议争议解决方式安排或者优先安排仲裁方式，不仅有利于联合授信试点工作扎实有序进行，也有利于维护银行成员间、银企之间契约关系稳定，更将有利于中国金融仲裁事业的稳健发展。

（三）联合授信有关的其他协议争议的解决

银行业开展联合授信机制建设工作，是一项庞大的系统工程，所涉及的不仅仅是成员银行协议、银企框架协议，还会涉及标的数以百万亿元计的协议（合同），包括但不限于授信协议（授信书）、借贷协议、融资租赁协议、信托协议、保理协议等主合同，还会涉及抵押担保协议、质押担保协议、保证协议等从合同。同时，联合授信机制的施行还会涉及银行业金融机构以特定项目为核心的银行间银团贷款协议，以及以银行业金融机构为特定主体实施企业债务重组的债委会协议争议等解决安排问题。

银行业金融机构对涉及联合授信的所有协议文本争议解决方式的安排，应当对争议解决方式进行统筹研究安排，根据不同业务性质，努力统一争议解决方式，防止争议解决方式复杂化，引导各签约主体优先选择仲裁方式解决金融争议，降低金融交易成本，服务好实体经济，减少银行业金融机构之间、银企之间讼累。

银行业联合授信争议的多元化制度与协议安排，已经取得初步成效。根据中银协联合授信办初步统计，截至 2018 年 12 月 31 日，已经签署银行与银行成员联合授信协议的 410 多家银行中，选择仲裁委争议解决方式的有 372 家，占比约为 90%，涉及银行业金融机构融资额为 7.5 万亿元，涉及全国各地 40 多家仲裁机构；选择争议解决方式为诉讼的有 17

家，占比为4%，涉及银行业金融机构融资余额约为2 700亿元；选择行业协会（公会）、联合授信委员会协商、调解方式解决争议的有24家，占比为6%，涉及银行业金融机构融资余额约5 500亿元。已经签署银企框架协议的347家中，选择仲裁解决争议的220家，占比63%，涉及银行业金融机构融资余额约为4.7万亿元，涉及全国各地仲裁机构38家（含一家仲裁分会）；选择诉讼争议解决方式的有106家，占比26%，涉及银行业金融机构融资余额1.5万亿元；选择联合授信委员会、仲裁机构、有关管辖权法院协商、调解争议解决方式有21家，占比约5%，涉及银行业金融机构融资余额约为7 600亿元。目前尚有约为16%涉及1.3万亿元的银行与企业框架协议对争议解决未做出必要安排。

值得注意的是，前述涉及的数字系以融资余额为基础统计的，若按照涉及授信额度统计，相关标的将更为巨大。由此可见，多元化争议解决方式在银行业推广已经落地，但是如何更加深入落实制度与协议安排，仍然有很多工作需要进一步研究。

三、仲裁解决银行业联合授信争议应注意的问题

德鲁克说过：战略不是研究我们未来做什么，而是研究我们今天做什么才有未来。通过协商、调解、仲裁、诉讼等多元化方式解决联合授信协议争议机制的安排，开创了中国金融争议解决顶层设计新思路。可以说，仲裁的自主性、非对抗性、成本低、效率高、程序便捷与联合授信争议解决的有机结合有着天然优势。当前，如何解决联合授信等争议还应注意把握好相关问题。

（一）正确约定仲裁机构

中国银行业协会印发的两个联合授信协议文本文件中，并没有对如何选择公信力优异的仲裁机构做出说明。我们认为，选择仲裁机构，仲裁机构公信力应放在首位，而不能完全按照“就近”原则安排。银行业金融机构遴选并约定仲裁机构解决联合授信争议时，至少要注意以下几点：一是看仲裁机构性质，仲裁机构是否存在行政化或者存在地方保护主义倾向。对于有涉外金融争议的应当选择具有充分涉外仲裁经验的机构。二是看仲裁机构治理结构，仲裁规则是否适合金融争议解决，仲裁庭是否独立裁判以及仲裁机构服务品质。三是看专业仲裁员的队伍建设水平，仲裁机构是否具备审理金融专业争议的仲裁员，毕竟仲裁的好坏取决于仲裁员。四是看仲裁机构裁决撤销或者被不予执行的情况。

（二）科学安排仲裁程序

在联合授信争议仲裁解决程序安排上，应当优先选择制定并实行金融仲裁规则的机构，可以直接在争议解决条款中写明：双方同意选择××仲裁委员会按照其现行的金融仲裁规则进行裁决。同时，还要充分运用仲裁方式解决争议的灵活性特点，有金融仲裁规则的应当优先适用，如果能够预测发生争议情形比较简单的，也可以考虑直接选择简易程

序，而非普通程序。选择异地仲裁机构裁决的，可以安排在本地开庭审理。对已经发生的争议，在时间安排上，可以通过仲裁机构协调当事人、仲裁员安排在非工作日开庭审理。需要特别注意的是，在仲裁文件、证据等送达上，当事人可以在联合授信等相关协议中做出送达地址约定。

（三）努力实现调仲对接

联合授信争议解决的安排，充分考虑了银行业金融机构的特殊法律地位，尤其是监管机构、银行业协会在联合授信机制建设中的职能与作用。仲裁并不是银行业金融机构之间、银行与企业之间解决联合授信争议的唯一方式。银行业金融机构之间因联合授信发生争议，首先应采取协商方式解决，协商不成的可以考虑通过联合授信委员会、银行业协会进行调解，尤其是银行业金融机构之间的争议，更多应当运用协商、调解方式解决。国内部分地方银行业协会都建立了金融纠纷调解中心，较好地发挥了银行业协会在金融争议调解中的特殊作用，维护了银行业的声誉，及时化解了金融争议。值得注意的是，银行业协会对金融争议的调解性质并不相同，模式尚不一致，其调解的效力需要在法律上进行确认。银行业协会对金融纠纷调解在确认上，可以采取与仲裁相对接，也可以采取与人民法院相对接。鉴于银行业金融机构之间联合授信争议已经确认为仲裁方式，因此，更应该提倡通过银行业协会进行金融争议调解，实现调仲对接机制。

对于银行与企业之间联合授信争议，考虑到银行业协会联合设立或者单独设立金融纠纷调解中心对企业而言或许缺乏中立性，因此，银行与企业之间发生联合授信争议，可以通过仲裁机构设立的调解中心调处，或者在仲裁过程中通过仲裁庭调解快速解决争议，直接实现调仲对接。如果是在银行与企业联合授信争议安排上选择诉讼方式的，运用诉调对接可能会更有利于高效化解相关争议。

为了尊重联合授信主体争议解决权利，提高解决争议效率，在联合授信有关合同文本中，并未将调解作为选择仲裁或者诉讼方式的前置程序。无论是通过银行业协会设立金融纠纷调解中心调解联合授信争议，还是通过仲裁机构调解或者通过法院调解，提升联合授信争议解决的效率，应当是银行或者企业首要考虑的问题。同时，为有效化解金融风险，设立全国性银行业金融纠纷调解机构亦应列入有关监管机构、行业自律组织的工作日程。

（四）试行互联网金融仲裁

近年来，互联网仲裁争议方兴未艾，一些仲裁机构尝试在线上仲裁的基础上全面推广，但是在金融业尤其是银行业尚未深入。主要问题在于运用互联网仲裁金融争议的法律效力包括但不限于电子证据认证、系统安全认证、法院执行等存在诸多问题。更重要的一点是，仲裁机构推行金融争议互联网仲裁方式解决，但对金融机构适合互联网解决争议的业务流程、状况并不把握，对金融科技发展现状了解并不深入，信息化、移动化、智能化、平台化乃至国际化已然成为金融业“互联网+”的必备模式。探讨仲裁机构的互联网仲裁系统全面与金融机构的信息科技系统互联互通，仍是未来一个时期仲裁事业发展实现质的飞越的根本任务。事实上，银行业信贷业务、同业业务、银行卡业务、支付结算业务早已告别手工记账，涉及本金、利息、违约金、手续费等数据规范化超出仲裁界预期，银行业金融机构的数据仓库等基础数据建设已经走在世界金融业前列。在联合授信、同业业务、银行卡业务、个人信贷乃至消费金融专业领域推行互联网仲裁解决争议，将成为金融业、仲裁业两业融合发展的根本方向。

服务实体经济、化解金融风险、深化金融改革，是未来一个时期金融业、仲裁界、司法界共同的使命。强化联合授信理念、建立健全联合授信机制，实行联合授信乃至所有金融争议的多元化解决，也将是一个漫长的历史过程，需要监管机构、行业协会积极推动，需要银行业金融机构、企业共同转变观念，更需要仲裁机构牢固树立法律服务宗旨、完善金融仲裁规则、抓住历史发展机遇。我们有理由相信，通过社会各界的共同努力，一定能够推动中国金融仲裁事业再上新台阶，开创新纪元。

第二章 联合授信政策相关问题解析

第一节 联合授信与民间借贷风险管控

民间借贷，是中国社会由来已久的一种金融活动。随着现代经济发展尤其是近年来金融社会化的变革，民间借贷活动日益活跃，但其法律规制却严重缺位。不仅影响民间金融的健康发展，也影响民间借贷纠纷的公平处理，甚至影响银行业授信业务以及金融机构正常的金融活动。为满足人民群众对借贷安全和公平正义的追求、满足广大中小微企业对阳光融资和正当投资的渴求、满足人民法院对统一裁判标准和正确适用法律的需求、满足金融市场化改革对形势发展和司法工作的要求，2015 年 8 月 6 日，《最高人民法院关于审理民间借贷案件适用法律若干问题的规定》（法释〔2015〕18 号）公布，并自 2015 年 9 月 1 日起施行。该规定出台，可谓一石激起千层浪，银行业必须充分注意该规定对信贷业务的影响。

作为全国银行业最大的社团组织，中国银行业协会始终关注设计银行业的立法、司法乃至执法活动。2013 年初，最高人民法院办公厅以法办函〔2013〕229 号专门就《关于审理民间借贷案件适用法律若干问题的规定》（以下简称《民间借贷司法解释》）征求中国银行业协会意见。最高人民法院审判委员会专职审判委员杜万华在该民间借贷规定新闻发布会上答记者问时曾说："我们认真研究了立法机构、银行业协会等部门的书面建议"。事实上，中国银行业协会提出的民间借贷定义、打击虚假诉讼、刑民交叉处理、民间借贷合同履行地界定等建议均被最高人民法院合理采纳。银行作为国家金融业主力军不仅与民间借贷主体优势互补、共筑借贷市场，而且与民间借贷规定密不可分。《民间借贷司法解释》不仅承继了最高人民法院于 1991 年颁布的《关于人民法院审理借贷案件的若干意见》的基本规定，也对 1996 年中国人民银行颁布的《贷款通则》过时性的规定进行了修正，在一定意义上说，以司法解释方式也终结了数年来《贷款通则》修订左右摇摆的不正常现象。

一、企业借贷合法，信贷资金被挪用的风险加大

《民间借贷司法解释》第十一条规定：“法人之间、其他组织之间以及它们相互之间为生产、经营需要订立的民间借贷合同，除存在《合同法》第五十二条、本规定第十四条规定的情形外，当事人主张民间借贷合同有效的，人民法院应予支持。”该条规定突破了长期以来司法界否定企业间借贷法律效力的传统规定，意味着企业之间为了生产经营需要而相互拆借的资金将受到法律保护。如此规定，是最高人民法院正视长期以来企业间借贷客观事实，为企业间生产、经营需要等正当融资开辟了合法之路。

《民间借贷司法解释》对银行业金融机构而言具有利空的态势，银行业金融机构需要采取有效措施时刻防范因此所带来的信贷资金被挪用的风险。长期以来，借款人不按照贷款合同约定使用信贷资金已经成为习惯，为规范银行业贷款管理，中国银保监会专门制定了“三法一指引”，创新性地推出了“受托支付”方式，防范信贷资金被挪用。所谓受托支付，即贷款人受托支付是指贷款人根据借款人的提款申请和支付委托，将贷款通过借款人账户支付给符合合同约定用途的借款人交易对象。但是，“三法一指引”规范的毕竟是银行业金融机构，并非借款人，即便提出诚信申贷的要求，但对借款人而言并无法律上的约束力，所以贷款被挪用屡见不鲜，甚至银行业监管机构的领导在某些场合亦承认不少企业挪用银行贷款作为办理信用证或银行承兑汇票业务的保证金，或是将贷款用于购买各种有价证券，包括国债、企业债、股票、基金以及信托计划和理财产品。一些企业和项目之间出于利益关系，将银行贷款交叉使用、连环使用，银行贷款的挪用掩盖了资金使用的真实用途，贷款的预期收益和安全性难以得到保证。

企业间因生产经营借贷受到法律保护后，可以预见，借款人挪用银行贷款的行为会更加多见，甚至会出现历史性的新高。马克思在《资本论》中曾引述邓宁在《工会与罢工》中转述的一句话：“一有适当的利润，资本就会胆壮起来。10% 的利润会保障它在任何地方被使用；20% 的利润会使它活泼起来；50% 的利润会引起积极的大胆；100% 的利润会使人不顾一切人的法律；300% 就会使人不顾犯罪，甚至不惜冒绞首的危险了”。在企业间借贷不受法律保护的情形下，借款人转贷现象时常发生，银行采取的诸多贷后管理措施往往无济于事。按照《流动资金管理办法》第二十四条规定，贷款人在发放贷款前应确认借款人满足合同约定的提款条件，并按照合同约定通过贷款人受托支付或借款人自主支付的方式对贷款资金的支付进行管理与控制，监督贷款资金按约定用途使用；第二十六条规定，与借款人新建立信贷业务关系且借款人信用状况一般、支付对象明确且单笔支付金额较大情形的流动资金贷款，原则上应采用贷款人受托支付方式。但是，受托支付并没有解决贷款挪用和转贷问题，只不过增加了实际用款人的一点利用合同受托支付后再转回使用的成本而已。现在民间借贷年利率为 24% 时受到法律保护，年利率为 24%~36% 属于自然之债，只有年利率超过 36% 时出借人的高利贷才不受法律保护，银行正常贷款利息与民间

借贷的巨大利差，必然会引发借款人转贷的“理性”冲动，可以断言，在实体经济发展不良的情形下，转贷所产生的超额利润或成为某些不法企业的追逐热点。

允许企业间开展借贷并不意味着企业可以经营信贷业务，经营信贷业务是国家特许银行业金融机构及非存款类放贷组织的特许权利。《民间借贷司法解释》保护企业之间为了生产经营需要而相互拆借的资金并非没有底线，一是存在《合同法》第五十二条规定合同无效情形的，即一方以欺诈、胁迫的手段订立合同，损害国家利益；恶意串通，损害国家、集体或者第三人利益；以合法形式掩盖非法目的；损害社会公共利益；违反法律、行政法规的强制性规定。二是《民间借贷司法解释》第十四条规定的人民法院应当认定民间借贷合同无效情形，即套取金融机构信贷资金又高利转贷给借款人，且借款人事先知道或者应当知道的；以向其他企业借贷或者向本单位职工集资取得的资金又转贷给借款人牟利，且借款人事先知道或者应当知道的；出借人事先知道或者应当知道借款人借款用于违法犯罪活动仍然提供借款的；违背社会公序良俗的；其他违反法律、行政法规效力性强制性规定的。有人会说，我国《刑法》和有关司法解释对挪用资金罪规定不也是十分清晰吗，但是挪用资金犯罪行为仍然持续发生。转贷无效的法律后果并不能遏制借款人转贷的利益追逐行为，虚假交易、名义联营、企业高管以个人名义借贷等方式会更加多样、隐蔽，银行业金融机构所担忧的不是上述规定的法律后果，而是采取什么手段才能整治贷款挪用的不良行为。

二、“两区三限”原则，银行中间业务创收要有底线

民间借贷利率到底多少为合适？这是规范民间借贷争议最大的一点。在《民间借贷司法解释》征求意见稿中曾出现三种意见：一是借贷利率不超过15%或者20%人民法院予以支持，超过15%或者20%但未超过30%，按照自然之债原则处理，超过30%的不予保护。二是尊重当事人借贷期限内的利率约定，一般不超过上海银行间同业拆放利率的四倍，超过利息一般不予保护。三是借贷双方约定利率折算后超过15%或者20%的，超过部分利息约定无效。历史上，元、明、清三朝均规定最高利率为月息三分，如《大清律例》规定：“凡私放钱债，每月取利不得超过三分，年月虽多，不过一本一利，违者，笞四十。”此外，唐、宋、元、明、清都有“息不过本”的规定，以此禁止复利。长期以来，司法界一致按照中国人民银行基准利率四倍标准掌握。最高人民法院1991年《关于人民法院审理借贷案件的若干意见》（法民〔1991〕21号）选用了该标准规定为“银行同类贷款利率的四倍”。但《民间借贷司法解释》以24%、36%两个具体数字划了“两线三区”：第一条线是依法保护未超过年利率24%的固定利率；第二条线是年利率36%以上的借贷合同为无效；24%~36%，这个区间是自然债务区，灰色地带，借款人已经支付的无权索回，贷款人主张未支付的人民法院不予以支持。如此规定确有其合理性和科学性，不仅有利于司法界掌握与操作，也有利于小额信贷公司稳健经营发展。

值得注意的是，近些年来，银行业高度重视中间业务收入占比提升，不仅满足了经济社会对商业银行金融服务的需求，也为商业银行吸引更多顾客，增加其经营利润。但是，该项收入显著提升的同时，也一直饱受社会各界诟病，尤其是涉及信贷业务财务顾问费用。2012 年中国银监会提出“七不准”中有六不准与信贷业务密切相关，如不准以贷转存，不准以贷收费，不准存贷挂钩，不准浮利分费，不准一浮到顶，不准借贷搭售，直指商业银行贷款利息为实、中间业务收入为虚的水分问题。账户管理费、财务顾问费、贷款承诺费、融资顾问费等无实质性服务的费用层出不穷。2014 年，中国银监会与国家发改委联合下发的《商业银行服务价格管理办法》对遏制银行业假借信贷业务增加中间业务收入效果仍然有限，银行业借信贷业务增加中介业务收入本质是对当下资金价格扭曲、价格管制的“报复”性收费，是一种“利率管制下的价格畸形”。

“七不准”也好，《商业银行服务价格管理办法》也好，毕竟是监管要求，属于银行业合规经营监管范畴，《民间借贷司法解释》不同于 1991 年颁行的《关于人民法院审理借贷案件的若干意见》，明确不适用于银行业借贷业务，但客观上为银行假借信贷业务创收划了一条底线，民间借贷利息既然有了“两线三区”，商业银行的中间业务收入更不能没有底线。例如，某银行为一房地产贷款 3 亿元而收取财务顾问费用达 3 000 万元而引发被诉案件，不仅向银行业警示了不合理的财务顾问或者融资顾问费用违规，同时也揭示了没有底线的财务顾问费用法律风险。银行业金融机构从事财务顾问既要“顾”，也要“问”，必须实际而全面履行合同约定义务，同样不能突破合规合法的两条底线。

特别值得注意的是，《合同法》第二百一十一条规定：自然人之间的借款合同对支付利息没有约定或者约定不明确的，视为不支付利息。自然人之间的借款合同约定支付利息的，借款的利率不得违反国家有关限制借款利率的规定。中国人民银行《银行卡业务管理办法》第二十二条规定：发卡银行对贷记卡持卡人未偿还最低还款额和超信用额度用卡的行为，应当分别按最低还款额未还部分、超过信用额度部分的 5% 收取滞纳金和超限费。第二十三条规定：贷记卡透支按月记收复利，准贷记卡透支按月计收单利，透支利率为日利率万分之五，并根据中国人民银行的此项利率调整而调整。在各银行信用卡业务中，银行卡领用合约不仅约定了计利为本的利率规则，还约定了违约金、超限费以及滞纳金计算方法，传统的思维往往认定只要符合中国人民银行的“行规”规定或者有合约约定即合法合规，实则不然。民间借贷尚不能超过 24%，以《民间借贷司法解释》立法本意和国家普惠金融政策角度出发，银行业金融机构信用卡总体收息水准超过 24% 这一民间借贷规定的底线，不仅有违公平原则，也极可能得不到法律的保护。

三、银行 P2P 平台，把控法律风险边界愈显重要

近年来，互联网金融如同雨后春笋般爆发式增长，早在 2015 年 8 月，全国正常运行 P2P 平台总量为 21 346 家，全国问题平台为 936 家，跑路的高达 680 家。P2P 平台即网络

贷款平台，其信用系统、法律规范等缺失问题日趋暴露。2015 年 7 月，中国银监会等十部委发布《关于促进互联网金融健康发展的指导意见》（银发〔2015〕221 号）明确互联网金融监管应遵循“依法监管、适度监管、分类监管、协同监管、创新监管”的原则，对网络借贷性质做出了基本规定，并且明确在个体网络借贷平台上发生的直接借贷行为属于民间借贷范畴，受《合同法》《民法通则》等法律法规以及最高人民法院相关司法解释规范，明确网络借贷业务由中国银监会负责监管，并规定从业机构应当选择符合条件的银行业金融机构作为资金存管机构，对客户资金进行管理和监督，实现客户资金与从业机构自身资金分账管理。

为了更好地保护当事人的合法权益，进一步促进中国网络小额借贷资本市场的良好发展，《民间借贷司法解释》分别对于网络贷款平台涉及居间和担保两个法律关系时，是否应当以及如何承担民事责任做出了规定。《民间借贷司法解释》第二十二条规定，借贷双方通过网络贷款平台形成借贷关系，网络贷款平台的提供者仅提供媒介服务，当事人请求其承担担保责任的，人民法院不予支持。网络贷款平台的提供者通过网页、广告或者其他媒介明示或者有其他证据证明其为借贷提供担保，出借人请求网络贷款平台的提供者承担担保责任的，人民法院应予支持。至此，中国网络贷款平台监管与规范体系初步形成。

银行系的网络贷款平台也陆续诞生，数量虽然不及社会网络贷款平台，但是其资金实力、风控体系、安全性以及影响力却明显高于其他网络贷款平台，诸多银行跃跃欲试，试图利用银行业的专业领域、征信系统、客户资源和数据储备等开创授信业务渠道及中间业务收入的蓝海。有的是银行自建网络平台，如招行的小企业 e 家、包商银行的小马 bank；有的是由银行子公司投资入股新建独立的 P2P 公司，如国开金融设立的开鑫贷；有的是银行所在集团设立的独立 P2P 公司，如平安集团的陆金所。据有关资料显示，小企业 e 家、小马 bank、e 融 e 贷、融 e 信、齐乐融融 E、宁波银行直销银行、一贯、华润银行资产交易平台的项目均来自于银行。越来越多的商业银行也在积极探索与社会网络贷款平台业务的合作。

在银行业网络贷款平台迅猛发展的同时，网络贷款平台风险问题越来越突出。传统银行客户选择标准、担保要求等做法不适应现代网络贷款平台的客观要求，需要银行业金融机构必须与时俱进改变营销与风险管理策略。同时，银行业金融机构必须防控经营网络贷款平台的法律风险。

一是必须明确银行系网络贷款平台的功能定位是中介服务机构，还是中介服务加融资担保。两者承担的法律责任大相径庭。银行网络贷款平台的提供者仅提供媒介服务，依法并不需要承担担保责任，那种不分青红皂白地把委托贷款当作理财的投诉，应当休矣。二是提供中介服务应做好借贷双方主体法律尽职调查，明晰网络贷款平台的权利与义务，防止通过银行提供咨询服务而出现欺诈事宜，继而导致银行承担相应的民事责任。同时要规范服务收费、托管费以及转账、取现的手续费的收费标准，防控收费方面的合规风险与客户投诉风险。

二是要严格管控网络贷款平台的网页、广告或者其他宣传媒介信息，不能违规明示承诺或者隐性承诺贷款本息保证责任，依据《民间借贷司法解释》规定，若有明示或者其他证据证明其为借贷行为提供担保的，网络贷款平台的提供者应当向出借人承担担保责任。该规定突破了《担保法》第13条“保证人与债权人应当以书面形式订立保证合同”的规定，承认了“公告式担保承诺”的效力，银行业金融机构必须充分重视可能给银行其他业务宣传带来的法律风险。

三是厘清客户资金监管与担保的责任。按照十部委的指导意见规定，银行业金融机构作为资金存管机构，对客户资金进行管理和监督，但是这种管理与监督不同于对借贷双方的担保，其法律义务的渊源在于监管要求和监管合同约定，银行业金融机构需要在合同中明晰监管的性质、监管指令及具体措施，避免因监管行为约定不明而承担担保责任，防止利用银行声誉为自身的网络贷款平台以及合作的网络贷款平台提供不当的背书而承担声誉风险或者连带责任。2018年7月，笔者针对网贷存管存在的问题，专题发表了《厘清网贷资金存管职责边界 依法合规化解网贷纠纷》答记者问，再次明晰相关法律界限。

四是要采取必要措施保障网络贷款数据安全，防控因侵犯客户隐私权带来的法律风险。

四、职务借贷行为，银行成为被告或承担民事责任

近年来，银行业金融机构负责人或者有关工作人员因涉及民间借贷，引发客户投诉乃至诉讼银行业金融机构的屡见不鲜，如何区别银行业金融机构工作人员的个人行为和职务行为成为焦点。《民法通则》第四十三条规定，企业法人对它的法定代表人和其他工作人员的经营活动，承担民事责任。最高人民法院《关于贯彻执行〈中华人民共和国民法通则〉若干问题的意见（试行）》第五十八条进一步明确，企业法人的法定代表人和其他工作人员，以法人名义从事的经营活动，给他人造成经济损失的，企业法人应当承担民事责任。《民间借贷司法解释》第二十三条规定：企业法定代表人或负责人以企业名义与出借人签订民间借贷合同，出借人、企业或者其股东能够证明所借款项用于企业法定代表人或负责人个人使用，出借人请求将企业法定代表人或负责人列为共同被告或者第三人的，人民法院应予准许。企业法定代表人或负责人以个人名义与出借人签订民间借贷合同，所借款项用于企业生产经营，出借人请求企业与个人共同承担责任的，人民法院应予支持。与以往规定不同的是，《民间借贷司法解释》采用了“循名实责”方式确定还款责任，即名义上的借款人必须承担还款责任，而实际上的用款人也须承担责任，对解决民间借贷乃至银行业信贷业务活动中冒名贷款、银行工作人员为偿还企业借款而实施民间借贷等实务问题具有特殊意义。

银行业金融机构负责人在身份上具有特殊性，在一般性工作中分清其职务行为与个人行为并不难。但是，银行业金融机构工作人员在信贷业务活动中向企业或者公民个人实施借款行为性质界定往往存在争议。从法理上说可以从员工实施借贷行为时的职权、名义、时空、目的等四个方面做出判断。银行业金融机构负责人为了解决借款企业还贷问题，以银行名义借款还贷，银行向出借人承担偿还借款义务并无争议。银行业金融机构负责人为了掩饰贷款逾期乃至不良事实以个人名义替借款企业还贷，依据《民间借贷司法解释》规定，企业法定代表人或负责人以个人名义与出借人签订民间借贷合同，所借款项用于企业生产经营，出借人请求企业与个人共同承担责任的，银行业金融机构应当承担偿还借款的民事责任。但是，最高人民法院（2017）最高法民终 647 号民事判决，出借人通过向社会不特定对象提供资金以赚取高额利息，出借行为具有反复性、经常性，借款目的具有营业性，未经批准，擅自从事经常性的贷款业务，属于从事非法金融业务活动，所签订之民间借贷合同因违反强制性规定而无效。

值得注意的是，涉及银行业金融机构的民间借贷行为，往往与集资诈骗、重大非法吸收公众存款以及利用传销和互联网进行的非法集资犯罪相关，因非法集资延伸出的高利转贷、贷款诈骗等犯罪多与银行从业人员充当资金中介或直接参与民间借贷相关。银行业金融机构负责人或者其他工作人员利用职务便利，为涉及上述金融犯罪的民间借贷合同提供担保并非当然无效。据《民间借贷司法解释》规定，借款人或者出借人的借贷行为涉嫌犯罪，或者已经生效的判决认定构成犯罪，当事人提起民事诉讼的，民间借贷合同并不当然无效。担保人以借款人或者出借人的借贷行为涉嫌犯罪或者已经生效的判决认定构成犯罪为由，主张不承担民事责任的，人民法院应当依据民间借贷合同与担保合同的效力、当事人的过错程度，依法确定担保人的民事责任。

五、民间借贷涉罪，银行借贷并非先刑后民

长期以来，银行业金融机构涉及客户利益的内外勾结犯罪，银行业金融机构往往以“先刑后民”作为挡箭牌，强调这一点的尤以纪检监察、客户投诉管理部门为突出。先刑后民既不是我国司法的一项基本原则，也不是有效解决银行与客户纠纷的最佳途径。所谓的先刑后民是指在民事诉讼活动中，发现涉嫌刑事犯罪时，应当在侦查机关对涉嫌刑事犯罪的事实查清后，由法院先对刑事犯罪进行审理，再就涉及的民事责任进行审理，或者由法院在审理刑事犯罪的同时，附带审理民事责任部分。银行发生刑民交叉的与客户诉讼案件，并非一律先刑事后民事。20 世纪八九十年代，最高人民法院、最高人民检察院、公安部多次联合下发通知，规范刑民交叉案件的处理，最高人民法院还单独制定了《关于在审理经济纠纷案件中涉及经济犯罪嫌疑若干问题的规定》（法释〔1998〕7 号），新修订的《民事诉讼法》第一百五十条规定，本案必须以另一案的审理结果为依据，而另一案尚未审结的，人民法院中止诉讼。

《民间借贷司法解释》在承继了上述规定的同时，进一步进行了规范，人民法院立案后，发现民间借贷行为本身涉嫌非法集资犯罪的，应当裁定驳回起诉，并将涉嫌非法集资犯罪的线索、材料移送公安或者检察机关。公安或者检察机关不予立案，或者立案侦查后撤销案件，或者检察机关做出不起诉决定，或者经人民法院生效判决认定不构成非法集资犯罪，当事人又以同一事实向人民法院提起诉讼的，人民法院应予受理。人民法院立案后，发现与民间借贷纠纷案件虽有关联但不是同一事实的涉嫌非法集资等犯罪的线索、材料的，人民法院应当继续审理民间借贷纠纷案件，并将涉嫌非法集资等犯罪的线索、材料移送公安或者检察机关。民间借贷的基本案件事实必须以刑事案件审理结果为依据，而该刑事案件尚未审结的，人民法院应当裁定中止诉讼。

从上述规定可以看出，民间借贷因涉及犯罪而与银行业金融机构贷款权益相关的，并非一律不予受理或者受理后必须中止审理。对于借款人涉嫌犯罪或者生效判决认定其有罪，出借人起诉请求担保人承担民事责任的，人民法院应予受理。同理，银行业金融机构借贷合同涉嫌犯罪的，银行业金融机构作为担保权人有权起诉担保人，担保人须依法承担担保责任。特别值得注意的是，为依法惩治非法放贷犯罪活动，切实维护国家金融市场秩序与社会和谐稳定，有效防范因非法放贷诱发涉黑涉恶以及其他违法犯罪活动，2019 年 10 月 21 日，最高人民法院、最高人民检察院、公安部、司法部联合发布了《关于办理非法放贷案件若干问题的意见》，将民间借贷所涉严重非法金融活动纳入刑事惩治的范畴。银行业从业人员必须高度警惕非法借贷活动可能产生的相关法律风险。

六、防范虚假诉讼，打击逃废银行债务行为

近年来，利用虚假诉讼逃废银行业金融机构债务成为部分借款人的“法宝”，银行业金融机构似乎很无奈，一方面，个别机构司法人员没有严格执行法律规定；另一方面，法律上又缺乏有针对性的规定。《民间借贷司法解释》做出比较翔实的规定，对于出借人明显不具备出借能力；出借人起诉所依据的事实和理由明显不符合常理；出借人不能提交债权凭证或者提交的债权凭证存在伪造的可能；当事人双方在一定期间内多次参加民间借贷诉讼；当事人一方或者双方无正当理由拒不到庭参加诉讼，委托代理人对借贷事实陈述不清或者陈述前后矛盾；当事人双方对借贷事实的发生没有任何争议或者诉辩明显不符合常理；借款人的配偶或合伙人及案外人的其他债权人提出有事实依据的异议；当事人在其他纠纷中存在低价转让财产的情形；当事人不正当放弃权利等可能存在虚假民间借贷诉讼的情形，人民法院审理时应当严格审查借贷发生的原因、时间、地点、款项来源、交付方式、款项流向以及借贷双方的关系、经济状况等事实，综合判断是否属于虚假民事诉讼。

这是最高人民法院首次对借贷虚假诉讼进行具体而明确的规定。同时，该解释还对诉讼参与人或者其他人恶意制造、参与虚假诉讼，人民法院应当依照《民事诉讼法》规定依

法予以罚款、拘留；构成犯罪的，应当移送有管辖权的司法机关追究刑事责任。单位恶意制造、参与虚假诉讼的，人民法院应当对该单位进行罚款，并可以对其主要负责人或者直接责任人员予以罚款、拘留；构成犯罪的，应当移送有管辖权的司法机关追究刑事责任。上述规定，对于银行业金融机构运用法律手段打击逃废银行债务，维护合法债权具有特别意义。另外，《民间借贷司法解释》对借据、借条、借贷合同的履行、担保以及人民法院审理程序性等问题做出明确的规定，对银行业金融机构开展信贷活动乃至保全银行债权都具有特别的借鉴意义。特别值得注意的是，2018 年 8 月，最高人民法院下发《关于依法妥善审理民间借贷案件的通知》（法〔2018〕215 号），专门就民间借贷一些政策界限进行了明确：一是加大对借贷事实和证据的审查力度，防止“套路贷”。二是严格区分民间借贷行为与诈骗等犯罪行为。三是依法严守法定利率红线。《最高人民法院关于审理民间借贷案件适用法律若干问题的规定》依法确立了法定利率的司法红线，应当从严把握。人民法院在民间借贷纠纷案件审理过程中，对于各种以“利息”“违约金”“服务费”“中介费”“保证金”“延期费”等突破或变相突破法定利率红线的，应当依法不予支持。四是要求建立民间借贷纠纷防范和解决机制。

为进一步规范民间借贷行为，维护经济金融秩序，防范金融风险，切实保障人民群众合法权益，打击金融违法犯罪活动，根据《中华人民共和国银行业监督管理法》《中华人民共和国商业银行法》《中华人民共和国刑法》《非法金融机构和非法金融业务活动取缔办法》等法律规范，2018 年 5 月 4 日，中国银行保险监督管理委员会、中华人民共和国公安部、国家市场监督管理总局、中国人民银行联合印发了《关于规范民间借贷行为 维护经济金融秩序有关事项的通知》（以下简称《通知》）。该《通知》明确，未经相关机关依法批准，任何单位和个人不得设立从事或者主要从事发放贷款业务的机构或以发放贷款为日常业务活动。《通知》指出，严厉打击以下非法金融活动：利用非法吸收公众存款、变相吸收公众存款等非法集资资金发放民间贷款；以故意伤害、非法拘禁、侮辱、恐吓、威胁、骚扰等非法手段催收贷款；套取金融机构信贷资金，再高利转贷；面向在校学生非法发放贷款，发放无指定用途贷款，或以提供服务、销售商品为名，实际收取高额利息（费用）变相发放贷款行为。同时，该《通知》要求，严禁银行业金融机构从业人员作为主要成员或实际控制人，开展有组织的民间借贷。另外，该《通知》对规范民间借贷行为提出明确要求：一是各银行业金融机构以及经有权部门批设的小额贷款公司等发放贷款或融资性质机构应依法合规经营，强化服务意识，开发面向不同群体的信贷产品，加大对实体经济的支持力度。二是地方人民政府以及有关部门要加强协调配合，依法履行职责。三是银行业监督管理机构、公安机关、工商和市场监管部门、人民银行等有关单位将及时向社会公布典型案例，加大宣传教育力度，强化风险警示，增强广大人民群众的风险防范意识。

可以预见，未来一个时期，国家有关部门、司法机关，还将出台与银行业联合授信密切相关的涉及民间借贷的相关规范，银行业开展联合授信工作，必须采取有效措施防控民间借贷风险向正规信贷体系的风险传导。

第二节　联合授信与不良贷款化解

众所周知，过度授信的一个重要后果就是不良贷款的显著上升。截至 2019 年第二季度末，中国商业银行不良贷款余额为 2.24 万亿元，不良贷款率为 1.81%。2019 年 1 月，商业银行拨备覆盖率为 186.8%，贷款损失准备余额达到 3.9 万亿元。银行业不良资产上升态势持续变化，银行业不良贷款处置不良资产成为某些银行当前工作任务的重中之重，不良资产处置方式的创新似乎成为业界讨论的热点。探索不良资产处置之道十分必要，而不良资产处置方式的创新日益迫切，但并非当前银行业处置不良资产的唯一渠道，亦非万能之策。赋予银行不良资产处置权利，依法规范银行业不良资产处置行为方为正道。

一、银行业不良贷款成因

中国银行业不良资产总量实际上是一个动态数据，既有某一时点比率，也有不同时点的余额，同时还要考虑关注类贷款变化以及处置情况。例如，仅 2017 年、2018 年银行业累计处置不良贷款高达 3.48 万亿元，2019 年前三个季度共处置不良贷款 1.4 万亿元。前述数据并未排除部分农信机构拨备不足等因素的影响。事实上，银行业不良贷款资产整体水平可能会略高于监管机构披露数据。按照银行业风险程度划分，银行对贷款区分为正常、关注、次级、可疑和损失五类，前两类为正常贷款，后三类合称为不良贷款。关注与次级而言仅有一步之遥，劣变的“黑天鹅”可能随时飞出，银行业不正常的贷款合计可能达到 3 万亿元之多。若此，银行业不正常贷款总量也只不过回到 21 世纪之初，仍然在风险可控范畴之内，因为银行业信贷体量已非从前，发生系统风险仍然是小概率事件。

有一种说法，虽然中国公布的不良资产率可能没有完全体现银行业未来将面临的实际风险水平，但银行业最多只会因不良信贷而蒙受 10 万亿元人民币（1.5 万亿美元）的损失。据此，一些自媒体宣称中国银行业不良资产规模高达 10 万亿元，是 AMC 及律师界人士的饕餮盛宴。此种说法，虽不能定义为谣言，但至少夸大了中国银行业的风险，影响了百姓对中国银行业的信任，损害了中国银行业的声誉。

银行业不良资产的规模大小尚可估算，银行业不良资产的成因确属陈年老调，不过我们仍需要反思是谁造就了当今银行业巨额的不良资产。经济周期、组织结构、治理结构、道德风险、贷款偏好等，每一个维度都有无数的论调。“去产能、去库存、去杠杆、降成本、补短板”从反向证明了银行业不良资产的产生根源。从银行业经营价值取向上看，是“浮躁”的经营状态助推银行业不良资产的剧增：一是银行过度授信，“三个办法、一个指引”成为纸上规范，借款人偿债能力被人为扩大，不良贷款剧增成为必然。二是银行过度竞争，抬高了借款人的融资成本，在经济不景气的前提下，本息逾期成为新常态。三是过度服务，不仅让银行从业人员失去了应有的职业优雅，也“培育”了大量的不良客户。四是过度追求利润，银行业“赚钱赚得不好意思”成为众矢之的，而银行业基层从业人员的待遇只能在“收入平均数”中获得安慰。银行人在不良贷款周期性泛滥的情形下，更应从内部寻求成因，也许因此能够得到化解巨额不良贷款的良方。

二、处置银行业不良资产方法再探讨

以何种方式处置银行业不良资产，已经成为银行业金融机构关注的焦点。所谓不良资产处置是指通过综合运用法律允许范围内的一切手段和方法，对资产进行的价值变现和价值提升的活动。不同的视角，可以归结为不同的方法。中国银行业监督管理委员会、财政部制定的《不良金融资产处置尽职指引》（银监发〔2005〕72 号）中把资产处置方式按资产变现分为终极处置和阶段性处置，终极处置主要包括破产清算、拍卖、招标、协议转让、折扣变现等方式，而阶段性处置主要包括债转股、债务重组、诉讼及诉讼保全、以资抵债、资产置换、企业重组、实物资产再投资完善、实物资产出租、实物资产投资等方式。2000 年笔者曾在《金融论坛》发表《试论不良资产清理应当注意的若干法律问题》，总结了 16 种方法，并提出应当注意的法律问题。16 年过去了，银行业不良资产规模虽然还在重复昨天的故事，但是其处置方式已经融入诸多创新的方法。2016 年 3 月，笔者在某机构特定培训中借鉴孙子兵法 36 计，提出银行业清收处置不良资产 36 策，归集成 72 种方式。方法多了，也多了市场推广的味道。万变不离其宗，所谓不良资产处置方式的创新离不开最基本的处置方式。

银行业在选择与运用多元化手段处置不良资产时，应结合各行不良资产的实际状况，分类制定合理的处置预案，择优选用可行的处置方式，确保处置方式和过程合规，依法保护银行的合法权益。对债权类资产进行追偿的，可以采用传统的催收、诉讼或仲裁追偿，也可以委托第三方进行追偿，或者以债权人身份申请借款人破产清偿。值得注意的是，采用直接催收方式的，必须注意《民法总则》和最高人民法院《关于审理民事案件适用诉讼时效制度若干问题的规定》（法释〔2008〕11 号）等司法解释中有关诉讼时效的规定，以及催收行为对抵押人、保证人作用。诉讼或者仲裁已经不再是银行依法追偿债权的无奈选择，赋予债权强制性效力、押品前置委托交易、实现担保物权、抵债调解书司法或仲裁确认等等，在法律上均有相应的规定支持，已经为银行有效处置不良债权提供了基本的法律保障。

委托第三方追偿债务方式仍然是减轻银行处置不良资产压力的有效良方，与以往不同的是第三方已经演化成多种主体，四大 AMC 仍然是主流，地方金融资产管理公司、AMC 控股合作公司、金融资产交易所、律师事务所、管理咨询公司、互联网平台等构成承接银行委托处置不良资产的综合化特殊市场。委托债权追偿的难易程度、代理方追偿能力、代理效果、委托费用等的评价已经不是一件简单的事情，银行内部“不良之徒”与市场化的“不良之徒”差距之大让很多业内人士惊叹不已，专业水平、化解技能、营销能力、规制运用以及创新思维已经不可同日而语，第三方已然成为不良资产处置的主力军。

风险代理方式处置不良资产不再是什么新鲜的方式，银行内部已经形成了一定的委托标准，运用招标择优选择代理机构蔚然成风，律师事务所对此叫苦不迭，规范对防控风险的意义凸显。代理授权范围、代理期限乃至代理费用标准和支付方式普遍规范，以代理结果作为监督考核的唯一目标。债务人或者担保人破产清偿方式越来越多，银行面对债务人破产清算、破产重整、破产和解“弱势”地位愈加明显，尽最大可能防止债务人利用破产手段逃废债只能是一种美好的愿景。

以物抵债、修改债务条款、资产置换等债权重组方式似乎穷尽。以物抵债重点关注抵债资产的产权和实物状况、评估价值、维护费用、升（贬）值趋势以及变现能力等因素不再重要，重要的是抵债前人民法院委托评估的价格远远高于其变现能力，对抵债资产抵偿的债权数额银行早已丧失了话语权。“优先接受产权清晰、权证齐全、具有独立使用功能、易于保管及变现的实物类资产抵债”仍然是银行人的理想。高估抵债资产、银行被逼向抵债人返现的情形时常发生，银行被违背意志还要“赔偿”的荒唐事件还在继续，有人甚至怀疑某些强制执行到底是实现债权人的债权，还是帮助债务人把不良资产变现，而抵债物权属的变更税费负担之重外行人无法想象。虽然《物权法》第二十九条第二款规定：不动产、有登记的特定动产或者其他财产权拍卖成交或者抵债后，该不动产、特定动产的所有权、其他财产权自拍卖成交或者抵债裁定送达买受人或者承受人时起转移，但是第三十一条规定享有不动产物权的，处分该物权时，依照法律规定需要办理登记的，未经登记不发生物权效力，让银行接受处置抵债资产承受双重税负，否则抵债处置行为可能因为未办理产权过户手续而不受法律保护。

在债务人债务违约的情形下修改债务条款解决违约或者预期违约，银行对债务人（担保人）的偿债能力心知肚明，多数情况下是进一步延缓违约的发生，而保证人不配合成为理所当然。当债务人违约已经成为不可改变的事实，修改债务条款对银行保全债权并无本质意义。采用资产置换方式的，目标是提高资产变现和收益能力，实际操作往往是想用“烂萝卜”换成“烂白菜”。以债务人分立、合并和破产重整为基础的债务重组方式，已经被国有资产管理机构异化运用，债务因此被悬空而银行则告状无门，有的时候以行业协会名义呼吁、反映，却最终被淹没在无数的纸质文件之中，《合同法》所规定的转让债务应当经债权人同意的条文，依旧无法施行。

拍卖、竞标、竞价转让和协议转让等多元化处置不良资产已经成为常态。采用拍卖方式处置资产的，拍卖费用之高让银行苦不堪言，流拍的痛苦更是难以名状。不良资产处置市场的公开化让竞标方式越来越少，竞价转让方式处置资产为竞买人提供平等的竞价机会，当机会遍地，竞买人精明程度也越来越高。采用协议转让方式处置不良资产的最大担忧是合规的戒尺丈量，一顶国有资产流失的巨大帽子不知道压垮了多少为化解不良资产的苦心人。不良资产信息披露已经没有什么障碍，透明度的提高并没有实现不良资产转让价值的最大化。其实，国有资产真正流失的关键环节并不在于银行不良资产处置程序。

采用债权转股权或以实物类资产出资入股方式处置不良金融资产本是十几年前的课题，当年需要进行债转股的国有企业有2 000多家，原国家经贸委推荐了其中601家企业，安排债转股的金额近5 000亿元人民币。资产公司作为股东行权形式大于实质，债转股的企业有的实现了扭亏为盈，有的通过关闭破产退出了市场，有的被兼并或进行了改制，债权转股权并非“一转即灵”。“两会”期间有关领导再次提出通过债转股降低企业杠杆率，媒体积极跟进解读。债转股的推广首先需要解决法律上的障碍，其次必须明晰银行开展债转股的基本条件，大面积推广债转股不仅会使银行丧失基本的“造血”功能，而且将波及客户根本权益在“失血”毁灭。“贷款成为股东”将会动摇银行稳健经营的根基。一些媒体以在香港上市的熔盛重工（华荣能源）为例，称该公司拟向22家债权银行以及1 000家供应商债权人发行最多171亿股股票抵债，抵销债务总额高达171亿元，其本质更应是以股抵债，但可否广泛推行，还需要等待相关政策的出台。

在财务条件能够承受的前提下，对符合条件的不良金融资产损失进行内部核销仍然是消解银行业不良资产的有效手段，拨备覆盖率的下调为加大银行业核销不良贷款提供了更广泛的空间。账销案存中债权的维护以及追索仍然是一些银行业金融机构不良资产管理的盲点。

传统的不良资产处置方式充分运用，仍然是银行业金融机构消解巨额不良规模的基础性工作，而创新不良资产的处置则是锦上添花。

三、银行业不良资产的创新化解

不良资产处置创新，不仅合乎时宜，也具有特殊意义。创新处置银行不良资产方式方法，银行业、理论界呼吁之声此起彼伏。熊彼特曾指出，创新是生产要素的重新组合，发展是经济循环流转过程的中断，也就是实现了创新，创新是发展的本质规定。从这个意义上说，当前新的债转股并不是不良资产处置的创新，而是银行无奈的选择。有人说，不良资产证券化（NPAS）总算是不良资产处置的创新吧，不良资产证券化包括不良贷款证券化、准履约贷款证券化、重组贷款证券化、不良债券证券化、抵债资产证券化，在中国还在试点探索阶段，甚至成为某些媒体追逐的热点。但从国际上看，美国和韩国在不良资产处置中都进行了金融创新，大量利用资产证券化对不良资产进行处理。不良资产证券化可以提高资产处置效率，降低不良资产处置成本，促进资产流动性以及将潜在风险分担给愿意承担的投资者，从而在降低银行风险、改善资产负债表的同时，拓宽了银行融资渠道，丰富了市场投资品种。

中国银行业不良资产处置完全可以从美国等有经验的国家进行借鉴，这种借鉴尚不能称之为创新。借鉴也会存在一些突出风险：中国尚没有纯正的美国式资产重组托管公司（Resolution Trust Corporation，RTC），其专业队伍尚未形成，投资者及市场均处于低端发育状态，风险仍然存留在金融体系之内。借鉴一旦成为东施效颦，不良资产证券化的预期可想而知。某银行第一笔不良资产证券化的实践支付了巨额的“证券化”成本，而三年后，不良资产仍然要回转到该银行，证券化成为不良资产象征性的创新，在市场经济状态下，断箭疗伤或者掩耳盗铃的证券化神话最终一定会变成笑话。

有人说，利用互联网拓展不良资产处置渠道应当是创新，的确，处置方式的创新不容否定。有的提供信息中介服务，如淘宝或各地金融资产交易所。有的提供不良资产交易撮合如“91 债牛”“资产 360”。还有的充分利用互联网开展对不良资产的投融资服务，包括结构化投资、基金化收购、互联网融资等，不良资产处置发展方向多元化已经成为趋势。

创新对加快处置银行业巨额不良资产作用毋庸置疑。对于整个银行业而言，一味强调不良资产处置方法的创新有百害而无一利，创新多数只能在银行总行层面探讨，更多时候银行基层行处置不良资产的核心要义是用好最基本的方法，能够把处置的基础方法用到实处，把基本制度落到实处，并提高处置政策的执行力，才是化解巨额不良资产危机的关键。

人们之所以渴望不良资产处置方式创新，其实是在幻想不良资产处置的自由空间，即建立一个公平、开放、高效的不良资产交易市场，试图在依法合规的范畴之内解决不良资产处置巨大压力，因为创新往往是对现有规制的有限突破。

四、化解银行业不良的终极之道

银行业处置不良资产为何如此之难，这是因为：一方面，不良资产经营市场发育不完全，银行业缺乏高端而专业的处置队伍；另一方面，政策管制严重制约了银行业处置不良资产的积极性。

2000 年国务院颁布《金融资产管理公司条例》（国务院令 297 号），2001 年，最高人民法院《关于审理涉及金融资产管理公司收购、管理、处置国有银行不良贷款形成的资产的案件适用法律若干问题的规定》（法释〔2001〕12 号）司法解释，此后最高人民法院、财政部、银监会相继出台了一系列政策性规范文件，我国四大 AMC 处置不良资产有了基本的法规与政策依据。

与四大 AMC 完全不同的是，银行业的不良资产处置不仅缺乏基本的法律规制，甚至连统一的政策都未能出台，银行业不良资产处置政策十几年来处于一种摇摆状态。2001 年，中国人民银行针对中国人民银行上海分行《关于商业银行将借款合同项下债权转让给非金融机构的行为是否妥当的请示》做出的《关于商业银行借款合同项下债权转让有关问题的批复》（银办函〔2001〕648 号）中指明，由贷款而形成的债权及其他权利只能在具有贷款业务资格的金融机构之间转让。未经许可，商业银行不得将其债权转让给非金融企业。银行业向社会投资者转让不良债权完全处于停滞状态，个别银行业金融机构试图突破政策藩篱，但是被人民法院依据该批复弄得鼻青脸肿。2005 年 11 月，某国有商业银行某地分行将一笔本金为 1 850 万元、利息约 600 万元的不良债权以全价转让给一家公司，但债务人对这一转让提出质疑并将该银行告上了法庭。法庭援引银办函〔2001〕648 号批复判决转让行为无效。对此，业界争议始终未停，即便是《银行业监督管理法》颁布之后，争议亦未停止。《银行业监督管理法》第 19 条规定，未经国务院银行业监督管理机构批准，任何单位或者个人不得设立银行业金融机构或者从事银行业金融机构的业务活动。《贷款通则》第 21 条规定，贷款人必须经中国人民银行批准经营贷款业务，持有中国人民银行颁发的《金融机构法人许可证》或《金融机构营业许可证》，并经工商行政管理部门核准登记。

2009 年，中国银监会办公厅《关于商业银行向社会投资者转让贷款债权法律效力有关问题的批复》（银监办发〔2009〕24 号）下发，似乎解决了不良债权转让的合法性问题。该批复明确银行转让债权不属于违反法律、行政法规的强制性规定，应被认定合同有效。商业银行可以将贷款债权转让给自然人、其他组织，以及金融机构和非金融机构法人。转让具体贷款债权的行为属于债权人将合同的权利转让给第三人，并非向社会不特定对象发放贷款的经营性活动，不涉及从事贷款业务的资格问题，受让主体无须具备从事贷款业务的资格。同时，该行为也不是一种规避“非金融企业之间不得借贷”的行为。但是，银行不良债权的转让并没有因此得到各方政策的支持。各部委诸多涉及不良资产处置的文件多数都缺乏支持性规定或指导，即便是财政部、银监会《金融企业不良资产批量转让管理办法》（财金〔2012〕6 号）同样以规范的名义限制了不良资产的批量转让，10 户以上就是批量的界定明显缺乏科学依据，只为银行规避监管创设了条件。再如，对债务人或担保人为国家机关的资产，经国务院批准列入全国企业政策性关闭破产计划的资产，国防军工等涉及国家安全和敏感信息的资产明确不得转让。

2015 年下半年，最高人民法院执行局曾专门召开部分地方法院、国家有关部委、银行业协会、四大资产管理公司等人员集中研究能否变更金融不良资产受让人为申请执行人、金融不良债权受让人能否全额受偿本息以及是否区分债务人的企业性质三个问题。部分法院法官坚持为防止国有资产流失、个别人一夜暴富，应当限制银行不良资产向社会转让，不支持社会受让人在不良资产转让过程中获利，对债务人为国有企业的受让人对债权的执行受偿不得超过支付对价。防止国有资产流失并非人民法院的职责，人民法院依法司法是其根本所在。银行不良资产转让后性质发生了质变，并非国有资产，况且当今的银行已非清一色的国有银行。个别人购买银行转让的不良资产获得巨额利益需要我们反思的是：为什么在银行内有效的债权没有得到执行，为什么转让给四大 AMC 也没有得到有效的执行，为什么转让给个人就会实现债权而一夜暴富。用计划经济的思维人为限制转让不良资产的主体并不能解决道德风险问题。

财政部《金融企业呆账核销管理办法（2017 年修订版）》（财金〔2017〕90 号）相比之前的 2010 年版本，的确放松了金融企业核销呆账的条件，简化了核销程序，健全了呆账核销与责任追究机制，进步明显。但是一个主体多元化的金融体系，并非都应当适用该办法，股份制银行、城市商业银行、农村信用社、农商行、农村合作银行应当拥有更多的呆账核销自主权。财政部《金融企业呆账核销管理办法（2017 年修订版）》在支持银行业不良贷款贷展核销规定方面限制银行业不良资产转让的政策一直在持续，银行在夹缝中创新也屡屡碰壁。从规范理财到规范信托，涉及银行不良资产处置的文件越来越多，银行处置不良资产已经习惯了打游击。《关于规范金融资产管理公司不良资产收购业务的通知》（银监会〔2016〕56 号）（以下简称《通知》）则首次明确禁止了银行不良资产借道四大资产管理公司通道出表的行为，"堵邪门、走正道"，11 处"不得"让很多银行叫苦不迭。《通知》要求，资产公司收购银行业金融机构不良资产时，要实现资产和风险的真实、完全转移；不得与转让方在转让合同等正式法律文件之外签订或达成影响资产和风险真实性完全转移的改变交易结构、风险承担主体及相关权益转移过程等的协议或约定，不得设置任何显性或隐性的回购条款，不得违规进行利益输送，不得为银行业金融机构规避资产质量监管提供通道。资产公司委托银行业金融机构协助或代理处置不良资产，不得约定各种形式的实质上有受托方承担清收保底义务的条款。中国银行间市场交易商协会发布的《不良贷款资产支持证券信息披露指引（征求意见稿）》及配套表格体系，也进一步细化了银行不良资产 ABS 的披露规则。目前，中国银保监会银监会正在制定《金融企业债务重组管理办法》，把监管权力深度延伸到信贷契约领域。

面对银行业不良资产大幅度增长的态势，放松不良资产处置监管政策刻不容缓。一是要把《商业银行法》规定的"商业银行以安全性、流动性、效益性为经营原则，实行自主经营，自担风险，自负盈亏，自我约束"落到实处，赋予银行自助按市场真实价格出售单笔或单户不良资产的权利。二是明确一般市场主体可以自由参与购买银行出售的不良资产。三是尽快制定不良资产证券化以及债转股相关办法，防止"次级债"风险重演。四是国务院法制部门应组织制定《银行业不良资产处置条例》，依法规范银行业不良资产的处置行为，明确银行不良资产处置的基本原则、方式、方法、程序、监督以及法律责任。五是司法机关亦应尽快针对银行业处置不良资产的需求出台审理银行业不良资产处置纠纷的司法政策，规范审理、执行银行业不良资产处置过程中的法律问题，为建立银行业不良资产处置的良性生态环境奠定基础。

值得欣慰的是，最高人民法院已经着手起草《金融债权转让若干规定》司法解释，并将明确废止最高人民法院于 2009 年发布的《关于审理涉及金融不良债权转让案件工作座谈会纪要》。

第三节　联合授信与债委会工作

《联合授信管理办法》第三十二条规定：当企业可能发生偿债风险时，联合授信委员会应与企业的其他债权人联合组建债权人委员会，集体研究债务重组等措施，有序开展债务重组、资产保全等相关工作。该规定有效地衔接了联合授信机制与债委会工作。债委会工作是联合授信风险预警的重要组成部分。正确认识并把握债委会性质等问题，有利于深化联合授信风险的管控工作。

一、银行业债委会政策的缘起

2014 年 2 月 14 日，中国人民银行、国家发展与改革委员会、中国银监会等八部委印发《关于金融支持工业稳增长调结构增效益的若干意见》，提出推动工业去产能、去库存、去杠杆、降成本、补短板、加快工业转型升级战略目标，退出僵尸企业成为银行业重要工作任务。2016 年初，在全国银行业监管工作会议上时任主席的尚福林在讲话中提出“探索完善贯彻创新、协调、绿色、开放、共享发展理念的体制机制”“提升银行业市场化、多元化、综合化处置不良资产的能力”“组建债委会”等新的监管要求。为防止个别债权人单独行动，影响处置大局，中国银监会在 10 个多月的时间里先后下发《关于做好银行业金融机构债权人委员会有关工作的通知》（银监办便函〔2016〕1196 号）（以下简称“1196 号文件”）和《关于进一步做好银行业金融机构债权人委员会有关工作的通知》（银监办便函〔2017〕802 号）（以下简称“802 号文件”）两个文件，规范推动银行业债委会工作，要求大型企业的债权银行成立债委会，强调既要支持当地实体经济发展，又要有效保全银行资产。

银行业债委会这一特殊机制独立于《企业破产法》中债权人委员会而被广泛运用。截至 2019 年初，全国已建立银行业债委会 1.9 万家，帮扶企业 4 854 家。一方面，债委会如同雨后春笋茁壮成长，波澜壮阔，成绩显著；另一方面，债委会相关的规则、政策、法律等问题层出不穷。

二、债委会组建的基本原则

根据 1196 号文件规定，对于债务规模较大，并有三家以上债权银行的成立债权人委员会，按“一企一策”的原则确定增贷、减贷、重组等处置措施，债委会原则上应于 3 月底前组建成立。1196 号文件成为银行业组建债委会工作的行动总则。部分银监局立即将组建债委会工作毫不犹豫地安排给当地银行业协会，部分银行业协会按照“三三制”（三户以上、债权 3 亿元以上）的要求，迅速组织银行业金融机构签署“债权人协议”，“逢债必组”成为时尚。

债委会有无必要逢债必组？回答是否定的。1196 号文件对各地债委会组建工做出现的偏差进行了纠正，轰轰烈烈的债委会组建工作告一段落。确定明确的工作重点，是债委会有效运行的基础和前提。802 号文件则进一步明确困难企业的具体标准：一是金融债务规模较大、对区域性金融风险影响较大的困难企业；二是国家确定的重点行业中，出现暂时困难的大中型企业，如国家强调去产能涉及的钢铁和煤炭两行业。逢债必组的不良倾向得到了有效的纠正。对于已经组建的债务正常企业的债委会，应该如何解决，个人认为应当停止运行，避免不良影响。

三、银行业债委会的性质把握

组建债委会风生水起，债委会的法律地位如何？2009 年中国银行业协会曾印发《关于建立债权人联席会机制指导意见》，对债权人联席会议的法律性质并未做出实质性认定。实际上，无论联席会议还是债委会都是银行为保护债权而设立的临时性组织。从中国银行业协会内部运行机制上看，能够经主管机构首肯并经民政部审批的即成立专业委员会，不便申请设立专业委员会的则成立联席会议，代行专业委员会的职能。2015 年以后，是否设立专业委员会等内部机构事宜，民政部已经依法不再审批。目前，中国银行业协会联席会议越来越少，但债权人联席会机制指导意见尚未废止。

1196 号文件则明确规定："债委会是由债务规模较大的困难企业三家以上银行业金融机构发起成立的协商性、自律性、临时性组织"，协商性、自律性、临时性的"三性"清晰表明了债权人委员会的法律地位。协商是债权银行之间在平等自愿的基础上，通过协调、沟通、商洽就债权保护达成一致的过程，协商也表明债权银行之间不仅法律地位完全平等，而且组建债委会应充分尊重债权银行的自主权。自律即遵循法度，自加约束。换言之，债委会相关规则系由债权银行之间通过协商议定，加入债委会的银行自觉遵从，而非法律法规乃至监管要求刚性约束。临时性不仅是债委会的重要特点，也表明债委会的使命时效，债务问题化解完成债委会自然使命终结，债权银行最为担心的是债委会运行遥遥无期，即便想核销贷款，却得不到债权无法受偿的法律证明文件。802 号文件明确提出债委会要纳入银行内部管理体系，要求主席行承担主要责任，履行好债委会发起、筹备、成立、日常运行及协调、报告情况等 6 个责任，整体而言均为自律责任的性质。自律与他律相对应，有的时候他律或许更有效，而法治社会的他律必须合法。

四、债委会的运行规则

债委会组建债权银行的权利，不仅涉及债权银行的权益保护，更涉及债务人法定或约定合同义务的履行。债委会依据什么原则运行对化解银企债务至关重要。债委会应当按照市场化、法治化、公平公正的原则开展工作，债委会实施债务重组的，应当采取多方支持、市场主导、保护稳定的措施，积极争取企业发展有利条件，实现银企共赢。

这是中国银监会首次明确债委会开展工作的基本原则，对照银行业监管会议上尚福林主席提出"提升银行业市场化、多元化、综合化处置不良资产的能力"的要求，其原则少了一项，即多元化的原则，市场化、法治化、多元化三化一体似乎更顺一些，法治化已经蕴含了公平公正原则的基本内涵，若确实采用市场化方法处置银行债权，公开则是必然的选择，公平是客观的结果。反思一下，缺少了多元化，似乎监管机构并不希望各方主体过多介入债委会指导、监管工作。债委会的组建运行应当服从企业债务的实际情况，从债务人主体性质上说，由国有的企业，也有民营的企业。从企业债务构成上看，大多数是以银行债务为主，但是也有信托、租赁以及融资租赁，还有 VC、PE 或者民间借贷。从债务危机的渊源上看，有的确实系经营不善或市场变化引起债务劣变，有的因为政府产业政策调整导致经营不善，也有的因为企业法定代表人涉嫌犯罪而无法维系正常生产。解铃尚须系铃人，应当针对企业性质、债务状况乃至公司治理结构科学合理确定债委会的运行原则。江苏雨润集团债委会的银行业金融机构的主导部门是江苏省银监局，但是要想处理好雨润债务问题，根本离不开省政府及有关部门。从这个意义上来说，多元化运行远胜于空洞的公平公正原则。802 号文件则要求积极向当地政府报告企业的风险化解情况，对于风险化解中的重大问题，各地银监局要及时向中国银监会报告。事实上，监管机构在债委会运行中仍然具有特殊的作用。

市场化、法治化、多元化的原则更多地应体现在企业债务的整体处理上，三化原则对银行业金融机构内部而言并无实际意义。因为债委会本是自律性组织，所以更应强化市场化、法制化、多元化原则对政府等外部机构的约束，这样，债委会的原则或许会更有意义。

债委会的职责是依法维护银行业金融机构的合法权益，推动债权银行业金融机构精准发力、分类施策，有效保护金融债权，支持实体经济发展。债委会按照一企一策的方针集体研究增贷、稳贷、减贷、重组等措施，有序开展债务重组、资产保全等相关工作，确保银行业金融机构形成合力。

五、银行债权处置的自主权

如前所述，债委会既然是自律性的临时组织，毫无异议，债权银行应当是债委会的主人。债委会可以由债权银行业金融机构自行发起设立，债委会要明确主席单位和副主席单位，启动相关工作。债务企业的所有债权银行业金融机构和中国银监会批准设立的其他金融机构原则上应当参加债委会，非中国银监会批准设立的金融机构债权人，也可以加入债委会。

债委会主席单位原则上由债权金额较大且有协调能力和意愿的一至两家银行业机构担任，副主席单位可以由代表债权金额较大的银行业金融机构和代表债权金额较小的银行业金融机构共同组成，其他债权金融机构应当按照要求出席相关会议，债委会应当设立工作组，负责日常工作。债委会原则上由企业所在地的债权银行业金融机构组建，涉及中央企业的企业集团，可以在总行层面组建债委会。802 号文件重点强调，债委会要切实担负起主体责任，及时成立工作小组，积极推动债委会各项工作，主席行要切实负起主要责任，副主席行和其他成员要做好配合工作。

值得注意的是，有关监管机构应当坚持法治原则，不能轻易以行政权力干涉银行业金融机构依法维护债权行为，要充分尊重银行债权处置的自主权。

六、纾困资金的特殊保护

债委会的通知指出："为保证企业的正常运营，企业提出的新资金需求有充分理由的，债委会可以通过组建银团贷款、建立联合授信机制或封闭式融资等方式予以支持"。2019年2月，中国银保监会下发《关于进一步加强金融服务民营企业有关工作的通知》（银保监发〔2019〕8号），提出公平精准有效开展民营企业授信业务，从实际出发帮助遭遇风险事件的民营企业融资纾困。其中第十五条提出，对暂时遇到困难的民营企业，银行保险机构要按照市场化、法治化原则，区别对待、一企一策，分类采取支持处置措施，着力化解企业流动性风险。对符合经济结构优化升级方向，有发展前景和一定竞争力但暂时遇到困难的民营企业，银行业金融机构债权人委员会要加强统一协调，不盲目停贷、压贷，可提供必要的融资支持，帮助企业维持或恢复正常生产经营；对困难较大的民营企业，可在平等自愿的前提下，综合运用增资扩股、财务重组、兼并重组或市场化债转股等方式，帮助企业优化负债结构，完善公司治理；对于符合破产清算条件的"僵尸企业"，应积极配合各方面进行破产清算。监管政策的导向从封闭贷款支持转化为纾困资金支持。

1999年7月26日，中国人民银行、国家经贸委、国家计委、财政部、国家税务总局发布《封闭贷款管理暂行办法》（银发〔1999〕261号），该办法第二条界定：封闭贷款是指贷款人对因资产负债率较高、亏损严重，按照正常条件不能取得贷款，但政府已决定救助的国有工业企业发放的流动资金贷款。第十四条规定，贷款在封闭运行期间，贷款人不得从专户中扣取老的贷款和欠息；企业不能用其支付拖欠的工资，不得用专户上的资金支付企业的其他债务支出；有关部门不能从专户中扣收老的欠税及各种费用；司法部门不应以企业其他债务纠纷为由，冻结封闭贷款账户和扣收专户资金。1999年8月5日，中国人民银行、国家计委、财政部、外经贸部和国家税务总局又联合下发了《外经贸企业封闭贷款管理暂行办法》（银发〔1999〕285号）。

2000年1月，最高人民法院下发关于执行《封闭贷款管理暂行办法》和《外经贸企业封闭贷款管理暂行办法》中应注意的几个问题的通知指出：封闭贷款是商业银行根据国家政策向特定企业发放的具有特定用途的贷款，为保证这项工作的顺利进行，使封闭贷款达到预期目的，明确人民法院审理民事经济纠纷案件，不得对债务人的封闭贷款结算专户采取财产保全措施或者先予执行。人民法院在执行案件时，不得执行被执行人的封闭贷款结算专户中的款项，如果有证据证明债务人为逃避债务将其他款项打入封闭贷款结算专户的，人民法院可以仅就所打入的款项采取执行措施。如果债权人从债务人的封闭贷款结算专户中扣取了老的贷款和欠息，或者扣收老的欠税及各种费用，债务人起诉的，人民法院应当受理，并按照《封闭贷款管理暂行办法》《外经贸企业封闭贷款管理暂行办法》的有关规定处理。

值得注意的是，2014 年 12 月 29 日，中国银监会、最高人民检察院、公安部、国家安全部印发《银行业金融机构协助人民检察院公安机关国家安全机关查询冻结工作规定的通知》（银监发〔2014〕53 号），文件第二十一条规定 14 类财产和账户不得冻结：封闭贷款专用账户（在封闭贷款未结清期间）就是其中之一。

银监发〔2014〕53 号规定，人民法院在执行相关企业债务时不应冻结封闭贷款账户，或者在冻结后，债权银行提出证据证明的应当解除。然而，在实际工作中，即便是银行承兑汇票保证金和信用证开证保证金，个别法院也不顾最高人民法院的明确规定，查、冻、扣丝毫不误，任凭银行苦苦申诉。封闭贷款在困难企业账下被查、冻、扣的可能性极大。按照最高人民法院《办理执行异议和复议案件若干问题的规定》（〔2015〕法释 10 号）第二十五条（三）的规定，案外人提出执行异议涉及银行存款按照金融机构登记的账户名称判断。封闭贷款在法律上属于被执行困难企业的存款，银行只能以案外人身份提出异议。特别值得注意的是，《银行业金融机构协助人民检察院、公安机关、国家安全机关查询冻结工作规定的通知》签发单位不包括最高人民法院，如果有证据证明债务人为逃避债务将其他款项打入封闭贷款结算专户的，人民法院则可以对相应的款项及孳息采取执行措施。

802 号文件虽然强调做好司法衔接，但对封闭贷款、纾困资金的保护问题并未做出进一步的规定。

七、债委会相关关系的把握

老子曾说过："人法地、地法天、天法道、道法自然。"这应该是一切规范的通则。债委会通知指出，各银行业金融机构要建立债委会相关工作的授权沟通机制，将债委会工作纳入内部管理体系，建立授权沟通机制，适当下放权限，确保债委会工作高效、有序开展。债委会成立后，主席单位应当以债委会的名义将债委会成立情况、重要事项等及时向银行业监督管理机构报告。债委会组建过程中银行业金融机构为了有效维护合法权益，必将涉及多个方面的关系，正确处理相关关系对于债委会正常运行具有特殊意义。

平等保护债委会中债权人权益。债权人之间的关系直接关乎债委会能否成立以及有序运行。银行业金融机构主体之间应当是民事权利平等关系，银行业金融机构之间必须尊重每一机构的合法权益，政策性银行、国有大型银行、股份制银行、城商行、农商行、农信社乃至村镇银行的基本权利应当平等，区域内的银行业金融机构与区域外的银行业金融机构之间的权利义务同样平等，银行业金融机构之外的其他债权人在法律地位上与银行业金融机构之间也是平等关系。鼓励金融资产管理公司、地方资产管理公司积极参与债务重组等相关工作，当然也要依法平等地保护其利益。

依法依约处理与债务企业之间的关系。借贷双方虽然法律规定地位平等，但在贷款逾期时“黄世仁”与“杨白劳”的法律地位会立即反转。债权银行不仅要明晰债权、抵质押担保、保证等基本法律关系，而且还要采取恰当措施督促债务企业依法依约履行合同约定的按时偿还贷款本息的义务。

及时向监管机构报告债委会工作。按照债委会文件规定，债委会成立情况、重要事项等都需要向银行业监督管理机构报告，银行业监督管理机构依法对债权人委员会和金融债务重组等工作进行指导、协调和监督。802 号文件要求，各银监局应依法合规加强对债委会的指导，对于债委会运行过程的重大问题和重要事项及时进行协调。监管机构应当依法强化对债委会工作的指导性，规范监管机构对债委会工作的指导行为。

加强债权银行与政府金融办等机构的沟通联系。组建债委会不可能完全是债权人自己的事情，更不可能是监管机构自己的事情。“揽权并不可取，放手才是真爱”，债委会妥善处理与政府机构之间的关系，对保护银行权益、维护正常金融秩序具有特殊意义。802 号文件要求，各银监局要高度重视与地方政府的沟通工作，积极向当地政府报告困难企业的风险化解情况，会同地方政府、债委会共同商讨重点企业的风险化解工作，逐户制定风险化解方案。

加强与司法机构的沟通协调。802 号文件指出，对采取协议并司法重组方式，需要进入破产重整程序的，债委会应与管辖法院进行沟通协调，寻求支持，主动参加由有关部门、机构的人员组成的清算组或向法院推荐破产管理人。

八、债委会协议的协商履行

在民主的语境下，多数人的智慧和利益自然变成了被重视和尊重的。法律和政策的制定都是来自于多数人的意见，法律和政策的执行者也是众人的代表。少数人的智慧与利益，要么是法律惩罚，要么是被大众孤立。托克·维尔将这种以多数人名义行使的无限权力称之为“多数人的暴政”。以民主的名义剥夺少数人权益是否公正公平有待商榷。

债委会应当制定议事规则，所有债权金融机构按照议事规则开展活动。重大事项、主要议题由主席单位及副主席单位召开会议共同协商，达成共识后，形成会议纪要。重大事项的确定，原则上应当同时符合以下条件：一是经占金融债权总额三分之二以上比例债委会成员同意；二是经全体债委会成员过半数同意。

债委会是协商自律性组织。债委会成员应当签署《债权人协议》。《债权人协议》是债委会有约束力的法律文件，协议内容包括但不限于以下事项：债委会组织架构、议事规则、权利义务以及共同约定、相关费用等。债权银行遵循平等自愿协商原则签署的协议，虽然未经司法或者仲裁机构确认，但对当事人依法应当具有约束力，债权人应恪守契约精神，违反了协议约定应当承担违约责任。

九、违约与失信行为的惩戒

债委会成员违反合同约定应当承担违约责任。在债委会工作中，一家金融机构违约会产生什么样的法律后果具有明显的不确定性。某银行规定全国分支机构均不加入各地债委会，在债委会组建过程中，对有抵质押担保的债权均采取了财产保全措施，导致债务人不愿意配合多数人决策的债务重组方案“流产”，不配合的某银行同样振振有词：我们是依法依约维权。

债务人违约银行可以研究失信惩戒，债权人之间违约如何追究责任。一般来说，行业协会章程中均有违反维权公约应当承担违约责任的规定，如通报、劝其退会等，但是全国200多家银行业协会从成立至今尚未发生过劝其退会的案例，因为劝其入会尚须监管机构做后盾才有了行业协会正常运行的基本保障。纵观部分《债权人协议》条款，对债权人违约责任尚无明晰约定。即便是债委会主席或副主席，同样对违约的债权银行无可奈何。从以往债委会运行成功案例看，主席单位发挥牵头作用，每次会议邀请监管机构与行业协会参加，似乎对债权银行能够起到“拉大旗作虎皮”的作用。监管机构、行业协会强化对债委会的工作指导，或许其根本就在于此。

通过研究债权人在债委会中违约的实例，可以看出，个别债权人不遵从《债权人协议》的根本原因在于债委会不能完全保证其与债务人约定的利益或者法律赋予债权人的利益。“债权银行业金融机构应当一致行动，切实做到稳定预期、稳定信贷、稳定支持，不得随意停贷、抽贷，可以通过必要的、风险可控的收回再贷、展期续贷等方式，最大限度地帮助企业实现解困。”当债委会的一致行动影响了个别债权人的债权实现情形，债权人银行是否有权退出债委会？既然是自律性协商组织，债权银行为了维护自己的合法权益有权退出债委会，但是违反成员银行协议，甚至给其他成员银行造成损失的依约应当承担违约责任。

债委会成员存在严重违约失信行为的，银行业协会可以采取失信惩戒措施，情节严重的，可以提请监管机构进行行政处罚。对于债委会工作中债务人包括担保人严重失信的，同样应当依约要求其承担违约责任，情节严重的，银行业协会、银行业金融机构亦可采取失信惩戒措施，直至列入涉金融失信惩戒名单。银行业金融机构更应该侧重于债务人违约与失信的研究，这也是组建债委会工作的根本所在。

十、银行业协会作用的发挥

1196号文件规定，支持银行业协会在债务重组等工作中发挥积极作用，802号文件则强调，各银行业协会应积极配合银监局的相关工作。在债委会两个文件中，共计28项内容中涉及行业协会。发挥银行业协会职能作用，对于银行债权保护至关重要，因此，在债委会运行中，任何机构都不应排除或者间接排除行业协会作用的发挥。银行业协会亦应按照章程之规定，翔实制定债委会工作规则或实施细则，发挥自律、维权、协调、服务的基本职能，当仁不让地履行在债委会运行中的职责，维护银行业金融机构债权的安全。

对于企业出现重大债务危机，涉及跨省（市、区）众多银行业金融机构的，应探讨建立中国银保监会指导、中国银行业协会牵头实施的全国性债委会工作机制。各地银行业协会亦应积极担负起债委会特殊职责，及时总结银行业协会服务于债委会的工作经验，适时制定银行业债委会工作自律公约，以有效的自律措施推进银行业债委会工作机制的完善。

需要指出的是，既然债委会是以维护银行债权、帮扶困难企业为己任，监管机构应在相关文件中明确行业协会在债委会中的具体职责，依法约束债委会工作中的“有形”之手，进一步提升银行业协会在防控与化解金融风险中的特殊作用。

十一、银行债权保护机制的完善

从现实看，债委会工作可能是银行业金融机构的一项长期工作，协商自律性组织决定了其法律地位，市场无形之手应当发挥更大作用。市场化、法治化、多元化不仅要写在文件上，更要落实在行动上。银行业金融机构是债委会的法定主人，行业协会在债委会中的作用应当进一步加强。

债委会不仅要联合处置债务，更应联合开展授信额度管理，把债委会工作纳入联合授信风险管控的全流程管理，发挥银行业金融机构依法维权的能动性，淡化政府部门、监管机构在债委会中的作用，真正以市场化、法制化原则处理银行与企业的债权债务。

《怒火救援》中主角克雷赛曾说过“原谅他们是上帝的事情，我的任务是送他们见上帝”，这一说法或许更适用于僵尸企业。“支持工业企业积极稳妥化解产能过剩，对产能严重过剩行业未取得合法手续的新增产能建设项目，一律不得给予授信；对长期亏损、失去清偿能力和市场竞争力的‘僵尸企业’，或环保、安全生产不达标且整改无望的企业及产能，坚决压缩退出相关贷款”。该退出的银行业金融机构坚决要退出，这是市场化解决企业债务危机最有效的方法。

政府、监管机构、司法机关以及行业协会联合起来打击逃费银行债务，是市场经济法治化的基本保障。银行业监管机构、金融机构以及行业协会，应不断总结债委会工作经验，推动《企业破产法》等法律制度完善，尽快制定《银行业不良资产处置条例》，制定《银行业金融债务重组办法》等监管规制，并通过联合授信机制有效运行，强化企业债务风险预警，强化企业债务包括或有负债信息的共享，强化契约精神与失信惩戒措施，努力减少企业债务危机，有效保护银行业金融机构与企业的合法权益。

无论是过去、现在，还是将来，对于银行业而言，债权保护重于泰山。

第四节 联合授信与破产强裁问题

银行业金融机构过度授信、企业过度融资，其严重的后果是导致企业出现债务危机，甚至出现破产重整。破产重整是对陷入经营困境但有挽救希望与价值的企业，通过对各方利害关系人的利益协调，进行营业重组与债务清理，使企业避免破产获得再生的法律制度。

破产重整程序具有强制性，在符合法定条件的情况下，即使部分表决组反对，人民法院可以裁决文书方式强制批准重整计划，即通常所言的破产强裁。强制批准的重整计划在确定债权受偿方案方面具有强制法律效力，为防止损害相关利害关系人的权益，实务中应审慎适用。有关协会调查显示，我国上市公司破产重整案件中以强裁方式批准的重整计划占比高达四成以上，债权人尤其是银行业金融机构对此反应十分强烈，在某些破产重整个案中，在特定因素的作用下，强裁不仅损害了债权银行的合法权益，还损害了法律的公信力。在南方某省发生的一起破产强裁案件中，法院批准通过的重整计划让超过 200 亿元银行债权灰飞烟灭，引发了广泛的舆论关注和争议。在当前去产能、降杠杆、实施供给侧改革的背景下，如何有效应对破产强裁问题，如何保护银行债权，如何防范假借破产重整之名逃废银行债务，需要引起银行业的高度重视。

一、一起反响强烈的强裁案件

S 集团是全球产业化光伏产品制造商，拥有境外母公司和 5 家境内生产实体。2011 年以来，受全球产能过剩和市场下跌等因素的影响，S 集团陷入经营困境，资金链断裂，银行贷款大面积逾期。2015 年 11 月，Y 市中级人民法院裁定 S 集团下属 4 家子公司破产重整，确认申报的有效债权为 454 亿元，银行债权为 271 亿元。2016 年 8 月，管理人制订了重整计划草案提交债权人会议第一轮表决，包含各债权银行在内的有财产担保债权组和普通债权组均未通过。2016 年 9 月初，管理人将调整后的重整计划草案提交债权人进行第二轮表决，仍未获得通过。2016 年 9 月 30 日，Y 市中级人民法院在债权银行强烈反对下裁定批准重整计划，终止重整程序。按照重整计划，该 4 家子公司的普通债权受偿率仅为 3.4%～11.85%，银行债权含以股抵债的受偿额不到 40 亿元，整体受偿率约 14.75%。

有关债权银行通过不同渠道反映 S 集团破产强裁损害银行权益问题，媒体对此进行了大量报道，银行业协会专题召开了某集团破产重整债权保护问题座谈会，债权银行对 S 集团以破产强裁方式解决债务问题极其反感，加之重整计划先天缺陷，2017 年 S 集团破产重整计划夭折，其 4 家子公司全部进入破产清算模式。

二、破产强裁案件反映的主要问题

（一）债权人最大利益原则形式化，普通债权受偿比例普遍较低

实现债权人利益最大化是破产重整的重要任务。根据《企业破产法》第八十七条（三）项规定，法院强制批准重整计划应遵循债权人最大利益原则，即若普通债权组反对重整计划草案，则该重整计划草案必须保证普通债权所获清偿不低于其在破产清算中所获清偿，目的在于保护对重整计划持反对意见的少数派利益。在一些破产强裁案件中，债权人最大利益原则存在形式化倾向，破产管理人在制订重整计划中确定重整债权清偿率时，只是在清算债权清偿率的基础上增加一定比例，仅仅在形式上满足了最大利益原则，如 ＊ST 帝贤 B 重整债权受偿率为 3%，仅高于清偿债权受偿率 2 个百分点；山西海鑫钢铁重整债权受偿率为 4.01%，仅高于清偿债权受偿率 0.66 个百分点。有关研究显示，我国上市公司重整计划确认的普通债权清偿率普遍为 1 ~3 折，长期处于偏低水平。实际上，在重整程序中适用“模拟清算价值”进行强裁的取向并不公平，清算价值只是法院批准重整计划必须满足的底线，在 S 集团子公司破产重整中，债权人的主要异议之一即是破产管理人采用了资产重置估值法而非收益法进行资产评估，导致资产估值严重缩水，债权清偿比例过低。

（二）绝对优先原则偏离，普通债权人实际损失往往大于企业股东

强裁适用的另一前提是绝对优先原则，指如果任一表决组反对重整计划，则该重整计划必须保证在该表决组获得充分清偿之后，在优先顺序上低于该表决组的其他表决组才能获得清偿。这一原则在我国企业破产法中主要适用于普通债权与担保债权等优先债权的分配，在普通债权与股东之间的分配则没有规定。这导致《破产法》实施以来，多个强裁案例出现普通债权被大幅削减，而股东权益不受损或受损较少的情形。有关研究显示，在上市公司破产重整案件中，中小股东权益削减比例为 10% ~25%，而普通债权人的权益削减比例则高达 70% ~90%。普通债权人与股东之间的重整利益分配普遍存在背离绝对优先原则的现象，S 集团破产重整尤其是强裁后债权银行的损失极其严重，甚至政府组织实施维稳信贷亦未达到全部清偿，S 集团的股东利益反而得到了隐形的保护。

（三）重整程序的透明度低，债权人参与诉求无法满足

破产重整本质上是一种谈判制度，重整计划作为重整程序的核心内容，在确定债权削减比例、偿债方式、出资人权益调整、重组方投资方案等方面都需要各方利害关系人进行谈判和协商。在我国破产重整实务中，债权人除了申报债权和对重整方案进行表决投票以外，并无实质性的参与活动。涉及管理人的选定、资产评估过程、意向重整方的谈判确

定、重整计划制定等重整程序中的重大事项，债权人在一般情况下均无发言权，也没有法定程序保障其充分参与。在S集团子公司破产重整过程中，重整草案出台前后，债权银行多次提出参与战略谈判、及时披露相关信息等诉求，但破产管理人未听取债权人意见并及时做出回应，债权银行职责破产管理人严重不履职，在未与主要债权银行达成一致的情况下开创法院强裁先例，引发强烈的情绪对抗。

（四）强裁后的救济程序缺失，债权人只能被动接受

破产重整计划无一例外地伴随着债权人的权益牺牲，债权人往往需要做出包括削债、延期清偿、强制置换股权、停止行使担保物权等在内的多项实体权益让渡来支持困难企业进行重整。根据我国《企业破产法》的规定，破产重整计划草案强制裁定批准后即生效，债权人并没有对强裁决定复议或者上诉的权利，只能被动接受和履行重整计划确定的各项义务，这对于权益受到实质损害的债权人来说是极不公平的。在一些破产法律制度较为发达的国家，均给利益受损的当事人提供了基本的程序保障。如美国《破产法》规定，法院强制批准重整计划必须举行听证会，听取各利害关系人的意见。日本《公司更生法》也规定，法院强制批准重整计划时，债权人可以就更生计划的认可或不认可陈述意见。

三、银行应对破产强裁策略

（一）充分发挥债权人委员会的监督维权功能

根据《企业破产法》规定，破产管理人虽然在法院主导下负责破产清算、重整或和解的具体事务，但同时要接受债权人会议和债权人委员会的监督。债权人委员会可以要求管理人在重整过程中做出阶段性工作报告，对其职权范围内的事务做出说明并提供文件，以此了解重整的进程及有关信息，及时提出意见和诉求。如管理人存在不能依法公正执行公务，或者有损害债权人利益行为的，债权人委员会应及时提出异议，必要时通过债权人会议申请法院更换管理人。在破产重整过程中，债权银行要充分用好债权人会议及债权人委员会的各项监督职权，发挥联合协同作用，督促管理人尽责工作，维护债权人合法权益。

（二）运用实质合并原则申请关联企业一并破产

对于一些集团公司子公司选择性破产问题，债权银行可以借鉴破产制度上的实质性合并原则，对于人格混同、资产难以分离的关联企业，在其破产时采取合并破产的方式，集中对其资产和债务进行清理。S集团宣告破产时，并未将其经营效益良好的子公司纳入破产范围，若债权银行申请其相关子公司一同破产，不仅可以解决S集团关联企业之间的复杂交易关系，也可以实现债权人之间的实质公平，提供司法效率，阻止S集团的逃废银行债务的恶行，破解地方政府对企业破产行为的不当干涉。

（三）运用《民事诉讼法》规定实现强裁后的程序救济

现行《企业破产法》虽然没有赋予债权人对强裁决定提起复议或上诉的权利，但根据该法第4条规定："破产案件审理程序，本法没有规定的，适用民事诉讼法的有关规定。"《民事诉讼法》第199条规定："当事人对已经发生法律效力的判决、裁定，认为有错误的，可以向上一级法院申请再审。"据此，债权银行认为法院做出的强制批准重整计划裁定确有错误的，可以向上一级法院申请再审。该救济途径在＊ST新亿破产重整再审案中已经得到确认。2016年1月4日，新疆塔城中院强制裁定批准该公司重整计划，相关当事人对此向新疆高院提起了再审。2016年6月16日，新疆高院决定受理该起再审案件。这给破产强裁后的程序救济提供了参考样本。

（四）关注重整计划的后续执行并及时申请终止

重整计划被批准后，债权银行应继续关注重整程序的执行情况和重整企业的经营管理情况。《企业破产法》规定，债务人不能执行或者不执行重整计划的，或是存在债务人有欺诈/恶意减少债务人财产或者其他显著不利于债权人的行为，债务人的经营状况和财产状况继续恶化情形的，债权银行可以申请法院裁定终止重整计划的执行，裁定终止后，债权人在重整期间做出的债权调整承诺失去效力，重整案件转为破产清算案件。对破产强裁明显违背银行意志、损害债权银行利益的，必要时债权银行可主动行使该项权利保护自身利益。

（五）切实提升银行破产债权的清收处置水平

破产案件是专业性很强的一类案件，银行过去参与处理的破产案件总体上数量有限，没有太多的经验可以借鉴。在法院受理破产案件的条件逐步放宽、地方政府越来越多通过破产程序解决企业债务的趋势下，银行要高度重视破产案件中的债权保全工作。

一是要加强学习和了解破产法律制度的相关规定，熟悉掌握相关操作流程，充分行使法律赋予的各项权利，如及时行使对破产管理人的监督权，正确行使撤销权等，系统性地总结研究破产案件反映出的有关问题，形成一定的操作指引，指导和规范基层行清收破产债权。二是要切实提高破产案件中的谈判沟通能力。与诉讼执行程序不同，破产重整由于其处理的实体和程序问题的复杂性而具有一定的协商谈判色彩。目前债权银行整体上在破产案件中表现出的谈判能力不强，部分原因是不太懂得如何利用合法武器去争取自己的权益。对此，债权银行应充分了解破产企业审计、资产评估以及偿债能力情况，积极参与战略投资者引进、破产重整方案制定等相关工作，用好监督权、撤销权、追索权、异议权等法律赋予的有利手段，积极通过债权人会议或债权人委员会发声，研究寻找谈判突破口，抓住一切契机对破产主导方形成有力制约，切实提高债权银行在破产重整案件中的话语权，督促制定相对有利的偿债方案。

（六）有针对性地完善惩戒逃废银行债务机制

商业银行应密切关注企业破产、改制、兼并重组等行为，对于存在恶意逃废金融债务行为的，要协同行业自律组织等机构共同建立逃废债企业和破产参与中介机构的黑名单，对逃废债企业进行认定和通报，形成监测网络，联合采取限制授信、不予开户等制裁措施，对逃废债务风险严重的地区可以做出风险提示，坚决打击利用破产、兼并、重组等合法形式逃废金融债务的行为。银行业协会亦应积极开展银行债权保护区域指数研究，引导商业银行审慎开展授信工作。监管机构应出台打击金融逃废债的有关规定，严防去产能、降杠杆过程中产生的新一轮逃废债风险。

第五节　联合授信与逃废债务防控

联合授信不仅有利于防控银行业金融机构过度授信，也有利于防控企业过度融资，有利于有效引导信贷资金有序退出“僵尸企业”，从根本上防控逃废银行债务问题的发生。

逃废银行债务由来已久，银行业金融机构、行业协会、银行业监管机构以及各级政府都在努力惩治逃废银行债务行为，尤其是经济下行以来，逃废银行债务又出现了新的做法，尽管逃废银行债务行为在界定上存在困难，但采取多种有效措施打击逃废银行债务行为不仅是当务之急，也是社会各界的共识。

一、逃废银行债务呈现新特点

逃废债务并非什么新生事物，债是按照合同的约定或依照法律规定，在当事人之间产生的特定的权利和义务关系。债权债务关系是典型的契约关系。“冤有头，债有主”，不然历史上就不会有冯谖焚券义市的传奇，也不会有恩不放债、债多不愁、负债累累、债台高筑、资不抵债、欠债还钱等一系列成语故事。从契约的角度看，逃废银行债务行为不仅有违契约精神，而且是应受法律制裁的严重违约行为。逃债是债务人不愿意接触债权人、躲避债权人，试图摆脱偿债困境的行为，而废债是债务人通过种种方法废除债权人合法债权的严重违约行为。中国银行业协会《逃废银行债务机构名单管理办法》明确列举了十几种逃废银行债务行为。逃废银行债务当然不会因为行业协会联合性、自律性规定而消灭。逃债、废债的共同特点是债务人违约的主观故意性、行为的违法性、危害的严重性以及应受惩罚性。

随着法制建设的进步和经济发展的新趋势、新问题，逃废银行债务呈现出与以往不同的新特点：

（一）假借法律法规逃废银行债务

从表面上看，现行的法律法规对债权人的保护日趋完备，无论是合同法、破产法、公司法、物权法、刑法、民事诉讼法、刑事诉讼法、仲裁法、拍卖法等，相关条文汗牛充栋，数不胜数。保护银行债权离不开这些基本法律的保护。作为银行债务人的相关权利与义务上述法律中同样也有种种规定。依法、平等保护债权人与债务人的合法权益无可厚非，但债务人假借法律法规逃废银行债务依然要受到法律的制裁。一是利用虚假诉讼逃废银行债务，通过诉讼、保全、执行将具有偿债能力的债务人财产实现转移。二是利用关联交易等多种方式转移企业财产，然后通过破产、破产重整、公司清算等制度规定“依法”豁免银行债务，银行的受偿率极低，如江西某企业银行普通债权受偿率只有4%。三是利用《物权法》上预告登记制度规定瑕疵与银行贷款实际管理困难逃废银行债务，“预告登记后，债权消灭或者自能够进行不动产登记之日起三个月内未申请登记的，预告登记失效”。“万能”的银行根本无法掌控能够进行不动产登记的时间，大量的银行房地产抵押贷款因此丧失优先受偿权利（银行业多次呼吁的能够办理产权登记时自动转为抵押登记始终未得到立法者的接受）。四是利用诉讼程序、执行程序、拍卖程序等规定最大限度拖延债务履行，“恶人先告状”屡见不鲜，某些债权债务关系明晰的债务人，利用撤销之诉、执行异议、复议、异议之诉，申诉，抗诉等程序规定，编造理由拒不履行生效法律文书。五是债务人混淆债务公司与家庭财产，利用离婚赠与、协议分割、诉讼调解等方式逃废银行债务，财富榜明星、“流星”公司法定代表人八卦婚姻故事中往往充满铜臭。例如，2015年9月，山西省公安机关对海鑫钢铁集团出资人是否存在转移隐匿资产行为进行专项调查，或许是对传言山西首富李兆会短暂婚姻关系解除巨额赠与的最好回答。

（二）曲解政府政策逃废银行债务

政策是国家党政机关为实现一定的目标以规范文件等方式采取的一般步骤和措施。良性政策是国家与社会有序健康发展的重要保障。一是打着维护社会稳定的旗号，强行占有银行有效抵押财产出租获利，声称解决企业职工就业及生活费用，拒绝执行人民法院生效的银行债权文书。二是利用困难企业帮扶政策、国企改革政策、小微企业增速和增量两个不低于政策要求，在企业明显出现贷款风险的情形下，片面强调禁止银行限贷、抽贷、断贷，甚至为某一独立法人企业不良贷款清偿，采取停止全集团全部贷款本金利息方式威逼银行“放水”，阻挠银行正常清收贷款。三是利用债务重组政策，千方百计缩水有效资产，强行削减银行贷款本息或悬空银行债权。如根据国资委《关于中国冶金科工集团有限公司所属中冶纸业集团有限公司资产重组有关问题的批复》要求，中冶纸业在企业重组过程中，认真清理过渡期债权债务，保护金融机构权益，维护央企形象，但中国诚通却违背了国资委的要求，回避与债权银行沟通，以诉讼方式对相关资金进行转移，引起银行业金融机构强烈不满，将该公司纳入通报惩戒名单。四是错误理解贷款核销政策，对银行以自身财务能力进行账务处理的不良债权，债务人在有清偿能力的情况下，对账销案存债权拒绝清偿，甚至威逼银行出具“账销案不存”文件，否则不配合银行进行账务处理，实现逃废银行债务的目的。五是企图利用债转股政策逃避正常贷款本息清偿。债转股并非万能之策，特定历史条件下的债转股作用十分有限，巨额的银行不良债权不可能通过债转股实现正常化。盲目推行债转股不仅会让商业银行迅速失去“造血”功能而休克，还直接培育、鼓励了逃废银行债务、不恪守契约精神的无赖之徒，后果十分严重。东北特钢数十亿元债券连环违约既严重破坏了债券市场的正常秩序又严重损害了国有企业的良好形象，更破坏了特定区域内的金融生态环境。

（三）滥用“先刑后民”逃废银行债务

无论是民事诉讼程序还是刑事诉讼程序中均“先刑后民”基本原则。“先刑后民”在字义理解上，并不困难，但却被长期歪曲运用。所谓“先刑后民”，一般是指同一案件、同一法律关系，同时涉及刑事犯罪与民事纷争时，法律赋予刑事诉讼以相对的优先权，民事诉讼过程中可将犯罪线索、材料移送公安机关处理。最高人民法院《关于在审理经济纠纷案件中涉及经济犯罪嫌疑若干问题的规定》（法释〔1998〕7 号）第十条规定，人民法院在审理经济纠纷案件中，发现与本案有牵连，但与本案不是同一法律关系的经济犯罪嫌疑线索、材料，应将犯罪嫌疑线索、材料移送有关公安机关或检察机关查处，经济纠纷案件继续审理。第十一条规定，人民法院作为经济纠纷受理的案件，经审理认为不属经济纠纷案件而有经济犯罪嫌疑的，应当裁定驳回起诉，将有关材料移送公安机关或检察机关。

实践中，“先刑后民”的情形并不多，更多的是“刑民平行”处理。由于银行债权债务关系几乎都是建立在巨额的资金交易基础之上，金融犯罪共生现象十分突出，尤其是反腐倡廉以来，部分民营企业、国有企业法定代表人涉嫌犯罪现象越来越多，在银行债权债务处理过程中，刑民交叉成为常态，发生刑事犯罪案件并不能成为豁免或逃废银行债务的法定理由。一些银行债务人因涉及刑事犯罪应当先刑后民的观点无论在情理上、法理上都不成立，个别法官形而上学地认定凡是涉及刑事犯罪的借贷关系、担保关系一律无效。个别地方法院甚至错误地出台了涉及犯罪银行借贷纠纷一律不受理、已经立案受理的驳回银行起诉，已经生效判决的中止执行指导意见，客观上造成了抵押诉讼时效内无法行权、担保人趁机脱保等事件发生，严重损害了银行最基本的诉讼权利，助长了不良之徒逃废银行债务之风。

“先刑后民”不仅成为债务人逃债的“法定理由”，甚至还成为债务人“打击”债权人的法律武器。山西省某地方借款人与担保人在被诉追偿债务后联手举报银行支行行长、信贷科长和经办人，违法发放贷款，造成巨额损失（不良贷款转让金融资产管理公司后）。当地检察机关以违法发放贷款罪提起公诉，法院一审竟然判处支行行长 10 年有期徒刑，信贷科长被判处 8 年有期徒刑，信贷工作人员因系劳务派遣而被免于刑事处分。后经多方努力，上述人员终被无罪释放，历时两年的“打击”债权人行为严重伤害了银行人支持当地经济发展的感情，纵容了逃废银行债务行为，损害了法律的尊严。

（四）钻营监管漏洞逃废银行债务

与银行发生借贷关系的主体无外乎法人、其他组织和自然人，保障银行债权安全的第一要义是借款主体适格。《民法通则》《公司法》《居民身份证法》以及中国银监会“三法一指引”等对衡量借贷主体提供了基本的尺度。法律与监管要求再完备，也不可能全面彻底抵挡逃废债务者的钻营行为。

一是利用身份证管理上长期存在一人多证现象，否定一些与债权债务相关的行为效力。二是利用工商登记部门公司股东登记不联网核验当事人身份，虚假注册公司逃废银行债务。

三是银行业监管机构、工商登记部门、金融消费者保护机构对银行债权保护上存在偏颇，即特别重视个人债权保护，轻视银行业金融机构债权保护，媒体则热衷于报道柜面操作事件，很少报道债务人尤其是国有企业、政府机构等逃废债务行为，无论是政府监管机构还是媒体，对逃废银行债务监督尚不到位。

四是利用房产地产登记存在问题以及动产抵质押信息不联网等漏洞，隐匿债务人财产，逃废银行债务。

（五）利用合同陷阱逃废银行债务

债权债务一般是通过合同关系明晰当事人的权利与义务。毋庸置疑，当事人违约有悖于契约精神。“骗子太多，傻子数量明显不够用”，部分债务人在与银行建立借贷关系或担保关系时，利用银行合同管理上的漏洞逃废银行债务，如有的动产质押监管机构名义上与银行签署动产监管协议，而在合同中涉及具体权利与义务条款上，则采用监控协议的内容，即仓储保管人不承担任何质物灭失、毁损、盗抢等责任。

有的借款人既将企业资产抵押给银行，又将企业股权质押给非银行业金融机构，故意制造权利冲突，骗取银行贷款。有的针对银行授信流程逆程序操作（先签署贷款合同办理抵押登记后审批贷款）安排不当，以抵押登记合同与实际执行合同不一为由，据不承担担保责任，逃废银行债务。

有的借款人利用银行借贷合同、抵质押合同格式条款性质，对送达、时效、担保责任、告知义务等抗辩银行主张，抗辩并不可怕，毕竟是法律赋予债务人的权利，可怕的是当事人利用银行缺乏录音、录像等证据，伪造、变造应收账款等相关证据，逃废银行债务。有的隐瞒企业资产租赁情况或者在企业房产抵押后倒签租赁合同，以抵押不破租赁、执行不破租赁等理由逃废银行债务。

二、逃废银行债务的宏观渊源

逃废银行债务并非简单的社会现象，在一定意义上说是社会金融治理出现了重大问题，究竟谁在助力逃废银行债务，这一点值得社会各界进行反思。

（一）银行授信过度

谁造就银行业巨额不良贷款？银行自身责任值得研究。银行的授信是授予信用、承担风险、获得收益三个过程的有机统一，过度授信意味着承担不可承受之风险。在浮躁的社会大背景下，银行片面地追求规模效益，对不符合授信条件的客户通过高估的抵质押物或融资担保机构超量担保给予授信，演绎了“疯狂发放贷款、疯狂制造不良、疯狂处置不良”的三部曲。巨额不良贷款周期性产生值得银行业管理者反思。

（二）法律法规缺位

目前法律尚无对于逃废银行债务如何承担刑事责任的规定。最高人民法院有关司法解释增加了债权人可以通过刑事自诉方式追究逃废银行债务“老赖”刑事责任的规定。事实上，迄今为止，全国因逃废银行债务被追究刑事责任的老赖并不多，尤其是追究国有企业法定代表人或者某些决策者逃废银行债务的责任几乎成为幻想。

中国银行业协会曾在2006年制定并施行《逃废银行债务机构名单管理办法》，又于2013年重新修订，并先后以通报方式公布逃废银行债务机构名单730多家，从2017年起又以“通报一批、公示一批、督办一批、惩戒一批”的“四个一批”形式，通报200户以自律公约方式为会员单位提供了相关信息。2015年初，中国银行业协会起草了《银行业失信人信息管理办法》征求意见稿，试图通过该办法实现行业协会在惩治逃废银行债务方面的维权功能，弥补法律法规上的缺憾。最高人民法院关于失信被执行人司法解释在一定意义上为行业协会依法惩戒逃废银行债务者提供了参考依据，国发〔2016〕33号文件等为行业协会惩治逃废银行债务提供了政策依据。可以说，目前行业协会制定并实施对逃废银行债务惩戒的法律环境、政策环境已经具备。

（三）政策倾斜多变

20世纪的国有企业改革大潮，让银行的数万亿贷款与四大AMC资产公司设立一起剥离，或者转让给社会投资者，或者债转股，银行受偿率十分有限。从一定意义上说，这是银行业改制所做出的必要牺牲，但也给国有企业拖欠债务留下了无限的希望，至今很多高负债的国有企业仍然对政策性剥离、债转股抱有不灭的期待。

十年之后，银行不仅再次向四大AMC转让巨额不良资产，而且还向中国银监会核准的23家地方AMC转让不良资产，债转股风潮果然预期而至。监管部门对银行不良资产处置政策似乎具有一惯性、连续性，但离开垄断的四大AMC，银行业金融机构至今并不能按照市场化、法治化的要求公开向社会投资者转让不良资产，从中国人民银行《关于商业银行借款合同项下债权转让有关问题的批复》（银办函〔2001〕648号），即“由贷款而形成的债权及其他权利只能在具有贷款业务资格的金融机构之间转让。未经许可，商业银行不得将其债权转让给非金融企业”，到中国银监会办公厅《关于商业银行向社会投资者转让贷款债权法律效力有关问题的批复》（银监办发〔2009〕24号），中间长达数年的时间内银行能否转让不良贷款界限始终处于模糊状态。

财政部、中国银监会《金融企业不良资产批量转让管理办法》（财金〔2012〕6号）不仅将城市信用社、农村信用社等集体金融组织纳入财政部与中国银监会共同监管范畴，而且以部委规范方式确立经营金融不良资产行政许可渊源，还明确了批量转让是指金融企业对一定规模的不良资产（10户/项以上）进行组包，定向转让给资产管理公司的行为。按此规定，10户以下不良资产包似乎可以自由转让，但是现实并非如此。银行业的无奈在监管的旗帜下尤为凸显。据权威人士披露，目前该办法正在修改，倘若将10户改为3户或者更少，银行不良资产批量处置的空间将被压榨殆尽，不良资产处置市场的活力没了，套利活动将会蓬勃发展。

（四）金融监管失衡

打击逃废银行债务，依法保护银行债权，是一句标准的口号，但谁来打击逃废银行债务，又有谁来保护银行债权，落到实处困难重重。近些年来，逃废银行债务行为愈演愈烈，但金融监管机构、国有资产管理机构尚未明确对逃废银行债务行为的界定标准，更未推出惩治逃废银行债务的具体措施。

金融监管机构更加侧重保护金融消费者的权益，而忽略了银行业金融机构的债权保护，国有资产管理机构更是千方百计保护国有企业正常经营，而忽略了金融国有企业的权益。

政府主管部门更多的是强调不得抽贷、断贷，强调“两个不低于”，在破产中更多考虑维稳因素，牺牲银行有效的抵质押担保权益。“重个人、轻机构”“重国企、轻银行”“重维稳、轻权益”“重政策、轻法律”等不利于银行债权保护观念仍十分流行。

（五）失信代价过低

虽然“重合同、讲信用”的口号喊了多年，但违约、逃废银行债务并不会因此而杜绝。核心问题在于社会管理、运行中契约精神被践踏的现象泛滥，失信人并未承受应该承受的代价。银行业金融机构尚未建立失信人信息共享机制，尚未真正实施联合制裁机制，从一定意义上说，放纵了逃废银行债务行为。违约依法应承担违约责任，逃废银行债务应受惩罚，这无论是在情理还是在法理上均无可厚非。逃废银行债务虽久必究，逃废银行债务者应当在金融领域寸步难行。

每一起逃废银行债务的案例各不相同，但是逃废银行债务的结果却有着惊人的相似。

三、打击逃废银行债务对策

任何社会不良现象的治理，都需要社会各界共同努力，打击逃废银行债务需要齐抓共管，需要良好的法律环境，更需要银行业坚持不懈的探索与努力。

（一）尽快制定失信人惩戒条例

逃废银行债务因由具有多样性，法制缺位亟须解决。一是要完善破产法律法规，规范破产行为，严厉惩治借破产逃废银行债务行为。二是要建立个人破产制度，对逃废银行债务个人实施严格的经济消费限制，依法厘清破产企业与家族财产关系，破解“穷庙富方丈”扭曲社会怪象。三是尽快制定并颁行《失信人惩戒条例》，依法界定失信人的范围，明确社会相关主体责任，建立全社会失信信息共享机制，从民事、行政、刑事多维度制裁逃废银行债务的失信行为，推进社会信用体系建设，让失信人寸步难行。

（二）完善惩戒逃废银行债务机制

惩戒逃废银行债务需要银行业金融机构、银行业监管机构、政府部门、司法机关、行业协会等共同发挥联动优势，建立健全惩戒逃废银行债务工作机制，卓有成效地推动联合制裁。

一是要大张旗鼓地运用刑罚手段惩处一批逃废银行债务的“老赖”，以公诉、刑事自诉等方式追究逃废银行债务者的刑事责任，彰显刑罚对保护银行债权的作用，维护正常的金融秩序。

二是要广泛地通过媒体公示一批逃废银行债务的机构、个人失信人信息名单，督促偿还银行债务，形成逃废银行债务可耻的社会舆论氛围。

三是通过债权银行申请、行业协会申请等方式推动人民法院对重大银行债权执行案件进行挂牌督办，运用全国性网络查控机制，清理银行执行积案，把保护银行债权工作落到实处。

四是行业协会要从维权的角度内部发布一批逃废银行债务和出台不利于保护银行债权政策的典型案例，警示债务人要及时履行合同债务，提醒银行业金融机构规避政策风险，促进行业主管部门、地方政府机构依法办事。

银行业监管机构亦应依法履职，在做好行业监管工作的同时，协调行业主管机构和地方政府有关部门政策制定工作，最大限度抑制不利于保护银行债权政策的出台。

（三）坚持依法合规稳健经营理念

打击逃废银行债务是一项综合的系统工程，银行业金融机构必须练就依法保护债权的基本本领，既要坚持法制观念，又要讲究惩戒策略。既要依靠政府支持保护债权，又要依据《商业银行法》等规定避免个别地方政府干涉正常经营权。银行业金融机构必须检讨近些年来经营发展战略上的失误，克服浮躁的业绩观念，杜绝过度授信、过度依赖抵押担保等不良经营行为，坚持依法合规稳健经营，从银行内控流程上杜绝逃废银行债务行为的发生。

（四）编制银行债权区域与行业风险指数

银行业金融机构的资产总量已经超过210万亿元，贷款余额也高达110万亿元，银行业监管机构基本掌握全国地市区域贷款现状，建议银行业监管机构授权行业协会在银行对高风险机构、高风险业务、高风险产品统计的基础上，全面分析高风险客户、高风险行业、高风险地区银行债权状况，编制并通过国家级媒体定期发布银行债权区域风险指数，为银行业金融机构贷款投放提供决策参考，督促客户恪守银行债权契约，削减不利于银行债权“有形之手”的不当作用，促进行业主管机构、地方政府依法保护银行债权。

（五）发挥行业协会保护债权的作用

行业协会的核心职能是维权，包括维护银行经营权、债权、知识产权、银行业从业人员的合法权利以及其他权利。债权保护是维权工作中的重中之重。打击逃废银行债务，行业协会法律地位不可或缺。

一是对逃废银行债务行为要发声、发威，呼吁全社会保护银行债权，发挥行业整体力量打击逃废银行债务行为。二是积极向政府、司法、媒体集中反映在破产、债务重整、以股抵债等过程中损害银行债权的行为，以行业之力遏制逃废银行债务行为。三是组织银行业金融机构签署债权维权公约，开展对逃废银行债务机构进行联合制裁。组织制定惩戒逃废银行债务合同示范条款，通过合同约定方式，以大数据库模式在银行业共享失信人信息，或依约向社会公示，通过约定方式解决法律没有规定的问题。四是强化行业协会在债委会工作中的作用，千方百计为银行业金融机构提供更多、更具体的维权服务。

第六节 联合授信与失信债务人惩戒

授予信用与失信惩戒是银行业经营货币信用过程中无法回避的既矛盾又统一的问题，有序开展银行业债务人失信惩戒是中国银行业协会开展依法保护银行债权、打击逃废银行债务工作的重要组成部分。为依法维护银行业金融机构合法权益，推进行业信用体系建设，根据《中华人民共和国合同法》等法律法规、国家有关失信惩戒政策以及《中国银行业协会章程》《中国银行业协会维权公约》等规定，中国银行业协会发布了“债务人违约失信惩戒示范条款”，供银行业金融机构与有关债务人签订相关涉及债权债务合同或补充协议时参考使用。相关示范条款明确债务人承诺允许银行业金融机构共享、披露其违约失信信息，并同意接受银行业债权机构通过行业协会进行必要失信制裁。鉴于银行业失信惩戒示范合同条款涉及主体多、政策性强、法律界限严、意义重大，中国银行业协会在发布前反复征求了会员单位、有关专家的意见，并经中国银行业协会法律工作委员会六届三次常委会会议审议通过。

一、发布失信惩戒示范合同条款的现实意义

目前中国有数万家行业协会，在行业信用体系建设过程中发挥着重要的作用。中国银行业协会作为全国金融业最大的自律性社会组织，积极践行中央提出的开展失信惩戒的政策，率先发布债务人违约失信惩戒示范合同条款，深入开展涉金融失信惩戒，为推进行业信用体系建设做出了创新性的探索。

（一）发布失信惩戒示范合同条款，有利于贯彻国家失信惩戒政策

2014 年，国务院印发《社会信用体系建设规划纲要（2014～2020 年）》明确提出加强金融领域信用建设，强化金融业对守信者的激励作用和对失信者的约束作用，强化企业在发债、借款、担保等债权债务信用交易及生产经营活动中诚信履约，提出发挥行业协会（商会）在行业信用建设中的作用，通过行业协会制定行业自律规则并监督会员遵守，加强会员诚信宣传教育和培训，对违规的失信者，按照情节轻重，对机构会员和个人会员实行警告、行业内通报批评、公开谴责等惩戒措施，推动形成社会性约束和惩戒。此后，中共中央、国务院以及有关部委多次下发推进行业诚信建设的文件，支持行业协会积极开展失信惩戒。

《社会信用体系建设规划纲要（2014～2020 年）》还明确提出了要选择重点领域和典型地区开展信用建设示范。其中，在金融领域信用建设方面，强调要创新金融信用产品，改善金融服务，维护金融消费者个人信息安全，保护金融消费者合法权益。加大对金融欺诈、恶意逃废银行债务、内幕交易、制售假保单、骗保骗赔、披露虚假信息、非法集资、逃套骗汇等金融失信行为的惩戒力度，规范金融市场秩序。加强金融信用信息基础设施建设，进一步扩大信用记录的覆盖面，强化金融业对守信者的激励作用和对失信者的约束作用。中国银行业协会发布失信惩戒示范合同条款，是践行党中央、国务院加强金融领域失信惩戒的政策要求，发挥行业协会在信用体系建设方面作用的有力举措。

（二）发布失信惩戒示范合同条款，有利于充分保护银行债权

银行业不仅是经营货币的企业，也是经营信用的特殊行业。银行业作为金融业稳定的“压舱石”，其债权能否得到充分、有效的保护，关乎金融是否稳定、经济是否稳定、社会是否稳定，是“稳就业、稳金融、稳外贸、稳外资、稳投资、稳预期”等六稳之策的根本性保障。“人无信不立，业无信不兴，国无信不强”，通过债权合同约定失信惩戒条款，建立银行业失信债务人失信惩戒机制，促使债务人不敢失信、不能失信、不愿失信，不仅知信，还要用信，更要守信，从而实现银行债权的“刚性”保护。从一定意义上说，银行业出现的数以万亿计的不良贷款，其本质是债务人违约失信，防控化解金融风险的核心也在

于依法依约解决债务人违约问题。

（三）发布失信惩戒示范合同条款，有利于银行业依约开展惩戒

当前银行业开展失信惩戒的难点在于法律规定不完善，政策规范比较多。与人民法院开展失信被执行人惩戒不同，最高人民法院为促使被执行人自觉履行生效法律文书确定的义务，推进社会信用体系建设，根据《中华人民共和国民事诉讼法》规定，并征得全国人大同意发布《关于公布失信被执行人名单信息的若干规定》，该规定具有司法解释的效力，可以依法约束失信被执行人。最高人民法院与政府有关部门等通过一系列合作备忘录进行了适用推广。银行业协会乃至银行业金融机构的法律地位决定了其无法采用行业规制方式解决失信惩戒问题，依约开展失信惩戒，成为银行业保护债权、维护信用的不二选择。在法律没有规定、政策规范不具体的情形下，通过合同约定，明确违约失信人依法应承担的民事责任范围和法律后果，对促进债务人依据合同约定全面、实际履行义务，具有极其重要的现实意义。

（四）发布失信惩戒示范合同条款，有利于净化金融生态环境

银行业开展失信惩戒，不仅涉及银行业金融机构，还涉及众多的借款人乃至与银行建立合同关系的其他当事人，银行业以合同约定形式规范失信惩戒行为，能够明晰当事人违约失信在经济、民事乃至刑事上的法律后果，促使每一个与银行业发生业务合同关系的当事人信守承诺、恪守契约精神。银行业通过失信惩戒示范条款的约定与运用，将失信惩戒落细落小落实，解决信用领域的信用细节问题，构建诚实守信的金融生态环境。

二、制定失信惩戒示范合同条款的法律与政策依据

涉金融失信惩戒工作涉及主体众多，如何保护相关主体合法权益等法律问题较为突出，并具有法治性、政策性、专业性、时效性等特点。当前我国相关法律对涉金融失信惩戒工作并没有具体规定，主要散见于《宪法》等法律上的原则性规定。

（一）失信惩戒的法律原则规定

《宪法》第五十三条规定："中华人民共和国公民必须遵守宪法和法律……尊重社会公德"。诚实信用是社会公德的重要组成部分。诚实信用原则作为帝王条款在《民法总则》第七条亦有规定："民事主体从事民事活动，应当遵循诚信原则，秉持诚实，恪守承诺"。《合同法》第六条明确规定："当事人行使权利履行义务理应遵循诚实守信原则"。第八条规定："依法成立的合同，对当事人具有法律约束力。当事人应当按照约定履行自己的义务，不得擅自变更或者解除合同。依法成立的合同，受法律保护"。银行业金融机构与相关当事人通过合同约定失信惩戒条款，不违背法律法规效力性强制规定，依法应当

受到法律保护。依据《合同法》第一百零七条规定："当事人一方不履行合同义务或者履行合同义务不符合约定的，应当承担继续履行、采取补救措施或者赔偿损失等违约责任"，银行业金融机构与第三人约定失信惩戒条款，其本质是违约一方第三人依法承担违约责任的具体表现。《商业银行法》第五条则规定："商业银行与客户的业务往来，应当遵循平等、自愿、公平和诚实信用的原则"。《消费者权益保护法》第四条同样规定："经营者与消费者进行交易，应当遵循自愿、平等、公平、诚实信用的原则"。诚实信用原则要求人们在民商事活动中应当诚实、守信用，正当行使自己的权利，并依约履行自己的义务。

上述法律规定，明确了金融活动参与主体恪守诚实信用原则的法定义务，也为银行业开展涉金融失信惩戒工作奠定了法律基础。

（二）失信惩戒主要的政策规定

近年来，国家加快了有关涉金融失信惩戒政策的制定工作，为银行业开展失信惩戒及制定示范合同条款奠定了政策基础。2014 年，国务院发布了《关于印发社会信用体系建设规划纲要（2014～2020）的通知》（国发〔2014〕21 号），中央精神文明建设指导委员会印发了《关于推进诚信建设制度化的意见》。2016 年 6 月，国务院下发了《关于建立完善守信联合激励和失信联合惩戒制度 加快推进社会诚信建设的指导意见》（国发〔2016〕33 号），鼓励有关部门和社会组织在监管和服务中建立各类主体信用记录，向社会推介无不良信用记录者和有关诚信典型，联合其他部门和社会组织实施守信激励；鼓励行业协会、商会完善会员企业信用评价机制，要求在银企对接等活动中重点推介诚信企业，让信用成为市场配置资源的重要考量因素；鼓励行业协会商会与有资质的第三方信用服务机构合作，开展会员企业信用等级评价；支持行业协会商会按照行业标准、行规、行约等，视情节轻重对失信会员实行警告、行业内通报批评、公开谴责、不予接纳、劝退等惩戒措施。2016 年 12 月 30 日，国务院办公厅分别下发了《关于加强个人诚信体系建设的指导意见》（国办发〔2016〕98 号）、《关于加强政务诚信建设的指导意见》（国发［2016］76 号），要求推动行业协会商会更好地发挥自律作用，加强管理和服务，对行业成员形成监督约束。

2017 年，国家发改委牵头与 20 个部委签署《关于涉金融严重失信人实施联合惩戒的合作备忘录》（发改财金〔2017〕454 号），同时与中国人民银行、中国银监会、中国证监会、中国保监会、商务部、最高人民法院联合签署了《关于加强涉金融严重失信人名单监督管理工作的通知》（发改财金规〔2017〕460 号），明确规定：相关管理部门可以联合其他部门和社会组织依法依规对严重失信行为采取惩戒措施，并可以委托或授权行业协会参与或承担上述工作。基于此，中国银行业协会与国家发改委签署涉及金融失信惩戒合作协议书，并协助国家发改委审核涉金融失信惩戒名单。2017 年 10 月 30 日，《国家发展改革委 中国人民银行关于加强和规范守信联合激励和失信联合惩戒对象名单管理工作的指导意见》（发改财金规〔2017〕1798 号），提出鼓励社会力量协同参与联合奖惩，积极创造条件，向各类社会组织、行业协会商会、信用服务机构、金融机构、特定非金融机构、公共服务机构以及其他企事业单位开放全国联合奖惩对象名单数据库信息。2018 年 7 月，国家发展改革委办公厅与中国人民银行办公厅下发《关于对失信主体加强信用监管的通知》（发改办财金〔2018〕893 号），明确要求发挥行业协会商会自律性监管作用，建立健全行业协会商会诚信自律制度；要求建立会员单位信用记录，制定针对会员单位失信行为的惩戒措施清单，并对会员单位的失信信息进行公示和共享；要求加强行业协会商会自身诚信建设，对行业协会商会做出信用评价，进一步强化对失信主体的信用监管工作，涉金融领域信用体系建设政策指导越来越强化，为有序开展涉金融失信惩戒工作奠定了基础。

特别需要指出的是，2018 年 6 月中国银保监会发布的《联合授信办法》首次将失信惩戒监管规范与合同约定惩戒有机结合，为发挥银行业协会在涉金融失信惩戒中的特殊作用奠定了坚实的法律与政策基础。《联合授信办法》第三十六条规定，对于违反银企协议，提供虚假信息，超出联合授信额度对外融资，逃废成员银行债务的企业，可由牵头银行组织成员银行按银企协议约定进行联合惩戒。情况严重的，银行业协会可将企业列入失信企业名单，并推送至全国信用信息共享平台，按照有关规定实现跨领域联合惩戒。同时《联合授信办法》还规定，对不履行约定义务的成员银行，联合授信委员会可依据成员银行协议予以处理。对于存在特定行为的银行业金融机构，银行业协会可采取相应的自律惩戒措施。对拒不纠正整改，影响联合授信机制运行，可能引发重大风险事件的，银行业协会应向银行业监督管理机构报告，银行业监督管理机构可依据有关规定采取监管措施或依法实施行政处罚。

现代市场经济从本质上说是信用经济，诚信是银行的立行根本，也是企业与银行业开展商事交易的立足之本。前述有关诚实信用的法律原则与政策规定，为银行业协会发布失信惩戒示范条款提供合法合规的基础保障。

三、运用失信惩戒示范条款应注意的问题

涉金融失信惩戒工作具有突出的法治性、政策性、专业性、时效性等特点。银行业金融机构开展涉金融失信惩戒工作必须坚持依法合规原则，把握政策界限，恪守契约精神，扎实有序推进。

（一）坚持依法合规原则

涉金融失信惩戒工作涉及主体众多，如何保护相关主体合法权益等法律问题突出，因此首先要注意到的是坚持依法合规原则。《宪法》《民法总则》《合同法》等法律规定，明确了金融活动参与主体恪守诚实信用原则的法定义务，也为银行业开展涉金融失信惩戒工作奠定了法律基础。

银行业金融机构开展涉金融失信惩戒工作，重点在于依据法律规定，对严重失信债务

人开展失信惩戒工作。违约即是失信，而不考察违约的因由。所谓严重失信债务人，一般是指违反借款等合同约定，债务逾期 90 天以上、数额较大且没有明确还款意愿的借款人、担保人。在金额上，考虑涉金融失信惩戒效果，应将逾期百万以上的作为重点。在时限上，经债权银行确认，逾期的时限可以不限于 90 天。在主体上可以是借款人，也可以是担保人，还可以是关联的担保等中介机构。现阶段，银行业对涉及债务人为自然人的，应当特别注意《民法总则》有关自然人的个人信息受法律保护规定。注意收集信息渠道的合法性，信息保管的安全性，不得非法收集、使用、加工、传输他人个人信息，不得非法买卖、提供或者公开他人个人信息。同时，应特别谨慎地开展银行业从业人员不良信息的共享工作，避免侵犯隐私权、名誉权等被诉风险。

特别值得注意的是，中国银行业协会目前已经着手废止 2006 年制定、2013 年修订的《逃废银行债务机构名单管理办法》，鉴于“逃废”的行为界定存在法律界限不清晰，容易发生侵权争议等问题，不再使用具有主观判断色彩的“逃废”银行债务的概念。目前，《银行业金融机构严重失信债务人信息管理办法》已经多次征求意见，预计将很快发布实施。该办法将推动银行业依法规范开展涉金融失信惩戒工作，助力涉金融失信惩戒制度化建设。

（二）准确把握政策界限

中共中央、国务院以及国家有关部委发布的一系列涉金融失信惩戒政策，强化了对失信主体的信用监管工作及对涉金融领域信用体系建设政策指导工作，为有序开展涉金融失信惩戒工作奠定了基础。银行业开展涉金融失信惩戒工作，在坚持依法合规原则的前提下，应充分把握有关失信惩戒的政策界限。

一是银行业监管机构应积极落实党中央、国务院有关失信惩戒的部署，对涉金融失信行为严惩不贷，并及时公布有关失信惩戒。

二是银行业协会应按照《关于加强涉金融严重失信人名单监督管理工作的通知》中规定的“相关管理部门可以联合其他部门和社会组织依法依规对严重失信行为采取惩戒措施，并可以委托或授权行业协会参与或承担上述工作”，积极争取政府有关部门的支持。同时，依据中国银监会《关于规范银行业服务企业走出去，加强风险防控的指导意见》（银监发〔2017〕1 号）第（四十）项规定以及《银行业金融机构联合授信管理办法（试行）》多项条文的授权，依法合规推进涉金融失信惩戒工作。

三是银行业金融机构也应积极履行《银行业金融机构联合授信管理办法（试行）》等监管规制规定的信息报送、信息共享要求，参与并支持行业协会、监管部门开展涉金融失信惩戒工作，并特别注意对严重失信债务人的惩戒应当符合相关政策的基本要求。

（三）努力恪守契约精神

失信的本质是违约，失信行为不仅表现在一般的民事活动中，还表现在社会管理的各个方面。广义的失信行为不仅包括民事违约行为，而且还包括行政违法乃至刑事犯罪行为。强调恪守契约精神是防控失信行为的根本性约束。银行业金融机构开展对严重失信债务人的惩戒，应当注意相关合同或协议约定的有关失信惩戒的条款安排，在法律、政策规定的范围内，依约实施惩戒工作。

一是应完善授信或借贷等文本合同。增加“借款人失信惩戒条款，明确债务人（包括但不限于借款人、担保人等）在此不可撤销地承诺因违反本合同约定义务时，债权人可以向征信机构、银行业协会报送债务人违约失信信息，并且授权相关银行业协会可以通过适宜的方式对债务人失信信息在银行业金融机构之间共享乃至向社会公示。债务人自愿接受债权人等银行业金融机构联合采取调减或停止授信、停止开立新的结算账户、停办法定代表人新的信用卡等联合失信惩戒维权措施”等内容。

二是履行法律规定的告知等附随义务。《合同法》第六十条规定：“当事人应当按照约定全面履行自己的义务。当事人应当遵循诚实信用原则，根据合同的性质、目的和交易习惯履行通知、协助、保密等义务。”为避免借款人对银行提供格式合同限制其权利提出抗辩，银行业金融机构对“采用格式条款订立合同的，提供格式条款的一方应当遵循公平原则确定当事人之间的权利和义务，并采取合理的方式提请对方注意免除或者限制其责任的条款，按照对方的要求，对该条款予以说明”（《合同法》第三十九条规定）。

三是为严重失信债务人信用修复提供必要的制度保障。一旦严重失信债务依法依约清偿相关债权银行的本金、利息等债务，相关银行业金融机构、行业协会应当及时将债务人从失信人名单中移除，切实维护失信债务人的合法权益。

（四）坚持扎实有序推进

银行业开展严重失信债务人惩戒工作是一项系统性工程，必须在法律、政策以及合同约定范围内扎实有序推进。银行业监管机构应高度重视行业协会在开展失信惩戒重点特殊作用，支持行业协会以及银行业金融机构有序开展严重失信债务人惩戒工作。各银行业协会等自律组织应当积极探索开展严重失信债务人惩戒的新路径，制订翔实的实施方案，有计划、有目标地组织实施相关活动。银行业还要系统研究银行业失信债务惩戒中涉及的相关法律、政策问题，有效防控失信债务人惩戒过程中的法律风险及声誉风险。银行业金融机构应严格恪守法律、政策规定以及合同约定，确保申报失信人信息的准确性、及时性和有效性。

银行业在推进“四个一批”专项活动工作中，应特别注意把握好相关工作的细节性安排。“通报一批”的名单范围应当仅限于银行业金融机构内部适用，需要明确其通报仅供银行业金融机构办理授信等业务时参考适用，通报只能提示审慎办理银行业金融机构对被通报严重失信债务人审慎办理授信、结算等业务，而不能将之作为禁止办理业务的“黑名单”。换言之，是否为严重失信债务人办理相关业务的决策权应由银行业金融机构行使。严重失信债务人“公示一批”的社会影响巨大，故而务必做到慎之又慎。严重失信债务人名称、社会信用代码、法定代表人、相关债权本息等必须反复核对，要确保万无一失。

现阶段，在公示方法上，可以借鉴中国银行业协会所采用的“公示一批”模式，即“××协会联合××银行等×家银行业金融机构对×户严重失信债务人公示催收债权的公告”，充分考虑合同相对性，不轻易界定失信债务人为“逃废”银行债务行为，亦不定性为“黑名单”，仅是公示催收债权，不考虑在公示催收债权模式下承担信用修复义务。“督办一批”实施的前提是与各地各级人民法院执行机构建立良好的合作关系，特别注意提请督办的胜诉未执行案件，应当是标的较大且被执行人（债务人、担保人）有可供执行的财产。相关银行业金融机构应当积极提供有关财产信息，债务人等有逃废银行债务行为或嫌疑的，银行业金融机构可以采用悬赏等方式加大执行力度。债务人符合列入人民法院失信被执行人条件的，银行业金融机构应主动申报，各级人民法院亦应主动作为，依法做出认定，让失信被执行人寸步难行。

“惩戒一批”工作力度更大，操作难度也更高。各银行协会应联合银行业金融机构对严重失信债务人，尤其是存在逃废银行债务嫌疑的，以协议、公约的方式开展联合惩戒工作，有关银行业金融机构一致同意不再给相关严重失信债务人开立新的结算账户，调减授信、停止授信直至依法行使不安抗辩权收回以及投放贷款等，对其法定代表人可以停办信用卡等。真正在银行业形成一处失信、处处受限的实行惩戒新局面。对于拒不执行人民法院生效裁判的，若符合拒执罪范围构成的，有关司法机关人民法院应依法追究其刑事责任，有关银行业金融机构亦可提起刑事自诉，追究其拒执罪法律责任。对基层司法机关、公安机关不作为的，有关行业协会可以通过函件反映等方式提请有政法机关、纪律监察机构进行督办，切实维护银行业合法债权。

（五）发挥行业协会作用

各有关行业协会应充分发挥自律、维权、协调、服务职能，积极配合政府有关部门开展涉及金融失信惩戒工作。要发挥行业协会为会员单位服务的特定优势，建立健全涉及金融失信人信息管理办法，指导会员单位完善相关合同失信惩戒示范条款，通过大数据方式为会员单位提供涉及授信、融资、担保、结算等信用服务，建立并完善具有行业协会特色的“红黑名单”制度。在政府有关部门的支持下，有序制定协会会员开展涉及金融失信惩戒的行业标准，规范涉及金融行业失信惩戒工作。

习近平总书记在中共中央政治局第三十七次集体学习时，曾就违法失信惩戒机制做出指示，要求对突出的诚信缺失问题，既要抓紧建立覆盖全社会的征信系统，又要完善守法诚信褒奖机制和违法失信惩戒机制，使人不敢失信、不能失信。银行业开展严重失信债务人惩戒工作是深入贯彻党中央、国务院加快社会信用体系建设的重要组成部分，不仅有利于维护正常金融秩序，回归金融服务实体经济的本源，有利于有效防控金融风险，更有利于助力深化金融体制改革。当前，银行业开展严重失信债务人的惩戒工作任务仍然十分艰巨，银行业协会、银行业金融机构还应注意处理好失信管理与征信业务、失信行为与违法犯罪、政策指导与法律规定、失信惩戒与隐私保护、部门管理与行业自律等多方面关系，坚持依法合规，严格把握好政策界限，特别注重合同条款的协调性、失信惩戒的程序性以及联合惩戒的谨慎性，扎实有序推进失信债务惩戒机制工作，助力推动有关部门和其他社会组织对涉金融失信行为依法依规实施行政性、市场性、行业性、社会性约束和惩戒措施，全力推动国家金融业信用体系建设，努力创造良好的金融生态和法律环境。

第三章
银行业授信业务行政处罚情况与典型案例分析

第一节　涉授信业务处罚情况概述

《中国银行业监督管理委员会行政处罚办法》（中国银行业监督管理委员会令 2015 年第 8 号）第 88 条规定：中国银监会及其派出机构应当在其官方网站上公开行政处罚有关信息。行政处罚信息公开的范围与方式由行政处罚委员会审议决定。有关单位和个人向中国银监会及其派出机构提出申请公开行政处罚决定书的，按照《中华人民共和国政府信息公开条例》有关规定执行。据此，中国银监会自 2015 年 9 月起，在其网站上陆续公开了近年来各级银监部门开出的行政处罚信息，银行业金融机构对此给予高度关注与重视。

一、从“强监管”到“严监管”

2016 年上半年，银监会密集出台有关监管政策，内容涵盖提升银行业服务实体经济质效、银行业市场乱象整治、银行业风险防控、弥补监管短板、开展“三违反”“三套利”“四不当”专项治理等方方面面。2016 年 7 月 14 日，中国银监会通过召开年中经济金融形势分析会议，重点强调了防范好流动性风险、交叉金融产品风险、海外合规风险、非法集资风险等四类风险，同时提出要遏制不良贷款快速上升，进一步挖掘银行业金融机构回收核销不良资产的潜力，激发金融资产管理公司批量市场化处置不良资产的活力，提升地方资产管理公司有效参与不良资产处置的能力等举措，全面启动银行业“强监管”政策落实，相关违法违规行为处罚陆续发生。

据统计，在两年多时间里，中国人民银行、国家外汇管理局、中国银保监会、中国证监会出台涉及银行业监管的各种规制、通知等近 300 项，仅 2017 年中国银监会全系统共做出行政处罚决定 3 452 件，其中处罚机构 1 877 家，罚没 29.32 亿元；处罚责任人员 1 547 名，其中罚款合计 3 759.4 万元，对 270 名相关责任人取消一定期限或终身银行业从业和高管任职资格。2018 年初，中国银监会下发《关于进一步深化整治银行业市场乱象的通知》，圈定整治乱象重点、聚焦 8 大类、22 个问题，“强监管”势头不减。2018 年 8 月 29 日，中国银保监会召开银行保险监管工作电视电话会议，圈定继续做好防范化解金融风险各项工作，进一步增强实体经济服务质效，深化银行业和保险业改革开放，进一步加强系统内党的建设等四项重点工作，适应国内外政治经济金融环境变化，对“强监管”的态势有所调整，逐步回归“严监管”节奏。

二、行政处罚的基本特征

根据中国银行业协会联合授信办公室统计，2016 年 6 月至 2018 年 8 月共 27 个月间，中国银保监会（含原银监会）以及各地银保监局（以下统称银行业监管机构）共做出行政处罚 5 745 件，罚没金额约 45.5 亿元人民币，平均每个月行政处罚 213 件。行政处罚涉及 2 830 个个人和 3 172 个金融机构。罚单数最多的是河南，有 343 个；罚单数最少的是青海，仅有 8 个。罚款金额最多的是北京，为 6.2 亿元人民币，罚款金额最少的是青海，为 167 万元人民币。各地监管部门在处罚标准和执行力度上也有较大差异。2017 年 11 月 17 日，银行业监管机构向××银行开出中国银保监会史上最大罚单，罚没合计 7.22 亿元人民币。2016 年 6 月至 2018 年 8 月，银行业监管机构实施罚款金额大于 5 000 万元的行政处罚共有 13 件，涉及金额 27.85 亿元，占罚款总金额的 61%。行政处罚依据共涉及 299 个法律法规，包括中华人民共和国相关法律，中国人民银行、中国银保监会、中国证监会、财政部、国家外汇管理局发布的相关法规、指引、通知、办法、实施细则等。

银行业监管机构自 2016 年 6 月 1 日至 2018 年 8 月 31 日，共实施行政处罚 5 745 件，其中涉及罚款项的行政处罚 4 157 件，占比 72.3%，不涉及罚款的行政处罚 1 588 件，占比 27.7%。罚款金额总计约 45.5 亿元人民币。其中，对金融机构（非个人）共实施处罚 3 169 件，罚款金额累计 359 151 万元。

上述统计情况表明，2016 年下半年至 2018 年第三季度，银行业监管机构在“强监管”的理念下，多维整治银行业金融乱象，体现出处罚数量多、金额大、涉及广、依据多、执法严等显著特点。

三、违法违规行为复杂化

“强监管”的对象是银行业金融机构经营管理乱象。2017 年重点对股权和对外投资、机构及高管、规章制度、业务、产品、人员、廉政风险、监管行为、内外勾结违法、非法金融活动等十大方面进行整治，明确了包括信用风险、流动性风险、房地产领域风险、地方政府债务违约风险、互联网金融风险等银行业风险防控的十大重点领域。乱象与风险叠加，与之相应的是，银行业金融机构违法违规行为错综复杂，监管机构对其处罚也体现出多样性、复合性。

从行政罚单的违法违规事由分析，单个罚单中包含了多种违法违规事由的占比最高，而单一事由的违法违规罚单数量占比极低，说明银行业违法违规行为错综复杂，具有一定的隐蔽性。如何早发现、早整治成为监管机构以及银行业金融机构无法回避的课题。值得注意的是，前述涉及授信业务处罚的法律与规制依据并不复杂，在 5 745 个行政处罚行为中，其涉及的法律法规及规制依据共有 299 个，包括中华人民共和国相关法律，中国人民银行、中国银保监会、中国证监会、财政部、国家外汇管理局发布的相关法规、指引、通知、办法、实施细则等，而《中华人民共和国银行业监督管理法》是行政处罚中被引用最多的法律法规，总共被引用 1 202 次；其次是《中华人民共和国商业银行法》和《流动资金贷款管理暂行办法》，分别被引用 278 次、241 次。在一定程度上说明了银行业金融机构涉授信违法违规行为的集中性，开展集中整治或者专项治理十分必要。

第二节　涉授信行政处罚数量分析

一、涉授信业务行政罚款总体情况

涉授信业务的行政处罚主要是指在行政罚单主要违法违规事实（案由）中出现了授信、融资、贴现、承兑、保函、贷款、信贷、放贷、个贷、借贷、存贷、续贷、转贷等具体授信行为的行政处罚。

银行业监管机构对金融机构（非个人）开出的 5 745 个行政处罚罚单中，涉授信业务相关的行政罚单为 3 926 个，占罚单总数的 68. 3%。授信业务罚款金额总计 218 887. 56 万元（约 21. 9 亿元），占行政罚款金额总额（45. 5 亿元）的 48%。

涉授信相关的 3 926 个行政处罚中，实施罚款的行政处罚为 2 854 件，占授信业务行政处罚总数的 72%。涉授信业务类罚单总体情况与所有罚单总体情况指标数据具有一致性，说明授信类行政处罚非常有代表性。

二、行政处罚涉及主体情况

在银行业监管机构实施的 5 745 件行政处罚中，针对个人的行政处罚为 2 573 件，占比为 24. 6%，涉及 2 830 人；针对机构实施的行政处罚为 3 112 件，占比为 74. 2%，涉及机构3 169个（3 112+57），罚款金额累计359 151万元；针对个人和机构共同实施的行政处罚为57件，占比为1.2%；其他方面的行政处罚为3件。

其中，涉授信业务相关的行政处罚为3 926件，占罚单总数5 745个的68.3%。授信业务罚款金额总计为218 887.56万元（约21.9亿元），占行政罚款金额总量45.5亿元的48%（见图3－1）。

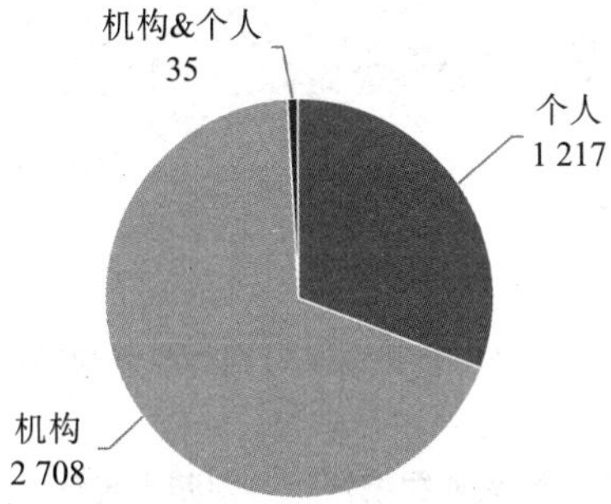

图3－1　授信类行政处罚涉及主体
（2016年6月～2018年8月）（单位：件）

授信业务行政处罚涉及机构2 743家，其中仅针对机构实施的行政处罚有2 708件，占比为69%；针对个人和机构共同实施的行政处罚为35件，占比为0.8%；其他类的行政处罚为1件（见表3－1）。

表3－1　行政处罚与授信类行政处罚统计

	仅针对个人罚单数量（件）	个人占比（%）	涉及人数（人）	仅针对机构罚单数量（件）	机构占比（%）	个人&机构数量（%）	个人&机构占比（%）
行政处罚基本数据	2 573	24.6	2 681	3 115	74.2	57	1.2
涉授信类行政处罚	1 217	31	1 327	2 708	68	35	1

三、涉授信行政处罚金融机构类型

全国在27个月内，股份制商业银行、农村商业银行、国有大型商业银行受到的行政处罚分别为788件、596件和448件。

行政处罚股份制商业银行、农村商业银行和城市商业银行罚款总额分别为21.4亿元、5.3亿元和2.9亿元（见图3－2）。股份制商业银行的罚款数额是农村商业银行罚款数额的4倍，农村商业银行无论是行政处罚件数还是行政处罚金额均超过国有大型商业银行和城市商业银行，成为被行政罚款处罚的第二大类银行（见表3－2）。

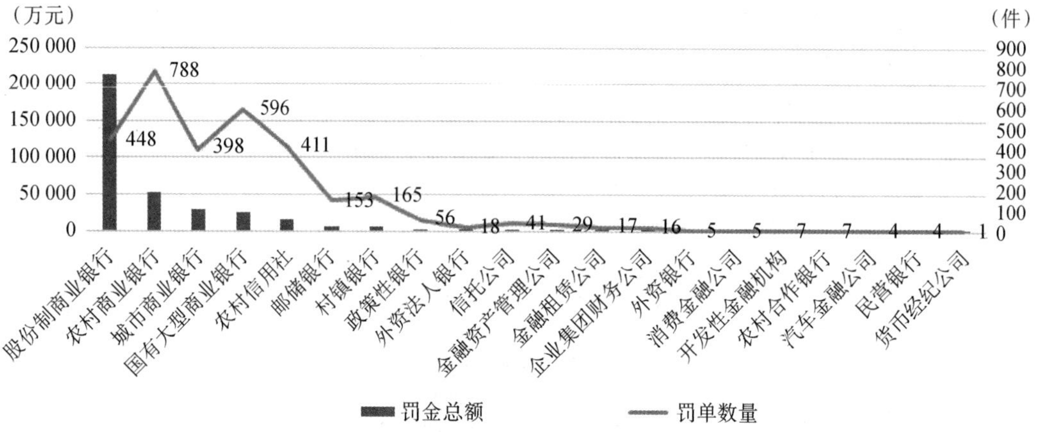

图 3-2　各类金融机构行政处罚情况

表 3-2　　　　　　行政处罚按银行类别归类统计

序号	法人机构分类名称	罚款金额（万元）	罚单数量（个）
1	股份制商业银行	214 143.9	448
2	农村商业银行	53 023.4	788
3	城市商业银行	28 820.6	398
4	国有大型商业银行	25 834.9	596
5	农村信用社	16 424.7	411
6	邮储银行	5 668.9	153
7	村镇银行	5 453	165
8	政策性银行	2 010	56
9	外资法人银行	2 112	23
10	信托公司	1 595	41
11	金融资产管理公司	1 305	29
12	金融租赁公司	840	17
13	企业集团财务公司	746.6	16
14	消费金融公司	358.7	5
15	开发性金融机构	290	7
16	农村合作银行	170	7
17	汽车金融公司	165	4
18	民营银行	160	4
19	货币经纪公司	30	1
	总计	359 152	3 169

农村商业银行、国有大型商业银行和股份制商业银行在 27 个月内涉授信业务的罚单数分别是 640 个、493 个和 418 个。股份制银行、农村商业银行、城市商业银行在 27 个月

期间的行政罚款金额累计分别为 128 484 万元、23 384 万元和 18 068 万元。具体机构类型数据分布见表 3－3。

表 3－3　　涉授信罚单按金融机构类别归类统计

序号	银行类别	罚款金额（万元）	罚单数（个）
1	股份制商业银行	128 485	418
2	农村商业银行	23 384	640
3	城市商业银行	18 068	360
4	国有大型商业银行	17 639	493
5	农村信用社	13 696	360
6	村镇银行	4 901	155
7	邮储银行	4 717	124
8	政策性银行	2 401	83
9	外资法人银行	1 529	13
10	信托公司	695	15
11	金融租赁公司	415	10
12	企业集团财务公司	415	11
13	金融资产管理公司	375	6
14	开发性金融机构	330	9
15	消费金融公司	228	3
16	农村合作银行	140	6
17	汽车金融公司	80	2
	总计	217 562	2 708

四、涉授信大额行政处罚情况

银行业监管机构实施的行政处罚中，罚款金额大于 5 000 万元的有 13 件，合计金额为 27.85 亿元，占行政罚款总金额的 61.1%。

从行政处罚对象上分析，针对个人且罚款金额在 5 000 万元以上的有 3 件，分别是由北京银监局在 2017 年 12 月和甘肃银监局在 2018 年 1 月做出的处罚。三个行政处罚的罚款金额分别是 5.2 亿元、1.5 亿元和 0.8 亿元。针对机构且罚款金额在 5 000 万元以上的有 10 件。

从做出行政处罚的机构分析，中国银保监会实施行政处罚的有 5 件，地方银监局实施处罚的有 8 件。中国银保监会实施行政处罚的 5 个金融机构罚款金额分别是 7.2 亿元、1.67 亿元、0.65 亿元、0.58 亿元和 0.58 亿元（见表 3－4）。

表 3－4　　单笔罚单罚款金额大于 5 000 万元的共有 13 件

行政处罚决定书文号	个人姓名	单位名称	法定代表人姓名	罚款金额（万元）	做出处罚决定的机关名称	做出处罚决定的日期	处罚机构
银监罚〔2017〕26 号	（无）	××银行股份有限公司	杨某	72 215.16	中国银保监会	2017－11－17	银监会
京银监罚决字〔2017〕31 号	党某 董某 何某	（无）	李某	52 063	北京银监局（根据中国银保监会授权实施行政处罚）	2017－12－29	北京银监局
川银监罚字〔2018〕2 号	（无）	××银行股份有限公司成都分行	李某	46 175	中国银行业监督管理委员会四川监管局	2018－1－18	四川银监局
青银监罚决字〔2017〕22 号	（无）	××银行股份有限公司青岛分行	沈某	23 218	青岛银监局	2017－12－29	青岛银监局
银监罚决字〔2017〕30 号	（无）	××银行股份有限公司	蔡某	16 692.2	中国银保监会	2017－12－29	银监会
甘银监罚〔2018〕2 号	王某	（无）	张某	15 002	中国银行业监督管理委员会甘肃监管局	2018－1－23	甘肃银监局
豫银监罚决字〔2017〕13 号	（无）	××银行股份有限公司郑州分行	刘某	13 226	河南银监局	2017－12－28	河南银监局
甘银监罚〔2018〕1 号	张某、 赵某、 蒽某、 毛某	（无）	王某	8 550	中国银行业监督管理委员会甘肃监管局	2018－1－23	甘肃银监局
吉市银监罚决字〔2018〕1 号	（无）	××银行股份有限公司	姚某	7 744	吉林银监分局	2018－1－19	吉林银监局
银监罚决字〔2018〕1 号	（无）	××银行股份有限公司	李某	6 573	中国银保监会	2018－2－12	银监会
银保监银罚决字〔2018〕1 号	（无）	××银行股份有限公司	高某	5 870	中国银保监会	2018－4－19	银监会
银监罚决字〔2018〕4 号	（无）	××银行股份有限公司	高某	5 856	中国银保监会	2018－2－12	银监会
吉市银监罚决字〔2017〕19 号	（无）	××银行股份有限公司	暴某	5 352	吉林银监分局	2017－12－22	吉林银监局

银行业监管机构开出的授信相关行政处罚罚单中，罚款金额大于 500 万元的共有 4 个罚单，合计金额 3 751.2 万元，占行政罚款总金额 218 887.56 万元的 1.7%。最大的一个授信类行政处罚罚单由广东银监局开出，涉及金额 1 523.2 万元。

在相关行政处罚中，罚款金额大于500万元的4件均指向个人；在行政处罚的机构上，其中4件行政处罚为地方银行业监管机构实施。分别是广东（1）、北京（2）和内蒙古（1）。针对授信业务行政处罚见表3－5。

表3－5　　涉授信大额行政处罚明细

行政处罚决定书文号	个人姓名	单位名称	法定代表人姓名	罚款金额（万元）	做出处罚决定的机关名称	做出处罚决定的日期	地区
粤银监罚决字〔2018〕16号	王某、周某等	（无）	×××	1 523.2	中国银保监会广东监管局	2018－06－13	广东
京银监罚决字〔2017〕14号	宋某、袁某、顾某、尹某	（无）	（无）	970	北京银监局	2017－08－08	北京
呼银监罚决字〔2018〕08、09、10号	马某、赵某、李某	（无）	（无）	756	呼伦贝尔银监分局	2018－06－06	内蒙古
京银监罚决字〔2017〕15号	袁某、李某	（无）	李某	502	北京银监局	2017－08－08	北京

第三节　涉授信行政处罚分布

一、按照地域划分行政处罚情况

因我国自然地理条件不同，思想文化水平地域差异较大，产业布局类型和结构不同，教育与人才分布不均，以及国家政策上的差异，导致中国区域经济发展不均衡，因此金融机构违法违规的情况也不尽相同。

按照行政处罚所及的地域分析，除中国银保监会实施大额行政处罚外，北京市、四川省和吉林省三地银行业监管机构（以下均以某省、市、区称谓简称）所处罚金额位居前列，罚款金额分别为6.2亿元、5.3亿元和2.7亿元人民币；从行政处罚数量分析，最多的为河南省、山东省和四川省，分别实施处罚343件、303件和289件。行政处罚涉及金额最少的依次为大连、宁夏回族自治区和青海省，罚款金额分别为800万元、640万元和167万元人民币。西藏自治区则无任何罚款类行政处罚。行政处罚件数最少的分别为甘肃省、青岛市、青海省，行政处罚数量分别为24件、24件和8件（见图3－3）。

从地区分布上看，华东地区、华中地区的行政处罚件数分别为961件、799件。华东

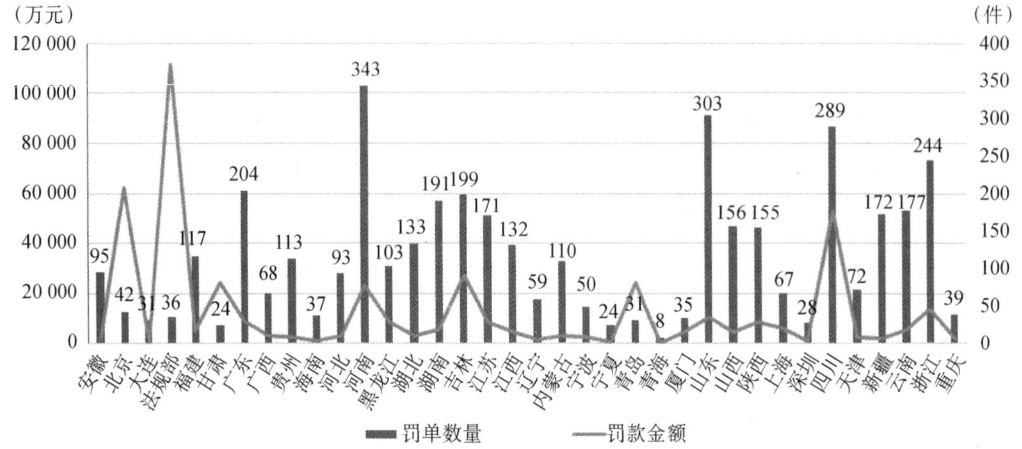

图 3-3　行政处罚件数与金额分布情况

地区的山东省监管局和浙江监管局行政处罚数量最多，分别是 303 件和 244 件；华中地区河南省监管局的行政处罚数最多，为 343 件，河南省监管局也成为此期间全国银行业监管机构行政处罚数量最多的机构。华北地区、华东地区的行政处罚所涉金额分别是 187 496 万元、68 856 万元。华北地区在行政处罚数据检索中涵盖中国银保监会行政处罚，因此行政处罚涉及金额最高。华东地区因为青岛市、浙江省的行政处罚金额高，拉高了整个地区的行政处罚数额。华南地区行政处罚金额为 24 152 万元，行政处罚件数为 489 件，其中深圳行政罚款金额最低。西北地区行政处罚数为 383 件，行政处罚所涉金额为 35 776 万元。青海行政处罚数为 8 件。

浙江省实施涉授信业务处罚金额累计 10 221 万元，其次是山东、河南，分别是 8 805 万元和 7 718 万元。青海涉授信业务罚金最少，仅 110 万元。其次是北京市、甘肃省，罚金分别是 270 万元和 485 万元。湖南省涉授信业务的罚单最多，为 324 个，其次是河南省、山东省银行业监管机构，分别是 318 个和 302 个。北京在全国涉授信业务的罚单最少，仅为 7 个，其次是青海省、甘肃省，分别是 8 个、14 个。北京在授信业务内控方面的成绩非常显著（见图 3-4）。

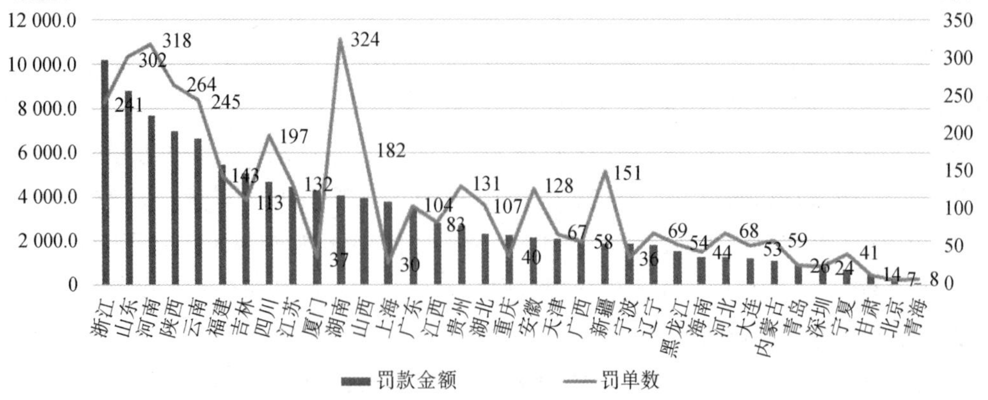

图 3-4　涉授信业务行政处罚按省分布情况

华东地区罚单数分别为 895 个，罚款金额为 32 231 万元，罚款金额和罚单数均是全国第一。华东地区浙江和山东罚款额度最高，分别是 10 221 万元和 8 805 万元。两个省的罚单数也是最多，分别是 241 个和 302 个。华北地区罚金数额为 8 710 万元，罚单数量为 383 个，其中北京地区行政罚款金额最低，仅为 270 万元，拉低了整体金额。东北地区罚单数量全国最低，仅 289 个，罚款数额为 9 602 万元，仅高于华北，见图 3 – 5。

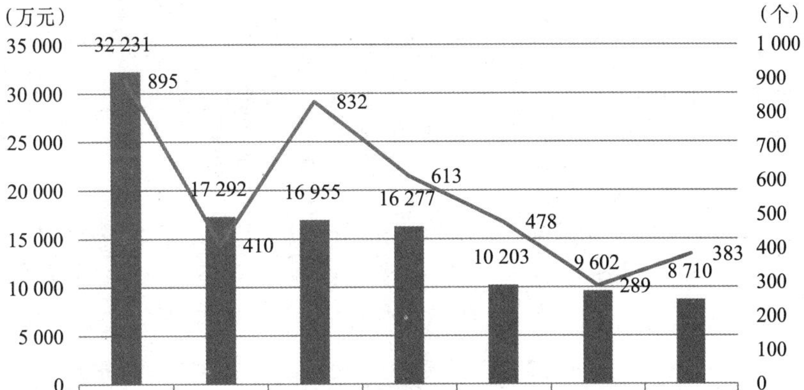

	华东	华南	华中	西南	西北	东北	华北
罚款金额（万元）	32 231	17 292	16 955	16 277	10 203	9 602	8 710
罚单数（个）	895	410	832	613	478	289	383

图 3 – 5　涉授信业务行政处罚区域分布

二、涉授信行政处罚月度分布

统计数据表明，银行业监管机构行政处罚数最多的两个月分别为 2017 年 12 月、2018 年 1 月，其行政处罚数分别为 516 件和 498 件，对应行政处罚所涉金额亦最高，分别为 129 506. 6 万元和 108 600. 6 万元。其中，行政处罚金额大于 5 000 万元的 8 件均发生在两个月份中，可以说，此期间强监管行为表现最为突出。

通过比较发现，2016 年 6 月银行业监管机构行政处罚涉及金额为 1 156 万元，而 2018 年 6 月的行政处罚金额为 12 345. 5 万元，此数据为 2016 年的 10. 7 倍。

2016 年、2017 年和 2018 年连续三年的月平均行政处罚罚款金额为 1 757. 3 万元、22 516. 3 万元和 21 845. 4 万元。其中 2017 年和 2018 年的月平均行政处罚金额是 2016 年的约 13 倍，2017 年和 2018 年月平均处罚金额持平。

从数量上看，2016 年、2017 年和 2018 年连续三年的行政处罚数为 74 件、268 件和 251 件，其中 2017 年和 2018 年月均行政处罚数基本持平，2017 年和 2018 年的月均行政处罚数比 2016 年增长了约 3. 5 倍。

2017 年 12 月和 2018 年 1 月，银行业监管机构涉授信行政处罚数量以及罚款金额的增长，均达到顶峰。罚款金额除了上面提到的两个月以外，其余月份波动基本不大。但是，

2017 年和 2018 年相对于 2016 年下半年有行政处罚数量增长较快。从图 3 –6 可以看出，监管机构对银行业金融机构进行行政处罚已经成为一个常态。

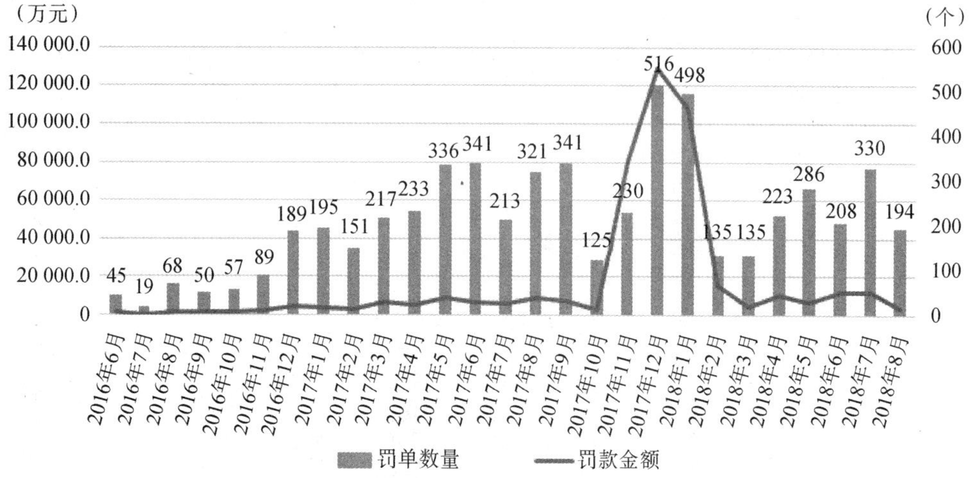

图 3 –6　涉授信行政处罚数量与罚款时间分布

然而，在涉授信类行政处罚中，罚金高的月份行政处罚数量不一定多，而行政处罚多的月份处罚金额也不一定高，二者间不存在正相关关系。

与 2016 年下半年相比，2017 年和 2018 年的行政处罚数量明显上升，且保持在一个较为稳定的区间内。行政处罚罚款金额也有逐月上升的趋势。可以预见，在未来一段时间内，因授信违规而产生的行政处罚数量和金额还将继续维持在一个比较高位的水平（见图 3 –7）。

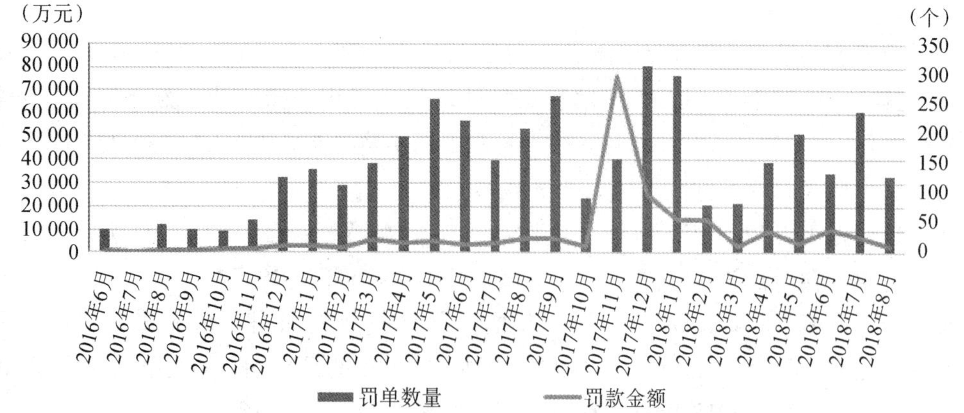

图 3 –7　涉授信类行政处罚数量与金额分布

涉授信业务行政处罚的主要违法违规事实具体涉及授信、融资、贴现、承兑、保函、贷款、信贷、放贷、个贷、借贷、存贷、续贷、转贷等一系列授信行为，此类行政处罚共 3 926 件，涉及 1 897 人和 2 708 个机构，行政处罚罚金总额为 21. 9 亿元。涉授信业务的行政处罚金额大于 500 万元的共有 4 件，全部由地方银监局实施，行政处罚对象全部为个人。在涉授信业务的行政处罚中，北京市监管局实施行政处罚仅 7 件，累计处罚金额仅有 270 万元。行政处罚数量全国最低，行政处罚金额略高于最后一名青海省。在一定意义上体现了北京地区银行业金融机构在授信业务合规风险管控上的水平。

从年度上分析，无论是行政处罚罚金数额，还是行政处罚件数，2017 年和 2018 年具体行政处罚行为都远高于 2016 年。2017 年和 2018 年基本持平，体现了强监管的实践特色。通过统计还可以发现，行政处罚中罚款在某种意义上成为银行业监管机构行政处罚的主要处罚方式。在银行业监管机构对银行业金融机构处以行政处罚的 5 745 件案例中，涉及罚款的数量为 3 359 件，占比为 58. 47%。

第四节　涉授信行政处罚性质分析

一、涉授信行政处罚决定类型分析

2016 年下半年至 2018 年第三季度，银行业监管机构涉授信行政处罚 5 745 件，具体行政处罚行为包括罚款、警告、取消任职资格、禁止从业、责令更正、取消董事等六类。行政处罚决定多数为上述六类具体行政处罚行为复合运用。

涉授信行政处罚决定中，仅罚款或仅警告的处罚分别为 3 359 件和 1 229 件，分别占比为 58. 5% 和 21. 4%。二者之和是 4 588 件，占涉授信行政处罚总数的 79. 9%。其余包含多种处罚决定的综合处罚数为 1 157 件，占比为 20. 1%（见图 3 –8）。

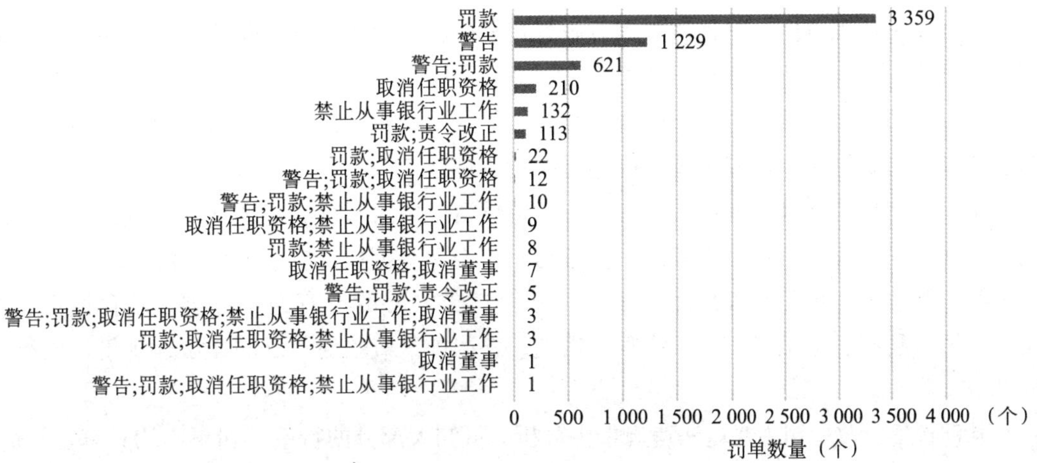

图 3 –8　涉授信行政处罚类型数量

在授信相关的行政处罚决定中，仅行政处罚罚款的为 2 358 件，占比为 80%。罚款和罚款与警告并行处罚的为 2 759 件，占比为 91.2%。

从图 3－9 可以看出，授信类行政处罚中，罚款、警告仍是最主要的处罚方式。

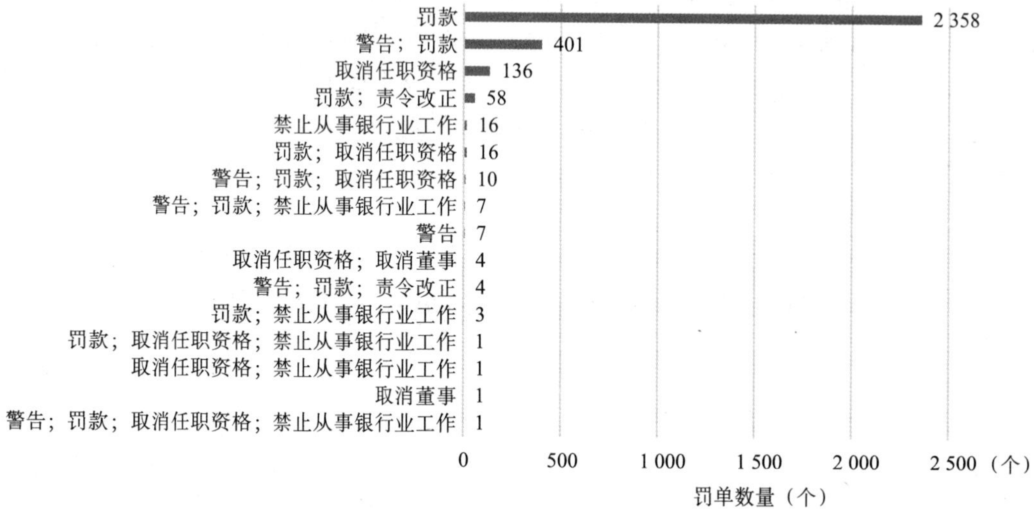

图 3－9　涉授信类行政处罚具体行政行为

取消任职资格、禁止从事银行业工作以及取消董事都是非常严厉的处罚措施，但这三类行政处罚手段却不经常使用。涉及这三类的行政处罚数量一共有 418 件，占罚单总数 5 745 个的 7.2%。行政处罚中包含了多个处罚行为的前三类的数量为 1 870 件，占比为 33%，包含两种及两种以上处罚行为的为 4 326 件，占比为 75.3%。

二、涉授信违法违规事由

按照违法违规事由，可将涉授信行政处罚划分为三大类，分别是贷款融资授信类、审慎管理风险内控类、违法违规犯罪类。

第一类包含在授信、融资、贴现、承兑、保函、贷款、信贷、放贷、个贷、借贷、存贷、续贷、转贷等业务过程中发生的违法违规事件。

第二类审慎管理风险内控类包含对在审慎经营、风险管理、虚假交易、责任意识方面的行政处罚，以及未执行、未授权、未报送和审查不严等执行层面不到位的行政处罚。

第三类违法违规犯罪类是除了第一类和第二类之外的所有罚单分类，包含侵占、挪用、贪污、越权、不正当交易、诈骗、伪造、盗取等情节较为严重的违法违规事件的行政处罚。

从涉授信行政处罚主要违法违规事由分析，可知大部分的行政处罚事由均具有复合性，即一个行政处罚决定中包含了绝大多数具体的行政处罚行为，占比情况前已述及。复合性的行政处罚占比较高，说明银行业金融机构违法违规乃至犯罪行为较为复杂（见图 3－10）。

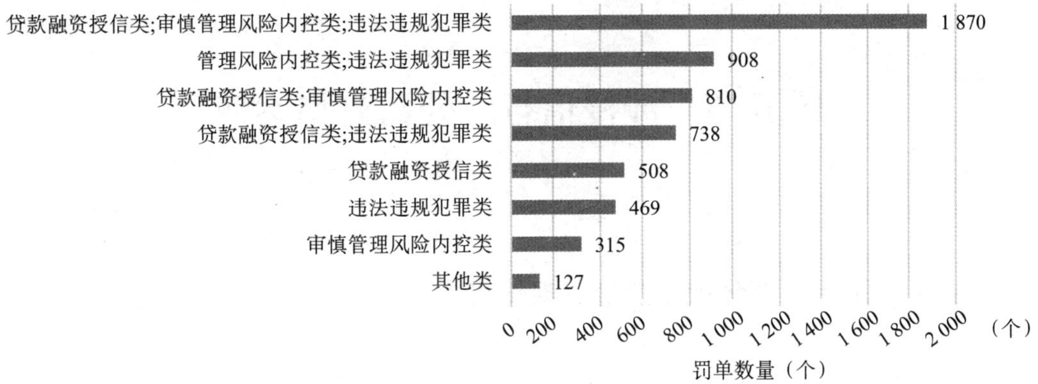

图 3－10　涉授信违法违规行政处罚事由分析

融资贷款授信类别行政处罚违法违规事由可分为贷款违规、融资授信违规、担保类违规、存续转贷违规、超比例违规五种类型。

通过授信类行政处罚主要违法违规事由分析，可以看出，授信类业务违法违规事件不容忽视。其中，贷款违法违规行政处罚为 2 037 件，占比为 51.9%，加上贷款类违规与融资授信类违规、贷款类违规与担保类违规，则有行政处罚 2 558 件，占比为 65.2%。数据表明，授信业务违规行为仍是“重灾区”，如何解决银行业金融机构想贷、愿贷、能贷、会贷，并且坚持依法合规开展各项授信业务的问题仍然任重道远（见图 3－11）。

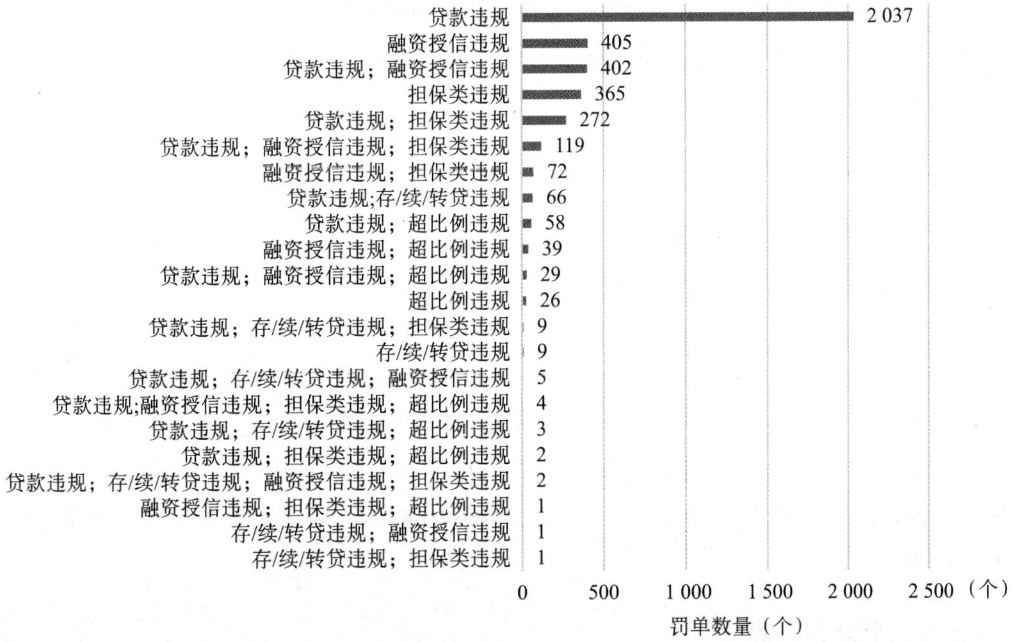

图 3－11　授信类行政处罚单违法违规事由分析

第五节　涉授信行政处罚典型案例

一、××银行成都分行涉授信违规处罚案

（一）基本案情

××银行成都分行为掩盖不良贷款，通过编造虚假用途、分拆授信、越权审批等手法，违规办理信贷、同业、理财、信用证和保理等业务，向1 493个空壳企业授信775亿元，以承债式收购方式，腾挪不良贷款。该案也反映出××银行总行对分行长期不良贷款为零等异常情况失察、考核激励机制不当、轮岗制度执行不力、对监管部门提示的风险重视不够等一系列问题。2018年1月18日，原中国银监会四川监管局针对××银行信贷严重违规问题，依据《中华人民共和国银行业监督管理法》第四十六条规定实施行政处罚。××银行成都分行被罚款46 175万元，××银行成都分行原行长被禁止终身从事银行业工作，××行对该行长予以“双开”，四川监管局有关负责人也被原中国银监会问责。

××银行成都分行主导的有组织的造假案件，涉案金额巨大、手段隐蔽、性质恶劣，暴露出××银行成都分行内控严重失效、片面追求业务规模的超高速发展、合规意识淡薄等诸多问题，教训极其深刻。

（二）主要违规表现

四川监管局行政处罚决定书显示，××银行分行违规主要表现在以下九个方面：（1）内部控制严重失效，严重违反审慎经营规则；（2）未提供或未及时提供检查资料，不积极配合监管部门现场检查，对现场检查的顺利开展形成阻碍；（3）授信管理严重违规，严重违反审慎经营规则；（4）违规办理信贷业务，严重违反审慎经营规则；（5）违规办理同业投资、理财业务，严重违反审慎经营规则；（6）违规办理商业承兑汇票业务，严重违反审慎经营规则；（7）违规办理信用证业务，严重违反审慎经营规则；（8）违规办理银行承兑汇票业务，严重违反审慎经营规则；（9）违规利用保理公司进行资金空转，严重违反审慎经营规则。

（三）行政处罚措施

针对XX银行四川分行在涉及授信等方面的违规行为，原中国银监会四川监管局做出川银监罚字〔2018〕2号行政处罚决定，主要采取了以下行政处罚措施：（1）四川银监局

依法对XX银行成都分行罚款46 175万元；（2）对XX银行成都分行原行长、2名副行长、1名部门负责人和1名支行行长分别给予终身禁止从事银行业工作、取消高级管理人员任职资格、警告及罚款；（3）相关涉案人员已被依法移交司法机关处理；（4）对195名分行中层及以下责任人员内部问责，并在全行启动大轮岗。

值得注意的是，鉴于四川银监局对XX银行成都分行相关风险线索等问题未全面深查，监管督导不力，对其监管评级失真，中国银监会党委还责成四川银监局党委深刻反省，吸取教训，并对四川银监局原主要负责人和其他相关责任人进行了严肃问责，给予党纪政纪处分。

（四）行政处罚依据

《中华人民共和国银行业监督管理法》第四十六条：银行业金融机构有下列情形之一，由国务院银行业监督管理机构责令改正，并处二十万元以上五十万元以下罚款；情节特别严重或者逾期不改正的，可以责令停业整顿或者吊销其经营许可证；构成犯罪的，依法追究刑事责任：（1）未经任职资格审查任命董事、高级管理人员的；（2）拒绝或者阻碍非现场监管或者现场检查的；（3）提供虚假的或者隐瞒重要事实的报表、报告等文件、资料的；（4）未按照规定进行信息披露的；（5）严重违反审慎经营规则的；（6）拒绝执行本法第三十七条规定的措施的。

《中华人民共和国银行业监督管理法》第三十七条：银行业金融机构违反审慎经营规则的，国务院银行业监督管理机构或者其省一级派出机构应当责令限期改正；逾期未改正的，或者其行为严重危及该银行业金融机构的稳健运行、损害存款人和其他客户合法权益的，经国务院银行业监督管理机构或者其省一级派出机构负责人批准，可以区别情形，采取下列措施：（1）责令暂停部分业务、停止批准开办新业务；（2）限制分配红利和其他收入；（3）限制资产转让；（4）责令控股股东转让股权或者限制有关股东的权利；（5）责令调整董事、高级管理人员或者限制其权利；（6）停止批准增设分支机构。

银行业金融机构整改后，应当向国务院银行业监督管理机构或者其省一级派出机构提交报告。国务院银行业监督管理机构或者其省一级派出机构经验收，符合有关审慎经营规则的，应当自验收完毕之日起三日内解除对其采取的前款规定的有关措施。

二、××银行惠州分行涉授信违规处罚案

（一）基本案情

2016年12月20日，广东惠州侨兴集团下属的2家公司用虚构的项目在“招财宝”平台发行的10亿元私募债到期无法兑付，该私募债由××财险公司提供保证保险，但该公司称××银行惠州分行为其出具了兜底保函。之后，10多家金融机构拿着兜底保函等协

议，先后向××银行询问并主张债权。××银行惠州分行员工与侨兴集团人员内外勾结、私刻公章、违规担保、跨机构跨行业跨市场作案，牵涉机构众多，涉案金额约120亿元，情节严重，性质恶劣，社会影响极坏。

2017年11月17日，中国银监会对××银行总行、惠州分行及其他分支机构的违法违规行为罚没合计7.22亿元，其中，没收违法所得17 553.79万元，并处以3倍罚款52 661.37万元，其他违规罚款2 000万元。人员方面，对××银行惠州分行原行长、2名副行长和2名原纪委书记分别给予取消五年高管任职资格、警告和经济处罚，对6名涉案员工终身禁止从事银行业工作，对××银行总行负有管理责任的高级管理人员也依法处罚。6名涉案员工被依法移交司法机关处理。

中国银监会责成××银行总行按照党规党纪、政纪和内部规章，对总行相关高管及责任人员严肃处理。

（二）违法违规的主要表现

违法违规的主要表现包括：（1）出具与事实不符的金融票证；（2）未尽职审查保理业务贸易背景真实性；（3）内控管理严重违反审慎经营规则；（4）劳务派遣用工管理不到位；（5）对押品评估费用管理不到位；（6）未向监管部门报告风险信息；（7）未向监管部门报告重要信息系统突发事件；（8）会计核算管理薄弱；（9）信息系统与业务流程控制未按规定执行；（10）流动资金贷款用途监督不到位，未尽职审查银行承兑汇票贸易背景真实性；（11）以流动资金贷款科目向房地产开发企业发放贷款；（12）报送监管数据不真实。

（三）行政处罚

原中国银监会经过立案、调查、审理、审议、告知、陈述申辩意见复核、听证等一系列法定程序后，对XX银行及惠州分行做出银监罚决字〔2017〕26号行政处罚决定：警告，没收违法所得17 553.79万元，并处3倍罚款52 661.37万元，对其他违规行为罚款2 000万元，罚没合计72 215.16万元。

2017年12月29日，中国银监会对与前述案件相关的13家关联银行业金融机构进行处罚，没收违法所得6.61亿元，并处1倍罚款6.61亿元，其他违规罚款1 930万元，累计罚没资金高达20.68亿元。同时，对上述出资机构的45名责任人做出行政处罚，其中，取消6人高管任职资格，禁止3人一定期限直至终身从事银行业工作，对36名高级管理人员和相关责任人分别给予警告和经济处罚。

（四）行政处罚依据

1.《金融违法行为处罚办法》第十三条：金融机构不得出具与事实不符的信用证、保函、票据、存单、资信证明等金融票证。金融机构弄虚作假，出具与事实不符的信用证、保函、票据、存单、资信证明等金融票证的，给予警告，没收违法所得，并处违法所得1倍以上5倍以下的罚款，没有违法所得的，处10万元以上50万元以下的罚款；对该金融机构直接负责的高级管理人员、其他直接负责的主管人员和直接责任人员，给予开除的纪律处分；构成非法出具金融票证罪或者其他罪的，依法追究刑事责任。

2.《商业银行保理业务管理暂行办法》第十五条：商业银行应当对客户和交易等相关情况进行有效的尽职调查，重点对交易对手、交易商品及贸易习惯等内容进行审核，并通过审核单据原件或银行认可的电子贸易信息等方式，确认相关交易行为真实合理存在，避免客户通过虚开发票或伪造贸易合同、物流、回款等手段恶意骗取融资。

《中华人民共和国银行业监督管理法》第二十一条：银行业金融机构的审慎经营规则，由法律、行政法规规定，也可以由国务院银行业监督管理机构依照法律、行政法规制定。审慎经营规则，包括风险管理、内部控制、资本充足率、资产质量、损失准备金、风险集中、关联交易、资产流动性等内容。银行业金融机构应当严格遵守审慎经营规则。

3.《中华人民共和国银行业监督管理法》第四十六条：银行业金融机构有下列情形之一，由国务院银行业监督管理机构责令改正，并处20万元以上50万元以下罚款；情节特别严重或者逾期不改正的，可以责令停业整顿或者吊销其经营许可证；构成犯罪的，依法追究刑事责任：（1）未经任职资格审查任命董事、高级管理人员的；（2）拒绝或者阻碍非现场监管或者现场检查的；（3）提供虚假的或者隐瞒重要事实的报表、报告等文件、资料的；（4）未按照规定进行信息披露的；（5）严重违反审慎经营规则的；（6）拒绝执行本法第三十七条规定的措施的。

4.《商业银行内部控制指引》第十二条：商业银行内部审计部门履行内部控制的监督职能，负责对商业银行内部控制的充分性和有效性进行审计，及时报告审计发现的问题，并监督整改。第十九条：商业银行应当明确重要岗位，并制定重要岗位的内部控制要求，对重要岗位人员实行轮岗或强制休假制度，原则上不相容岗位人员之间不得轮岗。

5.《中国银行业监督管理委员会关于加大防范操作风险工作力度的通知》第三条：加强对基层行的合规性监督。对权力过大而监督管理又不到位的基层行，要重点加强监督，促其及时整改；要强加对权力的监管和监控，防止权力滥用和监督缺位。第六条：建立和实施基层主管轮岗轮调和强制性休假制度，并确保这一安排纳入总行及各级分支机构的人事管理制度。要明确具体的操作程序和规定，并由人事部门按照规定就拟轮岗轮调和休假主管的顶替人员预先做好相应安排。稽核部门应对相关的制度安排和执行情况进行有效审计跟踪。

6.《关于加强案件防控，落实轮岗、对账及内审有关要求的工作意见》第一条：重要岗位员工轮岗方面，各机构要充分认识重要岗位员工轮岗在加强内部控制和防范操作风险、道德风险中发挥的重大作用，要认真组织实施重要岗位员工轮岗工作，并将轮岗工作落实情况列入经营考核之中。

7.《中国银监会办公厅关于加强银行业基层营业机构管理的通知》第三条：加强重要

岗位员工行为管理，规范操作行为。重视案件警示教育和职业操守教育，提升员工风险防范意识和责任意识。加强对员工异常行为的监督和排查，重点关注重要岗位和敏感环节员工“八小时”内外的行为，严禁员工借用客户资金或出借资金给客户使用；严禁员工与客户发生非正常资金往来；严禁员工组织、参与民间融资或非法集资；严禁员工从事与本行（社）有利害关系的第二职业、经商办企业或在企业兼职。严格执行岗位轮换和强制休假制度，按照监管要求明确具体规定和操作程序，完成重要岗位人员的轮换，落实基层营业机构负责人强制休假，加强对制度执行情况的后评价。第四条：加大监督检查力度，严格追究责任。提高对基层营业机构内部控制制度执行情况的稽核深度和广度，尤其要加强对疑点和薄弱环节的持续跟踪检查。对稽核发现问题隐瞒不报、上报虚假情况或检查监督整改不力的，严格追究相关责任人的责任。严肃处理违规行为直接责任人，直至开除或解除劳动合同，对触犯法律的，移交公安、司法机关依法处理。对违反规定造成严重后果的，在追究直接责任人的同时，要严肃追究领导责任。对高管人员违规直接或变相参与民间借贷、违规担保和非法集资活动的，一律取消从业任职资格。

8.《商业银行内部控制指引》第十四条：商业银行应当建立健全内部控制制度体系，对各项业务活动和管理活动制定全面、系统、规范的业务制度和管理制度，并定期进行评估。第二十条：商业银行应当制定规范员工行为的相关制度，明确对员工的禁止性规定，加强对员工行为的监督和排查，建立员工异常行为举报、查处机制。

9.《中国银监会关于整治银行业金融机构不规范经营的通知》第一条：银行业金融机构要认真遵守信贷管理各项规定和业务流程，按照国家利率管理相关规定进行贷款定价，并严格遵守下列规定：（1）不得以贷转存。银行信贷业务要坚持实贷实付和受托支付原则，将贷款资金足额直接支付给借款人的交易对手，不得强制设定条款或协商约定将部分贷款转为存款。（2）不得存贷挂钩。银行业金融机构贷款业务和存款业务应严格分离，不得以存款作为审批和发放贷款的前提条件。（3）不得以贷收费。银行业金融机构不得借发放贷款或以其他方式提供融资之机，要求客户接受不合理中间业务或其他金融服务而收取费用。（4）不得浮利分费。银行业金融机构要遵循利费分离原则，严格区分收息和收费业务，不得将利息分解为费用收取，严禁变相提高利率。（5）不得借贷搭售。银行业金融机构不得在发放贷款或以其他方式提供融资时强制捆绑和搭售理财、保险、基金等金融产品。（6）不得一浮到顶。银行业金融机构的贷款定价应充分反映资金成本、风险成本和管理成本，不得笼统将贷款利率上浮至最高限额。（7）不得转嫁成本。银行业金融机构应依法承担贷款业务及其他服务中产生的尽职调查、押品评估等相关成本，不得将经营成本以费用形式转嫁给客户。

《中国银监会关于整治银行业金融机构不规范经营的通知》第三条：银行业金融机构要组织本系统在第一季度集中开展以“规范贷款行为、科学合理收费”为主题的不规范经营问题专项治理活动：（1）加强源头治理。各银行业金融机构要从年度经营计划和绩效考核办法的制定入手，整治不切实际的快增长、高指标问题，校正经营导向，从源头上杜绝各级机构、网点及员工的不规范经营冲动。(2）加强程序治理。各银行业金融机构要全面梳理业务流程和相关内部管理制度，严格区分贷款融资和各项收费业务的不同营销、定价程序。对贷款融资，要从风险管理角度出发，对受理、审批、签约、放款、贷后管理等环节进行严格把关，防止层层附加条件；对其他服务收费业务，要从产品开发、功能设计、收益测算等环节进行充分论证和询价公示，防止自定价目和层层加价。(3）加强行为治理。银行业金融机构要对从事具体经营活动的分支机构高管和一线员工进行商业道德和社会责任教育，切实做到不同业务柜面分离、人员独立，不得误导、挤压和要挟客户，端正经营思想，规范经营行为；银行业金融机构还应建立公开、完善的违规收费举报和投诉处理机制，及时掌握分支机构违规收费行为，及时查处纠正。

《中国银监会关于整治银行业金融机构不规范经营的通知》第十五条：商业银行应当合理确定各项业务活动和管理活动的风险控制点，采取适当的控制措施，执行标准统一的业务流程和管理流程，确保规范运作。商业银行应当采用科学的风险管理技术和方法，充分识别和评估经营中面临的风险，对各类主要风险进行持续监控。

10.《商业银行业务连续性监管指引》第六十三条：发生运营中断事件后，商业银行应当及时进行沟通和报告，包括：按照报告路线在内部各部门及人员之间的报告；与业务运营的外包方、业务合作方之间的沟通；按照中国银监会有关报告要求，向中国银监会或其派出机构的报告等。

11.《中华人民共和国商业银行法》第五十五条：商业银行应当按照国家有关规定，真实记录并全面反映其业务活动和财务状况，编制年度财务会计报告，及时向国务院银行业监督管理机构、中国人民银行和国务院财政部门报送。商业银行不得在法定的会计账册外另立会计账册。

12.《中国银监会办公厅关于做好网上银行风险管理和服务的通知》第一条：加强用户身份验证管理。各商业银行最迟于 2007 年 12 月 31 日前应对所有网上银行高风险账户操作统一使用双重身份认证。双重身份认证由基本身份认证和附加身份认证组成。基本身份认证是指网上银行用户知晓并使用，预先注册在银行的本人用户名及口令/密码；附加身份认证是指网上银行用户持有、保管并使用可实现其他身份认证方式的信息（物理介质或电子设备等)；附加身份认证信息应不易被复制、修改和破解。商业银行可根据业务发展需要和风险控制要求对本行网上银行高风险账户操作进行具体界定。高风险账户操作应至少包括向非本人（不含与本行签订业务合作等法律协议和客户预先约定的指定账户，如代收费、第三方支付、贷款还款账户等）账户转移资金单笔超过 1 000 元或日累计超过 5 000 元。对于身份认证强度相对较弱的网上银行账户操作，商业银行应充分评估风险，相应进一步采取控制措施（如限制资金转移功能、限定资金转移额度等）进行有效防范。商业银行还应积极研发和应用各类维护网上银行使用安全的技术和手段，保证安全技术和管理水平能够持续适应网上银行业务发展的安全要求。商业银行应综合平衡经济效益和社会效益，不断降低网上银行客户双重身份认证的使用成本，促进双重身份认证的推广普及。对于其他电子银行业务类型，商业银行可依据其安全程度自行确定是否参照网上银行管理，但应保证其他电子银行业务类型不构成网上银行的安全管理漏洞。

13.《电子银行业务管理办法》第四十条：金融机构应采取适当的措施和采用适当的技术，识别与验证使用电子银行服务客户的真实、有效身份，并应依照与客户签订的有关协议对客户作业权限、资金转移或交易限额等实施有效管理。

14.《中国人民银行 中国银行业监督管理委员会 公安部 国家工商总局关于加强银行卡安全管理预防和打击银行卡犯罪的通知》第二条：控制信用卡发卡风险。发卡机构可通过查询中国人民银行征信系统、中国银联银行卡风险信息共享系统、资信调查等方式分析申请人的资信状况，合理确定授信额度。对申领首张信用卡的客户，发卡机构要对客户亲访亲签，不得采取全程自助发卡方式。谨慎发展无稳定工作、收入的客户群体，从严授信。发卡机构不得将信用卡发卡营销业务外包，不得擅自对信用卡透支利率、计息方式、免息期计算方式等进行调整。禁止单位代办信用卡，法律法规另有规定的除外。

15.《商业银行信息科技风险管理指引》第二十六条：商业银行应通过以下措施，确保所有信息系统的安全：明确定义终端用户和信息科技技术人员在信息系统安全中的角色和职责；针对信息系统的重要性和敏感程度，采取有效的身份验证方法；加强职责划分，对关键或敏感岗位进行双重控制；在关键的接合点进行输入验证或输出核对；采取安全的方式处理保密信息的输入和输出，防止信息泄露或被盗取、篡改；确保系统按预先定义的方式处理例外情况，当系统被迫终止时向用户提供必要信息；以书面或电子格式保存审计痕迹；要求用户管理员监控和审查未成功的登录和用户账户的修改。

16.《流动资金贷款管理暂行办法》第九条：贷款人应与借款人约定明确、合法的贷款用途。流动资金贷款不得用于固定资产、股权等投资，不得用于国家禁止生产、经营的领域和用途。流动资金贷款不得挪用，贷款人应按照合同约定检查、监督流动资金贷款的使用情况。

17.《中国银监会办公厅关于银行承兑汇票业务案件风险提示的通知》第三条：加强对保证金来源真实性、合规性的审核和管理，不得降低业务标准。办理业务过程中，必须确保承兑保证金比例适当且及时足额到位，不得以贷款或贴现资金缴存保证金，不得挪用或提前支取保证金，不得将保证金账户与其他账户串用；保证金未覆盖部分所要求的抵押、质押或第三方保证必须严格落实。

18.《票据法》第十条：票据的签发、取得和转让，应当遵循诚实信用的原则，具有真实的交易关系和债权债务关系。票据的取得，必须给付对价，即应当给付票据双方当事人认可的相对应的代价。

19.《中国人民银行 中国银行业监督管理委员会关于加强商业性房地产信贷管理的通知》第一条：严格房地产开发贷款管理。对项目资本金（所有者权益）比例达不到35%或未取得土地使用权证书、建设用地规划许可证、建设工程规划许可证和施工许可证的项目，商业银行不得发放任何形式的贷款；对经国土资源部门、建设主管部门查实具有囤积土地、囤积房源行为的房地产开发企业，商业银行不得对其发放贷款；对空置3年以上的商品房，商业银行不得接受其作为贷款的抵押物。商业银行对房地产开发企业发放的贷款只能通过房地产开发贷款科目发放，严禁以房地产开发流动资金贷款或其他贷款科目发放。商业银行发放的房地产开发贷款原则上只能用于本地区的房地产开发项目，不得跨地区使用。对确须用于异地房地产开发项目并已落实相应风险控制措施的贷款，商业银行在贷款发放前应向监管部门报备。

20.《银行业监管统计管理暂行办法》第八条：银行业监管统计以银行业金融机构财务会计信息为基础，以银行业金融机构内部管理信息系统为依托，保障统计数据来源的真实、准确、完整。第三十五条：银行业金融机构有下列行为之一的，依据《中华人民共和国银行业监督管理法》第四十五条之规定予以处罚：虚报、瞒报、伪造、篡改及无理拒报银行业监管统计资料的；在接受统计检查时，拒绝提供情况或提供虚假情况以及转移、隐匿、毁弃原始统计记录、统计报表和与统计有关的其他资料的；拒不接受或阻挠、抗拒监管统计检查的。

三、强化授信业务合规风险建议

近年来，银行业金融机构涉授信业务违法违规风险事件始终处于高发态势，本书中对2016年6月至2018年8月发生涉授信违法违规案例进行了简要的分析，旨在揭示银行业金融机构在授信业务基本法律风险，总结授信业务中违法违规教训，提倡银行业金融机构以及从业人员应以上述行政处罚案例为戒，以自律为前提、以合规为基础、以知法守法为根本保障强化授信业务的风险管控。

（一）强化依法合规经营理念

银行业金融机构的各级领导干部和授信业务工作人员，要努力提高依法合规经营意识，严格执行涉及授信有关法律、法规与监管政策，依规开展授信业务尽职调查，严格授信业务操作流程，不踩授信合规红线，持续推进银行业授信业务合规水平。

（二）强化授信业务合规监督检查

部分重大涉授信业务违法违规案件的发生有着复杂的社会因素，但是监管机构、各银行业金融机构如果能够及时进行监督检查，及早发现问题，对减少、避免授信业务的违法违规行为的发生具有特别重要的防微杜渐作用，也能够为银行业金融机构减少经济损失，抑制银行业声誉风险事件的发生，维护银行业正常的经营秩序。

（三）积极开展授信业务风险提示

银行业监管机构、银行业金融机构以及各银行业协会应针对涉及授信业务高发的违法违规行为及时进行风险提示，及时揭示授信业务中的合规风险，总结授信业务经验与教训。

（四）建立健全银行业涉授信从业人员“黑名单”

银行业金融机构应认真贯彻落实《银行业金融机构从业人员行为管理指引》，强化银行业涉授信人员的业务与合规培训，进一步提升授信业务人员的素质。银行业协会应根据银行业监管机构有关行政处罚，建立健全包括涉授信业务相关取消任职资格、禁止从事银行业工作的人员等从业人员失信信息数据库，并依法完善银行业从业人员失信信息共享机制。

（五）着力推进联合授信工作

银行业联合授信机制建设是防控银行业金融机构过度授信、企业过度融资的利器，也是银行业在新形势下开展授信业务合规经营的重要规制。通过银行成员协议、银企框架协议、信息共享、企业融资台账以及失信惩戒等一系列制度约束，实现授信业务合规发展，把银行业依法合规经营提升到一个新水平。

第四章
银行业表内授信业务案例解析

第一节　银行授信协议与客户信赖利益
——上海信博实业有限公司与 ZS 银行股份有限公司小企业信贷中心借款合同纠纷案

一、裁判要旨

1. 综合授信协议兼具预约订立本合同（贷款合同）的意思表示和构成本合同要约的要求，应独立于贷款合同，成为贷款合同的预约；授信期间内，在客户不违反授信协议约定且客户资信、贷款风险较之授信时无重大变化的前提下，银行负有与客户订立贷款合同的义务。

2. 在银行怠于依照综合授信协议的约定订立贷款合同时，客户只能请求赔偿因此造成的信赖利益损害，不能按照预定的本合同内容，请求赔偿其可期待利益。

二、案号

苏州工业园区人民法院（2011）园商初字第 0018 号。

三、案情

2010 年 8 月 3 日，原告上海信博实业有限公司（以下简称信博公司）与被告 ZS 银行股份有限公司小企业信贷中心（ZS 银行）协商签订授信协议，约定：

1. 经乙方申请，甲方同意向乙方提供170万元循环授信额度，供乙方使用；循环授信额度是指授信期间甲方为乙方提供的可连续、循环使用的贷款，贸易融资、票据贴现、商业汇票承兑等授信本金余额之和的最高限额；授信期间从2010年8月3日起到2011年7月19日止。

2. 上述授信额度为流动资金贷款单项授信额度，在授信期间，循环授信额度乙方可循环使用，一次性授信额度不得循环使用，乙方使用授信额度必须逐笔申请，由甲方逐笔审批同意，每次贷款或其他授信的金额、期限、具体用途等可由双方另签具体业务合同（含借据）、协议，或由乙方向甲方提交并经甲方接受的相关业务申请书予以约定。

3. 乙方权利包括有权要求甲方按本协议规定的条件提供授信额度内贷款或其他授信，有权按本协议约定使用授信额度等。乙方义务包括应当如实提供甲方要求的文件资料（包括但不限于按甲方要求的周期提供其真实的财务报表和年度财务报告，生产、经营、管理方面的重大决策和变化）；乙方发生重大财务亏损、财务危机、为第三方提供担保、发生合并、分立、股权转让、控股股东及关联公司经营或财务方面出现重大危机、与关联公司间发生重大关联交易以及其他可能影响其偿债能力的重大事项等，应立即通知甲方，并积极配合做好保障措施。

4. 甲方义务包括按本协议及各具体合同规定的条件在授信额度内向乙方发放贷款或提供其他授信等；如发生乙方违约事件，甲方有权削减本协议项下的授信额度，或停止剩余授信额度的使用，提前收回授信额度内已发放的贷款本息和相关费用等。

上述授信协议签订前后，原告信博公司与被告ZS银行签订了结算账户管理协议，开立了相应结算账户，预留了印鉴，并办理了相应的抵押担保登记。

2010年9月至11月，原告基于履行与客户的供货合同业务需要，数次向被告提出发放170万元流动资金贷款的申请，但被告拒绝发放，导致原告因资金问题无法完成与客户的供货合同，被客户索赔20万元违约金。原告信博公司据此认为，被告ZS银行在有综合授信合同明确约定的情况下不向原告履行贷款义务构成违约，遂诉至法院，请求法院判令被告赔偿损失20万元，并承担本案诉讼费用。

四、法院观点

（一）关于授信协议的性质及效力

授信额度合同是指银行与客户之间就未来一定期限内客户特定业务开展的融资事宜达成的协议。根据协议，客户在额度使用期限内可要求银行贷予一定限额资金或信用授予，客户则承担获取授信额度的相应对价。

本案中，双方约定：一方使用授信额度必须逐笔申请，由甲方逐笔审批同意，每次贷款或其他授信的金额、期限、具体用途等可由双方另签具体业务合同（含借据）、协议，或由乙方向甲方提交并经甲方接受的相关业务申请书予以约定。双方实质上约定将来以另签具体合同（借据）或经银行接受的业务申请书为贷款合同形式要件，并以银行审查通过为将来合同成立前提，即诉争“授信协议”兼具预约订立本合同（贷款合同）的意思表示和构成本合同要约的要求，应独立于贷款合同，成为贷款合同的预约。

具体至本案，银行负有在授信期间内，申请人不违反授信协议约定且授信人资信、贷款风险较之授信时无重大变化的前提下，与申请人订立贷款合同的义务，而不负有依据客户申请直接发放贷款的义务。银行方怠于依照预约合同的约定订立本合同时，他方只能请求赔偿因此造成的损害，不能按照预定的本合同内容，请求赔偿其可期待利益。

（二）关于诉争授信协议预期的贷款合同未成立原因及责任承担问题

原告主张其已按授信协议约定提供审查资料及抵押担保，因此被告无正当理由拒绝发放贷款的行为构成违约，应承担法律责任；被告认为原告存在违反授信协议约定的行为，被告相应拒绝发放贷款有合理依据。

授信协议虽为预约，本身也具备契约特征，应以合同标准予以审查。被告主张的原告违约事项，包括未按约提供真实完整财务资料、未按口头约定实现与日神公司的捆绑授信、申请贷款前后发生资产变化、股东变化未及时通知等。就授信协议约定的授信期间内，原告提交申请后贷款合同未能成立的原因，法院经审查认为：

1. 符合授信协议约定的财务资料均已由原告在协议签订之前提交，通过了被告方的审查，本案诉讼中银行提交予以比对的财务资料，事实上来源于起诉之后向工商部门查询，两相比较并未反映出原告曾虚构、隐瞒其真实财务状况，二者差异亦不至于影响偿债能力，不应成为拒绝放贷的理由。

2. 被告主张的与日神公司捆绑授信，未有明确约定依据，不能成为贷款合同成立的先决条件。

3. 关于股东，注册资金变化发生时间紧邻在原告申请贷款之后，注册资本变化内容为增资，未对偿债能力发生影响。同时，授信协议约定客户方发生重大情况及时通知的意义，更重于双方及时沟通，由客户根据银行要求提供完备保障，不能一概视为不通知即不放贷。自 2010 年 9 月原告提出放贷申请至起诉时止，未有证据证实银行方曾就此提出异议，其抗辩主张法院不予支持。

据此，被告提出因原告违反授信协议导致银行有权拒绝订立贷款合同的理由不能成立，加之被告未能举证证实在其收到贷款申请后已在合理期间内及时答复并解除依据授信协议要求对方提供的担保，不能认为被告方已依据诚实信用原则适当履行贷款合同之先合同义务，相应法律后果应由被告承担。

（三）关于具体责任承担方式的问题

原告主张因被告拒绝放贷行为，导致其无法向中远佐敦船舶涂料（青岛）有限公司支付货款，从而未能及时向元强公司供货，发生违约金损失 20 万元，应由被告赔偿；被告提出违约金损失缺乏关联性。法院认为：

1. 经审查，原告与元强公司购销合同约定的供货时间为 2010 年 9 月 15 日，而原告向被告提出的放贷申请书落款时间为 9 月 14 日，即使按原告主张确认申请书当日寄发并签收，亦未必能立即履行两份合同来避免信博公司违约。

2. 原告提交的 2010 年 11 月 22 日支付凭证中未明确款项用途，且无其他证据可证实该付款事实与其诉请主张违约金间存在关联。

3. 因原告未能履行其与中远佐敦船舶涂料（青岛）有限公司间货款支付约定，导致原告另因供货时间迟延向第三方元强公司承担违约责任，本身亦不属于原、被告间签订授信协议时一方能够预见的因违约可能造成对方损失的范围，故原告主张的违约金损失与本案诉合同争间的关联，不予确认。

综上，原、被告协商签订的授信协议成立有效。协议签订后被告就原告授信期限内提出的贷款申请负有依据约定审查，并在对方不违反授信协议各项约定的情况下与之订立贷款合同的义务。原告提出贷款申请后，被告无正当理由拒绝与之订立贷款合同，存在其他违背诚信缔约原则之行为，应承担相应法律责任。鉴于原告起诉所主张的损失无法证明与被告行为相关联并属于相应责任范围，其诉请要求赔偿违约金的请求，不予支持。

五、裁判结果

江苏省苏州工业园区人民法院依照《中华人民共和国合同法》第六条、第一百零七条，做出如下判决：驳回原告上海信博实业有限公司的诉讼请求。

六、评析

（一）银行授信协议的法律属性：预约合同还是本约合同

1. 功能与目的。所谓授信，指的是商业银行向非金融机构的客户直接提供的资金，或者对客户在有关经济活动中可能产生的赔偿、支付责任等所做出的保证性承诺的行为。其中，针对商业贷款的授信，就是根据客户的实际资金需要、还款能力、信贷政策和银行提供贷款的能力等，具体确定对其发放每笔贷款的额度和实际贷款总额。当然，授信额度不是计划贷款额度，也不是分配的贷款规模，它只是商业银行为控制地区和客户风险所实施的贷款额度内部控制。可见，商业银行出于维持正常贷款秩序、预防信贷风险的需要，其是否对客户给予授信的决策应当按照统一的法定授信流程，遵循国家的“先落实条件，后实施授信”等授信原则和授权范围，并经过对客户进行尽责调查的基础上做出。不仅如此，商业银行的授信决策做出后，如果客观的授信条件发生变更，商业银行还应当依据有关法律、法规或相应的合同条款重新进行决策或变更授信，商业银行实施有条件授信时应遵循“授信条件未落实或条件发生变更未重新决策的，不得实施授信”。这表明银行授信是一种严肃的金融活动，而银行基于其对客户做出的授信决策而与客户之间签订的授信合同，恰恰是用于确认客户具有的偿付能力，给予其授信，并约定在将来据此签订贷款合同的法律文件，是授信的法律表现形式。

2. 银行授信协议的“预约”性质。银行授信协议的法律性质如何？需对协议文本依照合同（意思表示）解释方法加以确定。“如果初步协议、意向性协议、备忘录依其蕴含的意思表示构成了合格的合同，且为本约的，就按照本约赋予法律效力；如果初步协议、意向性协议、备忘录依其蕴含的意思表示构成了合格的合同，但不具备本约的规格，只是符合预约的标准，就赋予预约的法律效力；如果初步协议、意向性协议、备忘录无发生本约/预约的效果意思的，就不承认其具有积极的法律约束力。”①

在我国的金融业务实践中，通过对合同条款内容的解释分析，银行授信协议一般被认为属于预约合同，而嗣后订立的贷款合同为本约（本合同）。所谓预约合同，学理上一般将其定义为“约定将来订立一定契约之契约”。根据《布莱克法律词典》的解释，预约（Precontract）是指由一个人做成的契约或约定，它具有排除这个人合法地进入另一项性质相同的合同的属性。从这些解释中可以发现，预约合同本身就是一种契约，只不过它的标的比较特殊，是一种订立契约的行为，目的是确保与相对人在将来订立特定的合同。我国学术界亦公认其本质仍然是合同的具体类型，具有相应的法律约束力。

既然授信协议是一种契约，法律上就应当尊重当事人之间基于意思表示一致所形成的合意，赋予其相当于一般合同一样的法律效力。从这个意义上说，将预约合同作为一般合同加以规定的理由便更加充分。正如有的学者所指出的，预约合同不能作为典型合同规定在债法分论中，因为所有的典型合同，都是人类的类型化的交易形式，而预约合同不具有类型化交易形式的性质，它是与所有的典型合同相关的订约程序。如果这样理解预约合同，那么它必须被规定在债法总论中。这意味着预约合同属于非类型化合同的观点是值得肯定的，特别是着眼于授信协议的预约属性，其约定的内容是将来订立贷款合同的合意，因而在性质上它只能是诺成契约，故只要当事人的意思表示一致即可成立。

需要进一步强调的是，按照合同法理论，预约合同与本合同（或称本约）的区别是十分明确的，原因在于履行预约合同的结果是成立了相应的本合同。不过，界定预约合同与本合同，不能仅依所使用的文字或合同名称来论断，而应当依照当事人约定的实质内容来判断，关键在于预约合同的目的是实现预约当事人在将来订立特定本合同的意愿。预约的内容所应当具备的要素是嗣后当事人能据此订立本合同。由此推断，一项预约合同的构成同时应具备两个基本要素：一是预约订立本合同的意思表示；二是构成本合同要约的要求。

与此同理，授信作为预约合同必然不能等同于嗣后订立的贷款合同（本合同）。因为

---

① 崔建远：《合同解释的对象及其确定》，《华东政法大学学报》2018 年第 5 期。

授信是银行用于风险控制的总概念，贷款合同是银行或者其他信用机构与借款人达成的由银行提供借款，而借款人必须在约定的期限内归还贷款本金并支付利息的协议。

（二）银行授信协议（预约合同）的法律效果

预约合同成立后，能否产生债的效力？从各国的法律和判例来看，均赋予了预约合同在事实上具有债权契约的效力，承认了预约义务的合法性。因此，当事人违反预约而未履行订立本合同义务的，就应当向相对人承担法律责任。运用该法律标准衡量本案所涉及的银行违反授信合同的法律后果，由客户方依据授信协议的约定而向银行申请发放贷款的，银行本应按照授信协议约定进行审查。如客户申请符合授信协议约定，而银行怠于依授信协议约定订立贷款合同的，客户便有权请求银行方赔偿因此造成的信赖利益损失。

但是，本案中原告并未证明其所诉之损失与被告拒绝放款之间存在关联性，故对于原告要求赔偿违约金的诉讼请求没有得到支持就与授信协议的预约合同属性相吻合。同时，针对中国现行的合同法立法未对预约合同做出明文规定的现状，需要在立法上明确给予预约合同相应的地位，这样不仅可以弥补在达成合意的环节上缺乏法律价值的漏洞，而且可以使意思自治的私法观念贯彻契约法的始终，从而完善我国的合同法，更可以为众多由于法律上或事实上等原因订立预约合同的普遍现象相适应并提供必要的法律依据。

（三）启示

1. 银行授信协议并非纯粹的意向性协议，应重视其预约法律属性。银行授信协议在商业银行的授信业务领域中被广泛采用，它是正式、严肃的银行金融合同，属于预约合同，并非纯粹的、不具法律约束力的意向性协议，其法律属性、权利义务内容及法律效果应予以充分重视。正因如此，忽视银行授信协议的法律效力，一味强调贷款合同重要性的看法是片面的、不正确的。

2. 授信业务部门在收到客户的具体贷款/融资申请时，应按照授信协议的约定核查客户的资信情况。一般而言，授信须经过受理、调查、评估、审查、审批、用信等环节，其中调查和评估环节是授信的基础，大部分资料和信息都出自于此，这其中又以财务分析为主要依据，通过对企业财务信息的挖掘与分析，做到较为客观地评价出企业的资产状况、盈利能力、偿债能力和发展能力，为下一步确定授信额度提供支持。银行授信业务部门应以银行授信协议中约定的条款为基础，按照《商业银行授权、授信管理暂行办法》《商业银行授信工作尽职指引》《商业银行集团客户授信业务风险管理指引》等法规、制度的业务操作要求，对授信客户的资信情况进行核查。在核查后认为符合银行授信协议约定的，应根据客户的申请订立正式的贷款合同。

3. 不予核发贷款必须有充足的理由和证据，并注意证据的留存。如经过核查认为客户的资信状况不符合银行授信协议约定或不满足签订正式贷款合同前提条件的，银行应及时通知客户，要求客户进行解释说明或提供其他的担保措施；如果客户未进行解释说明、不予提供其他担保措施或对资信风险不予纠正的，银行可按照银行授信协议的约定向客户发送解除通知，终止银行授信协议的法律效力。在此过程中，银行授信业务人员应有充分的证据意识和风险处置措施，注意相关通知的送达、财务资料的整理收集以及与客户业务往来的通讯记录，防止由于证据缺失或不完善而导致诉讼的不利后果。

第二节　“加速到期”与合同变更条款

——SJ 银行股份有限公司沈阳市民主支行与天津钢管公司东油销售处、沈阳中油天宝（集团）物资装备有限公司等金融借款合同案

一、裁判要旨

加速到期条款（提前收贷）应视为双方在合同中约定了附条件的合同变更条款，即当约定的条件成就时，还款期限变更为贷款银行主张提前收回贷款之日。

二、案号

（2016）最高法民终 146 号。

三、案情

1. 2014 年 7 月 24 日，SJ 银行民主支行与天津钢管公司签订《最高额综合授信合同》（以下简称“授信合同”），约定 SJ 银行民主支行向天津钢管公司提供 37 000 万元的授信额度，授信额度的授信范围为天津钢管公司在 SJ 银行民主支行申请办理的人民币及外币业务，包括但不限于贷款、银行承兑汇票、票据贴现、银行保函以及国际贸易融资（如信用证、押汇等）。授信额度的有效使用期间为一年。

“授信合同”约定，天津钢管公司或担保人单位及其法定代表人涉及违法、违纪、诉讼、仲裁、行政处罚，即视为天津钢管公司违约或丧失信用；违约或失信情形发生后，SJ 银行民主支行有权根据情节轻重调整、减少或终止本授信合同期间，有权宣布直接或间接源于本合同的一切债务提前到期，并要求天津钢管公司立即清偿；未能清偿的部分，视为逾期，SJ 银行民主支行有权计收逾期利息并加收罚息；天津钢管公司承担 SJ 银行民主支行因实现债权而发生的各项合理费用（包括但不限于诉讼费、律师费等）；采取维护其在本合同项下权益的符合法律规定的其他措施。

2. 同日，SJ 银行民主支行与沈阳中油公司、宝山钢铁公司、上海中油公司、鞍山中油公司分别签订“最高额保证合同”，为天津钢管公司在一定期间内连续发生的多笔债务向 SJ 银行民主支行提供连带责任保证。担保的主债权为“授信合同”项下发放的贷款、开出的信用证、保函、承兑汇票等；担保范围包括“授信合同”及其项下的每一笔具体业务所产生的贷款及垫款等债权的本金、利息（含复息、罚息）、印花税等全部余额之总和；保证期间为“授信合同”及其项下具体业务合同约定的债务履行期限届满之日起二年。

3. 2014 年 7 月 25 日，SJ 银行民主支行与天津钢管公司签订两份“流动资金借款合同”，借款金额共 37 000 万元，借款期限自 2014 年 7 月 25 日至 2015 年 7 月 2 日，由“最高额保证合同”提供担保。当日，SJ 银行民主支行向天津钢管公司发放贷款 37 000 万元。两份“流动资金借款合同”均约定：（1）借款人或担保人涉及重大诉讼、仲裁事项，即视为贷款提前到期，SJ 银行民主支行有权停止发放尚未发放的贷款并提前收回已经发放的部分或全部贷款；未能收回的，视为贷款逾期，SJ 银行民主支行有权按逾期贷款计收逾期利息并加收罚息。（2）天津钢管公司出现上述事项，SJ 银行民主支行按中国人民银行有关规定对逾期贷款计收逾期利息并加收罚息；逾期贷款利率及罚息利率为合同执行利率的 1.5 倍。（3）因天津钢管公司违约致使 SJ 银行民主支行采取诉讼方式实现债权的，天津钢管公司同意承担 SJ 银行民主支行因此而支付的全部费用，包括但不限于：法院依法收取的全部诉讼费用；律师依法收取的代理费、差旅费、调查费；有关部门收取的评估费、拍卖费、过户费、查询费等。

4. 在贷款合同履行期间，其他有关法院依照生效民事裁定冻结了担保人上海中油公司、沈阳中油公司的银行存款人民币 100 367 500 元或其他等值财产。SJ 银行民主支行向一审法院诉称：从 2014 年 7 月开始，沈阳中油公司因借款纠纷陆续被 JS 银行股份有限公司、SY 农村商业银行股份有限公司东陵支行、JINZ 银行股份有限公司诉至法院，涉案金额近 4 亿元。根据“授信合同”《流动资金借款合同》的约定，SJ 银行民主支行有权按合同约定提前收回借款本金，要求沈阳中油公司、宝山钢铁公司、上海中油公司、鞍山中油公司承担连带保证责任。

四、法院观点

（一）一审法院观点

一审法院认为，案涉“授信合同”“借款合同”“最高额保证合同”分别为各方当事人真实意思表示，合法有效。现上述贷款虽未到期，但其他法院的生效民事裁定书能够证明本案借款合同的担保人上海中油公司、沈阳中油公司涉诉事实符合合同约定的贷款提前到期的条件，故 SJ 银行民主支行提起诉讼要求天津钢管公司偿还已发放贷款本金 37 000 万元及借款利息，予以支持。天津钢管公司认为该公司并未涉及诉讼，各保证人涉及诉讼的相关情况应当根据保证合同的约定行使权利，案涉合同约定属于格式条款，剥夺了天津钢管公司的权利，诉讼手段不符合解除合同条件等抗辩没有事实及法律依据，不予采信。

沈阳中油公司、宝山钢铁公司、上海中油公司、鞍山中油公司分别与SJ银行民主支行签订“最高额保证合同”，对担保的主债权、担保范围及保证期间均做出明确约定。故这四个公司应依约对天津钢管公司上述债务承担连带保证责任。天津钢管公司认为SJ银行民主支行关于承担连带责任的诉请超出合同约定担保范围的主张缺乏事实依据，不予采信。

综上，一审法院判决：（1）天津钢管公司于本判决生效后十日内偿还SJ银行民主支行借款本金、逾期利息并加收罚息；（2）沈阳中油公司、宝山钢铁公司、上海中油公司、鞍山中油公司对天津钢管公司的上述债务承担连带清偿责任，在承担保证责任后，上述保证人有权向天津钢管公司追偿。

（二）二审法院（最高人民法院）观点

天津钢管公司不服一审判决，向最高人民法院提起上诉，主要上诉请求是变更一审判决“逾期利息并加收罚息”为“截至合同期满（2015年7月2日）按照合同约定利率执行”。关于天津钢管公司支付逾期利息及罚息起算点的确定，最高法院认为，依法成立的合同，自成立之日起，对合同各方具有拘束力。各方当事人权利义务的确定，亦要依据合同约定。SJ银行民主支行与天津钢管公司于2014年7月24日签订“授信合同”，于2014年7月25日签订“14号借款合同”“15号借款合同”，均约定天津钢管公司或担保人涉及重大诉讼，即视为贷款提前到期，SJ银行民主支行有权提前收回已经发放的部分或全部贷款；未能收回的，视为贷款逾期，SJ银行民主支行有权按逾期贷款计收逾期利息并加收罚息。两份借款合同另约定逾期贷款利率及罚息利率为合同执行利率的1.5倍。上述约定应视为双方在合同中约定了附条件的合同变更条款，即当约定的条件成就时，还款期限变更为SJ银行民主支行主张提前收回贷款之日。

本案中，虽然天津钢管公司在SJ银行民主支行起诉前一直按约支付借款利息，未有违约行为，但担保人沈阳中油公司、上海中油公司及其法定代表人刘新发、担保人鞍山中油公司自本案借款合同签订不久后即卷入多起诉讼，资产被多次查封，查封总值巨大，依照合同约定，SJ银行民主支行有权要求提前收回已经发放的贷款，未能收回的，视为贷款逾期，SJ银行民主支行有权按合同执行利率的1.5倍计收逾期利息及罚息。一审判决基于此，以SJ银行民主支行向法院起诉的时间即2014年10月8日作为天津钢管公司支付逾期利息及罚息的起算点，有合同依据，并无不当。

五、裁判结果

基于上述事实，最高法院认为天津钢管公司的上诉理由不能成立，一审判决认定事实清楚，适用法律正确。依照《中华人民共和国民事诉讼法》第一百七十条第一款第一项之规定，判决如下：驳回上诉，维持原判。

六、评析

（一）问题的提出

通过法律途径来防范和化解金融信贷风险一直以来是金融机构维护其金融债权安全的重要手段。目前金融机构在信贷风险防范控制方面趋于预防性的特点越来越突出，主要表现在金融机构预先在借款合同中设立提前收回贷款的条款，一旦债务人发生了影响信贷安全的因素，金融机构便会宣布贷款提前到期，要求债务人提前归还贷款本息。

审判实践中，尤其是基层法院在审理的金融案件中，遇到的类似案例较多。从维护金融债权安全方面考虑，如果借款合同仅设定借款人承担到期还本付息的义务且贷款人在到期前只能消极等待的话，则显然不足以防范金融机构在整个借款合同履行期间的风险。由此，提前收回贷款条款成为广泛用于控制风险的一种基本方法。同时，由于提前收回贷款行为打破了既有的契约规制，在最大限度的维护金融债权安全的同时，又会对债务人正常的经营、生活产生重大影响，不利于社会经济秩序稳定。因此，从民法的公平价值取向和商法的效率价值取向综合衡量，需要对该行为做出恰当的司法判断，以维护金融债权安全和社会经济秩序稳定。

（二）提前收贷行为的法律属性①

关于金融机构提前收贷行为的法律属性问题，目前主要有两种观点。一种观点认为，在合同履行期内因债务人发生特定违约情形，金融机构通过行使《合同法》规定的法定解除权或约定解除权，使未到期的债权提前到期，以便终止双方之间的权利义务关系，因此属于《合同法》规定的合同解除权行使的效力体现。另一种观点认为，提前收回贷款意味着借款人期限利益的丧失，而期限利益的丧失对于债务人而言属于一种相当严厉的惩罚，故应作为一种独立的违约责任承担方式，金融机构无须通过解除合同即可保障其在借款合同中的利益，金融机构在起诉要求提前收回贷款时无须同时要求解除合同。

笔者认为，我国《合同法》第203条规定“提前收回贷款”的法定情形是借款人未按照约定的借款用途使用借款，该条规定应当理解为列举式规定，而并非唯一的作为可以提前收回贷款的事由。因此，对于提前收贷权的法律属性的认定，笔者赞同将其归属于合同解除权的范畴。

合同解除权从法理上讲是一种形成权，其特点在于守约方无须征得合同相对方同意即

① 张晓磊：《金融机构提前收贷的司法认识》，《人民司法》2014年第15期。

可通过单方意思表示了结当事人之间的权利义务，对于守约方产生的直接效果是可以迅速终结自己的合同履行义务。金融机构行使提前收贷权的终极目的在于彻底消灭与债务人现有的借款合同关系，原借款合同约定的借款期限本属于金融机构应当严格遵守的合同义务，合同解除后则金融机构终止履行期限义务，金融机构已经发放的贷款，对债务人而言则产生返还义务，双方对已经发生的债权债务开始进入清算过程。

笔者之所以愿将提前收贷权归属于合同解除权，还在于合同解除后并不影响原合同关于清理、结算条款的效力，对于违约方所承担的法律后果，根据《合同法》第九十七条的规定，不只是承担返还贷款一种责任，而且还应当承担采取其他补救措施、赔偿损失等责任形式。如果将提前收回贷款作为债务人承担违约责任的单一方式，则无法体现对债权人利益的全方位保护。

将提前收贷权归属于合同解除权对于债务的担保同样具有重要意义。《最高人民法院关于适用〈中华人民共和国担保法〉若干问题的解释》第十条规定："主合同解除后，担保人对债务人应当承担的民事责任仍应承担担保责任。"因此，对本来的金融债务设立的担保，于合同解除后依然对返还义务发挥担保作用。需要指出，合同解除权存在的基础是须有合法有效的合同关系存在，因此对于主张提前收回贷款的金融机构来讲，首先其与债务人之间的借款合同必须是合法有效的。如果借款合同系违反效力性强制性规定的合同，则因其自身无效，金融机构无法基于合同解除权的法律基础来行使提前收贷权。

（三）启示

《商业银行授信尽职指引》第 44 条规定："商业银行应根据客户偿还能力和现金流量对客户授信进行调整，包括展期、增加或缩减授信，要求借款人提前还款，并决定是否将该笔授信列入观察名单或划入问题授信。"因此，在银行授信业务的实际操作中，如何在授信协议、借款合同中设计合理有效的"加速到期"或"提前收贷"条款，在发生约定事由后如何行使提前收贷或主张"加速到期"，成为授信业务实操的重点问题。

1. 实体性要件。引起提前收回贷款的法律事由主要存在约定的事由和法定的事由两类。约定事由一般可以包括：

（1）债务人不按期履行还本付息义务。还本付息是债务人的基本合同义务。借款合同中均会约定各种还款方式，如"按月结息，借款到期利随本清""等额本金还款法，当月结息"等。在借款合同中，金融机构往往会与债务人约定"如借款人有任何一期本金或利息未能足额支付，则贷款人有权宣布借款合同提前到期，要求借款人立即归还所有未到期的借款本金及利息"。

（2）债务人有交叉违约的情形。在借款期限内，虽然债务人照常向贷款人履行还本付息的义务，但如果出现债务人因拖欠其他债权人债务而被追索或者被提起诉讼，则可能会对债权银行的债权实现造成威胁。

（3）债务人发生停业、歇业、重大财务亏损、因其对外担保而发生的资产损失，或其他财务危机，威胁到债权银行债权的实现。金融机构基于自身债权的安全性考虑也会将这一情形写入到借款合同内。

（4）债务人的控股股东或关联企业经营或财务方面出现重大危机，可能会使债权银行的债权实现遭受威胁的。

（5）债务人的高管人员涉嫌重大经济犯罪，债权银行认为该种事实已经或可能影响到其债权利益实现的。

（6）借款合同项下的抵押物、质押物被其他法院查封、扣押或被采取其他强制措施，或受到第三方的权益追索，而担保人又不能提供令债权银行满意的新的担保财产的。

（7）债务人的经营模式发生重大变化，如企业兼并、收购重组等，可能影响债权实现的情形，或者是自身所处的行业发生不利变化，如债务人为钢贸企业，而钢材市场目前不景气也会造成债务人履约的困难。

在合同中没有明确规定有关提前收回贷款的事由时，金融机构也可基于法定的解约事由的出现来向债务人主张提前收回贷款。根据我国《合同法》的规定，法定的事由可存在以下几种情形：

（1）借款期内债务人向金融机构明示无法履行合同义务，即符合《合同法》第九十四条第二项“在履行期限届满之前，当事人一方明确表示或者以自己的行为表明不履行主要债务”的规定，如债务人在自知无力清偿债务的情况下以“声明函”的形式向金融机构提出将不再履行还本付息义务。

（2）债务人未能按期履行还本付息义务，在金融机构发出“督促履行函”等催告通知后仍不能及时履行的，即符合《合同法》第九十四条第三项“当事人一方迟延履行主要债务，经催告后在合理期限内仍未履行”的规定。

（3）债务人存在《合同法》第六十八条、六十九条规定的情形：经营状况严重恶化；转移财产、抽逃资金以逃避债务，丧失商业信誉，有丧失或可能丧失履行债务的能力的其他情形，金融机构可援引不安抗辩权的规定主张提前收回贷款。

2. 程序性要件。实践中，金融机构行使提前收贷权的方式主要表现为两种：

（1）通过向债务人发出“督促履行债务函”等书面通知的方式宣告贷款提前到期，要求债务人提前履行债务。在这种情形下，一旦金融机构的书面通知送达债务人时，借款合同即告解除，债务人即面临提前清偿债务的法律后果。实践中常会发生债务人在合同订立后出现“失踪”的情形，导致金融机构的书面通知无法正常送达债务人。为避免这种不利情形出现，金融机构一般会在签订借款合同时特别约定债务人接收相关文书的送达地址，只要金融机构按照债务人提供的地址进行了送达，则无论债务人是否实际收到都一概视为送达。

（2）向法院提起诉讼。由于《合同法》并未限定通知的方式，合同一方当事人在未向合同相对方送达解除合同通知的前提下，直接向法院提起诉讼是否可以作为解除合同通知的特定方式，目前司法界基本上持肯定态度，即认可通过起诉方式行使解除权应当发生解除权行使的效果。因此，金融机构向法院起诉要求债务人提前履行债务与向债务人送达“督促履行债务函”等书面通知发生同样的法律效果，但司法实践中对确定合同解除的生效时间仍存在较大争议。

综合起来有两种观点：第一种观点认为，应以法院向债务人送达起诉状副本的时间为借款合同解除的时间。第二种观点认为，应以法院收到金融机构的起诉状的时间作为借款合同解除的时间。笔者认为，虽然《民事诉讼法》规定了法院应当在立案后五日内将起诉状副本送达被告，但在司法实践中，由于多种主客观因素的困扰，法院并不能完全保障会在法定期限内送达给被告，尤其是当前形势下，送达难问题已经成为法院审理金融案件特别突出的问题，如果将送达迟延造成的对债权利益实现的不利后果转嫁给金融机构承担，则对金融机构不公平，甚至会助长债务人恶意规避诉讼的不诚信行为，不利于构建公平、诚信的市场体系，因此应将法院收到金融机构的起诉状的时间作为借款合同解除的时间为宜。

第三节　公司担保决议与银行审查义务

——ZS 银行股份有限公司大连东港支行与大连振邦氟涂料股份有限公司、大连振邦集团有限公司借款合同纠纷案

一、裁判要旨

1. 《公司法》第十六条第二款规定，公司为公司股东或者实际控制人提供担保的，必须经股东会或者股东大会决议。该条款是关于公司内部控制管理的规定，不应以此作为评价合同效力的依据。

2. 担保人抗辩认为其法定代表人订立抵押合同的行为超越代表权，债权人以其对相关股东会决议履行了形式审查义务，主张担保人的法定代表人构成表见代表的，人民法院应予支持。

二、案号

最高人民法院（2012）民提字第 156 号。

三、案情

2006 年 4 月 30 日，ZS 银行东港支行与振邦集团公司签订编号为 2006 年连贷字第

SL006 号借款合同，约定借款金额为 1 496. 5 万元人民币，借款期限为 2 个月。2006 年 6 月 8 日，振邦股份公司出具了编号为 2006 年连保字第 SL002 号“不可撤销担保书”，承诺对上述贷款承担连带保证责任，保证范围包括借款本金、利息、罚息、违约金及其他一切相关费用。

2006 年 4 月 30 日，ZS 银行东港支行与振邦股份公司分别签订了两份“抵押合同”，该合同规定以振邦股份公司所有的国有土地使用权（土地证号为大甘国用 2005 第 04038 号）及房产作抵押，并进行了抵押登记。2006 年 6 月 8 日，ZS 银行东港支行按照合同约定将 1 496. 5 万元贷款转入振邦集团公司账户内。贷款到期后，振邦集团公司未能偿还借款本息。振邦股份公司也没有履行担保义务。

振邦股份公司的股东共有 8 个，“股东会担保决议”的决议事项并未经过振邦股份公司股东会的同意，振邦股份公司也未就此事召开过股东大会。

2008 年 6 月 18 日，ZS 银行东港支行以振邦集团公司和振邦股份公司为被告，向大连市中级人民法院提起诉讼，请求判令振邦集团公司偿还贷款本金及利息（包括逾期利息）；要求振邦股份公司对上述债务承担连带责任等。

四、法院观点

（一）一审法院观点

ZS 银行东港支行与振邦集团公司签订的借款合同系双方当事人真实意思表示，合法有效。ZS 银行东港支行依约发放了借款，振邦集团公司理应按约定的期限偿还借款本息，其未能按合同约定履行义务系违约行为，应依法承担违约责任。

关于 ZS 银行东港支行与振邦股份公司签订的“抵押合同”以及“不可撤销担保书”的效力问题，因振邦集团公司系振邦股份公司的股东，鉴于振邦股份公司“章程”及股东会对公司为其股东或实际控制人即振邦集团公司提供担保均无特别授权，依照《中华人民共和国公司法》（以下简称《公司法》）第十六条的规定，振邦股份公司为其股东振邦集团公司提供担保，必须要经振邦股份公司的股东会决议通过，而 ZS 银行东港支行提供的“股东会担保决议”系无效决议，因此振邦股份公司法定代表人周建良无权订立涉案的抵押合同及不可撤销担保书，即涉案的抵押合同及不可撤销担保书系周建良超越权限订立，对于周建良超越权限订立抵押合同及不可撤销担保书，ZS 银行东港支行是知道或者应当知道的，理由如下：

1. ZS 银行东港支行对“股东会担保决议”中存在的一些明显瑕疵未尽到合理的形式审查义务，例如，其中一枚名称为“辽宁科技创业投资责任公司”的印章，按《公司法》规定不可能存在“责任公司”这种名称，ZS 银行东港支行对此瑕疵依法应能审查出来，结果却未审查出来，庭审中，ZS 银行东港支行对此也承认存在疏忽。

2. 振邦股份公司的股东之一大连科技风险投资基金有限公司，在2003年就已经将名称由“大连科技风险投资有限公司”变更为现名称“大连科技风险投资基金有限公司”，而“股东会担保决议”形成于2006年，故其上所盖的名为“大连科技风险投资有限公司”的印章系作废旧印章，对此，ZS银行东港支行应进行审查，但实际其并未尽到审查义务。

3. 根据《公司法》第十六条第三款规定“前款规定的股东或者受前款规定的实际控制人支配的股东，不得参加前款规定事项的表决”，振邦集团公司作为振邦股份公司的股东，本不应参加此担保事项的表决，但“股东会担保决议”上却盖有振邦集团公司的印章，对此，因《公司法》有明确规定，ZS银行东港支行亦应进行审查，结果ZS银行东港支行同样未尽审查义务。综上，对于上述明显瑕疵，ZS银行东港支行却未尽到应有的审查义务，故可以确定ZS银行东港支行知道或应当知道周建良系超越权限订立抵押合同及不可撤销担保书。

根据最高人民法院《关于适用〈中华人民共和国担保法〉若干问题的解释》第十一条“法人或者其他组织的法定代表人、负责人超越权限订立的担保合同，除相对人知道或者应当知道其超越权限的以外，该代表行为有效”的规定，该案中涉案抵押合同及不可撤销担保书应认定为无效。

由于振邦股份公司作为担保人给ZS银行东港支行提供的“股东会担保决议”上盖的“天津环渤海创业投资管理有限公司”“中绿实业有限公司”“辽宁科技创业投资责任公司”“大连科技风险投资有限公司”的印章均系虚假印章，其对抵押合同及不可撤销担保书的无效显然存在过错，ZS银行东港支行作为债权人由于未尽到相应的审查义务也存在过错，故根据《担保法》解释第七条“主合同有效而担保合同无效，债权人无过错的，担保人与债务人对主合同债权人的经济损失承担连带赔偿责任；债权人、担保人有过错的，担保人承担民事责任的部分，不应超过债务人不能清偿部分的二分之一”的规定，振邦股份公司应当对振邦集团公司不能清偿部分的债务承担二分之一的赔偿责任。

基于上述理由，一审法院判决：

1. 振邦集团公司自本判决生效之日起十日内偿还ZS银行东港支行借款本金1 496.5万元人民币及利息。

2. 在振邦集团公司不能清偿上述款项时，由振邦股份公司对振邦集团公司不能清偿部分的二分之一承担赔偿责任。

（二）二审法院观点

ZS银行东港支行不服上述一审判决，向辽宁省高级人民法院提起上诉。二审法院认为，ZS银行东港支行与振邦集团公司所签订的借款合同是真实意思表示，合法有效。振邦集团公司未按合同约定履行义务，应当承担违约责任。振邦股份公司为振邦集团公司的借款提供了连带责任保证和抵押担保，由于该担保行为属于股份公司为其股东提供担保，故对其效力的认定应适用《公司法》的有关规定。《公司法》第十六条第二款规定“公司为公司股东或者实际控制人提供担保的，必须经股东或者股东大会决议”。第三款规定“前款规定的股东或者受前款规定的实际控制人支配的股东，不得参加前款规定事项的表决。该项表决由出席会议的其他股东所持表决权的半数通过”。据此，作为债权人，ZS银行东港支行应对借款人提供的借款抵押合同及“股东会担保决议”等相关资料的真实性从程序上、形式上进行审查。

“股东会担保决议”中共盖有5枚印章，除振邦集团公司外所盖印章均不是真实的。“股东会担保决议”中盖有的股东天津环渤海创业投资管理有限公司和中绿实业有限公司印章，经司法鉴定均不是真实的。一审确认“股东会担保决议”事项并未经过股东会的同意，该“股东会担保决议”因缺乏真实性，导致担保合同无效正确。ZS银行东港支行没有尽到审查义务，存在过错，对担保合同无效应当承担相应责任。基于上述事实，二审法院依据《中华人民共和国民事诉讼法》第一百五十三条第一款第（一）项之规定，判决：驳回上诉，维持原判。

（三）最高法院（再审法院）观点

ZS银行东港支行不服辽宁省高级人民法院上述民事判决，向最高人民法院申请再审。最高人民法院认为，本案各方争议的焦点是担保人振邦股份公司承担责任的界定。

案涉“抵押合同”及“不可撤销担保书”系担保人振邦股份公司为其股东振邦集团公司之负债向债权人ZS银行东港支行做出的担保行为。作为公司组织及公司行为当受《公司法》调整，同时其以合同形式对外担保行为亦受《合同法》及《担保法》的制约。案涉公司担保合同效力的认定，因其并未超出平等商事主体之间的合同行为的范畴，故应首先从《合同法》相关规定出发展开评判。

关于合同效力，《合同法》及相关司法解释均已明确了将违反法律或行政法规中效力性强制性规范作为合同效力的认定标准之一。公司作为不同于自然人的法人主体，其合同行为在接受《合同法》规制的同时，当受作为公司特别规范的《公司法》的制约。《公司法》第十六条第二款规定：“公司为公司股东或者实际控制人提供担保的，必须经股东会或者股东大会决议。”上述《公司法》规定已然明确了其立法本意在于限制公司主体行为，防止公司的实际控制人或者高级管理人员损害公司、小股东或其他债权人的利益，故其实质是内部控制程序，不能以此约束交易相对人。所以，上述规定宜理解为管理性强制性规范。对违反该规范的，原则上不宜认定合同无效。

另外，如作为效力性规范认定将会降低交易效率和损害交易安全。譬如股东会何时召开，以什么样的形式召开，何人能够代表股东表达真实的意志，均超出交易相对人的判断和控制能力范围，如以违反股东决议程序而判令合同无效，必将降低交易效率，同时也给公司动辄以违反股东决议主张合同无效的不诚信行为留下了制度缺口，最终危害交易安全，不仅有违商事行为的诚信规则，更有违公平正义。故本案一、二审法院以案涉“股东会担保决议”的决议事项并未经过振邦股份公司股东会的同意，振邦股份公司也未就此事召开过股东大会为由，根据《公司法》第十六条规定，做出案涉不可撤销担保书及抵押合同无效的认定，属于适用法律错误，应予以纠正。

在案事实和证据表明，案涉“股东会担保决议”确实存在部分股东印章虚假、使用变更前的公司印章等瑕疵，以及被担保股东振邦集团公司出现在“股东会担保决议”中等违背《公司法》规定的情形。振邦股份公司法定代表人周建良超越权限订立抵押合同及不可撤销担保书是否构成表见代表，ZS 银行东港支行是否善意，亦是本案担保主体责任认定的关键。《合同法》第五十条规定：“法人或者其他组织的法定代表人、负责人超越权限订立的合同，除相对人知道或者应当知道超越权限的以外，该代表行为有效。”

本案再审期间，ZS 银行东港支行向本院提交的新证据表明，振邦股份公司提供给 ZS 银行东港支行的股东会决议上的签字及印章与其为担保行为当时提供给 ZS 银行东港支行的签字及印章样本一致。振邦股份公司向 ZS 银行东港支行提供担保时使用的公司印章真实，亦有其法人代表真实签名，且案涉抵押担保在经过行政机关审查后也已办理了登记。至此，ZS 银行东港支行在接受担保人担保行为过程中的审查义务已经完成，其有理由相信作为担保公司法定代表人的周建良本人代表行为的真实性。“股东会担保决议”中存在的相关瑕疵必须经过鉴定机关的鉴定方能识别，必须经过查询公司工商登记才能知晓，必须谙熟《公司法》相关规范才能避免因担保公司内部管理不善导致的风险，如若将此全部归属于担保债权人的审查义务范围，未免过于严苛，亦有违《合同法》《担保法》等保护交易安全的立法初衷。担保债权人基于对担保人法定代表人身份、公司法人印章真实性的信赖，基于担保人提供的股东会担保决议盖有担保人公司真实印章的事实，完全有理由相信该“股东会担保决议”的真实性，无须也不可能进一步鉴别担保人提供的“股东会担保决议”的真伪。因此，ZS 银行东港支行在接受作为非上市公司的振邦股份公司为其股东提供担保的过程中，已尽到合理的审查义务，主观上构成善意。本案周建良的行为构成表见代表，振邦股份公司对案涉保证合同应承担担保责任。

五、裁判结果

1. 撤销辽宁省高级人民法院（2010）辽民二终字第 15 号民事判决、大连市中级人民法院（2009）大民三初字第 36 号民事判决第（二）项、第（三）项。

2. 维持大连市中级人民法院（2009）大民三初字第 36 号民事判决第（一）项。

3. 振邦股份公司对振邦集团公司上述债务承担连带担保责任。

六、评析

（一）问题的提出

银行在从事授信、贷款业务过程中，根据借款人的资信状况和业务需要，往往要求借款人之外的第三人提供担保（包括但不限于抵押、质押、保证等）。那么，银行在接受公司为借款人的贷款债务提供担保时，除审查满足正常交易要求的材料外，是否有义务审查担保合同缔约人的代表权限或代理权限，或者说银行是否有义务审查公司章程以探知其中有关内部担保决策机构及相应表决规则，并进而根据该内容对公司内部同意担保的决议进行审查。

在银行授信业务及司法实务中，上述问题成为争论的焦点，尤其是在判断银行是否知道或应当知道提供担保的公司之法定代表人超越法定权限时，银行是否存在审查义务，审查义务的范围和标准如何界定，未尽审查义务的法律后果等问题，引起学界的颇多争议①。在最高人民法院层面，对这一问题亦存在不同认识，所体现的司法态度并不一致②。

（二）银行是否存在审查义务

本案中，最高人民法院认为《公司法》第十六条“立法本意在于限制公司主体行为，防止公司的实际控制人或者高级管理人员损害公司、小股东或其他债权人的利益故其实质是内部控制程序，不能以此约束交易相对人。故此上述规定宜理解为管理性强制性规范”，这一结论殊值赞同。同时我们认为，《公司法》第十六条意在保护公司的利益，借此间接实现保护公司股东和除被担保人之外的在先债权人的利益。更为重要的是，该条实际上是对法定代表人的代表权限或公司授权代理人的代理权限进行法定限制。

依照民法原理，法定代表人自其产生之日起，即原则上享有代表公司与第三人进行法律行为的权利。因此，在法人的外部关系上，代表权原则上是一种概括的、不受限制的权限。但是，法定代表人的代表权限可以通过法律的强制性规定（法定限制）或公司章程约定（约定限制）进行限制。我国《民法总则》第六十一条第三款规定：“法人章程或者法人权力机构对法定代表人代表权的限制，不得对抗善意相对人”，这属于法定代表人权限的约定限制。《公司法》第十六条则属于对法定代表人的法定限制。也就是说，依照《公

① 崔建远、刘玲玲：《论公司对外担保的法律效力》，《西南政法大学学报》2008 年第 4 期；梁上上：《公司担保合同的相对人审查义务》，《法学》2013 年第 3 期；罗培新：《公司担保法律规则的价值冲突与司法考量》，《中外法学》2012 年第 6 期；李建伟：《公司非关联性商事担保的规范适用分析》，《当代法学》2013 年第 3 期；冉克平：《论公司对外担保合同的效力——兼评公司法第 149 条第 3 款》，《北方法学》2014 年第 2 期。

② 高圣平：《公司担保中相对人的审查义务——基于最高法院裁判分歧的分析与展开》，《政法论坛》2017 年第 5 期。

司法》第十六条规定，相对人知道或者应当知道国家的法律强制性规范已经剥夺了法定代表人代表法人为他人债务提供担保的权限，而非“于外部往往难以知悉”。即使不查阅公司章程，相对人也应知道公司担保非为法定代表人所能擅自代表。① “法律规定此条款的目的，除约束公司之内部人之外，还在于将债权人‘指引’向公司决议，从而为其对决议的审查提供依据”。相对人根据《公司法》第十六条应进一步探知公司章程和公司内部决议的具体规定，以控制交易风险。

基于上述事实，相对人在接受公司提供担保时，按照《合同法》第五十条的规定，应当关注法定代表人的代表权限，审查诸如章程、内部的担保决议等文件，这并非是基于公司章程的对外效力，而是源于法律规定（即《公司法》第十六条）的注意义务。公司提供担保之行为违反《公司法》第十六条的，相对人是否尽到审查义务，对相对人是否具有善意、能否适用《合同法》第五十条的表见代表规则具有重要意义。在本案中，最高人民法院就体现了这一立场，“担保债权人基于对担保人法定代表人身份、公司法人印章真实性的信赖，基于担保人提供的股东会担保决议盖有担保人公司真实印章的事实，完全有理由相信该“股东会担保决议”的真实性，无须也不可能进一步鉴别担保人提供的“股东会担保决议”的真伪。因此，ZS 银行东港支行在接受作为非上市公司的振邦股份公司为其股东提供担保的过程中，已尽到合理的审查义务，主观上构成善意。本案周建良的行为构成表见代表，振邦股份公司对案涉保证合同应承担担保责任”。

（三）银行审查义务的范围与标准

如前所述，相对人的审查范围应当包括：第一，担保决策机构；第二，该担保决策机构的决议；第三，若公司章程限制了单项担保的数额或担保总额，公司担保决议中确定的担保数额是否超过上述限制。至于作为相对人审查对象的公司章程和担保决议，可由提供担保的公司向相对人提交。②

相对人的审查义务标准有实质审查与形式审查之分。实质审查侧重相对人需要对公司章程、担保决议的真实性、合法性、有效性的审查。通说认为相对人仅负形式审查义务，即相对人对内部文件是否齐全、是否符合法定形式进行审查，仅审查公司章程、担保决议的形式要件，真实性、有效性不作审查。

在本案中，最高法院也明确地论述了银行对公司担保的形式审查义务标准，“‘股东会担保决议’中存在的相关瑕疵必须经过鉴定机关的鉴定方能识别，必须经过查询公司工商登记才能知晓，必须谙熟《公司法》相关规范才能避免因担保公司内部管理不善导致的风险，如若将此全部归属于担保债权人的审查义务范围，未免过于严苛，亦有违《合同法》、《担保法》等保护交易安全的立法初衷”。这与通说的观点是相一致的。

---

① 高圣平：《担保物权司法解释起草中的重大争议问题》，《中国法学》2016 年第 1 期。

② 高圣平：《公司担保中相对人的审查义务——基于最高法院裁判分歧的分析与展开》，《政法论坛》2017 年第 5 期。

（四）启示

在实务操作层面，银行在对公司担保进行形式审查过程中需要注意的具体事项包括以下几个方面①：

1. 公司章程规定对外担保须经股东（大）会决议的。第一，审查决议中签章的股东是否对应于公司章程中的记载，既要核对股东的姓名或名称，又要核对股东的签章。银行仅须按照理性人标准对公司担保决议中的股东签章与公司章程上的股东签章进行表面上的核对即可，无须鉴别签章的真实性。第二，审查决议中同意担保的股东所持表决权（股权、股份）之和是否达到法律规定的或公司章程中载明的股东（大）会决议形成的最低表决权要求。银行可从公司章程中获悉相应信息。第三，审查决议中的担保的数额是否超过章程中对单项担保的限额规定。一般来说，审查公司担保决议中的担保数额与章程中单项担保限额的对当关系并不困难，但对于担保数额是否超过章程对担保总额的限额规定，银行较难判断。公司此前是否为他人债务提供过担保、每项担保的具体数额等，涉及公司的商业秘密，银行可能无从知悉。要求银行核实担保是否超过总额限制，超出了银行的能力范围，增加了交易成本，不利于交易便捷。因此，除非上市公司提交的财务报表中明确说明，担保总额的限制不宜纳入银行审查义务的范围，应由银行对公司担保决议中的担保数额是否超过章程中单项担保限额进行审查即可。

2. 公司章程规定对外担保需经董事会决议的。第一，审查决议中签章的董事是否对应于公司登记（备案）申请书中的记载。与股东签章不同的是，银行并无获得董事签章样本的渠道，也无鉴别签章真假的专业水平，也就无须核实董事签章的真实性。第二，审查同意担保的董事是否达到法律规定的或公司章程中载明的董事会决议形成的最低人数要求。如公司章程规定公司担保决议应经公司全体董事过半数或 2/3 以上多数同意，在公司担保决议中签名的董事应达到相应的人数。第三，审查决议中的担保的数额是否超过章程中对单项担保的限额规定。此时，与股东（大）会决议的审查要求相同。

3. 公司章程禁止公司对外提供担保的或担保决策机构不明的。若经由公司章程的审查，银行发现章程中禁止公司为他人债务提供担保时，银行不应接受该公司提供的担保。若银行发现章程中对公司担保决策机构未作规定时，因《公司法》未否定公司的担保能力，对该公司提供的担保，银行可以接受。此时，公司担保决策即推定为仍由股东（大）会保有。董事会有代表公司从事经营活动的概括性权利，但公司担保已经脱逸出公司正常经营活动的边界，不属于董事会的概括职权范围。董事会是否有权决策公司担保，取决于公司章程的授权，既然章程就此未作规定，即表明股东未通过公司章程授权董事会就此进行决议。

① 高圣平：《公司担保中相对人的审查义务——基于最高法院裁判分歧的分析与展开》，《政法论坛》2017 年第 5 期。

第四节　授信合同与贸易融资
——PA银行成都分行、中国石油运输有限公司、中石油运输大连销售及盛马公司合同纠纷案

一、裁判要旨

1. 贸易融资三方协议中，即便买卖双方系虚假贸易，但在没有证据证明金融机构知晓并参与虚构贸易关系的情况下，亦不应认定协议无效。

2. 一方当事人以自身虚构贸易关系为由，主张金融机构参与缔结的贸易融资协议无效，进而主张不承担该协议约定的合同义务，有悖基本诚信，不足以认定该协议系内容属于违法的虚假民事行为。

二、案号

（2018）最高法民终594号。

三、案情

甲方PA银行成都分行与乙方盛马公司、丙方中石油运输大连销售签订“合作协议书”约定：乙、丙双方同意以银行承兑汇票作为双方贸易合同的付款方式，并由甲方作为汇票的承兑银行。乙方同意由甲方负责将银行承兑汇票送达给丙方。丙方在收到相关款项或商业汇票后应当出具“收到商业汇票/款项确认函”给甲方。但是，无论丙方是否出具“确认函”，均不影响丙方履行本协议项下义务和甲方按照本协议约定行使权利。乙方申请甲方承兑汇票或开具商业承兑汇票保贴函时应当向甲方交存初始保证金，初始保证金最低不少于票面金额的30%（含）。同日，甲方PA银行成都分行与乙方盛马公司签订平银蓉武综字20140102第001号“综合授信额度合同”约定：甲方同意授予乙方8亿元整的综合授信额度，期限自2014年1月8日起至2015年1月7日止。额度期限内，额度可循环使用，但额度内各种授信品种余额合计不得超过综合授信额度金额。额度期满后，未使用的额度自动失效。本授信额度的授信方式包括但不限于如下方式：贷款、拆借、票据承兑和贴现、透支、保理、担保、贷款承诺、开立信用证等。

盛马公司申请签发案涉承兑汇票过程中，向PA银行成都分行提交了三份与中石油运

输大连销售签订的“石油化工产品买卖合同”。嗣后，甲方PA银行成都分行与乙方盛马公司分别签订三份《汇票承兑合同》，约定甲方为乙方出具的总金额为15 300万元、14 200万元、21 580万元的商业汇票进行承兑，乙方应按汇票金额交存保证金5 355万元、4 260万元、7 553万元。PA银行成都分行按照合同约定，签发了银行承兑汇票，汇票出票人均为盛马公司，收款人为中石油运输大连销售，并由中石油运输大连销售出具确认函，确认收到以上银行承兑汇票，上述汇票用于支付中石油运输大连销售与买方盛马公司签订的“石油化工产品买卖合同”项下的款项。

四、法院观点

（一）关于“合作协议书”的性质和效力

本案的交易模式是：买卖双方约定以银行出具的承兑汇票作为付款方式，买方盛马公司向银行缴纳一定的初始保证金后申请银行出具汇票，买方同意由银行负责将汇票送交卖方，从而完成付款；反之，买方提货需向银行申请提货通知书，由买方持提货通知书向卖方提货，从而完成交货。同时，按照“合作协议书”第四条的约定，如果买卖双方终止贸易合同，或者卖方实际未发货，或者卖方实际发货价值少于贸易合同的规定，又或者买方在该协议第五条（即提货期限）内逾期未提完货物的，卖方要在收到银行的退款通知后，将卖方已收货款和买方已累计提货之间的差额直接退给银行，或者把银行原先出具的汇票退还给银行，买卖双方对已经实际发货的部分另行结算。

本院认为，该交易模式融合了买卖、票据、退款承诺等法律关系，属新类型的交易模式，并不存在《中华人民共和国合同法》第五十二条所规定之情形，应依法确认其效力。中石油运输公司主张，“合作协议书”项下的融资贸易并无真实交易关系，“合作协议书”是盛马公司和PA银行成都分行之间以贸易融资为名义实现贷款而达成的形式文件，不存在真实油品贸易，实为资金空转。但是，并无证据证明PA银行成都分行知晓并参与虚构贸易关系。依照《中华人民共和国票据法》第十条之规定，票据的签发、取得和转让，应当遵循诚实信用的原则，具有真实的交易关系和债权债务关系。盛马公司在向PA银行成都分行申请签发案涉承兑汇票的过程中，提交了三份向中石油大连销售购买燃料油的“石油化工产品买卖合同”，相应承兑汇票出票后，中石油运输大连销售也向盛马公司开具了增值税专用发票，故PA银行成都分行在出具承兑汇票时，已对具有真实的交易关系尽到了一定的审查义务。中石油运输公司以自身下属的中石油运输大连销售与盛马公司和案外人新涛公司实为虚构贸易关系为由，主张PA银行成都分行参与缔结的“合作协议书”无效，进而主张不承担“合作协议书”中约定的合同义务，显然有悖基本的诚信，原审认为不足以认定“合作协议书”系内容违法的虚假民事行为正确，故本院亦依法确认“合作协议书”未违反法律和行政法规禁止性规定，合法有效。

（二）关于中石油运输公司连带清偿责任承担

按照“合作协议书”的约定，“丙方未按照本协议的规定履行发货义务的，应在给甲方造成的损失范围内和乙方一起向甲方承担连带还款责任。”但中石油运输公司并未主张其已按照“合作协议书”的约定履行了发货义务，一二审中均主张盛马公司和PA银行成都分行之间以贸易融资为名义实现贷款，不存在真实油品交付，仅为资金空转，故中石油运输公司自认未实际发货，而是将以盛马公司为出票人、以中石油运输大连销售为收款人的汇票，转给新涛公司，其认为新涛公司与盛马公司高度重合、人格混同，因而实际系盛马公司向PA银行成都分行融资。一审中，盛马公司主张已实际收到了承兑汇票对应金额的货物，有真实交易关系，有发货依据，只是交易模式有变化。二审庭审中，盛马公司的代理人表示，不清楚历史交易情况。本院认为，关于是否确定已经实际发货，作为直接交易的双方，中石油运输大连销售与盛马公司始终陈述不一，但无论何者真实，中石油运输大连销售均已违反了“合作协议书”关于以PA银行签发的“提货通知书”为提取货物的唯一有效凭证的约定。从“合作协议书”所约定的“丙方未按照本协议的规定履行发货义务的，应在给甲方造成的损失范围内和乙方一起向甲方承担连带还款责任”，中石油运输大连销售并非对外提供担保，而是承诺以承担连带还款责任的形式承担违约责任，中石油运输大连销售承担连带还款责任的范围依约应为“给甲方造成的损失”。各方当事人对案涉承兑汇票项下已实际发生垫款无异议，对垫款金额本金共计318 832 194.52元亦无争议，该未能收回的垫款本金及相应的资金占用费，应为给PA银行成都分行造成的实际损失。PA银行成都分行上诉主张，按照“汇票承兑合同”的约定，PA银行成都分行有权向盛马公司计收每日万分之五的罚息，该罚息同样应为PA银行成都分行的损失范围，但中石油运输公司并非“汇票承兑合同”的当事人，“合作协议书”中也未约定汇票承兑的罚息，且罚息具有惩罚性质，不能要求中石油运输公司对惩罚部分也作为损失承担连带还款责任。综上，原审对于中石油运输公司应当承担的责任及其责任范围认定正确。

五、裁判结果

最高法院依照《中华人民共和国民事诉讼法》第一百七十条第一款之规定，维持原判：（1）盛马公司于判决生效之日起十日内向PA银行成都分行偿还垫付的汇票本金318 832 194.52元并支付罚息。（2）对盛马公司上述欠款中平银蓉武承字20141118第001号“汇票承兑合同”项下的欠款本金140 249 703.62元及罚息，PA银行成都分行就盛马公司存放于其厂区新原料油罐区3、4号罐的30 000吨原料油及新柴油罐区2号罐10 000吨催化柴油依法变现的价款享有优先受偿权。（3）徐庆涛、李凤云对判决第一项确定的盛马公司的债务承担连带清偿责任；徐庆涛、李凤云承担责任后，有权向盛马公司追偿。（4）中石油运输公司对盛马公司的欠款本金318 832 194.52元及利息向PA银行成都分行承担连带清偿责任。(5) 驳回 PA 银行成都分行的其余诉讼请求。

六、评析

(一) 关于虚假民事行为的认定

根据《民法总则》第一百四十六条:“行为人与相对人以虚假的意思表示实施的民事法律行为无效。以虚假的意思表示隐藏的民事法律行为的效力,依照有关法律规定处理。”该条第一款是关于虚假表示的规定,第二款是关于隐藏行为的规定。该规定之虚假表示为:“通谋虚伪表示,是指表意人与相对人通谋而为虚伪的意思表示。”具体而言,第一,须同时存在表意人与相对人,缺一不可;第二,表意人须做出需受领的意思表示,而相对人须做出受领意思表示,双方达成合意;第三,表意人与相对人主观上须有共同故意或有意思联络;第四,表意人与相对人均须明知该意思表示是不真实的。

在本案中,中石油运输公司一方面为主张其仅为通道方,提交了多份“石油化工产品买卖合同”“货权转移证明”及新涛公司的账目收据等,但法院认为此仅能证明中石油运输大连销售与盛马公司和新涛公司形成买卖合同关系,新涛公司通过交易获取了相关款项。PA 银行成都分行既未与新涛公司订立协议,汇票出票人和收款人亦非新涛公司。即便中石油运输大连销售与盛马公司存在虚构真实交易的情况,亦不能否定其他交易环节的法律效力。另一方面,中石油运输公司主张“合作协议书”项下的融资贸易,实际是盛马公司和 PA 银行成都分行之间以贸易为名为实现贷款而达成的形式文件,不存在真实油品贸易,为资金空转。但是,其未能举证证明 PA 银行成都分行知晓并参与虚构贸易关系,即没有证据证明 PA 银行成都分行作为相对人,与盛马公司有共同故意或有意思联络,故而法院最终认定案涉“合作协议书”不存在各方“通谋虚伪”的情形,应有效。

在 MS 银行南昌分行、上海红鹭国际贸易有限公司票据追索权纠纷一案中,最高法院查明该案没有发生真实的货物流转,且 MS 银行南昌分行的单笔授信系隐藏在通谋虚伪的贸易融资之中,实为以票据贴现为表现形式的借贷,因而认定“三方虽然明知本案票据项下无真实交易关系,但出于不同真实目的,相互合谋实施了该票据行为,属于通谋虚伪行为”。

我国合同法体系中,意思表示瑕疵分为三类:第一,意思和表示故意不一致,包括真意保留(单方虚伪表示)、通谋虚伪(共同虚伪表示)、隐藏行为等;第二,意思和表示非故意不一致,如重大误解;第三,意思和表示不自由,包括欺诈、胁迫等。因此,只有当事人各方共同故意做出虚伪表示,才构成通谋虚伪,亦即如果构成通谋虚伪,则必然存在隐藏的民事法律行为。在《民法总则》没有颁布、施行之前,人民法院只能根据《合同法》第五十二条关于“恶意串通损害他人合法权益的民事法律行为无效”“合法形式掩盖非法目的的民事法律行为无效”等条款,认定所谓“通谋虚伪”的合同无效,但将导致隐藏的民事法律行为亦归为无效，甚或人民法院不予审查隐藏的民事法律行为性质。这就造成了即便该隐藏行为是当事人真实意思表示，并未侵犯他人合法权益，也并未违反强制性规定，但却被法院简单地按照无效合同原则处理，基本法律关系未予查明。根据《民法总则》第一百四十六条之规定处理，通谋虚伪行为无效是因为该表示系经通谋后被虚假做出，因此不值得被法律保护，但并不影响隐藏行为的效力，隐藏行为依其法律规定可能有效也可能无效，应当具体问题具体判断。

（二）虚伪意思表示之无效是否得以对抗第三人

针对司法实践中，关于虚伪意思表示的无效应否对抗第三人的问题，本书也进一步做出如下研讨。在对《民法总则》草案多轮征求意见过程中，各地法院及专家学者均建议在本条之中再加入“不得以虚假的意思表示无效，对抗善意第三人”，但最终，保护善意第三人的机制却未能在此次《民法总则》中予以体现。此项立法旨在保护交易之安全，在日本、中国台湾地区的民法典中均有相应之规定，即通谋虚伪行为在当事人之间应当无效，但是在当事人与第三人之间则应该分为两种情形讨论：（1）第三人知道当事人之间的意思表示为虚假表示的属于恶意第三人，故不再存在信赖利益，当事人可以以该虚假表示的无效对抗该恶意第三人；（2）第三人不知道当事人之间的意思表示为虚假表示的属于善意第三人，当事人不得以该虚假表示的无效对抗善意第三人。

参照（2017）最高法民再164号判决中，最高法院确立的裁判规则是：根据民法基本原理，双方当事人通谋所为的虚伪意思表示，在当事人之间发生绝对无效的法律后果，但在虚伪表示的当事人与第三人之间，则应视该第三人是否知道或应当知道该虚伪意思表示而发生不同的法律后果：当第三人知道该当事人之间的虚伪意思表示时，虚伪表示的无效可以对抗该第三人；当第三人不知道当事人之间的虚伪意思表示时，该虚伪意思表示的无效不得对抗善意第三人。

（三）启示

本案中，PA银行成都分行通过“综合授信额度合同”同意授予盛马公司8亿元整的综合授信额度。同时，在盛马公司在向PA银行成都分行具体申请签发案涉承兑汇票的过程中，提交了三份向中石油大连销售购买燃料油的“石油化工产品买卖合同”，相应承兑汇票出票后，中石油运输大连销售也向盛马公司开具了增值税专用发票。虽然中石油运输公司和中石油运输大连销售认为应补充查明“合作协议书”第六条约定三方建立健全对账制度，“具体要求”勾选了“电子邮件”和“邮寄”，“对账时间及频率”填写为“按月”，但法院认为，不能苛求PA银行成都分行在交易过程中通过对账即发现有无真实油品贸易关系，案外人新涛公司也不在对账主体之列。据此，最高法院认为PA银行成都分行在出具承兑汇票时，已对具有真实的交易关系尽到了一定的审查义务。继而认定PA银行成都分行对案涉虚假贸易关系并不知晓，亦未参与，“合作协议书”为有效。

再看上述（2017）最高法民再164号案例，HR银行系为广州大优公司提供贸易融资授信，签订一份“国内保理业务合同”，约定：本合同项下的保理业务类型属于有追索权的明保理；珠海HR银行为广州大优公司核定的保理融资额度为人民币2亿元整。就债务人能否以通谋虚伪形成的买卖合同为由，向受让人银行提出抗辩，最高法院认为：江西燃料公司关于案涉应收账款虚假的诉讼理由能否对抗珠海HR银行，取决于珠海HR银行在受让债权时是否善意。该案中，珠海HR银行在签订案涉“国内保理业务合同”之前，不仅审核了广州大优公司提交的“煤炭买卖合同”和增值税发票的原件，还指派工作人员王永刚到江西燃料公司调查贸易背景的真实性，并对江西燃料公司签署“应收账款转让确认书”“应收账款转让通知确认书”等行为进行面签见证，向江西燃料公司送达了“应收账款转让通知书”，应当认定在案涉保理合同签订之前，珠海HR银行已经就基础债权的真实性问题进行了必要的调查和核实，广州大优公司和江西燃料公司共同向珠海HR银行确认了基础债权真实、合法、有效，珠海HR银行已经尽到了审慎的注意义务，故认定珠海HR银行关于江西燃料公司应当以其承诺行为向珠海HR银行承担清偿责任的理由成立。

反观上述MS银行南昌分行、上海红鹭国际贸易有限公司票据追索权纠纷一案中，最高法院考虑到银行明知债务人关联公司并不具有支付该票据项下款项能力的情况下，还为其单笔授信了该票据票面金额的贴现额度的事实，据此认为借款不能归还，完全是由于银行出于自己目的的考虑，在未尽基本审查义务的情形下出借款项造成，风险应由其自行承担。

综上可见，金融机构直接参与在贸易融资中的通谋虚伪，应依法承担全部或主要借款不能回收的风险。如果没有参与当事人之间的通谋虚伪，则人民法院对金融机构作为第三人是否善意，是否就基础贸易关系进行了必要调查和审核的认定，将直接影响银行承担的风险比例。人民法院对于金融机构是否参与通谋虚伪，抑或是否为善意的审查重点，均在于是否尽到了审慎的注意义务。参照《商业银行保理业务管理暂行办法》第十四条“商业银行受理保理融资业务时，应当严格审核卖方和/或买方的资信、经营及财务状况，分析拟做保理融资的应收账款情况，包括是否出质、转让以及账龄结构等，合理判断买方的付款意愿、付款能力以及卖方的回购能力，审查买卖合同等资料的真实性与合法性。对因提供服务、承接工程或其他非销售商品原因所产生的应收账款，或买卖双方为关联企业的应收账款，应当从严审查交易背景真实性和定价的合理性”和第十五条“商业银行应当对客户和交易等相关情况进行有效的尽职调查，重点对交易对手、交易商品及贸易习惯等内容进行审核，并通过审核单据原件或银行认可的电子贸易信息等方式，确认相关交易行为真实合理存在，避免客户通过虚开发票或伪造贸易合同、物流、回款等手段恶意骗取融资”。金融机构为客户提供贸易融资授信，属于表外业务，本身风险性就比较大，加之目前企业利用贸易之名，行转贷之实，故而金融机构在贸易融资授信时，更应注重对基础贸易的审查，以降低款项不能回收的风险。

第五节　银行分支机构担保与民事赔偿责任

——锐恒商贸有限公司与 GS 银行股份有限公司临夏东乡支行、魏为森借款合同纠纷案

一、裁判要旨

1. 虽然刑事判决已经认定银行行长成立违法发放贷款罪，但其作为签订合同时银行的负责人，在案涉“借款合同”中担保人处签字，且合同签订地点在银行办公场所，该笔借款亦实际用于归还银行旧贷，故认定银行应当承担民事责任。

2. 债权人未对银行分支机构是否具有法定担保人资格尽到审慎和注意义务，存在过错；银行分支机构未经书面授权即提供担保，亦存在过错，应对债权人的经济损失承担不超过二分之一的赔偿责任。

二、案号

（2018）最高法民终 336 号。

三、案情

2014 年 8 月，时任东乡支行行长陈伟民与森钧公司实际控制人魏为森商定，由魏为森拉储户在东乡支行存定期款，森钧公司通过定期存单质押贷款的形式按照存款额的 90% 从东乡支行贷出款项。2014 年 9 月至 10 月，魏为森共拉来 18 个存款人在东乡支行办理了一年期存款 23 笔，存款金额共计 3. 123 亿元。魏为森在上述存款人不知情的情况下，向贷款调查、初审人陈伟民提供了虚假的存单及其他贷款资料，陈伟民违反规定，未核实质物真实性，且明知质押人未到场的情况下，依旧签订“质押合同”，完成贷款调查、初审，并向上级 GS 银行临夏分行隐瞒真相，导致 GS 银行临夏分行分 6 笔向森钧公司发放贷款 2. 8107 亿元。2015 年 9 月，因尚有 2. 0907 亿元贷款无法归还，魏为森、陈伟民被省公安厅刑事立案，兰州市中级人民法院（以下简称兰州中院）经审理，认定二人分别构成骗取贷款罪和违法发放贷款罪。其中，森钧公司分别于 2014 年 9 月 18 日、10 月 21 日向工行临夏分行借款两笔，每笔金额均为 6 300 万元，借期均为十二个月。

2014 年 9 月，陈海森曾为魏为森骗取东乡支行贷款提供帮助，其与钱辉一同伪造了森

钧公司与甘肃嬴信贸易公司的商品交易合同等，帮助魏为森通过虚构交易，骗取到临夏分行发放的2.81亿贷款中的6 300万元贸易融资贷款，并使该贷款得以“洗白”转出。以上事实表明，陈海森知晓并协助借款人骗取银行贷款。

2015年9月17日，陈海森、魏为森、陈伟民在东乡支行签订“借款合同”一份。合同约定，出资人向借款人森钧公司借款6 500万元，期限为2015年9月18日至9月21日，借款用途为银行承兑汇票保证金。出资人委托丽水市唐明贸易有限公司（以下简称唐明公司）直接支付借款于森钧公司在东乡支行的账户。借款只能用于开具银行承兑汇票保证金。担保人自愿就借款人全部义务和责任承担连带责任保证。借款人虚假陈述则须支付违约金100万元。借款合同抬头处出资人为空白，末尾处森钧公司在借款人处加盖公章及法定代表人私章，担保人处加盖有东乡支行的公章，并由陈伟民签名、捺印，魏为森在担保人处签名、捺印。

2015年9月18日，案外义乌市热町贸易有限公司、杭州滋美贸易有限公司与陈海森分五笔将总计6 500万元汇入唐明公司在MS银行的账户。同日，唐明公司向森钧公司在东乡支行开立的基本结算账户（6956账户）转账6 500万元，森钧公司将上述6 500万元从基本结算账户（6956账户）转入保证金账户（4544账户）。同日，东乡支行向森钧公司发出催收逾期贷款本息通知书，告知森钧公司共拖欠本息合计63 228 871.23元。同日，森钧公司从6956账户向东乡支行开出金额为6 300万元转账支票一张，注明用途“还贷款”，并转账支付利息254 362.50元。

魏为森、陈海森欲违法骗取东乡支行开具承兑汇票的不法行为已在公安部门的监控之中，2015年9月18日中午，魏为森、陈海森在实施犯罪时，甘肃省公安厅经侦总队的保密示警电话通知GS银行甘肃分行，核查东乡支行正在办理的5亿元银行承兑汇票业务，GS银行甘肃分行令临夏分行行长孙平秘密前往东乡支行制止了这一不法企图。2015年9月25日，魏为森、陈海森被甘肃省公安厅经侦总队控制，同时缴获了本案《借款合同》（现仍扣存在甘肃省公安厅经侦总队），对魏为森、陈海森、陈伟民实施骗取东乡支行5亿元信贷资金的行为，兰州市人民检察院将此案退回省公安厅补侦，后因犯罪未遂且证据不足，未被刑事起诉。在追缴陈海森“出借”6 500万元非法所得的300万元后，解除了对陈海森的刑拘。

四、法院观点

（一）关于案涉“借款合同”是否真实有效的问题

1. 关于案涉“借款合同”的真实性问题。本案中2015年9月17日的“借款合同”虽系复印件，东乡支行对该“借款合同”的真实性提出异议，但经一审法院核实，该“借款合同”原件留存在公安机关，锐恒公司在本案中无法提供合同原件。经一审法院与原件核对，“借款合同”复印件与原件内容一致，因此，一审法院以“借款合同”复印件作为证据并对其真实性予以确认并无不当。东乡支行上诉认为一审判决认定“借款合同”真实性有误的理由不能成立。

2. 关于案涉“借款合同”的合法有效性问题。依据《最高人民法院关于审理民间借贷案件适用法律若干问题的规定》第十一条之规定，“法人之间、其他组织之间以及它们相互之间为生产、经营需要订立的民间借贷合同，除存在《合同法》第五十二条、本规定第十四条规定的情形外，当事人主张民间借贷合同有效的，人民法院应予支持。”东乡支行上诉认为案涉“借款合同”存在《合同法》第五十二条第二、三项及《最高人民法院关于审理民间借贷案件适用法律若干问题的规定》第十四条规定的合同无效情形，即“恶意串通，损害国家、集体或者第三人利益”“以合法形式掩盖非法目的”“出借人事先知道或者应当知道借款人借款用于违法犯罪活动仍然提供借款”的情形。本院认为，案涉“借款合同”中的6 500万元借款虽未依约用于合同约定的承兑汇票保证金，而是用以扣收森钧公司所欠东乡支行贷款，但双方实际借款用途的改变并不影响“借款合同”的效力。东乡支行上诉主张本案存在法律规定合同无效情形，但其并无有效证据证实出借方在签订“借款合同”之前知道或应当知道森钧公司借款用途系用于违法犯罪行为及出借方与借款方存在恶意串通达到非法目的的情形，即案涉“借款合同”不存在《中华人民共和国合同法》第五十二条和《最高人民法院关于审理民间借贷案件适用法律若干问题的规定》第十四条规定的合同无效情形，故一审判决认定案涉“借款合同”合法有效正确，东乡支行关于“借款合同”无效的上诉理由不能成立。

3. 关于案涉“借款合同”的出借方主体问题。案涉“借款合同”中合同抬头出资人处虽为空白，但出借方经办人陈海淼系锐恒公司业务员，“借款合同”中约定出资人委托付款方系唐明公司，锐恒公司在一审中提交了委托支付方唐明公司向借款人森钧公司在东乡支行开设的银行账户转账6 500万元的银行凭证及锐恒公司于合同签订当日出具的委托唐明公司支付借款6 500万元的“委托函”，并提供了该笔6 500万元款项资金来源凭证，东乡支行对“委托函”的真实性提出异议，但并无相反有效证据予以推翻。上述事实和证据可相互综合印证案涉借款系锐恒公司委托唐明公司转账支付森钧公司，陈海淼系代表锐恒公司签订案涉“借款合同”，锐恒公司应系“借款合同”出借方，故一审法院认定锐恒公司系本案“借款合同”的债权人，有相应的事实和法律依据。东乡支行关于锐恒公司不是本案债权人的上诉理由不能成立。

（二）关于东乡支行是否应当承担保证责任及一审判决东乡支行在3 250万元范围内承担赔偿责任是否正确的问题

1. 本案“借款合同”中合同当事人担保人处抬头系东乡支行，合同约定自双方签字或盖章之日生效，合同末尾担保人处加盖有东乡支行公章并由行长陈伟民签名、捺印。陈伟民作为签订合同时东乡支行的负责人，其在案涉“借款合同”中担保人处签字，且合同签订地点在东乡支行，该笔借款6 500万元亦实际用于归还东乡支行贷款。故依合同约定和法律规定，锐恒公司有理由相信陈伟民的行为代表东乡支行，陈伟民的签名行为对东乡支行产生法律约束力，东乡支行应对陈伟民的行为承担民事责任。依据《中华人民共和国担保法》第九十三条关于保证合同成立之规定，案涉“借款合同”中单独列有东乡支行作为担保人的合同主体内容，并有相应的担保条款，东乡支行与锐恒公司的担保法律关系成立。关于担保条款的效力，依据《中华人民共和国担保法》第十条及《最高人民法院关于适用〈中华人民共和国担保法〉若干问题的解释》第十七条之规定，企业法人的分支机构未经法人书面授权提供保证的，保证合同无效。东乡支行作为中国GS银行股份有限公司的分支机构未经法人书面授权，在案涉“借款合同”上加盖公章提供担保的行为，不论公章是否真实，担保行为均系无效。故一审判决认定案涉“借款合同”中的担保条款无效，并无不当。

2. 依据《最高人民法院关于适用〈中华人民共和国担保法〉若干问题的解释》第七条规定，“主合同有效而担保合同无效，债权人无过错的，担保人与债务人对主合同债权人的经济损失，承担连带赔偿责任；债权人、担保人有过错的，担保人承担民事责任的部分，不应超过债务人不能清偿部分的二分之一。”本案系主合同有效，而东乡支行与锐恒公司的担保合同无效。锐恒公司作为债权人，向森钧公司出借巨额资金，未对东乡支行是否具有法定担保人资格尽到审慎和注意义务，其对东乡支行作为案涉“借款合同”保证人进而导致担保无效存在过错，东乡支行未经书面授权即提供担保，亦存在过错，因此依据法律规定，东乡支行应对锐恒公司的经济损失承担不超过二分之一的赔偿责任。锐恒公司主张东乡支行承担连带保证责任的上诉理由不能成立。一审判决关于东乡支行对锐恒公司的经济损失承担不超过二分之一的赔偿责任判由正确，但判项内容第三项表述“东乡支行对上述第一项给付义务不能清偿部分，在3 250万元范围内承担赔偿责任”有误，应系“东乡支行对上述第一项给付义务不能清偿部分的二分之一范围内承担赔偿责任”，本院予以更正。

五、裁判结果

最高人民法院依照《中华人民共和国民事诉讼法》第一百四十四条、第一百七十条第一款第二项、第一百七十五条之规定，判决如下：（1）维持甘肃省高级人民法院（2015）甘民二初字第44号民事判决第一、二、四项。（2）变更甘肃省高级人民法院（2015）甘民二初字第44号民事判决第三项为：中国GS银行股份有限公司临夏东乡支行对上述第一项给付义务在不能清偿部分的二分之一范围内承担赔偿责任。

六、评析

（一）本案中，借款合同能否认定为无效

按照《担保法司法解释》第八条规定，如果担保人无过错的，则担保人不承担民事责任；如果担保人有过错的，则担保人承担民事责任的部分，不应超过债务人不能清偿部分的三分之一。在一审法院已经判决东乡 GS 行对债务人“不能清偿部分，在 3 250 万元范围内承担连带赔偿责任”的情况下，上诉主张主合同无效，从而争取改判不承担民事责任，或承担不超过债务人不能清偿部分三分之一的民事责任，无疑是东乡 GS 行期待之结果。

本案中，东乡 GS 行上诉认为，案涉“借款合同”存在《中华人民共和国合同法》第五十二条第二、三项及《最高人民法院关于审理民间借贷案件适用法律若干问题的规定》第十四条规定的合同无效情形，即“恶意串通，损害国家、集体或者第三人利益”“以合法形式掩盖非法目的”“出借人事先知道或者应当知道借款人借款用于违法犯罪活动仍然提供借款”的情形。最高法院以案涉“借款合同”中的 6 500 万元借款虽未依约用于合同约定的承兑汇票保证金，而是用以扣收森钧公司所欠东乡支行贷款，但双方实际借款用途的改变并不影响“借款合同”的效力；东乡 GS 行未能提供有效证据证实出借方在签订“借款合同”之前知道或应当知道森钧公司借款用途系用于违法犯罪行为及出借方与借款方存在恶意串通达到非法目的的情形为由，未予支持该项上诉理由。

笔者认为，《民间借贷司法解释》对企业间借款的放开是一个有限度的放开。人民法院审查企业间借贷合同是否有效，还应考量借款用途是否确为生产和经营需要。如果当事人存在通谋虚伪，约定借款用途为经营性借款，但实际却用于以贷还贷的，借款合同亦应认定为无效。本案中，借款未依约用于合同约定的承兑汇票保证金，而是用以扣收森钧公司所欠东乡支行贷款，但最高法院认为双方实际借款用途的改变并不影响“借款合同”的效力。这是因为现有证据并不足以证明锐恒公司在签订“借款合同”时，明知借款的实际用途，否则亦可以认定“借款合同”无效。根据《民间借贷司法解释》第十四条的规定精神，企业与企业之间的合同的有效应限于为生产和经营需要而订立的借款合同。出借人出于赢利的目的从事，抑或是长期从事企业间借贷，存在较大的风险和投机性，并非用于借款人正常的生产经营而拆借资金的需要。该做法损害了国家的金融安全，扰乱了正常的金融秩序，是与司法解释的规定相悖的。

（二）关于银行是否存在越权担保的认定

锐恒公司上诉主张，东乡支行的经营范围对“金融业务”为概括性表述，并未将担保业务排除在经营范围之外，应理解为 GS 银行总行对支行经营范围的授权系概括授权，支

行业务范围包括担保业务，故而对森钧公司的担保行为应为有效。最高法院审理的同类案件中，如刘森林、中国 GS 银行股份有限公司鹰潭分行保证合同纠纷上诉案（〔2016〕最高法民终 221 号）、中国建设银行股份有限公司林口支行、牡丹江市东安区江达小额贷款股份有限公司等借款合同纠纷再审案（〔2015〕民申字第 262 号）中，最高法院亦认为鹰潭分行、林口支行对外担保为有效。其中，鹰潭分行“营业执照”明确载明该分行的经营范围包括“提供信用证服务及担保”。在林口支行再审一案中，林口支行的经营范围为“经营中国银行业监督管理委员会依照有关法律、行政法规和其他规定批准的业务，经营范围以批准文件为准”。最高法院以“上述公开、公示的证照、章程并未将担保业务排除在林口建行的经营范围之外”为由，认为林口支行具备从事担保业务的经营范围。

鉴于此，欲主张东乡支行系越权担保，重点在于说明本案与最高法院在先判例之间的不同之处。经查，甘肃分行的经营范围为“金融业务、受理人民银行委托和批准的其他经营业务，外汇存、贷、汇款、进出口贸易结算和押汇业务；非贸易结算、外汇担保、贴现、调查咨询服务”。临夏分行的经营范围为“办理人民币存款、贷款、结算业务；办理票据贴现；代理发行金融债券；代理发行、代理兑付、销售政府债券；买卖政府债券；代理收付款项及代理保险业务。其总行在中国银行业监督管理委员会批准的业务范围内授权的业务；经中国银行业监督管理委员会批准的其他业务。”东乡支行的经营范围为“金融业务、受理人民银行委托批准的其他经营业务、存贷汇款、进出口贸易结算和押汇约为、非贸易结算”。由此可见：（1）GS 银行股份有限公司作为一级法人，对其各级分支机构的授权范围采取的是明确列举的方式，而非概括性或排除式的授权。（2）GS 临夏分行的业务范围就不包括对外担保，东乡支行作为其下级分支机构，业务范围应不超过临夏分行。

因此，最高法院在本案中采纳了东乡支行关于其未获得从事担保业务授权的主张，根据《担保法解释》第十七条之规定，在本案借款合同中为森钧公司借款担保的行为应为无效。进而认定，锐恒公司作为债权人，向森钧公司出借巨额资金，未对东乡支行是否具有法定担保人资格尽到审慎和注意义务，其对东乡支行作为案涉“借款合同”保证人进而导致担保无效存在过错。

（三）启示

授信业务包括贷款、贸易融资、票据融资、融资租赁、透支、各项垫款等表内业务，以及票据承兑、信用证、保函、备用信用证、信用证保兑、债券发行担保、借款担保、有追索权的资产销售、未使用的不可撤销的贷款承诺等表外业务。部分银行在已发放的贷款不能回收的情况下，又以表外业务向债务人或者债务人的关联企业授信，通过违法违规为过桥资金提供增信、担保的形式，确保本次贷款能够收回。但是该等做法，只会造成银行的风险越来越大。

根据中国人民银行发布的《商业银行表外业务风险管理指引》第七条“商业银行应完善以企业信用评估为基础的授信方法，将表外业务纳入授信额度，实行统一授信管理”；

第八条“商业银行应有专门的组织机构负责对表外业务风险的综合分析与管理，并建立审慎的授权管理制度；商业银行分支机构经营表外业务应当获得上级银行的授权”。严格来说，东乡支行欲为森钧公司提供担保类业务，应事先对其进行尽职审查，给予授信额度。更何况，东乡支行并无对外担保的权限，欲开展该等表外业务，应获得上级银行的授权。但是，本案的特殊之处在于，东乡支行提供担保的形式并非传统意义上的银行保函，而是以银行负责人直接在债务人关联企业对外的“借款合同”上作为保证人签字的方式，继而让银行承担了部分保证责任。在此情况下，银行通常会认为法院判决有失偏颇，虽然银行内部可能存在用人失察、对其高级管理人员监管不力等问题，但是相关高管人员与外界串通的行为，并非银行能够预见并有效防范的。不足以因此让银行为高管人员的违法行为承担民事责任。但事实上，正是因为东乡支行时任行长陈伟民存在违法放贷的事实，而该担保行为实际系为银行贷款能够收回，所以陈伟民虽有违法行为但直接的受益人仍是银行，所以，除非该笔交易的出借人亦存在过错，否则判令银行承担相应民事责任并无不当。

第六节　骗取银行保理融资款与损失赔偿责任
——上海公路桥梁（集团）有限公司与BJ银行上海分行财产损害赔偿纠纷案

一、裁判要旨

1. 第三人侵害债权的构成要件应按照《中华人民共和国侵权责任法》的规定从侵害行为、损害后果、过错、因果关系的侵权责任构成要件进行认定。

2. 商业银行在开展保理业务时，如果在保理业务的客户准入和应收账款真实性审查上存在一定程度的不足，将可能会对保理融资款的损失承担一定比例的责任。

二、案号

上海市第二中级人民法院（2015）沪二中民六（商）终字第386号。

三、案情

2012年2月9日，BJ银行股份有限公司上海分行（以下简称BJ银行上海分行）与案外人上海罗依莱实业有限公司路用材料分公司（以下简称罗依莱路用分公司）签订有追索权保理额度主合同，约定：罗依莱路用分公司作为保理业务申请人，愿按本合同的规定将相应的应收账款转让给BJ银行上海分行；BJ银行上海分行同意以本合同的条款与条件为前提，在一定额度和期限内为申请人提供针对债务人的有追索权保理服务。债务人为上海市第一市政工程有限公司（以下简称第一市政公司），保理总额度为人民币1 500万元（以下币种均为人民币）。罗依莱路用分公司提供了《上实东滩先期外围市政配套工程材料采购合同》、应收账款债权转让通知书、承诺书。BJ银行上海分行于同年4月18日根据罗依莱路用分公司的申请向其发放了保理融资款1 500万元。2012年5月21日，BJ银行上海分行以保理合同纠纷为由向上海市黄浦区人民法院起诉，要求罗依莱路用分公司支付保理融资款。因当时上海市公安局经侦总队已经对顾雪娟立案侦查，故上海市黄浦区人民法院于2012年9月18日裁定驳回起诉，将案件移送上海市公安局。BJ银行上海分行不服裁定，提出上诉。上海市第二中级人民法院于2013年1月14日裁定驳回上诉，维持原裁定。

2013年12月18日，上海市第二中级人民法院以（2013）沪二中刑初字第22号刑事判决书查明：2011年11月至2012年4月，罗依莱路用分公司负责人顾雪娟伙同沈玉和，利用伪造的上海罗依莱实业有限公司（以下简称罗依莱公司）法定代表人授权书、财务报表、工程合同、购销合同、发票等材料，假借采购原材料的名义，诈骗平安银行上海分行、BJ银行上海分行、宁波银行嘉定支行、中国农业银行普陀支行、天津银行上海分行5家银行贷款合计8 900万元，顾雪娟将骗得的贷款主要用于归还借款。至案发，顾雪娟在归还350.05万元银行贷款后无力归还，致使前述五家银行损失8 549.95万元。其中，2012年2月9日，顾雪娟伙同沈玉和采用上述手法诈骗BJ银行上海分行1 500万元的贷款，至案发，顾雪娟在归还50万元后无力归还。

2013年2月8日，上海市工商行政管理局向路桥公司发出准予变更登记通知书，内容为："经审查，你提交的上海公路桥梁（集团）有限公司迁入登记（原企业名称上海市第一市政工程有限公司，变更后企业名称上海公路桥梁（集团）有限公司），申请材料齐全，符合法定形式，我局决定准予变更登记。"

上海市黄浦区人民法院根据BJ银行上海分行的申请，至上海市公安局经侦总队调取了顾雪娟案相关证据。根据证据显示，顾雪娟承认其伪造股东会决议、授权书、"上实东滩先期外围市政配套工程材料采购合同"等材料骗取BJ银行上海分行贷款。第一市政公司市场部工作人员倪金娣在询问笔录中陈述曾经按公司流程为顾雪娟带来的银行工作人员在相关办理银行贷款的材料上盖过公司印章。BJ银行上海分行工作人员陈骏桦陪同顾雪娟至第一市政公司对在应收账款债权转让通知书上加盖公章进行确认，其在公安机关所做的辨认笔录中辨认出当时第一市政公司负责接待的倪金娣。

上海市第二中级人民法院做出（2013）沪二中刑初字第22号刑事判决书后，BJ银行上海分行再次提起诉讼，将第一市政公司［后更名为：上海公路桥梁（集团）有限公司，以下简称路桥公司］诉至法院，BJ银行上海分行诉称：其与罗依莱路用分公司联合向第一市政公司发出了应收账款债权转让通知书，第一市政公司盖章确认，并出具承诺书。其于同年4月18日根据罗依莱路用分公司的申请向其支付保理融资款1 500万元。因罗依莱路用分公司负责人顾雪娟涉及犯罪，致使其无法收回保理融资款，且第一市政公司已经更名为“上海公路桥梁（集团）有限公司”。故起诉请求判令路桥公司赔偿其经济损失1 875万元及利息损失121.8万元。

BJ银行上海分行和罗依莱路用分公司签订的有追索权保理额度主合同第5.2.1条约定，申请人每次申请使用额度时，应于转让日前提前将下述文件送达BJ银行上海分行：相关商务合同、信用支持文件以及货物交付证明或发运单据的副本或复印件（BJ银行上海分行可随时要求申请人提供原件），以及BJ银行上海分行合理要求由申请人正式签署的关于应收账款及商务合同履行情况的书面说明；BJ银行上海分行合理要求应收账款的权利凭证、发票、单据及相应资料。第5.3.1条约定：对于BJ银行上海分行拟同意受让的应收账款，申请人应按附件三的要求和所示格式内容及时通知全部债务人并取得债务人文件。

罗依莱路用分公司致第一市政公司的“应收账款债权转让通知书”载明：申请人罗依莱路用分公司因经营发展的需要，拟于2012年2月16日将其与贵方签署的下述商务合同项下的应收账款以及就该部分应收账款所享有的全部债权及债权的从属权利等相关权益转让给BJ银行上海分行。商务合同编号与名称：“上实东滩先期外围市政配套工程材料采购合同”，购销—项—022—2 011，应收账款金额为1 875万元，商务合同付款日为2012年8月8日。致罗依莱路用分公司及BJ银行上海分行的“回执”载明：“我方已收到你们于2012年2月10日签署‘应收账款债权转让通知书’，已阅读并理解‘有追索权保理额度主合同’中关于该保理额度占用我方在你行的授信额度，现表示确认同意。”“应收账款债权转让通知书”与“回执”的骑缝线处以及“回执”落款处均盖有“上海市第一市政工程有限公司”公章。

第一市政公司向BJ银行上海分行出具“承诺函”，承诺其与罗依莱路用分公司签订了编号为购销—项—022—2011的“上实东滩先期外围市政配套工程材料采购合同”，其上加盖公章与日常事务所用公章有所区别，但均真实有效，代表其真实意愿。为避免歧义，其在采购合同上再次加盖与签发的“应收账款债权转让通知书回执”一致的公章，对该采购事宜再次确认，确保按“应收账款债权转让通知书”中记载事项按时将货款支付至BJ银行上海分行账户。落款处盖有“上海市第一市政工程有限公司”公章。

罗依莱路用分公司为申请涉案保理业务，向BJ银行上海分行提供编号为购销—项—022—2011的“上实东滩先期外围市政配套工程材料采购合同”。该合同约定：需方第一市政公司，供方罗依莱路用分公司；产品名称为水泥稳定碎石，数量为165 000吨，单价为105元/吨，总价为18 975 000元；交货方式：由罗依莱路用分公司送至工地现场；交货时间：2011年4月20日至2012年3月31日。每月25日为结算日，罗依莱路用分公司需提供供货签收单，双方确认后签章认可。施工结束由监理确认签章后，报财务部门审核，审核无误后通知开具相应的发票，于180日内支付计量款项。该合同系顾雪娟等伪造。

本案审理中，路桥公司提供其与罗依莱路用分公司之间签订的编号为购销—项—026—2011的“材料采购合同”，该合同约定：需方第一市政公司，供方罗依莱路用分公司；产品名称为水泥稳定碎石，数量为5 000吨，单价为110元/吨，总价为550万元；交货方式：由罗依莱路用分公司送至工地现场；交货时间：2011年7月1日至12月31日。路桥公司称，该份合同是其与罗依莱路用分公司就崇明东滩工程项目签订的真实采购合同。

本案审理中，上海市第二中级人民法院依职权调取BJ银行印发的《有追索权国内保理业务操作规程（试行）》，该规程“客户准入原则”规定：申请办理保理业务的买卖方原则上应具备以下条件：买卖双方均为独立法人，产权明晰，经营规范，财务制度健全，现金流量充足，有较强的回购和偿债能力；应收账款受让与融资规定：在完成应收账款转让后，申请人应按照BJ银行上海分行认可的方式向买方发送通知。

四、法院观点

（一）路桥公司对BJ银行上海分行是否构成侵权

上海市第二中级人民法院认为，行为人因过错侵害他人民事权益，应当承担侵权责任。路桥公司对BJ银行上海分行的保理融资款损失是否构成侵权，法院从侵害行为、损害后果、过错、因果关系的侵权责任构成要件等方面对其进行分析。

1. 路桥公司是否实施了侵权行为。路桥公司明确否认与罗依莱路用分公司签订过涉案金额的采购合同以及存在相应的应付账款，相关刑事案件亦认定涉案采购合同系伪造。公司印鉴是公司对外意思表示的表征，在应收账款不实的情况下，路桥公司工作人员却在载明应收账款金额为1 875万元的“应收账款债权转让通知书”及“回执”上盖章予以确认，同意向BJ银行上海分行支付上述应收账款。在BJ银行上海分行就保理申请文件上路桥公司的印章存在不一致的情况向其进行核实时，路桥公司向BJ银行上海分行出具“承诺函”，再次确认与罗依莱路用分公司之间存在涉案采购合同和应收账款。故路桥公司对BJ银行上海分行受让的虚假应收账款做出了一系列违背事实的盖章确认行为。

2. BJ银行上海分行的损失是否实际发生。根据相关刑事案件的认定，BJ银行上海分行发放的1 500万元保理融资款，除顾雪娟案发后归还50万元外，其余款项未能受偿。故BJ银行上海分行因发放保理融资款而实际产生了损失。

3. 路桥公司是否具有过错。路桥公司明知与罗依莱路用分公司之间就东滩工程项目仅签订了标的额550万元的采购合同，却对同一工程项目合同标的额为1 875万元的应收账款予以盖章确认。在BJ银行上海分行就相关文件中路桥公司印章不一致进行核实时，路桥公司理应引起警觉和注意，但其仍未核对应付账款，而是做出与事实不符的承诺。路桥公司置真实应付账款的金额于不顾，账务管理制度存在明显疏漏，随意用印，内部用印审批流程形同虚设。可见，路桥公司应当能够预见到对应收账款金额不实的确认文件予以盖章的法律后果，路桥公司具有未核对应付账款、贸然用印的重大过错。

4. 路桥公司的盖章确认行为与 BJ 银行上海分行融资款被骗是否具有法律上的因果关系。顾雪娟以虚构的应收账款骗取 BJ 银行上海分行保理融资。而保理融资的第一还款来源是债务人对应收账款的清偿。在应收账款转让事实向债务人通知的环节，路桥公司作为债务人以盖章的方式对顾雪娟虚构的应收账款予以了确认。BJ 银行上海分行基于路桥公司同意支付应收账款的确认以及对路桥公司良好资信的信赖从而向罗依莱路用分公司发放了保理融资款。故路桥公司的盖章确认行为与 BJ 银行上海分行的资金损失之间存在法律上的因果关系。

综上分析，在涉案应收账款确为虚假的情况下，BJ 银行上海分行有权就路桥公司的盖章确认行为主张侵权责任。

（二）BJ 银行上海分行对保理融资款的损失是否存在过错

上海市第二中级人民法院认为，被侵权人对损害的发生也有过错的，可以减轻侵权人的责任。因本案侵权涉及金融保理业务，这种新型金融业态尚无明确法律层级的规定予以规制。保理业务是以债权人转让其应收账款给保理银行为前提，集应收账款催收、管理、坏账担保及融资于一体的综合性金融服务。债权人与债务人之间存在基础交易合同是设立保理的前提和基础，而债权人与保理银行之间的应收账款债权转让则是保理关系的核心。保理银行通过受让应收账款的金钱债权，取得对债务人的直接付款请求权，是保理融资款的第一还款来源。与一般贷款融资相比，保理业务的准入门槛相对较低。因此，保理银行在开展保理业务时，应当从严审查客户资信状况与应收账款的真实性、合法性。这既是保理业务风险控制的内在要求，也符合通行的银行业保理业务规范和惯例。BJ 银行上海分行在涉案保理业务中是否存在过错，则应以审视保理业务的特点为基础，遵循通行的保理业务规范和惯例，从而界定保理银行审查义务的合理范围并作为认定依据。对此法院从以下三个方面进行分析：

1. 保理业务要求对申请客户进行准入审查。BJ 银行上海分行在其保理业务操作规程中明确规定申请保理业务的买卖方均须为独立法人。涉案保理合同申请人为罗依莱路用分公司，不具有法人资格，不符合 BJ 银行上海分行规定的客户准入条件。这也是 BJ 银行上海分行要求罗依莱公司出具授权书的原因所在。相关刑事案件查明涉案授权书系由顾雪娟等人伪造。且向 BJ 银行上海分行提供该授权书的顾雪娟是罗依莱路用分公司的负责人，BJ 银行上海分行应当知道顾雪娟不具有代表罗依莱公司出具授权书的权限。BJ 银行上海分行没有采取必要措施对该授权书的真实性进行核实，在客户准入的审查环节存在疏漏。

2. 保理业务要求对基础交易背景及产生的应收账款进行真实性审查。保理业务中转让的应收账款是指企业因提供商品、服务或者出租资产而形成的金钱债权及其产生的收益。因此，应收账款真实性审查的根本落脚点应在于保理申请人是否基于买卖等基础交易关系已经履行了提供货物、服务等合同义务，并由此向交易对手享有确定数额的金钱债权。涉案保理合同中约定，罗依莱路用分公司在使用保理融资额度时，应向 BJ 银行上海分行提供相关商务合同、货物交付证明、发运单据。从 BJ 银行上海分行提供的证据来看，其在基础交易背景的调查环节，仅要求罗依莱路用分公司提供了购销合同，未要求出示供货单、签收单、结算单据、发票等能够证明罗依莱路用分公司已经履行合同交货义务的单据。BJ 银行上海分行对基础交易合同是否实际履行未作完善的尽职调查。

3. 在应收账款转让环节，保理银行要求保理申请人通知债务人应收账款转让的事实并予以书面确认，将使应收账款债权转让行为对债务人产生效力，并降低债务人可能存在的违约风险。保理银行对基础交易履行情况相关单据的审查，则关注于产生应收账款的基础交易背景。若没有真实的基础交易关系和履约事实，则不可能有真实的应收账款。上述两种审查方式在保理业务流程中有着无法相互替代的重要作用。在保理业务尤其是卖方单保理业务中，为防范虚构交易事实套取融资的违法行为，对基础交易履行情况的相关单据进行审查符合审慎、从严的保理业务标准。这种针对基础交易合同履行单据的审查，在保理银行的能力所及和职责范围之内，也是权衡交易成本与交易风险之后的理性选择。保理银行应当通过审查基础交易履行单据的方式，确认交易行为真实合理存在，从而增强对骗保、虚假交易背景的甄别能力。本案所涉保理是典型的卖方单保理业务，涉案保理合同和 BJ 银行上海分行相关业务规程中，均对交易真实性审查做出要求。然而，BJ 银行上海分行对涉案应收账款的审查，依赖于债务人对应收账款的盖章确认，而对基础交易合同履行单据未严格按照其内部风控要求和流程进行审查，与通行银行业保理业务规范水平相比也有待提高。

综上分析，BJ 银行上海分行在涉案保理业务的客户准入和应收账款真实性审查上存在一定程度的不足，对其保理融资款的损失有不可推卸的责任。原审法院对此未予认定，应予纠正。

（三）路桥公司与 BJ 银行上海分行的责任比例

上海市第二中级人民法院认为，侵权行为人与被侵权人对损失均有过错的，应当公平合理地分配责任比例。路桥公司在应当能够预见盖章确认行为所产生的法律后果的情况下，未对所负债务是否真实存在进行核实，对虚构的应收账款盖章确认，主观上存在重大过错。虽然没有证据证明其与顾雪娟存在共同故意，但客观上路桥公司的盖章确认行为对 BJ 银行上海分行做出发放保理融资款的决定有重要影响。BJ 银行上海分行在保理业务中也存在审核不严的问题，对其损失负有一定的责任。法院综合考虑双方当事人的过错程度以及各自行为对损失的原因力大小，酌情认定路桥公司对保理融资款损失和利息损失的 80% 承担赔偿责任，其余损失由 BJ 银行上海分行自行负担。

关于损失数额。BJ 银行上海分行实际发放的保理融资款为 1 500 万元，已追回 50 万元，故应认定实际保理融资款损失为 1 450 万元。BJ 银行上海分行主张利息损失，属于保理融资款的损失赔偿范围，但应以未收回的保理融资款为基数计算。BJ 银行上海分行以 1 875 万元为基数，按年利率 6.5% 主张一年的利息损失计 121.8 万元，其中的计算基数应调整为 1 450 万元，故利息损失应为 94.25 万元。

综上所述，法院酌定路桥公司对 BJ 银行上海分行无法收回的保理融资款损失 1 450 万元以及利息损失 94.25 万元承担 80% 的赔偿责任。其余损失由 BJ 银行上海分行自行负担。

五、裁判结果

上海市第二中级人民法院依据《中华人民共和国侵权责任法》第六条第一款、第二十六条的规定，判决：(1) 上海公路桥梁（集团）有限公司应于判决生效之日起十日内赔偿被上诉人 BJ 银行股份有限公司上海分行人民币 1 160 万元。(2) 上海公路桥梁（集团）有限公司应于判决生效之日起十日内赔偿被上诉人 BJ 银行股份有限公司上海分行利息损失人民币 75.4 万元。(3) 驳回 BJ 银行上海分行的其余诉讼请求。

六、评析

1. 罗依莱路用分公司负责人顾雪娟利用伪造相关材料以罗依莱路用分公司的名义与 BJ 银行上海分行订立"有追索权保理额度主合同"，用以诈骗银行贷款，该"有追索权保理额度主合同"属于无效合同。顾雪娟系罗依莱路用分公司负责人，顾雪娟利用伪造的罗依莱公司法定代表人授权书、财务报表、工程合同、购销合同、发票等材料，以罗依莱路用分公司的名义与 BJ 银行上海分行订立了"有追索权保理额度主合同"，该合同的签订是以合法的形式达到顾雪娟诈骗银行贷款的目的，根据《中华人民共和国合同法》第五十二条第（三）项的规定，"以合法形式掩盖非法目的"的合同属于无效合同，故"有追索权保理额度主合同"应当认定为无效，BJ 银行上海分行无权依照该合同向罗依莱路用分公司、罗依莱公司主张权利。

2. 路桥公司协助顾雪娟虚构应收账款存在的事实，帮助顾雪娟骗取银行保理融资款，具有明显的过错，应当对银行保理融资款的损失承担赔偿责任。《中华人民共和国侵权责任法》第六条第一款规定："行为人因过错侵害他人民事权益，应当承担侵权责任。"这一规定是《中华人民共和国侵权责任法》对过错责任原则的一般性规定，以过错作为判断标准，判断行为人对其造成的他人的损害应否承担侵权责任。根据上述规定，本案中，应当重点审查路桥公司对 BJ 银行上海分行的保理融资款损失是否有过错，再结合侵害行为、损害后果、因果关系等侵权责任构成要件确定路桥公司是否应当承担赔偿责任。

本案中，顾雪娟以罗依莱路用分公司的名义与 BJ 银行上海分行订立"有追索权保理额度主合同"进行保理融资，对于 BJ 银行上海分行来说，开展保理业务从罗依莱路用分公司受让了对路桥公司的应收账款债权后，BJ 银行上海分行收回保理融资款主要依赖于路桥公司的还款，因此，确定罗依莱路用分公司对路桥公司的 1 875 万元应收账款债权的真实性是 BJ 银行上海分行决定是否开展保理业务的主要因素。

就本案来看，路桥公司配合顾雪娟对所欠罗依莱路用分公司的应付账款进行虚假陈述和虚假确认，误导 BJ 银行上海分行相信罗依莱路用分公司 1 875 万元的应收账款债权的真实存在，并最终促使 BJ 银行上海银行决定给罗依莱路用分公司提供保理融资。但事后经查明，顾雪娟伪造了 1 875 万元应收账款的采购合同，路桥公司在完全有能力有条件发现顾雪娟伪造采购合同的条件下仍然盖章确认。因此，路桥公司具有明显的过错，具体表现在：（1）路桥公司明知与罗依莱路用分公司之间就东滩工程项目仅签订了标的额 550 万元的采购合同，却对同一工程项目合同标的额为 1 875 万元的应收账款予以盖章确认。（2）在 BJ 银行上海分行就相关文件中路桥公司印章不一致进行核实时，路桥公司本可以发现问题，但却故意做出与事实不符的承诺。因此，本案中路桥公司具有重大过错。在 BJ 银行上海分行的保理融资款无法从顾雪娟处追回的情况下，BJ 银行上海分行的损失已经实际发生，且该损失的发生与路桥公司实施的侵权行为具有直接因果关系。因此，路桥公司应当承担侵权损害赔偿责任。

3. BJ 银行上海分行在开展保理业务中存在不规范、不合规的经营行为，是造成保理融资款损失的次要原因，应当承担一定比例的责任。根据 BJ 银行上海分行内部制定的《有追索权国内保理业务操作规程（试行）》以及中国银行业协会制定的《中国银行业保理业务规范》，BJ 银行上海分行在开展保理业务过程中，未严格按照 BJ 银行内部规定进行操作，对基础交易合同履行单据未严格进行审查，仅要求罗依莱路用分公司提供了购销合同，未要求出示供货单、签收单、结算单据、发票等能够证明罗依莱路用分公司已经履行合同交货义务的单据，且过于亲信路桥公司对应收账款债权的盖章确认，故 BJ 银行上海分行对保理融资款的损失也应当承担一定比例的责任。

4. 启示。

（1）商业银行在保理融资业务中应当严格把握保理融资客户准入标准。原中国银监会颁布的《商业银行保理业务管理暂行办法》第十一条规定：“商业银行应当按照本办法对具体保理融资产品进行定义，根据自身情况确定适当的业务范围，制定保理融资客户准入标准。”中国银行业协会制定的《中国银行业保理业务规范》第十条中也规定银行应当根据保理业务特点建立规范的业务管理办法，其中就包括制定适当的客户准入标准。本案中，BJ 银行制定的《有追索权国内保理业务操作规程（试行）》明确规定申请保理业务的买卖方均须为独立法人，但 BJ 银行上海分行的工作人员并没有严格执行关于客户准入标准的规定。涉案保理合同申请人为罗依莱路用分公司，不具有法人资格，不符合 BJ 银行规定的客户准入标准。虽然 BJ 银行上海分行要求罗依莱路用分公司的总公司罗依莱公司出具授权书，但经相关刑事案件查明所谓“罗依莱公司的授权书”系由顾雪娟等人伪造。BJ 银行上海分行并未要求罗依莱公司提出保理融资申请，也未核实涉案保理融资业务是否经过了罗依莱公司的同意，仅仅在收到罗依莱路用分公司的负责人顾雪娟向 BJ 银行上海分行提供的所谓“罗依莱公司的授权书”就轻易相信了其真实性。BJ 银行上海分行没有采取必要措施对该授权书的真实性进行核实，在明显不符合客户准入标准的情况下开展涉案保理融资业务，最终导致其受让的债权无法从债务人处获得清偿。

（2）商业银行在保理融资业务中应当严格审核并确认债权的真实性。保理融资以应收账款合法、有效转让为前提的银行融资服务。原中国银监会颁布的《商业银行保理业务管理暂行办法》第七条规定：“商业银行应当按照‘权属确定，转让明责’的原则，严格审核并确认债权的真实性，确保应收账款初始权属清晰确定、历次转让凭证完整、权责无争议”。第十四条规定：“商业银行受理保理融资业务时，应当严格审核卖方和/或买方的资信、经营及财务状况，分析拟做保理融资的应收账款情况，包括是否出质、转让以及账龄结构等，合理判断买方的付款意愿、付款能力以及卖方的回购能力，审查买卖合同等资料的真实性与合法性。对因提供服务、承接工程或其他非销售商品原因所产生的应收账款，或买卖双方为关联企业的应收账款，应当从严审查交易背景真实性和定价的合理性”。第十五条规定：“商业银行应当对客户和交易等相关情况进行有效的尽职调查，重点对交易对手、交易商品及贸易习惯等内容进行审核，并通过审核单据原件或银行认可的电子贸易信息等方式，确认相关交易行为真实合理存在，避免客户通过虚开发票或伪造贸易合同、物流、回款等手段恶意骗取融资”。

债权真实性审查的根本落脚点应在于保理申请人是否基于买卖等基础交易关系已经履行了提供货物、服务等合同义务，并由此对债务人享有确定数额的金钱债权。因此，审查债权的真实性应当从债权人和债务人分别入手。本案中，BJ 银行上海分行对债权真实性的审查违反了《商业银行保理业务管理暂行办法》的规定和涉案保理合同的约定。从对债权人审查来看，罗依莱路用分公司在申请保理融资时，按照相关监管规定和涉案保理合同的约定应向 BJ 银行上海分行提供相关采购合同、货物交付证明、发运单据、发票等，但 BJ 银行上海分行仅要求罗依莱路用分公司提供了编号为购销—项—022—2011 的“材料采购合同”，未要求罗依莱路用分公司出示供货单、签收单、结算单据、发票等能够证明罗依莱路用分公司已经履行合同交货义务的单据。从对债务人审查来看，BJ 银行上海分行对债权真实性的审查完全依赖于债务人第一市政公司对债权的盖章确认，在罗依莱路用分公司提供的编号为购销—项—022—2011 的“材料采购合同”上加盖的公章与第一市政公司的公章存在差异的情况下，轻信第一市政公司的“承诺函”，未能通过印章存在的问题及时发现“材料采购合同”系伪造。正是由于 BJ 银行上海分行对债权真实性的审查工作严重不到位，给罗依莱路用分公司骗取保理融资款提供了可乘之机。

BJ 银行上海分行违反原中国银监会颁布的《商业银行保理业务管理暂行办法》的相关规定和中国银行业协会的行业自律规范，是导致保理融资款损失产生的重要原因，BJ 银行上海分行自身的过错导致其对损失的发生还需要自行承担 20% 的责任，教训不可谓不惨痛，应当引起银行从业人员的足够重视和警醒。

第七节　安慰函与贷款保证人的法律责任

——佛山市人民政府与 JT 银行香港分行担保纠纷案

一、裁判要旨

第三方向贷款银行出具的“承诺函”即使含有“负责解决”“不让贵行在经济上蒙受损失”等记载内容，但如无明确的承担保证责任或代为还款的意思表示，则应当认定为该“承诺函”仅具有安慰函性质，贷款银行无权要求第三人据此承担保证责任。

二、案号

最高人民法院（2004）民四终字第 5 号。

三、案情

1996 年 10 月 25 日，JT 银行香港分行向中亚公司出具一份关于该行提供授信事宜的函件，称除现正提供给中亚公司的银行信贷外，将会提供定期贷款港币 6 262 万元，定期 12 个月，利息以年息率 10.5% 计算（按波动调整），以每月余额计，并每月支付。佛山市政府为本贷款提供承诺函。本函件签署后，港币 31.31 万元的手续费（如有的话）将由本行代表律师收取，其余有关手续费的相应金额由本行酌情决定。中亚公司在上述函件上作了签署并表示接纳上述条款及条件。

1996 年 10 月 30 日，佛山市政府向 JT 银行香港分行出具一份“承诺函”称：“中亚公司是我市驻港机构。为进一步发展该公司的对外贸易业务，该公司特向贵行申请以下银行便利：用该公司位于香港湾仔摩利臣山道 11/F、12/F、15/F 物业按揭贷款港币 6 150 万元，期限二年。上述申请业经本政府研究批准同意，请贵行根据该驻香港公司的业务发展实际需要，给予支持。本政府愿意督促该驻香港公司切实履行还款责任，按时归还贵行贷款本息。如该公司出现逾期或拖欠贵行的贷款本息情况，本政府将负责解决，不让贵行在经济上蒙受损失。”

中亚公司时至 1998 年 12 月 23 日尚在账户上向 JT 银行香港分行支付欠款利息。

“1998 年佛山市政府领导和 JT 银行香港分行领导座谈会纪要”载明：1998 年 2 月 19 日下午，佛山市政府梁绍棠市长、卢汉超副市长、刘耿文副市长、黄振辉副市长、李景垣市长助理和 JT 银行香港分行刘建新副总经理、刘源标副总经理及双方有关部门负责人就佛山市直属企业与 JT 银行香港分行的业务往来情况及存在问题在佛山市政府第一招待所举行了会谈。与会双方坦诚地交换了意见。并达成以下四点共识：（1）佛山市与 JT 银行香港分行二十年来一直相互支持、共同发展。双方认为今后应继续积极、稳妥、有效地对佛山的企业给予大力支持，佛山市政府和 JT 银行香港分行将加强沟通、协作，以利佛山市和 JT 银行香港分行的伙伴合作关系得到进一步发展，从而为国家经济事业尽一份力。（2）佛山个别企业由于前几年投资决策失误，以及受内地三角债拖欠影响，在经济上遇到了困难，未能如期偿还银行贷款，以致银行受香港监管当局注视如何妥善处理有关授信。对此市政府将协调好有关方面，采取有效措施，帮助企业渡过难关，相对原有授信条件合理地以不同方式偿还银行贷款。此外，市政府将在适当时机对企业进行资产重组，通过组建新公司，注入优质资产，提高企业的经济效益，解决原有债务。（3）由于亚洲金融风暴因素，香港经济受到严重影响，企业经营环境恶化，JT 银行香港分行对此表示理解，并本着“一催二帮三合作”的态度，继续支持佛山企业的发展，协助有关企业进行债务重组，通过友好协商解决存在的问题；对新组建的企业及注入的项目，只要是有效益、发展前景良好的、符合香港监管当局对银行规范的，在“合情、合理、合法”下将给予大力支持。（4）双方同意今后对符合国家产业政策、有效益的项目继续合作。

1998 年 11 月 12 日，佛山市对外经济贸易委员会（以下称佛山市外经委）以佛经贸发〔1998〕42 号文件向三角洲发展有限公司作《关于同意三角洲发展有限公司将持有百花广场部分股权权益作抵押的批复》，内容为：你公司于 1998 年 11 月 11 日上报关于解决中亚、景山、步步佳及三角洲公司拖欠 JT 银行香港分行贷款的处理意见收悉。经研究同意将你公司持有百花广场的百分之三十股权权益作抵押给 JT 银行香港分行，并作为上述公司债务重组。

因中亚公司未能按期还款，JT 银行香港分行提起本案诉讼，诉讼请求为：请求判令佛山市政府在中亚公司和景山公司对其债务不能清偿部分的范围内，承担赔偿二分之一的民事责任。

四、法院观点

（一）一审观点

广东高院经审理认为，本案的争议焦点是佛山市政府出具的“承诺函”是否构成担保。所谓保证，是指第三人与债权人约定，当债务人不履行其义务时，该第三人依约定履行债务或者承担责任的意思表示，保证的核心是保证人具有代为清偿债务的意思表示。佛山市政府在 1994 年 5 月 8 日、1996 年 10 月 30 日出具的佛府函〔1994〕030 号“承诺函”和佛府函〔1996〕144 号“承诺函”、佛府函〔1996〕146 号“承诺函”中分别明确表示：

如果中亚公司、景山公司出现逾期或拖欠贷款本息的情况，佛山市政府将负责解决，不使JT银行香港分行在经济上蒙受损失。佛山市政府这一承诺明显表达的是代中亚公司、景山公司清偿债务的意思。佛山市政府主张该“承诺函”是安慰函，不是担保函。诚然，在国际金融交往中，第三人向贷方出具安慰函的确是一种常见的做法，它是第三人发给债权人的一种书面陈述，表明该第三人对债务人清偿债务承担道义上的责任，或者是作为关联企业对债务人的经营状况和资产状况等做出保证，或督促债务人清偿债务等。安慰函不是保证合同，但作为一种书面表述，与保证合同有相似的地方，在特殊情况下，安慰函也可以构成保证合同，即特殊的安慰函也会成为保证合同的一种形式。由此可见，安慰函这一概念并不是具有独立的、确切的法律意义的概念，认定为安慰函不意味着就不构成保证，且认定为安慰函也并不意味着在该函保证的状况发生变化并导致债权人债权无法实现的情况下，出具该函的人就不承担任何法律责任。被称之为安慰函的书面材料的效力和效果由其内容来决定。本案“承诺函”内容的前半部分的确具有一般安慰函的意思，但后半部分显然如上所述具有代为清偿或承担担保义务的内容，应视为具有保证的意思表示。因此，佛山市政府这一承诺具有为中亚公司、景山公司的借款提供保证担保的意思表示，符合《中华人民共和国担保法》第六条规定的精神，应认定佛山市政府为中亚公司、景山公司向JT银行香港分行的借款提供了保证担保。

佛山市政府基于其1994年5月8日、1996年10月30日出具的佛府函〔1994〕030号“承诺函”和佛府函〔1996〕144号“承诺函”、佛府函〔1996〕146号“承诺函”确立的最高额保证属于对外担保。佛山市政府系国家政府机关，其对外提供担保违背了《中华人民共和国担保法》第八条国家机关不得作为保证人的禁止性规定。同时，根据1991年国家外汇管理局公布的《境内机构对外提供担保管理办法》第六条第二款：“为中国驻外企业提供外汇担保，由国家外汇管理局审批。”的规定，对外担保需经过审批方可生效，由于本案未办理对外担保审批手续，违反了《中华人民共和国民法通则》第五十八条的规定：“下列行为无效：……（五）违反法律或社会公共利益的；……”和最高人民法院《关于适用〈中华人民共和国担保法〉的若干问题的解释》第六条“有下列情形之一的，对外担保无效：（一）未经国家有关主管部门批准或者登记对外担保的；……”的规定，上述“承诺函”所构成的保证行为均不具有有效担保的法律约束力。造成本案担保无效的责任在于JT银行香港分行和佛山市政府。根据《中华人民共和国民法通则》第六十一条第一款的规定：“民事行为被确认无效或者被撤销后，当事人因该行为取得的财产，应当返还给受损失的一方。有过错的一方应当赔偿对方因此而受到的损失，双方都有过错的，应当各自承担相应的责任。”和最高人民法院《关于适用〈中华人民共和国担保法〉若干问题的解释》第七条“主合同有效而担保合同无效，债权人无过错的，担保人与债务人对主合同债权人的经济损失承担连带赔偿责任；债权人、担保人有过错的，担保人承担民事责任的部分，不应超过债务人不能清偿部分的二分之一。”的规定，佛山市政府应承担债务人不能清偿部分的二分之一的赔偿责任。

至于在中亚公司、景山公司未能按时偿还JT银行香港分行债务后，佛山市政府和JT银行香港分行先后以“1998年佛山市政府领导和JT银行香港分行领导座谈会纪要”“1998年佛山市梁绍棠市长和JT银行香港分行座谈会（第二次）纪要”、1998年11月12日“佛山市对外经济委员会和JT银行香港分行会谈纪录”进行磋商，佛山市政府和JT银行香港分行均在上述纪要上签章确认，表明的是继续解决中亚公司、景山公司与JT银行香港分行的债务问题，并同意JT银行香港分行的重组计划。1998年12月11日，JT银行香港分行与中亚公司根据重组计划签订LC－1998－0931－COM－2473“授信合同”的贷款授信包括6 262万港元的定期授信、JT银行香港分行与景山公司根据重组计划签订LC－1998－0929－COM－2473“授信合同”包括6 150万港元授信额度，且此两合同第三条“抵押品及法律文件提供如下”条款中均包括有“佛山市政府出具承诺函”的内容，可见JT银行香港分行与中亚公司、景山公司因债务重组而订立的“授信合同”均未增加佛山市政府对中亚公司、景山公司原贷款6 262万港元和6 150万港元的承诺还款的范围，也未放弃佛山市政府出具的“承诺函”。因此，以上纪要和“授信合同”的签署，并不能改变佛山市政府向JT银行香港分行担保的行为。

（二）二审观点

最高法院二审认为，本案中佛山市政府先后向JT银行香港分行出具了三份“承诺函”，函中均有相同的表述：“本政府愿意督促该驻港公司切实履行还款责任，按时归还贵行贷款本息。如该公司出现逾期或拖欠贵行的贷款本息情况，本政府将负责解决，不让贵行在经济上蒙受损失。”第一，从名称来看，“承诺函”并非担保函，对于其是否能构成担保应根据其内容来认定。第二，从“承诺函”的内容来看，“负责解决”“不让贵行在经济上蒙受损失”并无明确的承担保证责任或代为还款的意思表示。第三，在JT银行香港分行向中亚公司和景山公司出具的授信函中，在“抵押品及法律文件”项下，除了佛山市政府的“承诺函”外，还有不动产的抵押、保证及存单的质押等，且“承诺函”均在这些授信函中被列入区别于“保证”的“其他”文件项下，这说明JT银行香港分行明知“承诺函”并非保证函。第四，为解决包括中亚公司、景山公司在内的佛山市直属企业拖欠JT银行香港分行贷款事宜，佛山市政府与JT银行香港分行之间有三次座谈会并形成会议纪要。从这三份纪要的记载来看，JT银行香港分行从未要求佛山市政府承担保证责任或代中亚公司、景山公司还款，佛山市政府也未做出过承担保证责任或代企业还款的意思表示，而双方谈到的解决途径均是政府在适当时机对企业进行资产重组，以解决原有债务。佛山市政府亦于1998年11月12日以佛经贸发〔1998〕42号文件批复同意了佛山市有关企业与JT银行香港分行商定的企业重组计划，以解决中亚公司、景山公司等企业拖欠JT银行香港分行贷款的问题。综上，佛山市政府从向JT银行香港分行出具的书面文件到实际的行动，从未有过承担保证责任或代所属企业还款的意思表示，其向JT银行香港分行出具的“承诺函”并不构成我国担保法意义上的保证。

本案争议的另一个焦点是 JT 银行香港分行的请求有没有超过法定的诉讼时效期间。本案中，佛山市政府承担的责任是基于无效保证而产生的赔偿责任，因此不能依据有效保证的保证期间和诉讼时效来计算该项赔偿请求权的诉讼时效期间。由于无效保证赔偿责任的确定依赖于对债务人不能清偿的主债权部分的确定，可以肯定的是，主债的诉讼时效期间没过，要求保证人承担无效保证的赔偿责任的时效期间也没有过。本案事实表明，1998 年 12 月 11 日 JT 银行香港分行分别与中亚公司、景山公司通过 LC－1998－0931－COM－2473 “授信合同”、LC－1998－0929－COM－2473 “授信合同” 再次确认本案债权债务，并约定借款期限为两年，即主债务的届满日为 2000 年 12 月 11 日。况且 LC－1998－0931－COM－2473 “授信合同” 和 LC－1998－0929－COM－2473 “授信合同” 均约定适用香港法律，根据香港《时效条例》第四条 “有关合约及侵权行为的诉讼以及某些其他诉讼的时效：（1）以下诉讼，于诉讼因产生的日期起计满 6 年后，不得提出：（a）基于简单合约或侵权行为的诉讼……” 的规定，本案主债务的诉讼时效起算日从上述约定的最后还款日起顺延六年。事实上，2000 年 8 月 9 日，香港破产管理署基于 JT 银行香港分行的申请对中亚公司发出清盘令，2002 年 3 月 7 日，香港高等法院以 2001 年第 4924 号 “最终判决书” 确定景山公司对 JT 银行香港分行的债务，也就是说，主债的诉讼时效期间没过。因此，JT 银行香港分行于 2000 年 12 月 14 日向原审法院提起本案诉讼也没有超过诉讼时效期间。佛山市政府对 JT 银行香港分行的诉讼请求超过诉讼时效期间的主张，原审法院不予支持。

对于该争议焦点问题，最高法院因二审认定佛山市政府 “承诺函” 不构成有效保证，且佛山市政府也没有义务因为该 “承诺函” 而向 JT 银行香港分行承担任何法律责任，故二审对此问题不再审理。

五、裁判结果

驳回 JT 银行香港分行对佛山市政府的全部诉讼请求。

六、评析

（一）安慰函不具有保证合同性质，对贷款债权无担保效力

安慰函（Letter of Comfort），通常是指政府或企业控股母公司为借款方融资而向贷款方出具的表示愿意帮助借款方还款的书面陈述文件。仅从字面意思理解，似乎即能感知其不具有很强的法律约束力。实践中，因为一些安慰函的文字表述似乎又具有担保的意思表示，例如本案中佛山市政府出具的 “承诺函” 表示 “本政府将负责解决，不让贵行在经济上蒙受损失”，且其出具目的往往也具有为债务人一方 “增信” 的想法，故对于安慰函

与保证合同的性质争议经常发生。

司法实践中，法院通常会从以下几个方面认定相关法律文件是仅属于安慰函性质，还是构成了保证合同，出具人应对主债权承担保证责任。

1. 如果可能，尽量会结合文件出具的背景事实进行判断。如能有证据证明有关政府或母公司已经向债权人明确表示不愿为主债务提供保证担保，事后也无证明相关政府或母公司该态度发生了变化。在此情况下，有关政府或母公司向债权人出具的法律文件如果没有明确的保证担保意思表示，将倾向于被认定为只具有安慰函性质。相反，如果有证据证明有关政府或母公司明确存在为主债权提供保证担保的意思表示，则即使相关法律文件不具“保证合同”的名称，亦可能被认定为构成保证合同。当然，作为债权人一方尤需要注意的是，依据《担保法》第八条规定，除经国务院批准为使用外国政府或者国际经济组织贷款进行转贷的外，国家机关不得为保证人。因此，有关政府出具的相关文件即使可能被认定为构成保证合同，其法律效力可能会被否定。依据《最高人民法院关于适用〈中华人民共和国担保法〉若干问题的解释》（以下称《担保法司法解释》）第七条规定，主合同有效而担保合同无效，债权人无过错的，担保人与债务人对主合同债权人的经济损失承担连带赔偿责任；债权人、担保人有过错的，担保人承担民事责任的部分，不应超过债务人不能清偿部分的二分之一。除上述《担保法司法解释》规定的例外情况，政府或政府部门不得做保证人被认定为通识，故在此情况下通常法院会认定债权人与保证人均具有过错，因此判决保证人承担不超过债务人不能清偿部分的二分之一的赔偿责任。

2. 相关文件所使用的名称通常也是法院认定文件性质的依据，因为文件名有时能够直观反映文件出具人的真实意思表示。本案中，最高法院即认为从名称来看，“承诺函”并非担保函，对于其是否能构成担保应根据其内容来认定。

3. 依据文件内容判断，这也是法院认定相关文件属于安慰函性质还是构成保证合同的最根本方法。法院通常认为，如果构成保证合同，必须具有承担保证责任，或代债务人履行债务的明确意思表示，否则即可能仅属于安慰函性质。

（二）启示

1. 授信审查准确识别安慰函与保证合同。依据《商业银行授信工作尽职指引》第二十八条规定，商业银行应对第二还款来源进行分析评价，确认保证人的保证主体资格和代偿能力，以及抵押、质押的合法性、充分性和可实现性。实务中，第三方通过签订“保证合同”为主债务提供担保的意思表示通常明确无争议，但如只是签署类似本案中的内容较为宽泛的“承诺函”，则有必要准确识别其只是具有安慰函性质，还是构成了保证合同。依据《担保法司法解释》第二十二条规定，并非只有名为“保证合同”的文件才构成保证合同。该条规定，第三人单方以书面形式向债权人出具担保书，债权人接受且未提出异议的，保证合同成立。

依据最高法院司法观点，构成保证合同法律关系的核心要素，要么明确表达了愿承担保证责任的意思表示，要么含有愿代债务人履行债务的明确意思表示。除此之外，即使包含有“保证债权不受损失”相关内容，也可能被认定为只属于安慰函性质，无法据此要求承担保证责任。

2. 明确约定一般保证还是连带责任保证。依据《担保法》第十六条规定，保证分为一般保证和连带责任保证。依据《担保法》规定，当事人在保证合同中约定，债务人不能履行债务时，由保证人承担保证责任的，为一般保证。一般保证的保证人在主合同纠纷未经审判或者仲裁，并就债务人财产依法强制执行仍不能履行债务前，对债权人可以拒绝承担保证责任。此称为一般保证人享有的“先诉抗辩权”。当事人在保证合同中约定保证人与债务人对债务承担连带责任的，为连带责任保证。连带责任保证的债务人在主合同规定的债务履行期届满没有履行债务的，债权人可以要求债务人履行债务，也可以要求保证人在其保证范围内承担保证责任。当事人对保证方式没有约定或者约定不明确的，按照连带责任保证承担保证责任。

依据《担保法司法解释》第一百二十五条规定，一般保证的债权人向债务人和保证人一并提起诉讼的，人民法院可以将债务人和保证人列为共同被告参加诉讼。但是，应当在判决书中明确在对债务人财产依法强制执行后仍不能履行债务时，由保证人承担保证责任。依据《担保法司法解释》第一百二十六条规定，连带责任保证的债权人可以将债务人或者保证人作为被告提起诉讼，也可以将债务人和保证人作为共同被告提起诉讼。

依据《担保法》第十九条规定，当事人对保证方式没有约定或者约定不明确的，按照连带责任保证承担保证责任。显然，对于债权人一方而言，不论保证合同被法院认定对保证方式没有约定，或者约定不明确，均是有利的，可以阻碍保证人行使先诉抗辩权。如果保证合同约定“不能按期偿还”，通常不会被理解为确实无力偿还借款的客观能力的约定，而是理解为仅是表明到期不能偿还即产生保证责任，因此属于连带责任保证。

3. 正确理解和适用保证期间与诉讼时效。依据《担保法》第二十五条规定，一般保证的保证人与债权人未约定保证期间的，保证期间为主债务履行期届满之日起六个月。在合同约定的保证期间和前款规定的保证期间，债权人未对债务人提起诉讼或者申请仲裁的，保证人免除保证责任；债权人已提起诉讼或者申请仲裁的，保证期间适用诉讼时效中断的规定。第二十六条规定，连带责任保证的保证人与债权人未约定保证期间的，债权人有权自主债务履行期届满之日起六个月内要求保证人承担保证责任。在合同约定的保证期间和前款规定的保证期间，债权人未要求保证人承担保证责任的，保证人免除保证责任。

由此可知，一般保证中，如果债权人未在合同约定的保证期间或法定的六个月保证期间内向债务人提起诉讼或者申请仲裁的，保证人即免除保证责任。连带责任保证中，如果债权人未在合同约定的保证期间或法定的六个月保证期间内要求保证人承担保证责任的，保证人即免除保证责任。

债权人在约定或法定保证期间内向债务人提起诉讼或申请仲裁，或要求连带责任保证人承担保证责任，是要求保证人承担保证责任的前提。此提示债权人，如对保证人主张权利，不能仅考虑诉讼时效的有效性，还须考虑保证期间对权利人的行权要求。

另外，依据最高人民法院（2011）民申字第 167 号《民事裁定书》，在保证合同无效的情况下，保证责任因缔约过失而转换为赔偿责任，依法理，不再适用保证期间，而应适用诉讼时效期间。

第五章
银行业表外授信业务案例解析

第一节　通谋虚伪票据行为与逾期贷款
——MS 银行南昌分行、HL 公司票据追索权纠纷案

一、裁判要旨

1. 如有证据证明相关的票据活动系各方通谋虚伪行为，所涉票据行为将被认定为无效，在此情况下将按照被隐藏的真实法律关系认定相关方的权利义务内容。

2. 保证人为被隐藏的真实法律关系提供连带责任保证，属于其真实的意思表示，应属有效。

二、案号

最高法院（2017）最高法民终 41 号。

三、案情

2012 年 12 月 28 日，YSJS 公司作为付款人开具了票面金额为 1.1 亿元的商业承兑汇票一张，票号为 00100063/21113251，收款人为 HL 公司，到期日为 2013 年 6 月 28 日。该票据出票人栏和承兑人栏中均加盖了 YSJS 公司财务专用章和刘某平的私章。汇票背面第一被背书人为 MS 银行南昌分行（注：应为 HL 公司），背书人栏中加盖了 HL 公司财务专用章和李某兴私章，第二被背书人为 MS 银行南昌分行，背书人栏中加盖了 MS 银行结算

专用章和徐某私章，并有“委托收款”字样。同日，HL公司（甲方）作为贴现申请人与MS银行南昌分行（乙方）作为代理人及贴现银行、YSJS公司（丙方）作为汇票前手持票人签订编号公贴现字第201207号“贴现宝合作协议”一份，协议主要内容为：甲方提交丙方出具的商业承兑汇票，其以与丙方之间的交易合同、增值税发票等材料向乙方申请汇票贴现，乙方同意为甲方办理汇票贴现，甲方承诺所提交的贴现申请材料以及相关的陈述和说明都是真实的、合法的、有效的和完整的；双方每次办理贴现手续时，所适用的贴现利率由双方商定并记载于“贴现宝申请表”中，该申请表构成本协议的组成部分。贴现业务按照贴现利息直接从贴现本金中扣划的方式支付贴现利息；甲方授权乙方将票据贴现款项划入户名为HL公司、账号为10×××04、开户行为工行联合大厦支行的指定账户；汇票贴现后乙方即有权根据《票据法》等有关法律法规行使票据项下的权利，如果已贴现的商业汇票遭拒付，甲方将按本协议的约定向乙方承担支付责任。若乙方收到商业汇票项下款项的时间超过本协议约定的期限，则乙方有权向甲方追索逾期罚息，逾期罚息按中国人民银行最新公布的六个月贷款利率上浮50%的罚息利率计收；乙方对甲方行使票据追索权时，有权要求甲方支付下列金额及费用：（1）被拒绝付款的汇票票面金额；（2）汇票票面金额自贴现期限到期日起至清偿日止的逾期罚息；（3）乙方为行使追索权而支付的诉讼费、仲裁费、律师费等实现债权的费用；（4）乙方因此而遭受的其他经济损失；甲方提交并经乙方确认的每份“贴现宝申请表”自动构成本协议的附件，该附件是本协议的组成部分，本协议主文与之不一致时应以附件为准；本协议有效期限为壹拾贰个月，自2012年12月28日至2013年12月28日。HL公司、MS银行南昌分行、YSJS公司均在该协议上加盖公司及法定代表人印章予以确认。

2012年12月28日，HL公司向MS银行南昌分行出具“贴现宝申请表”，就票号为00100063/21113251的商业承兑汇票办理票据贴现，贴现利率为10%，并确认将票据贴现款项划入户名为HL公司、账号为10×××04、开户行为工行联合大厦支行的指定账户。MS银行南昌分行经审核同意办理该贴现业务，确认贴现款金额为104 438 888.89元。同日，YSJS公司向MS银行南昌分行出具“商票贴现额度占用确认函”，同意HL公司向MS银行南昌分行办理票号为00100063/21113251的商业承兑汇票贴现业务时，占用其贴现额度。

同日，罗某钢与MS银行南昌分行签订“担保合同”（编号：个担保字第DB1300000000083号），合同约定为确保YSJS公司与MS银行南昌分行签订的主合同的履行，罗某钢自愿为主合同项下的债务提供连带保证责任，担保的主债权为主合同债务人、HL公司与MS银行南昌分行签署的编号为公贴现字第201207号的“贴现宝合作协议”项下编号为201207—1的“贴现宝申请表”项下的MS银行南昌分行全部债权。陶某君与MS银行南昌分行也签订了与上述内容相同的“担保合同”（编号：个担保字第DB1300000000086号）。

上述协议签订后，MS银行南昌分行依约办理了商业承兑汇票贴现业务，在扣除利息

5 561 111. 11 元后，向 HL 公司支付贴现款 104 438 888. 89 元。商业承兑汇票到期后，YSJS 公司未能如期支付票据款项，MS 银行南昌分行仅从该账户中扣款 1 919. 7 元。截至 2013 年 7 月 14 日，该笔商票贴现项下应还款金额为 110 357 407. 36 元，其中垫款本金 109 998 080. 3 元，逾期罚息按照约定的中国人民银行公布的半年期贷款基准利率上浮 50% 即 8. 4% 计算为 359 337. 06 元。

2014 年 4 月 14 日，在本案原一审审理中，MS 银行南昌分行向上海市公安局出具还款证明，内容为："兹有客户 YSJS 公司于 2014 年 4 月 14 日归还编号为 00100063/21113251 的商业承兑汇票项下逾期垫款（我行已起诉至江西省高院、案号 2013 赣民二初字第 14 号）本金壹仟伍佰万元（1 500 万元）。特此证明。"

另外，2016 年 9 月 27 日，上海市黄浦区人民法院做出 828 号刑事判决，认定被告单位 YSJS 公司犯骗取贷款罪，判处罚金 100 万元，认定罗某钢犯骗取贷款罪，判处有期徒刑三年，缓刑四年并处罚金 30 万元，责令两被告继续退赔违法所得给被害单位。该刑事判决书认定的主要事实是："被告单位 YSJS 公司系自然人独资的有限责任公司，法定代表人为罗某钢。ZT 公司系自然人投资或控股的有限责任公司，法定代表人为罗某钢之妻陶某君。罗某钢系上述二公司的实际控制者及经营人。2012 年底，ZT 公司有 7 000 余万元的逾期贷款无法归还。罗某钢向贷款银行 MS 银行金融市场部副总经理严某军提出，由 YSJS 公司向 HL 公司购买一批高纯阴极铜，YSJS 公司以商业承兑汇票的形式支付货款，再由 HL 公司持该票据到 MS 银行南昌分行申请贴现，并承诺会确保 HL 公司将所得贴现款用于归还 ZT 公司的逾期贷款。之后，罗某钢向 MS 银行南昌分行提供内容不实的 YSJS 公司损益表等申请材料。MS 银行华中授信评审中心于 2012 年 12 月 27 日批复同意给予 YSJS 公司单笔授信 1. 1 亿元，期限为半年，品种为商业承兑汇票贴现。商票出票人为 YSJS 公司，收款人为 HL 公司，由罗某钢、陶某君提供连带保证。同期，罗某钢与 HL 公司总经理房某庆商议，由 ZT 公司、YSJS 公司分别与 HL 公司签订无实物交割的阴极铜贸易连环合同，HL 公司将钱款转手并从中赚取差价。房某庆同意后，将上述事宜交由财务经理胡某海具体操作。

2012 年 12 月 28 日，YSJS 公司作为出票人开具商业承兑汇票，承兑人为 YSJS 公司，收款人为 HL 公司，票面金额为 1. 1 亿元，到期日为 2013 年 6 月 28 日。同日 8 时许，罗某钢及其员工与 MS 银行南昌分行员工严某军等至 HL 公司，由 HL 公司财务经理胡某海负责接待并在"阴极铜购销合同"及其"补充协议"、商业汇票、"贴现申请表""贴现宝合作协议"等一系列材料上盖章。随后，MS 银行南昌分行工作人员立即携带上述材料赶回南昌办理贴现手续。当天 16 时许，MS 银行南昌分行在依合同扣除贴现利息 5 561 111. 11 元后，将贴现款 104 438 888. 89 元划入 HL 公司账户。胡某海扣除 20 万元后，将余款 104 238 888. 89 元汇入公司账户。进入 ZT 公司账户的钱款，其中 7 500 万元用于归还 MS 银行南昌分行贷款，剩余钱款被罗某钢用于归还其他欠款、买卖期货等。2013 年 6 月 27 日，MS 银行南昌分行向 YSJS 公司提示支付票款 1. 1 亿元。2013 年 6 月 28 日票据到期，

MS 银行南昌分行向 YSJS 公司账户扣收 1 919.7 元，余款遭拒付。此后，MS 银行南昌分行向出票人（承兑人）YSJS 公司、贴现申请人 HL 公司多次催收，均遭拒。罗某钢到案后，向 MS 银行南昌分行退还 3 490 万元。

2016 年 1 月 25 日，MS 银行南昌分行向上海市黄浦区人民法院提交一份“情况说明”，该“情况说明”表明该行与 YSJS 公司、HL 公司的本笔票据业务属于一笔正常的银行业务，不涉及犯罪行为，同时认为，本笔业务，即使涉及犯罪，受害人也不是 MS 银行南昌分行。因为贴现资金进入 HL 公司账户后，资金的所有权已经属于 HL 公司，无论贴现资金如何使用或产生任何风险，均与 MS 银行南昌分行无关，也不能因此影响或免除 HL 公司作为贴现申请人依据《票据法》相关规定对 MS 银行南昌分行应当承担的责任。

2014 年 7 月 9 日，江西省南昌市中级人民法院对 MS 银行南昌分行与 ZT 公司、YSJS 公司、JW 公司、陶某君、罗某钢追偿权纠纷做出（2013）洪民二初字第 204 号民事判决，该判决主文为：ZT 公司、YSJS 公司偿付 MS 银行南昌分行本金及利息 29 327 513.03 元；陶某君、罗某钢对上述全部款项的偿付承担连带清偿责任。该判决认定的主要事实是：2012 年 9 月 14 日，MS 银行南昌分行与 ZT 公司、YSJS 公司签订一份“商业汇票贴现协议”，MS 银行南昌分行作为汇票贴现人，ZT 公司为承兑人，YSJS 公司为贴现申请人，三方共同约定，YSJS 公司向 MS 银行南昌分行单次申请贴现业务金额为 3 000 万元。同日，YSJS 公司作为贴现申请人、ZT 公司作为承兑人共同向 MS 银行南昌分行出具了“商业汇票贴现申请表”。ZT 公司开出“商业承兑汇票”给 YSJS 公司。2012 年 9 月 14 日，MS 银行南昌分行向 YSJS 公司支付贴现款 29 334 083.33 元，并开出了“贴现凭证”。MS 银行南昌分行同时与罗某钢、陶某君签订一份“担保合同”，约定二人为“商业汇票贴现协议”中 MS 银行南昌分行所享有的全部债权提供连带保证责任。

2013 年 7 月 22 日，MS 银行南昌分行向原审法院起诉，请求：（1）判令 YSJS 公司、HL 公司立即支付票款 65 098 080.30 元，并承担迟延还款利息、罚息 22 917 558.63 元，共计 88 015 638.93 元（利息、罚息暂计至 2016 年 2 月 15 日，实际金额计算至还清款项之日止）；（2）判令陶某君、罗某钢对 YSJS 公司、HL 公司的前述债务承担连带清偿责任。

四、法院观点

江西省高级法院认为，本案存在五个争议焦点，分别做了如下评述：

（一）关于本案纠纷的性质

MS 银行南昌分行认为本案是因 YSJS 公司拒绝向 MS 银行南昌分行支付票据款项，对申请贴现人 HL 公司进行追索提起的诉讼，应为票据追索权纠纷。YSJS 公司、HL 公司认为是 YSJS 公司向 MS 银行南昌分行的借款纠纷，而且是借新还旧纠纷。江西高院一审认为，从三方合作协议内容以及 MS 银行南昌分行诉请及诉请理据看，认定本案为票据追索权纠纷更符合本案事实。根据三方合作协议，MS 银行南昌分行根据 HL 公司的申请，将商业汇票贴现款划入 HL 公司指定的账户，汇票贴现后，如汇票遭拒付，HL 公司承担支付责任。合作协议还载明，MS 银行南昌分行有权根据《票据法》有关规定行使票据项下的权利。从协议内容看，三方对商业汇票出票、承兑、贴现以及贴现后的清偿责任、救济方式等约定是明确的，MS 银行南昌分行根据三方协议向 HL 公司追索商业承兑汇票项下的款项，属于票据追索权纠纷。YSJS 公司、HL 公司主张本案是单纯的借贷合同纠纷不能涵盖本案的所有事实及相关证据，即使是借贷关系，也是 MS 银行南昌分行以票据贴现的方式发放的贷款。HL 公司提出此案已由上海市黄浦区人民法院作了刑案处理，本案不是票据纠纷。上海市黄浦区人民法院刑事判决虽认定 YSJS 公司、罗某钢犯骗取贷款罪，但对 HL 公司应承担的法律责任未作处理，该判决不影响本案民事法律关系的定性。

（二）MS 银行南昌分行是否合法的票据权利人

1. 涉案商业承兑汇票本身是有效票据。涉案商业承兑汇票记载了付款人、收款人、确定的金额、出票日期、出票人签章等必须记载事项，符合《中华人民共和国票据法》第二十二条规定，为有效票据。

2. MS 银行南昌分行不存在《中华人民共和国票据法》第十二条所规定的以欺诈手段取得票据的情形。第一，“贴现宝合作协议”以及“贴现申请表”是三方当事人真实意思的表示，内容并不违法，是有效协议。MS 银行南昌分行、YSJS 公司、HL 公司均在合作协议上盖章确认。HL 公司称是受欺骗不知道有此事、公章被偷盖与事实不符，不能采信。第二，合作协议及申请表载明的各方当事人的权利义务明确，且均已按协议履行，不存在哪方被欺骗的事实。根据合作协议，HL 公司提交商票、交易合同、增值税发票等材料向 MS 银行南昌分行申请贴现。HL 公司承诺所提交的贴现申请资料以及相关的陈述和说明都是真实、合法、有效和完整的。MS 银行南昌分行按照协议约定及 HL 公司的申请，将贴现款划入 HL 公司指定的账户。应该说，涉案当事人对贷款的方式、各方责任以及应承担的风险等都是明知的，没有证据证明本案存在隐瞒事实或任何一方被欺诈的事实。第三，不能以贴现款用于归还 ZT 公司的欠款反推 MS 银行南昌分行存在欺诈。根据本案事实，HL 公司扣除 20 万元后，将余款汇入了 ZT 公司账户，其中 7 500 万元用于归还 MS 银行南昌分行的贷款，剩余钱款被罗某钢用于归还其他欠款、买卖期货等。ZT 公司与 MS 银行南昌分行是否存在欠款以及欠款多少是另一法律事实，与本案没有直接关联。即使有欠款事实，ZT 公司也应依法依约予以归还。不能以 ZT 公司欠 MS 银行南昌分行贷款的事实否定此笔贴现款发放的事实。本案中，MS 银行南昌分行已将贴现款划入了 HL 公司账户，HL 公司也承诺如果汇票到期拒付，愿承担支付责任。在这种情形下，MS 银行南昌分行以办理票据贴现的方式放款主观上不存在重大过错。根据《中国人民银行贷款通则》第九条的规定，贷款种类包括票据贴现。贷款人以购买借款人未到期商业票据的方式发放贷款并不违法。银行作为专门的银行金融机构，为某公司提供案涉的融资业务并收取相应手续费、利息等系银行业正常的经营范围，符合商业银行法的相关规定。MS银行南昌分行在此笔贴现款的发放中，即使存在未完全按照人民银行相关规定操作，也是未按银行内部操作规程的规定办理有关手续的过失行为，并非《中华人民共和国票据法》第十二条规定的重大过失情形。

3. 刑事判决不影响MS银行南昌分行行使票据权利。在YSJS公司、罗某钢涉嫌骗取贷款罪刑事案件审理期间，MS银行南昌分行向上海市黄浦区人民法院提交了“情况说明”，该行明确表示其与YSJS公司、HL公司的此笔票据业务属于一笔正常的银行业务，不涉及犯罪行为，并表明本笔业务即使涉及犯罪，受害人也不是MS银行南昌分行。上海市黄浦区人民法院刑事判决虽然认定HL公司参与了此笔贴现款的申请、转账等情节，但对HL公司应承担的责任没有认定。刑案是HL公司报案，按理受害单位应该是HL公司。HL公司既然参与了此笔贴现款的发放过程，又承诺承担支付责任，如果不承担刑事责任，又不承担民事责任，则对MS银行南昌分行、YSJS公司是不公平的。本案MS银行南昌分行根据《票据法》的有关规定主张YSJS公司、HL公司承担票据责任，有合同依据，也有法律依据。

（三）HL公司应否对此笔贴现款承担支付责任

首先，HL公司承担贴现款的支付责任是其合同义务。从合同法律关系看，HL公司与MS银行南昌分行、YSJS公司签订了商业汇票承兑合作协议，HL公司明确表示如汇票到期拒付，愿承担支付责任，该约定是其真实意思表示，不能以报刑案并已做出判决为由自免其应承担的民事责任。其次，HL公司承担贴现款的支付责任符合《票据法》的规定。就票据法律关系而言，商业承兑汇票的申请人在汇票到期未获清偿时，持票人向其追索是《票据法》赋予票据权利人的权利，而对申请贴现人而言在汇票遭拒付时承担支付义务是其法定义务。本案中，HL公司系涉案商业承兑汇票的贴现申请人，在汇票遭拒付时持票人向其追索，依法应承担票据责任。

（四）罗某钢、陶某君应否对贴现款项下的主债务承担担保责任

根据《最高人民法院关于审理票据纠纷案件若干问题的规定》第六十二条，保证人未在票据或粘单上记载“保证”字样而另行签订保证合同或者保证条款的，不属于票据保证，应适用《中华人民共和国担保法》的规定。本案中，罗某钢、陶某君与MS银行南昌分行另行签订了担保合同，承诺对“贴现宝申请表”项下的全部债权承担连带保证责任，没有在票据或粘单上记载“保证”字样，因此，罗某钢、陶某君不属于《票据法》上的保证人，而属于《担保法》上的连带保证人，应适用《中华人民共和国担保法》的规定。根据罗某钢、陶某君与MS银行南昌分行签订的担保合同约定，合同明确为YSJS公司与MS银行南昌分行签订的主合同担保。因此，MS银行南昌分行主张罗某钢、陶某君承担连

带清偿责任有合同依据，应予支持。罗某钢承担担保责任后可以向 YSJS 公司追偿。

（五）关于应清偿的票款数额及利息

MS 银行南昌分行诉请 YSJS 公司、HL 公司支付票款 65 098 080.30 元，利息、罚息 22 917 558.63 元（利息、罚息算至 2016 年 2 月 15 日），共计 88 015 638.93 元。根据法律规定，持票人行使追索权，可以请求被追索人支付被拒绝付款的汇票金额、汇票金额到期日至清偿日止的银行利息。本案中，MS 银行南昌分行在明知 ZT 公司、YSJS 公司尚欠 29 327 513.03 元未归还的情况下仍授信 1.1 亿元给 YSJS 公司，且对 YSJS 公司、HL 公司提供不真实材料申请贴现时审查不严，对 YSJS 公司、HL 公司到期不能支付票据款项构成违约负有责任，其主张按合作协议约定支付票据款利息、罚息理由不充分，不予支持。YSJS 公司先后于 2014 年 4 月 14 日、2015 年 10 月 27 日归还票据款 1 500 万元、2 990 万元，共计 4 490 万元，应从票据款中扣除。

综上所述，MS 银行南昌分行部分诉讼请求成立，应予支持。根据《中华人民共和国票据法》第六十一条第一款、第六十八条、第七十条，《最高人民法院关于审理票据纠纷案件若干问题的规定》第二条、第五条、第六十二条，《中华人民共和国担保法》第十八条、第二十一条、第三十一条，《中华人民共和国合同法》第四十四条、第六十条以及《中华人民共和国民事诉讼法》第二百五十三条之规定，判决如下：

1. YSJS 公司、HL 公司于本判决生效后十日内向 MS 银行南昌分行支付 65 098 080.30 元。

2. 罗某钢、陶某君对上述第一项 YSJS 公司、HL 公司应负的债务承担连带清偿责任，罗某钢、陶某君承担连带保证责任后可向 YSJS 公司追偿。

3. 驳回 MS 银行南昌分行其他诉讼请求。

MS 银行与 HL 公司均不服一审判决向最高法院提起上诉。最高法院二审认为，本案存在五个争议焦点问题，分别评述如下：

（1）MS 银行南昌分行与 YSJS 公司在本案中的真实意思表示是借款。第一，根据已生效刑事判决所认定的事实，本案商业承兑汇票开立、贴现源于 ZT 公司对 MS 银行南昌分行负有 7 000 余万元的逾期贷款未还。基于此，同为 ZT 公司与 YSJS 公司实际控制人的罗某钢，向 MS 银行南昌分行金融市场部副总经理严某军提出，由 YSJS 公司向 HL 公司购买阴极铜，YSJS 公司以商业承兑汇票形式支付货款，再由 HL 公司持该票据向 MS 银行南昌分行申请贴现，罗某钢并承诺会确保 HL 公司将所得贴现款用于归还 ZT 公司的逾期贷款。之后，上述协商过程经双方操作实际发生，ZT 公司所欠 MS 银行南昌分行的逾期贷款已用本案票据贴现款归还，其余贴现款亦被罗某钢实际使用。为实现上述协商事宜，MS 银行南昌分行还向 YSJS 公司单笔授信本案票据票面金额的商业承兑汇票贴现额度。可见，MS 银行南昌分行与 YSJS 公司在本案中的真实意思表示是借款，并且双方约定所借款项必须保证归还 ZT 公司所欠 MS 银行南昌分行逾期贷款，票据贴现只是双方商定的具体融资方式。第二，本案原一审中，MS银行南昌分行系依《民法通则》及《合同法》规定，以借款合同纠纷案由提起本案诉讼，请求YSJS公司和HL公司支付MS银行南昌分行垫付的资金。该事实表明，MS银行南昌分行亦认为其与YSJS公司之间实为借款关系。第三，YSJS公司的法定代表人罗某钢不论是在案涉刑事案件中还是在本案诉讼中，一直主张本案是先有逾期贷款再有票据贴现，其与MS银行南昌分行之间就是借新还旧的借款关系，而且亦陈述双方之前的借贷都是以与本案相同的票据贴现方式进行。罗某钢这一陈述与原审判决认定的2012年9月14日，MS银行南昌分行与ZT公司及YSJS公司签订“商业汇票贴现协议”后所发生的以票据贴现方式融资的事实相印证，可以证明罗某钢所述有事实依据。第四，生效的刑事判决亦认定YSJS公司及罗某钢在本案中的行为属于以欺骗手段骗取银行贷款，给银行造成特别重大损失，其行为已构成骗取贷款罪。据此，根据上述双方当事人协商过程、事实发生结果、诉讼中双方陈述以及生效刑事判决的认定，MS银行南昌分行与YSJS公司之间在本案中的实际法律关系应为借款关系，票据贴现只是双方商定的具体融资方式。

（2）本案票据活动是各方通谋虚伪行为，所涉民事行为无效，MS银行南昌分行主张本案票据权利依法不应支持。本案中，YSJS公司的法定代表人罗某钢为达到向MS银行南昌分行借款之目的，在与该行协商以票据贴现形式借款并保证以所借款项归还ZT公司逾期贷款的同时，亦与HL公司总经理房某庆协商，由ZT公司、YSJS公司分别与HL公司签订无实物交割的阴极铜连环贸易合同，HL公司将钱款转手并从中赚取差价。罗某钢与MS银行南昌分行及HL公司商妥后，各方即开始实施并在同一天完成了上述协商的所有事宜，即2012年12月28日早晨，YSJS公司的法定代表人罗某钢与其公司员工及MS银行南昌分行员工严某军等人先一同前往HL公司，由HL公司在没有真实交易内容的“阴极铜购销合同”、YSJS公司开立的商业承兑汇票、“贴现宝合作协议”、“贴现申请表”等一系列材料上盖章。之后，MS银行南昌分行员工立即携带上述材料赶回该行办理贴现手续。当日下午，MS银行南昌分行将贴现款转入HL公司账户，HL公司在扣除其所述的差价款后将余款全部转入ZT公司在MS银行南昌分行开立的账户，MS银行南昌分行即扣划收回了ZT公司所欠的逾期贷款。上述行为中，首先，YSJS公司与MS银行南昌分行均明知本案票据开立、贴现及系列合同签订的真实意思表示是借款，只是就MS银行南昌分行而言，其上述行为的主要目的在于能够实现ZT公司归还其逾期贷款，而YSJS公司的目的则除了用该笔借款归还ZT公司的逾期贷款外，还能够再继续获得一部分借款以解决其资金困难问题。其次，对于HL公司而言，虽按其所述，其系出于赚取差价签订了案涉合同及相关文书，HL公司并不知晓YSJS公司与MS银行南昌分行借新还旧、转嫁风险的真实意图，但是HL公司至少明知其与ZT公司、YSJS公司分别签订的“阴极铜购销合同”没有真实交易内容，故对于本案票据的签发、取得和转让不具有真实的交易关系，HL公司账户收到的票据贴现款的用途亦并非用于向ZT公司支付票据项下“阴极铜购销合同”的货款，YSJS公司、MS银行南昌分行、HL公司均属明知。三方虽然明知本案票据项下无真实交易关系，但出于不同真实目的，相互合谋实施了该票据行为，属于通谋虚伪行为。因此，本案票据活动是各方伪装行为，所掩盖、隐藏的真实行为实际是借款。根据《中华人民共和国民法通则》第五十五条规定及 2017 年 10 月 1 日起施行的《中华人民共和国民法总则》第一百四十六条规定，民事法律行为应当意思表示真实，行为人与相对人以虚假的意思表示实施的民事法律行为无效，以虚假的意思表示隐藏的民事法律行为的效力，依照相关法律规定处理。据此，本院对本案通谋虚伪的票据活动所订立的“阴极铜购销合同”及其“补充协议”“贴现宝合作协议”“贴现申请书”“担保合同”，均确认无效。虽然上述票据活动所涉合同均因属各方伪装行为而应认定为无效，但是 MS 银行南昌分行持有的本案票据在形式上符合《中华人民共和国票据法》第二十二条规定，应属有效票据，只是由于 MS 银行南昌分行取得该票据，系出于实现 ZT 公司能够归还所欠其逾期贷款的目的，而在明知该票据的签发、转让均无真实交易关系的情况下，与 YSJS 公司及其法定代表人罗某钢以通谋虚伪行为取得。同时，为取得该票据，作为 YSJS 公司和 ZT 公司的开户行，MS 银行南昌分行亦在明知 YSJS 公司并不具有支付该票据项下款项能力的情况下，为其单笔授信了该票据票面金额的贴现额度，而本案票据贴现占用的亦正是该贴现额度。因此，MS 银行南昌分行取得本案票据属于《中华人民共和国票据法》第十二条第一款及《最高人民法院关于审理票据纠纷案件若干问题的规定》第十五条第二项规定的以非法手段取得的情形，据此，MS 银行南昌分行依法不得享有票据权利。退一步说，即便 MS 银行南昌分行享有票据权利，但因其在取得票据时明知票据债务人 HL 公司与出票人 YSJS 公司之间并无真实的交易关系，HL 公司以此抗辩其不应承担本案票据义务，亦符合《中华人民共和国票据法》第十三条第一款“票据债务人不得以自己与出票人或者与持票人的前手之间的抗辩事由，对抗持票人。但是，持票人明知存在抗辩事由而取得票据的除外”的规定，依据《最高人民法院关于审理票据纠纷案件若干问题的规定》第十五条第三项规定，对于 HL 公司的抗辩，本院应予以支持。

（3）本案应按虚假意思表示所隐藏的真实法律关系处理。本案中，MS 银行南昌分行与 YSJS 公司之间通谋虚伪行为隐藏的真实意思表示是借款，因此双方之间形成的真实法律关系应是借款关系。由于双方之间的借款为其真实意思表示，且不违反法律和行政法规的禁止性规定，该借款行为应属有效。MS 银行南昌分行通过票据贴现形式向 YSJS 公司借出款项时，在扣除了部分借款利息后，实际借出款项为 104 438 888.89 元。根据《中华人民共和国合同法》第二百条“借款的利息不得预先在本金中扣除。利息预先在本金中扣除的，应当按照实际借款数额返还借款并计算利息”的规定，本案的借款本金应为 104 438 888.89元。本案诉讼中，MS 银行南昌分行认可 YSJS 公司已经归还了 4 490 万元，加上 MS 银行南昌分行已扣划的 1 919.70 万元，YSJS 公司尚欠借款本金为 59 536 969.19 元。故 YSJS 公司应当向 MS 银行南昌分行归还上述欠款本金及利息。

（4）关于 HL 公司的责任问题。首先，基于 MS 银行南昌分行不享有本案票据权利或 HL 公司关于不应承担票据责任的抗辩理由成立，HL 公司不应承担本案票据责任。其次，

MS 银行南昌分行、YSJS 公司、HL 公司签订的“贴现宝合作协议”因属三方通谋虚伪意思表示而应认定为无效合同，合同无效后，HL 公司应将基于罗某钢的承诺而收取 YSJS 公司的款项返还给该公司，双方之间就该款项的返还可另行依法解决。最后，HL 公司对于 YSJS 公司不能归还本案借款不应承担责任。本案借款系 MS 银行南昌分行与 YSJS 公司之间主动协商发生，且借款实际发生的前提是 MS 银行南昌分行向 YSJS 公司提供了本案借款金额的授信额度，MS 银行南昌分行作为 YSJS 公司的开户行，明知 YSJS 公司的资信状况，在此情形下，MS 银行南昌分行对向 YSJS 公司出借款项后，该款不能归还的风险应自行承担。HL 公司在本案中的行为，仅是属于配合 MS 银行南昌分行与 YSJS 公司实现以票据贴现方式借款的目的，而通过 HL 公司的行为，MS 银行南昌分行与 YSJS 公司均实现了各自的目的，当然 HL 公司亦收取了其所述的价差。但是，HL 公司在本案中的行为与本案借款不能归还的风险之间并无因果关系。本案借款不能归还，完全是由于 MS 银行南昌分行出于自己目的的考虑，在未尽基本审查义务的情形下出借款项造成，风险应由其自行承担。

（5）关于罗某钢、陶某君应承担的责任。本案 MS 银行南昌分行与 YSJS 公司之间的真实意思表示是借款，票据活动系各方虚假意思表示。因此，罗某钢、陶某君分别与 MS 银行南昌分行签订的“担保合同”，约定为主债权“贴现宝合作协议”及“贴现申请表”提供担保，亦为双方虚伪意思表示，其真实意思表示是为 MS 银行南昌分行向 YSJS 公司的借款提供担保。故虽然上述“担保合同”无效，但基于罗某钢、陶某君对 YSJS 公司本案借款提供担保的意思表示真实，因此，罗某钢、陶某君应当按其承诺对 YSJS 公司的本案债务承担连带保证责任。

（6）关于 HL 公司上诉所述原审法院财产保全错误问题，HL 公司可就此依法向原审法院提出财产保全异议，不属于本案实体审理范围。原审法院未予调取有关证据及采信案涉“情况说明”问题，经本院二审，对所涉相关事实已经做出认定，HL 公司所述原审法院程序不当影响了案件实体处理的问题已经得以解决。

（7）关于本案民事判决与刑事判决的关系问题。本院认为，刑事判决虽责令 YSJS 公司与罗某钢继续退赔违法所得给被害单位，但不影响本案因 MS 银行南昌分行提起诉讼而做出民事判决。

综上所述，本案票据活动为各方通谋虚伪行为，所涉相关合同应认定为无效，MS 银行南昌分行主张本案票据权利不应予以支持。本案票据活动虚假行为隐藏的真实意思表示是 MS 银行南昌分行与 YSJS 公司之间的借款关系，该借款关系及罗某钢、陶某君为该借款提供连带责任保证，均属各方真实意思表示，应属有效。YSJS 公司获得案涉借款后，尚欠 59 536 969.19 元未还，故 MS 银行南昌分行上诉请求 YSJS 公司、罗某钢、陶某君应对该欠款本金及其正常银行利息承担责任的理由成立，本院予以支持。本案借款系 MS 银行南昌分行与 YSJS 公司之间出于各自目的主动协商发生，MS 银行南昌分行在明知 YSJS 公司资信状况下向该公司提供借款，应对该借款未能归还的风险自行承担责任。HL 公司在本案中的行为与该借款的发生及还款不能的风险无因果关系，不应对此承担民事责任。

HL公司关于其不应承担案涉借款的还款责任的上诉理由成立，本院予以支持。原审判决关于本案“贴现宝合作协议”“贴现申请书”为有效合同、MS银行南昌分行是本案票据的合法权利人、刑事判决不影响MS银行南昌分行行使票据权利、HL公司应对本案票据承担支付责任，以及YSJS公司与罗某钢、陶某君不承担本案借款利息责任的认定，均属适用法律不当，本院予以纠正。

五、裁判结果

1. 撤销江西省高级人民法院（2016）赣民初5号民事判决。

2. YSJS公司于本判决发生法律效力之日起十日内向MS银行南昌分行偿还所欠借款59 536 969.19元及利息（利息计算：自2012年12月28日起至付清之日止，按照中国人民银行规定的同期一年期贷款基准利率计付）。

3. 罗某钢、陶某君对上述欠款本金及利息承担连带责任；罗某钢、陶某君承担连带责任后有权向YSJS公司追偿。

4. 驳回MS银行南昌分行的其他诉讼请求。

六、评析

（一）“通谋虚伪法律行为”之法律后果的认定

所谓“通谋虚伪法律行为”是指行为人与相对人通谋以虚假的意思表示实施的法律行为，本质特征是表示的意思与表示的故意不一致。通谋虚伪表示是《德国民法典》创设的概念，《德国民法典》第117条规定：“（1）须以他人为相对人而做出的意思表示，系与相对人通谋而只是虚伪地做出的，无效。（2）另一法律行为被虚伪行为所隐藏的，适用关于被隐藏的法律行为的规定”①。

我国2017年10月1日开始施行的《民法总则》第146条首次明文确立了该项制度，即“行为人与相对人以虚假的意思表示实施的民事法律行为无效。以虚假的意思表示隐藏的民事法律行为的效力，依照有关法律规定处理”。

通谋虚伪法律行为与《民法总则》第154条规定的“恶意串通”的区别在于：通谋虚伪法律行为并不以恶意为要件，也不需要损害第三人的利益，只要事实上具有隐蔽性即可；与《民法通则》和《合同法》规定的“以合法形式掩盖非法目的”的主要区别在于：通谋虚伪法律行为不以具有非法目的为要件②。

---

① 陈卫佐译：《德国民法典》，法律出版社2015年版。

② 黄海：《以通谋虚伪表示理论分析〈民法总则〉第146条之适用》，节选自《〈民法总则〉司法适用与审判实务》。

通谋虚伪表示包含了“虚假意思表示实施的行为”和“隐藏行为”两个层面的法律关系，“虚假意思表示实施的行为”因意思与表示不一致而构成意思表示瑕疵，应当被认定为无效，但基于民法公平原则、意思自治原则以及维护民事行为效力稳定的需要，“隐藏行为”的效力不应被绝对否定①。上述案例中，法院认定隐藏的借贷关系有效，并按照借款关系确定各方的权利义务。法院已查明，相关的票据活动系虚假行为，其背后隐藏的真实意思表示是MS银行南昌分行与YSJS公司之间的借款关系，因此应按照借款关系确定各方的权利义务。在此情况下，MS银行南昌分行要求HL公司承担票据责任不予支持，HL公司也因此在本案中完全免责，该结果也许是MS银行南昌分行始料未及的，由此提醒我们，票据活动中通谋虚伪有风险，风险评估应谨慎。

关于为隐藏的法律关系提供的担保是否有效的问题，最高院在之前的案件中就采取了本案中的观点，即如果隐藏的法律行为有效，则为虚伪表示的担保合同效力不因为虚伪表示无效②。本案中，最高院延续了这一态度，通过认定罗某钢、陶某君分别与MS银行南昌分行签订“担保合同”为主债权“贴现宝合作协议”及“贴现申请表”提供担保的行为为通谋虚伪法律行为，其真实意思表示是为MS银行南昌分行向YSJS公司的借款提供担保，进而判令其担保行为有效。

（二）启示

1.“外观主义”商事审判观念的转变。对于当前金融产品中一定程度存在的“阴阳合同”“抽屉协议”或其他名实不副的合同，法院在未来的审判实务中可能会不再局限于交易合同中明文约定内容，而是更加注重从实际出发考察交易的本质目的和探究当事人真实的意思表示，进一步适用《民法总则》通谋虚伪表示制度，区分表面的虚假行为和内在的隐藏行为，以隐藏行为来确定交易的效力和当事人的权利义务关系。因此可能产生的相关法律风险，我们应保持足够的清醒认识。

2. 银行以利用贴现资金借新还旧为目的，在明知票据的签发、转让均无真实交易关系的情况下取得票据，属于非法取得，无法主张票据权利。虽然法律并不禁止借新贷还旧贷，且以借新还旧为目的产生的票据在形式上符合《票据法》规定，属于有效票据，但如果银行在明知票据的签发、转让均无真实交易关系的情况下取得票据，则属于以非法手段取得的情形，不享有票据权利，特别是银行在明知出票人并不具有支付该票据项下款项能力，仍为其授信贴现额度的情况下。根据《中国人民银行、中国银行业监督管理委员会关于加强票据业务监管促进票据市场健康发展的通知》（银发〔2016〕126号）之规定，银行不得利用贴现资金借新还旧，调节信贷质量指标，掩盖信用风险。若违反上述监管规定，一旦被认定为非法取得票据，银行仅能向借款人主张债权，而不能根据《票据法》向

---

① 黄海：《以通谋虚伪表示理论分析〈民法总则〉第146条之适用》，节选自《〈民法总则〉司法适用与审判实务》。

② 参见最高法院（2014）民二终字第109号民事判决书。

其前手行使追索权。其后果是：一方面，受债权债务关系相对性的限制，银行可以主张权利的相对人减少；另一方面，该笔借款的利息、逾期罚息或违约金的计算标准也会受到影响。

3. 银行应转变经营理念及合规理念，兼顾市场规则和监管规则。最高院在上述案例中的观点与《关于规范金融机构资产管理业务的指导意见》（银发〔2018〕106号）中提到的“穿透式监管”有异曲同工之效。这表明，在未来的司法实践中，法院可能会更加关注金融监管规定、政策，可能会更加频繁地参照适用监管规定，并以监管规定为标准来认定金融机构在纠纷案件中的过错大小和责任承担。

《中国银监会办公厅关于票据业务风险提示的通知》（银监办发〔2015〕203号）指出，要全面加强票据业务风险管理，不得办理无真实贸易背景的票据业务。《中国人民银行、中国银行业监督管理委员会关于加强票据业务监管促进票据市场健康发展的通知》（银发〔2016〕126号）亦指出，银行应加强对相关交易合同、增值税发票或普通发票的真实性审查，并可增验运输单据、出入库单据等，确保相关票据反映的交易内容与企业经营范围、真实经营状况，以及相关单据内容的一致性。

鉴于此，银行应转变经营理念及合规理念，兼顾市场规则和监管规则。首先，银行在票据业务发展的定位上，应重点突出服务实体企业和提高资产负债运营效率的理念。其次，应当根据《票据法》规定强调票据承兑、贴现环节贸易背景的真实性，通过实地调查、审核贸易合同、保证金来源、增值税发票等措施合理控制交易真实性的风险；此外，在对贴现企业授信时，银行应从风险防范和合规经营的角度出发，综合考虑企业的经营规模、纳税申报额等方面从而确定企业的最高贴现额度，确保业务量与贸易背景匹配，有效控制风险。

第二节　票据转贴现行为与合同法律关系
——NB银行北京分行与MS银行三亚分行及SZ银行合同纠纷案

一、裁判要旨

1. 金融机构间办理票据转贴现业务应当予以背书，无背书票据行为的，仅产生合同法律关系。

2. 票据法律关系中，持票人前手均为票据债务人，而普通的合同法律关系中，债务人仅限于债权人的合同相对人。

3. 票据法律关系与基础原因关系相互独立，实体上不应混同处理。

二、案号

最高法院（2016）最高法民终741号。

三、案情

2015年7月2日，NB银行北京分行与SZ银行签订一份“商业承兑汇票转贴现合同”，该合同约定的主要内容为：NB银行北京分行同意对6份共计6亿元的商业承兑汇票办理转贴现，转贴现日为2015年7月2日，转贴现利率为年利率4.54%；托收合同项下的商业承兑汇票时，如遇承兑人拒绝付款，NB银行北京分行将按《票据法》和其他有关法律、法规及该合同的规定向SZ银行追索；SZ银行承诺，若承兑人无足额款项用于支付到期商业承兑汇票承兑金额，由SZ银行在票据到期日先行支付上述款项并划付NB银行北京分行指定账户；SZ银行违反此约定，由SZ银行支付NB银行北京分行上述商业承兑汇票本金和该汇票金额自到期日或提示付款日起至清偿日止，按日万分之五计算的利息；任何一方违反该合同约定的义务给另一方造成损失的，违约方按违约期间所涉违约金额给予守约方每日万分之五的赔偿，并赔偿守约方由此而发生的一切实际损失，包括但不限于《票据法》第七十条的费用，应涵盖律师费、公证费等追偿费用；NB银行北京分行在其为SZ银行办理转贴现的每份商业承兑汇票项下对SZ银行具有追索权；NB银行北京分行在收到有关拒绝付款证明和商业承兑汇票之日起三个工作日内，应向SZ银行发出书面追索通知；SZ银行应保证在收到NB银行北京分行追索通知之次日起三个工作日内，将被拒绝付款的汇票金额及迟收利息（按汇票金额每日万分之五计算，自到期日或提示付款日起至清偿日止）足额划入NB银行北京分行指定账户，如发生争议，双方依法向NB银行北京分行所在地人民法院提起诉讼。

2015年7月2日，MS银行三亚分行与NB银行北京分行签订一份“商业承兑汇票转贴现合同”，该合同约定的主要内容为：MS银行三亚分行同意对6份共计6亿元商业承兑汇票办理转贴现，转贴现日为2015年7月2日，转贴现利率为年利率4.54%；托收合同项下的商业承兑汇票时，如遇承兑人拒绝付款，MS银行三亚分行将按《票据法》和其他有关法律、法规及该合同的规定向NB银行北京分行追索；NB银行北京分行承诺，若承兑人无足额款项用于支付到期商业承兑汇票承兑金额，则由NB银行北京分行在票据到期日先行支付上述款项并划付MS银行三亚分行指定账户；NB银行北京分行违反此约定，由NB银行北京分行支付MS银行三亚分行上述商业承兑汇票本金和该汇票金额自到期日或提示付款日起至清偿日止，按日万分之五计算的利息；任何一方违反该合同约定的义务给另一方造成损失的，违约方按违约期间所涉违约金额给予守约方每日万分之五的赔偿，并赔偿守约方由此而发生的一切实际损失，包括但不限于《票据法》第七十条的费用，应涵盖律师费、公证费等追偿费用；MS 银行三亚分行在其为 NB 银行北京分行办理转贴现的每份商业承兑汇票项下对 NB 银行北京分行具有追索权；MS 银行三亚分行在收到有关拒绝付款证明和商业承兑汇票之日起三个工作日内，应向 NB 银行北京分行发出书面追索通知；NB 银行北京分行应保证在收到 MS 银行三亚分行追索通知之次日起三个工作日内，将被拒绝付款的汇票金额及迟收利息（按汇票金额每日万分之五计算，自到期日或提示付款日起至清偿日止）足额划入 MS 银行三亚分行指定账户，如发生争议，双方依法向 MS 银行三亚分行所在地人民法院提起诉讼。该两份“商业承兑汇票转贴现合同”合同附件“商业承兑汇票转贴现清单”注明六份票号一致，分别为：0010006322177827、0010006322177828、0010006322177829、0010006322177830、0010006322177831、0010006322177832。该六份汇票票面金额分别为 1 亿元，总额为 6 亿元；付款人为 HK 公司，收款人为 ZH 国运国际贸易（北京）有限公司，付款行是中国 MS 银行股份有限公司杭州分行（以下简称 MS 银行杭州分行）；出票日期为 2015 年 7 月 1 日，汇票到期日为 2016 年 1 月 1 日；背书人依次为 ZH 国运国际贸易（北京）有限公司、ZD 信华国际贸易（北京）有限公司、北京 ZH 国运科贸有限公司、KCGM 村镇银行有限责任公司、MS 银行三亚分行、PA 银行宁波分行、XY 银行股份有限公司福州分行、PA 银行宁波分行。同日，MS 银行三亚分行向 NB 银行北京分行支付 585 699 000 元，NB 银行北京分行向 SZ 银行支付 585 573 000 元。MS 银行三亚分行、NB 银行北京分行和 SZ 银行均认可各自签订的“商业承兑汇票转贴现合同”约定的全部付款义务已经履行完毕。

2016 年 1 月 5 日，PA 银行宁波分行向 MS 银行三亚分行做出“追索函”，该函的主要内容为：因 HK 公司拒绝付款，导致出票人开户行退票，PA 银行宁波分行向 MS 银行三亚分行行使追索权，MS 银行三亚分行应将全额票款 6 亿元划至 PA 银行宁波分行。2016 年 1 月 11 日，海南省三亚市公证处做出（2016）三亚证字第 439 号“公证书”，MS 银行三亚分行以公证的方式向 NB 银行北京分行送达“追索函”，该函的主要内容为：该批商业承兑汇票到期，因 HK 公司拒绝兑付，MS 银行三亚分行根据“商业承兑汇票转贴现合同”的约定向 NB 银行北京分行行使追索权，请 NB 银行北京分行将全额票款 6 亿元及罚息划至 MS 银行三亚分行。NB 银行北京分行亦认可收到该函件。

2016 年 1 月 6 日、2 月 29 日、3 月 28 日，NB 银行北京分行分别向 SZ 银行发函，要求 SZ 银行按照“商业承兑汇票转贴现合同”的约定支付 6 亿元款项。SZ 银行亦认可收到了 NB 银行北京分行发出的以上函件。票据到期后 PA 银行宁波分行向付款行 MS 银行杭州分行办理托收时，MS 银行杭州分行于 2016 年 2 月 1 日出具了票据拒绝付款理由书，理由为：截至 2016 年 2 月 1 日，无法联系上单位负责人，单位账户余额不足。PA 银行宁波分行于 2016 年 1 月 4 日向其前手 MS 银行三亚分行发出了追索函，向 MS 银行三亚分行行使追索权。

因 NB 银行北京分行未支付款项，MS 银行三亚分行于 2016 年 3 月 25 日向法院起诉，请求 NB 银行北京分行支付 6 亿元。2016 年 4 月 13 日，SZ 银行向 NB 银行北京分行转账

5 000 万元。同日，NB 银行北京分行向 MS 银行三亚分行转账 1 亿元。同日，HK 公司向 XY 银行福州分行转账 1 亿元，MS 银行三亚分行称该款项系用来归还票号为 0010006322177827 的票据下的款项。

同日，NB 银行北京分行向 MS 银行三亚分行转账 1 亿元。同日，MS 银行三亚分行向 XY 银行福州分行转账 1 亿元，MS 银行三亚分行称该款项系用来归还票号为 0010006322177832 的票据下的款项。MS 银行三亚分行起诉时主张由 NB 银行北京分行支付六份票号为 0010006322177827、0010006322177828、0010006322177829、0010006322177830、0010006322177831、0010006322177832 的汇票项下共计 6 亿元的款项。之后，MS 银行三亚分行认为票号为 0010006322177827、0010006322177832 的汇票项下的 2 亿元款项已经予以支付，故变更诉讼请求为主张票号为 0010006322177828、0010006322177829、0010006322177830、0010006322177831 汇票项下共计 4 亿元的款项。

四、法院观点

（一）海南省高级法院一审认为，本案存在四个争议焦点

1. 关于本案案由是票据纠纷，还是合同纠纷的问题。本案中，NB 银行北京分行与 SZ 银行签订“商业承兑汇票转贴现合同”，约定 NB 银行北京分行同意对合计面额 4 亿元的商业承兑汇票办理转贴现；MS 银行三亚分行与 NB 银行北京分行签订“商业承兑汇票转贴现合同”约定，MS 银行三亚分行同意对该商业承兑汇票办理转贴现，但 NB 银行北京分行与 SZ 银行、MS 银行三亚分行与 NB 银行北京分行并未在票据上背书，三方之间并未构成票据关系，故本案案由不属于票据纠纷。MS 银行三亚分行与 NB 银行北京分行签订的“商业承兑汇票转贴现合同”以及 NB 银行北京分行与 SZ 银行签订的“商业承兑汇票转贴现合同”是各方当事人真实意思表示，且并未违反法律、行政法规的强制性规定，应为合法有效合同。《合同法》第八条规定：“依法成立的合同，对当事人具有法律约束力。当事人应当按照约定履行自己的义务，不得擅自变更或者解除合同。依法成立的合同，受法律保护。”本案涉及的票据并未背书，MS 银行三亚分行依据其与 NB 银行北京分行签订的“商业承兑汇票转贴现合同”提起本案诉讼，请求 NB 银行北京分行依据该合同的约定向其支付 4 亿元款项。因此，本案案由应为合同纠纷。SZ 银行主张本案案由为票据纠纷的理由缺乏事实依据和法律依据，该院不予支持。MS 银行三亚分行与 NB 银行北京分行主张本案案由为合同纠纷的理由充分，该院予以支持。

2. 关于 NB 银行北京分行是否应向 MS 银行三亚分行支付 4 亿元的问题。MS 银行三亚分行与 NB 银行北京分行签订的“商业承兑汇票转贴现合同”约定，NB 银行北京分行承诺，若承兑人无足额款项用于支付到期商业承兑汇票承兑金额，由 NB 银行北京分行在票据到期日先行支付上述款项并划付 MS 银行三亚分行指定账户。双方签订的“商业承兑汇

票转贴现合同”为合法有效合同，该合同对MS银行三亚分行及NB银行北京分行均有法律约束力，双方应依照合同约定履行各自的义务。因HK公司拒绝付款且无足额款项用于支付该4亿元款项，导致出票人开户行退票，PA银行宁波分行向MS银行三亚分行行使追索权。MS银行三亚分行按照“商业承兑汇票转贴现合同”的约定支付了4亿元款项，现承兑人无足额款项用于支付到期商业承兑汇票承兑金额，NB银行北京分行应按合同约定，在票据到期日先行支付4亿元款项给MS银行三亚分行。经MS银行三亚分行向NB银行北京分行追索，NB银行北京分行仍未支付该笔款项。依照《合同法》第一百零七条“当事人一方不履行合同义务或者履行合同义务不符合约定的，应当承担继续履行、采取补救措施或者赔偿损失等违约责任”的规定，NB银行北京分行的行为违反了“商业承兑汇票转贴现合同”的约定，NB银行北京分行应向MS银行三亚分行支付4亿元（该款项对应的汇票票号分别为0010006322177828、0010006322177829、0010006322177830、0010006322177831）。MS银行三亚分行主张NB银行北京分行向其支付该4亿元款项的事实依据和法律依据充分，该院予以支持。

3. 关于是否应追加SZ银行作为第三人参加本案诉讼的问题。《民事诉讼法》第五十六条第二款规定“对当事人双方的诉讼标的，第三人虽然没有独立请求权，但案件处理结果同他有法律上的利害关系的，可以申请参加诉讼，或者由人民法院通知他参加诉讼。人民法院判决承担民事责任的第三人，有当事人的诉讼权利义务。”SZ银行与NB银行北京分行就本案所涉的票据签订合同，NB银行北京分行与MS银行三亚分行就同一票据签订了合同，为了查清本案事实，本案应该追加SZ银行作为本案第三人参加诉讼。SZ银行在本案中没有独立请求权，应追加其为无独立请求权第三人参加本案诉讼。SZ银行亦同意作为第三人参加本案诉讼。因此，NB银行北京分行申请追加SZ银行作为第三人参加本案诉讼的事实依据和法律依据充分，该院予以支持。MS银行三亚分行主张SZ银行与本案无关，不应作为第三人参加本案诉讼的理由不能成立，该院不予支持。

4. 关于SZ银行是否应向MS银行三亚分行或NB银行北京分行支付本案所涉的4亿元款项问题。从合同的相对性来说，本案审理的是MS银行三亚分行和NB银行北京分行之间的合同关系，SZ银行并非该合同的当事人，NB银行北京分行与SZ银行之间的关系涉及的是另外一份合同，与本案不属于同一个法律关系。NB银行北京分行与SZ银行之间的纠纷应另案解决，不宜在本案中合并处理。MS银行三亚分行在本案中的诉讼请求是要求NB银行北京分行向其支付4亿元，其并未对SZ银行提出支付4亿元的诉讼请求，本案追加SZ银行作为第三人参加诉讼是基于被告NB银行北京分行的申请，目的是查清案件事实。SZ银行在本案中的诉讼地位为无独立请求权第三人，不宜在本案中判决其向原告MS银行三亚分行承担责任。因此，不应在本案中判决SZ银行向NB银行北京分行支付款项，也不应在本案中判决SZ银行向MS银行三亚分行支付款项。

综上所述，MS银行三亚分行的诉讼请求成立，应予支持。该院依照《合同法》第八条、第一百零七条，《民事诉讼法》第五十六条第二款规定，判决NB银行北京分行应在判决生效之日起十日内向 MS 银行三亚分行支付 4 亿元款项。如果未按照本判决指定的期间履行给付金钱义务，应当依照《中华人民共和国民事诉讼法》第二百五十三条之规定，加倍支付迟延履行期间的债务利息。

NB 银行北京分行不服上述海南高院一审判决，向最高法院提出上诉。请求：1. 撤销海南省高级人民法院（2016）琼民初 20 号民事判决，改判 SZ 银行向 MS 银行三亚分行支付 4 亿元款项或发回重审。本案一审、二审诉讼费由 MS 银行三亚分行、SZ 银行负担。事实与理由：（一）原审法院追加 SZ 银行作为无独立请求权的第三人参加本案诉讼正确，但却未判令其承担责任，是对案件事实的错误认定及处理，应当予以纠正。（二）原审法院应当判令 SZ 银行直接向 MS 银行三亚分行支付票据项下 4 亿元的付款义务，或者判令 SZ 银行向我行支付 4 亿元，同时我行再向 MS 银行三亚分行支付 4 亿元。这种结果是程序和实质的公正，体现出了追加 SZ 银行为无独立请求权第三人的诉讼价值，亦节约了诉讼资源，减少了当事人的诉累。（三）原判决对部分事实认定不清。本案审理中，SZ 银行提交了“还款协议”、证券质押登记证明、采矿许可证、地质勘查资质证书、探矿权证书等证据，法庭对上述证据进行了质证并就上述证据指向的案件事实赴苏州市公安局进行了调查。依据上述证据，MS 银行三亚分行已经向出票人提示付款成功，将票据权利归于民事欠款关系，且已部分履行。原审法院未对该事实进行认定，只是认为“还款协议”与“本案所涉的“商业承兑汇票转贴现合同”无直接联系，故对该证据的关联性不予认可，对该证据不予采信”。本案票据的发起人为 MS 银行三亚分行，出票人为 HK 公司贸易有限公司（以下简称 KH 公司），MS 银行三亚分行与 HK 公司存在密切的联系。MS 银行三亚分行一方面与 KH 公司达成“还款协议”且已部分履行，另一方面又以合同关系通过诉讼向我行主张权利，这两方面是存在关联的。实际上 HK 公司向 MS 银行三亚分行已履行的部分，均应当在 MS 银行三亚分行的诉讼请求中予以扣除。原审法院对该部分事实并未查明，以与本案无关联性为由不予认定，是非常错误的。

（二）最高法院认为，本案二审存在两个争议焦点

1. 关于 NB 银行北京分行是否应向 MS 银行三亚分行支付 4 亿元的问题。2015 年 7 月 2 日，NB 银行北京分行与 MS 银行三亚分行签订“商业承兑汇票转贴现合同”，该合同系双方当事人的真实意思表示，亦不违反法律、行政法规的效力性强制性规定，应为有效合同。该合同约定，NB 银行北京分行将案涉 6 张票面金额共计 6 亿元的商业承兑汇票交由 MS 银行三亚分行办理转贴现业务。若托收该合同项下商业承兑汇票遇承兑人拒绝付款的，MS 银行三亚分行可按《票据法》和其他法律、法规以及该合同第七条的规定向 NB 银行北京分行追索。合同订立当日，MS 银行三亚分行即向 NB 银行北京分行支付 5.85699 亿元转贴现款项。案涉票据经多次流转直至 2016 年 1 月 1 日到期时，持票人 PA 银行宁波分行向付款行 MS 银行杭州分行办理托收，MS 银行杭州分行拒绝付款并出具票据拒绝付款理由书。PA 银行宁波分行遂于同年 1 月 5 日向 MS 银行三亚分行发出“追索函”，MS 银行

三亚分行亦于1月11日以公证的方式向NB银行北京分行送达“追索函”予以书面追偿。由于案涉6张商业承兑汇票被付款行拒绝付款，MS银行三亚分行在受PA银行宁波分行追索的情况下向NB银行北京分行发出书面追偿通知，根据“商业承兑汇票转贴现合同”第七条关于“甲方（MS银行三亚分行）在其为乙方（NB银行北京分行）办理转贴现的每份商业承兑汇票项下对乙方具有追索权。甲方在收到拒绝付款证明和商业银行承兑汇票之日起三个工作日内，向乙方发出书面追索通知。乙方保证在收到甲方追索通知之次日起三个工作日内，将被拒绝付款的汇票金额及迟收利息（按汇票金额每日万分之五计算，自到期日或提示付款日起至清偿之日止）足额划入甲方指定账户”的约定，NB银行北京分行应当向MS银行三亚分行支付案涉6亿元汇票金额。由于MS银行三亚分行已经确认收到票号为0010006322177827、0010006322177832的汇票项下的2亿元票面金额，故原审法院扣除此笔款项后判令NB银行北京分行向MS银行三亚分行支付4亿元有事实根据。

2. 关于SZ银行是否应向MS银行三亚分行或者向NB银行北京分行支付案涉4亿元的问题。最高法院二审认为，这一问题的实质在于判断案涉交易的法律性质是票据法律关系还是合同法律关系。

（1）只有在票据上签章的票据行为方产生票据法律关系。根据《票据法》第四条关于“票据出票人制作票据，应当按照法定条件在票据上签章，并按照所记载的事项承担票据责任。持票人行使票据权利，应当按照法定程序在票据上签章，并出示票据。其他票据债务人在票据上签章的，按照票据所记载的事项承担票据责任。本法所称票据权利，是指持票人向票据债务人请求支付票据金额的权利，包括付款请求权和追索权。本法所称票据责任，是指票据债务人向持票人支付票据金额的义务”的规定，在票据上签章是可以产生票据法律关系的票据行为，持票人行使票据权利的前提是在票据上签章，而票据债务人则是在票据上签章后方对票据所记载的事项承担票据责任。本案中，案涉商业承兑汇票的付款人为HK公司，收款人为ZH国运国际贸易（北京）有限公司，付款行是MS银行杭州分行，背书人依次为ZH国运国际贸易（北京）有限公司、ZD信华国际贸易（北京）有限公司、北京ZH国运科贸有限公司、KCGM村镇银行有限责任公司、MS银行三亚分行、PA银行宁波分行、XY银行股份有限公司福州分行、PA银行宁波分行，根据《票据法》第二十七条第四款关于“背书是指在票据背面或者粘单上记载有关事项并签章的票据行为”的规定，案涉商业承兑汇票所承载的票据法律关系仅存在于上述在票据背书的各方主体之间。NB银行北京分行并未在案涉商业承兑汇票上签章背书，无票据行为则不产生票据法律关系以及发生票据权利的变动，该行自然不是案涉商业承兑汇票所载票据法律关系当事人。

（2）金融机构间办理票据转贴现业务应当予以背书，无背书票据行为的，仅产生合同法律关系。根据中国人民银行《商业汇票承兑、贴现与再贴现管理暂行办法》第二条第三款关于“本办法所称转贴现系指金融机构为了取得资金，将未到期的已贴现商业汇票再以贴现方式向另一金融机构转让的票据行为，是金融机构间融通资金的一种方式”的规定，金融机构为融通资金办理票据的转贴现业务必须要实施转让票据的票据行为。另根据中国人民银行《支付结算办法》第九十三条关于“符合条件的商业汇票的持票人可持未到期的商业汇票连同贴现凭证向银行申请贴现。贴现银行可持未到期的商业汇票向其他银行转贴现，也可向中国人民银行申请再贴现。贴现、转贴现、再贴现时，应做成转让背书，并提供贴现申请人与其直接前手之间的增值税发票和商品发运单据复印件”的规定，结合前述《票据法》的相关规定，在票据上背书即为金融机构之间办理转贴现业务时必须实施的转让票据的票据行为。与此相对应的是，NB 银行北京分行与 MS 银行三亚分行所订立的格式合同“商业承兑汇票转贴现合同”第五条也约定：“乙方（NB 银行北京分行）办理贴现时，将其持有的商业承兑汇票的‘背书’栏中加盖银行‘汇票专用章’和法定代表人（或负责人、委托代理人、授权代理人）私章或签字，并在‘被背书人’栏中载明甲方（MS 银行三亚分行）的全称。”由此可知，在常规的转贴现业务中，金融机构为融通资金办理贴现业务应当在票据上背书，成为票据法律关系当事人后才能受让票据并享有票据权利。本案中，NB 银行北京分行为办理案涉票据转贴现业务而与 MS 银行三亚分行签订“商业承兑汇票转贴现合同”，但并未按照规章要求以及合同约定在案涉票据上背书，因无票据行为而未能成为案涉票据所载票据法律关系当事人，该行并不享有案涉票据权利及承担票据责任，自不能援引《票据法》的相关规定行使抗辩权利。“商业承兑汇票转贴现合同”中虽有关于“托收本合同项下的商业承兑汇票时，如遇承兑人拒绝付款，甲方（MS 银行三亚分行）将按《中华人民共和国票据法》和其他法律、法规及本合同第七条的规定向乙方（NB 银行北京分行）追索”的约定，MS 银行三亚分行也在案涉票据上签章背书，但其前手即背书人为 KCGM 村镇银行有限责任公司而非 NB 银行北京分行，故 MS 银行三亚分行与 NB 银行北京分行之间并未产生票据法律关系，案涉交易法律性质应为合同法律关系，原审法院未依照票据法审理本案纠纷并非适用法律错误。

（3）持票人前手均为票据债务人，而合同债务人仅限于债权人的合同相对人。SZ 银行作为卖出方与买入方 NB 银行北京分行签订与前述“商业承兑汇票转贴现合同”内容完全相同的转贴现合同，亦未按照规章要求和合同约定在案涉商业承兑汇票上签章，与 NB 银行北京分行以及 MS 银行三亚分行之间并未发生票据法律关系，相互之间权利义务应由各自分别签订的“商业承兑汇票转贴现合同”羁束。尽管 SZ 银行、NB 银行北京分行，以及 MS 银行三亚分行为融通资金而对案涉 6 张商业承兑汇票先后办理转贴现业务，但基于合同相对性原则，MS 银行三亚分行仅得向“商业承兑汇票转贴现合同”合同相对人 NB 银行北京分行主张合同权利，SZ 银行亦只能以另一“商业承兑汇票转贴现合同”向 NB 银行北京分行行使抗辩。由于 MS 银行三亚分行与 SZ 银行之间并无直接的合同关系及其他法律关系，NB 银行北京分行关于应由 SZ 银行直接向 MS 银行三亚分行承担案涉合同责任的主张因无法律依据而不能成立。NB 银行北京分行还主张应先行判令 SZ 银行向其支付 4

亿元后再由其向MS银行三亚分行承担本案民事责任，但该行并未在本案中向SZ银行提出诉讼请求并交纳案件受理费，故其此项上诉理由因无事实根据而不能成立。原审法院依NB银行北京分行申请将SZ银行追加为本案第三人，查清事实后判令NB银行北京分行向MS银行三亚分行承担责任，其实体处理并无不当。

（4）票据法律关系与基础原因关系相互独立，实体上不应混同处理。SZ银行述称MS银行三亚分行与HK公司等签订“还款协议”“债权转让合同”“质押合同”，拟证明该行系本案最终债务人，其权利已获保障，NB银行北京分行也提出前述合同已履行部分应从该行在本案应支付款项中予以扣除的主张。从SZ银行所举证据来看，上述合同系MS银行三亚分行根据《票据法》相关规定向其前手行使第二顺序追索权利，相关票据债务人为履行义务而重新形成的另一合同法律关系，并不意味着MS银行三亚分行与其票据前手之间只有合同法律关系而无票据法律关系。票据作为要式证券，无因性为其重要特征，根据《票据法》第十条关于“票据的签发、取得和转让，应当遵循诚实信用的原则，具有真实的交易关系和债权债务关系。票据的取得，必须给付对价，即应当给付票据双方当事人认可的相对应的代价”的规定，惟有按照法律规定取得票据并依法转让的票据法律关系债务人可以基础原因关系或对价事由提出抗辩。前已述及，NB银行北京分行和SZ银行均不是案涉票据法律关系当事人，与票据法律关系及票据权利的流转并无法律上的关联，因此，MS银行三亚分行为行使票据权利、实现票据利益而与HK公司等人签订“还款协议”“债权转让合同”“质押合同”之事实与本案所涉无票据背书的贴现合同纠纷无关，NB银行北京分行此项上诉理由因无法律依据而不能成立。另外，从对价的角度看，MS银行三亚分行作为票据法律关系当事人，已经受到了后手PA银行宁波分行的追索，原审法院做出关于判令MS银行三亚分行支付承兑汇票金额（2016）琼民初16号民事判决业已发生法律效力，这与MS银行三亚分行向其前手进行相同的追索行为在票据法律关系中实现了票据利益的对价平衡。在本案合同纠纷中，NB银行北京分行在签订“商业承兑汇票转贴现合同”当日即收取了MS银行三亚分行支付的5.85699亿元转贴现款项，原审法院判令其依约向MS银行三亚分行支付6亿元款项后双方业已实现对价衡平。如将前述票据债务人根据票据法律关系向MS银行三亚分行应付款项从本案NB银行北京分行应向MS银行三亚分行支付款项中予以扣除，则应将案涉票据所有当事人都纳入本案一并审理，故其关于需将案外票据纠纷引入本案一并处理的主张因无事实根据和法律依据而不能成立。

综上所述，NB银行北京分行的上诉请求不能成立，应予驳回。原判决认定事实清楚，适用法律正确，应予维持。

五、裁判结果

驳回上诉，维持原判。

六、评析

（一）转贴现业务中银行间的法律关系

中国人民银行《商业汇票承兑、贴现与再贴现管理暂行办法》（银发〔1997〕216号）第二条第二款规定，转贴现系指金融机构为了取得资金，将未到期的已贴现商业汇票再以贴现方式向另一金融机构转让的票据行为，是金融机构间融通资金的一种方式。

中国人民银行《支付结算办法》第九十三条规定："贴现、转贴现、再贴现时，应做成转让背书，并提供贴现申请人与其直接前手之间的增值税发票和商品发运单据复印件"。在转贴现过程中，转出银行通过转让背书将票据权利转让给转入银行，转入银行成为持票人，取得完全票据权利，在发生拒付时，可以向票据前手进行追索。并且，转入银行可以通过背书，继续向其他银行转出票据。

银行在开展转贴现业务时，往往会签订票据转贴现协议，对票据信息、转贴现的金额、利率、期限、双方的权利义务、违约责任等内容进行约定，但票据转贴现协议属于票据基础法律关系，并非票据关系。

票据关系是指因票据行为所发生的以一定金额的支付为内容的权利义务关系。导致票据关系发生的法律事实是出票、背书、承兑、保证等票据行为①。票据基础法律关系是出票、背书等票据行为的事实原因和基础，是独立于票据关系的另一法律关系，它与票据关系的性质是互不相同的。票据关系是票据上的关系，由票据法调整；票据基础关系并不是票据上的关系，而是一般的民事关系，是民法上的问题②。

在转贴现业务中，转出银行和转入银行之间存在两种关系：一方面是因转贴现协议产生的合同关系，即票据的基础关系，另一方面是因背书行为产生的票据关系。正常情况下，一旦票据无法兑付，转入银行可以作为持票人向票据上的所有前手行使追索权，还可以依据转贴现协议要求转出银行承担违约责任。③ 然而，在上述案例中，NB 银行作为第一次转贴现的转入银行和第二次转贴现的转出银行，均未在票据上背书，因此，NB 银行

---

① 韩家勇：《票据关系与票据基础关系论》，《政治与法律》1995 年第 6 期。

② 同①。

③ 例如，在最高人民法院在（2009）民提字第 113 号案件中认为："四川中行就阿拉山口农行未支付的延期付款利息及违约金等主张权利，要求烟台银行依照《商业汇票转贴现协议》的约定承担相应的违约责任。此时，四川中行是否持有票据、是否能够退还票据，与四川中行的诉请业已无关。"浙江省高级人民法院在（2018）浙民终 193 号案件中认为："民生三亚分行虽然依据票据关系向平安宁波分行支付了涉案商业承兑汇票项下汇票金额 5 000 万元、三份汇票项下利息合计 9 086 666.67 元及上述本金和利息的利息 328 423.39 元，但平安宁波分行对于因民生广州分行未按转贴现合同支付商业承兑汇票款项的违约行为造成的其他损失，有权依据双方之间转贴现合同的约定向民生广州分行主张权利，并不存在请求权竞合的情形。"

与其前手 SZ 银行和其后手 MS 银行之间不存在票据关系，仅存在合同关系。

（二）票据法律关系与合同法律关系的区别

本案纠纷的正确解决，可以说很好地体现了票据纠纷与普通合同纠纷之间的区别。票据法律关系中，为了增强票据的流通性，法律规定票据持票人的前手均为票据债务人，而在合同法律关系中，则强调合同的相对性，合同债务人仅限于债权人的合同相对人。因此，在解决与票据相关的纠纷过程中，首先应正确识别出相关的纠纷究竟是票据纠纷，还是涉票据的普通合同纠纷。依据《票据法》的相关规定，在票据上背书是金融机构之间办理转贴现业务时必须实施的转让票据的票据行为。相反，如果在办理所谓的票据转贴现业务过程中并未在票据上签章，则该行为由于不属于票据行为，其所建立的法律关系也仅是普通合同关系，而非票据法律关系。解决票据纠纷，因突破了债权债务关系的相对性，故对于债权人较为有利。如果只能按照普通合同纠纷解决，则由于受债权债务关系相对性的限制，对于债权人是不利的。因此，开展票据业务时，是否严格执行业务规则要求，与事后相关纠纷解决的难与易也具有密切的关联。

（三）启示

1. 票据行为具有要式性，主张票据权利、承担票据责任的前提是在票据上签章。票据行为都是严格的要式行为，在票据上签章是可以产生票据法律关系的票据行为。无签章则无票据行为，不能成为票据法律关系当事人，不享有票据权利及承担票据责任。

2. 金融机构间办理票据转贴现业务应当予以背书，否则仅产生合同法律关系。转贴现业务是银行与银行之间的业务，交易对手是银行，依靠的是承兑银行的信用，在转贴现过程中，转入银行一旦成为持票人，就会取得全部票据权利，所以一些银行把该类业务看作低风险业务。低风险的前提是获得票据权利，即在票据上进行背书。

中国人民银行《支付结算办法》规定，贴现、转贴现、再贴现时，应做成转让背书。《中国人民银行、中国银行业监督管理委员会关于加强票据业务监管促进票据市场健康发展的通知》（银发〔2016〕126 号）亦规定，受理转贴现业务时，拟贴入银行必须确认交易对手已记载背书，禁止无背书买卖票据；已贴入银行必须于转贴现业务当日在本手背书的被背书人栏记载本机构名称，保障自身票据权利。

因此，金融机构办理票据转贴现业务应当严格按照规章规定进行背书。特别是在多次转贴现的情况下，如果不在票据上背书，对于转入银行而言，一旦发生拒绝兑付，则只能根据合同向转出银行进行追索，而无法根据《票据法》的相关规定向票据上的前手行使追索权。

第三节　信用证欺诈与议付行为
——AX 银行上海分行与宁波宁兴公司、永联公司、盛通公司、XY 银行股份有限公司宁波分行信用证欺诈纠纷案

一、裁判要旨

1. 本案所涉信用证缺乏真实的基础交易背景，信用证项下的单据亦非基于真实基础交易形成的真实单据，信用证被单纯作为融资工具，而非付款工具，背离了信用证制度的根本宗旨，应当被认定为信用证欺诈。

2. 议付行对信用证项下的单据进行了审核，并在确认单证相符的情况下向受益人支付了信用证项下的款项，其审单行为虽然符合 UCP600 的规定，但由于本案缺乏真实的基础交易背景，加之有证据证明其明知虚构交易利用信用证进行融资的事实，因此，虽然没有证据证明议付行直接参与了信用证欺诈，但这并不影响对其议付行为并非善意的认定。

3. 议付行非善意，不适用“信用证欺诈例外的例外”。

二、案号

最高人民法院（2013）民申字第 372 号。

三、案情

2006 年起，史某为获得银行融资，在 AX 银行上海分行职员建议并介绍注册代理机构的情况下，与盛通公司法定代表人俞某二人通过骗取张某、陈某、严某等人的身份证，于美国、中国香港等地设立了永联公司等多家离岸公司。这些公司成立后均在 AX 银行上海分行开立了账户，但在开立账户时，AX 银行上海分行违反相关规定，直接将三家离岸公司空白的开户资料都寄送给了史某等控制的盛通公司，由史某等人填写相关内容并签名后寄回 AX 银行上海分行（其中法定代表人一栏“陈某”“严某”“张某”的签名系伪造），AX 银行上海分行在三家离岸公司的人员均未到场面签的情况下，却在该三家公司的开户资料上签字表明对签字过程进行了鉴证。之后，史某等人为达成其融资目的控制这三家离岸公司与境内关联公司进行“自买自卖”电解铜的虚假基础交易，并通过不断拆分、兑换仓单并放大交易的形式，以盛通公司循环委托其他进口代理公司或直接由盛通公司等申请

开立信用证，并通过AX银行上海分行完成套现。不仅如此，为了提高信用证骗取银行资金的操作速度，俞某还指使他人私刻了另一套离岸公司的印章，用于制作信用证所要求的单据等，故离岸公司作为涉案信用证受益人提交的大量单据均为虚假的单据。俞某还私刻了印章，用于制作假的仓单或入库证明以蒙骗进口代理公司。

2008年8月18日，宁兴公司与盛通公司签订代理进口协议一份，约定：盛通公司委托进口代理公司宁兴公司代理进口电解铜。同日，宁兴公司与永联公司签订合同一份，约定：永联公司向宁兴公司出售伦敦金属交易所注册的A级电解铜600公吨；单价为6 900美元/吨，交货不迟于2008年9月20日，上海保税仓交货；凭不可撤销信用证，见单90天付款等。

2008年8月19日，经盛通公司确认后，宁兴公司向XY银行宁波分行申请开立信用证。2008年8月21日，XY银行宁波分行开立了号码为08101LC080003626的不可撤销信用证一份。该信用证载明：适用最新版UCP；开证行为XY银行宁波分行，申请人为宁兴公司，受益人为永联公司；信用证金额为4 140 000美元；此证可由任何银行议付；见单90天100%发票金额付款。

2008年8月22日和8月27日，AX银行上海分行分别向XY银行宁波分行发出交单面函并附相关汇票、发票、仓单等单据，称其已分别就此次索汇对正本信用证进行了背书，并确认单据符合XY银行宁波分行开立信用证的所有条款及条件，并向XY银行宁波分行分别索汇1 719 266.10美元、332 310.90美元及2 038 204.80美元，同时要求XY银行宁波分行通过经加密的SWIFT电文或电传通知其信用证款项到期日，付款时通过XY银行宁波分行的代理行将款项汇至MG银行纽约分行。

根据永联公司就上述信用证向AX银行上海分行提交的三次沉默保兑申请，2008年8月25日、26日和28日，AX银行上海分行分别向受益人永联公司发出付款通知，称其已就XY银行宁波分行开立信用证，按永联公司的指示付至了永联公司账户。

2008年8月28日和9月4日，XY银行宁波分行在其发给AX银行上海分行的SWIFT电文中，称其已承兑金额分别为1 719 266.10美元、332 310.90美元及2 038 204.80美元的票据，并将分别于付款到期日2008年11月24日、26日付款。

随后，开证行XY银行宁波分行将信用证项下的单据交付给宁兴公司，宁兴公司根据代理协议的约定将仓单交付给盛通公司，但该公司未依约在付汇到期日前将剩余货款支付给宁兴公司，亦未向宁兴公司提交真实的仓单。遂宁兴公司诉至浙江省宁波市中级人民法院，请求判令：一、确认永联公司、盛通公司、AX银行上海分行在信用证交易中存在欺诈；二、XY银行宁波分行终止支付信用证款项4 089 781.80美元；三、永联公司、盛通公司、AX银行上海分行连带承担因其欺诈及共同侵权致使宁兴公司产生的损失710 277.19元人民币。

（一）一审情况

宁波中院经审理认为：本案争议的焦点包括以下三点：

1. 关于本案是否存在信用证欺诈的问题。该院认为，本案实际上是史某等人以非法融资为目的，通过其控制的境内外关联公司进行虚假的、没有真实基础交易的“自买自卖”，并提交表面相符的虚假单据套取信用证款项而实施的多起信用证欺诈中的一例。

首先，案涉信用证受益人永联公司是其实际控制人史某等人假冒他人身份在境外虚假设立的，永联公司所提交的信用证项下的包括仓单、商业发票在内的全套单据及文件，实际都是盛通公司或其关联公司人员制作或伪造并提交AX银行，且相关签章均为冒名签署或伪造；仓单虽然表面上看是真实的，也有对应的货物，但从上述连续循环不断开立的信用证综合角度看，仓库中一共只有2 800余吨的电解铜，而据不完全统计，仅在2008年1月至10月，一系列信用证项下的仓单电解铜总吨数就高达4万余吨，放大贸易量十多倍。

其次，本案所涉的基础合同虽然名义上是宁兴公司和永联公司所签订，但实际上宁兴公司只是盛通公司的代理进口公司，因此本案基础合同的真正当事人是盛通公司和永联公司且为受同一实际控制人史某所控制的关联公司。永联公司与盛通公司之间进行的基础交易，完全是在史某等人的控制下为实现非法融资目的所进行的没有真实交易基础的“自买自卖”，故符合《最高人民法院关于审理信用证纠纷案件若干问题的规定》第八条第（一）、（三）项所规定的“受益人伪造单据或者提交记载内容虚假的单据”和“受益人和开证申请人或者其他第三方串通提交假单据，而没有真实的基础交易”的信用证欺诈情形。

2. 关于AX银行上海分行是否系涉案信用证的议付行的问题。该院认为，本案中，涉案信用证为自由议付的信用证，可在任何银行自由兑用，故AX银行上海分行是本案议付信用证的被指定银行；AX银行上海分行向受益人永联公司预付了涉案信用证项下三次交单的款项，并在对受益人永联公司提交的涉案信用证项下的单据进行审查后，确认相符后购买了信用证项下的票据及单据，并预付了信用证下的款项；AX银行上海分行对涉案信用证下的预付行为均发生在其应从开证行获得偿付的银行工作日之前。故AX银行上海分行的行为完全符合UCP600关于“议付”的定义，其是涉案信用证下的议付行。

3. 关于AX银行上海分行的议付是否属善意及本案是否存在《最高人民法院关于审理信用证纠纷案件若干问题的规定》所规定的欺诈例外的情形，即本案信用证应否被终止支付的问题。该院认为，根据已查明的事实，XY银行宁波分行已于2008年8月28日、9月4日以SWIFT电文的形式明确告知AX银行上海分行其对涉案信用证项下的票据做出承兑，并承诺将于到期日支付。同时，AX银行上海分行是否属于信用证项下善意第三人的问题是正确判断本案是否存在信用证欺诈例外的例外情形的关键。从本案及一系列案件来看，AX银行上海分行不但主观上对史某等人通过其控制的境内外关联公司实际进行的是没有真实基础交易的“自买自卖”来套取信用证款项这种方式系明知或应知，且在客观上对离岸公司的设立、离岸账户的开立、信用证条款的通知、信用证单据的交单和审核、离岸公司等账户之间的款项划拨等多个环节为史某、盛通公司等提供了协助和便利，违反银行应当遵守的相关法律规定、银行业的专业准则。故AX银行上海分行无论是主观上还是客观上均非善意，不能认定是善意第三人。

（二）二审情况

宁兴公司、AX 银行上海分行均不服上述民事判决，分别向浙江省高级人民法院提出上诉。该院经审理后认为：

1. 本案信用证交易中，受益人永联公司提交的涉案信用证项下的商业发票、装箱单、原产地证明、质量证明书等单据，均系盛通公司或其关联公司的职员制作的假单据。盛通公司通过重复提交或不断拆分、合并仓单后再提交的方式，利用宁兴公司等多家代理公司循环开立信用证，可见涉案信用证开立的目的是非法向银行进行融资，并非作为国际贸易的支付手段，应当认定存在信用证欺诈。

2. 本案信用证约定“此证可由任何银行议付”，AX 银行上海分行属于涉案信用证项下的指定银行，其在对受益人永联公司提交的涉案信用证项下的单据进行审查，在其应获偿付的银行工作日之前，向永联公司预付了涉案信用证项下的款项，并收取了相应预付利息和议付手续费，其行为符合 UCP600 第 2 条对议付的定义，因此应当被认定为涉案信用证的议付行。

3. AX 银行上海分行职员直接参与了本案信用证融资套现方式的设计，并介绍史某等人在境外注册永联公司等多家离岸公司，AX 银行上海分行应当知道史某等人完全是为了融资目的而开立信用证并虚构基础交易。同时，仅在 2008 年 1 月至 10 月，史某等实际控制的永联公司等三家离岸公司向 AX 银行上海分行提交的 300 多张仓单中，重复提交的高达 94 张，但 AX 银行上海分行从未对此提出过异议。AX 银行上海分行作为议付行未尽合理的谨慎之责，其并非善意的议付行。

四、法院观点

AX 银行上海分行有限公司上海分行向最高人民法院申请再审，最高院经审查后裁定驳回再审申请，并经公开审理后认为，本案争议焦点是：本案是否存在信用证欺诈以及 AX 银行上海分行的议付行为是否善意。

（一）关于本案是否存在信用证欺诈

史某等人为获得融资，根据 AX 银行上海分行职员的建议，设计了通过设立多家离岸公司与其控制的多家国内公司进行交易并通过信用证进行融资的“结构性融资框架”。故本案所涉信用证不是被用作履行真实货物买卖合同项下付款义务的工具，而是被纯粹用作融资的手段。不仅如此，由于包括本案所涉信用证在内的系列信用证交易均非基于真实的基础交易，信用证项下的单据亦非基于真实基础交易形成的真实单据。除仓单不能全部对应货物外，信用证项下要求的其他单据如商业发票、装箱单、原产地证书、品质证书等均存在伪造的情形。最高人民法院《关于审理信用证纠纷案件若干问题的规定》第八条规定了实践中应当被认定为信用证欺诈的具体情形。鉴于史某等人利用其控制的各离岸公司、国内公司以2 800吨电解铜为依托循环放大交易，全部信用证交易均缺乏真实的基础交易背景，应当认定包括本案所涉信用证在内的系列信用证交易项下存在欺诈，不应再受信用证独立抽象性原则的保护。

（二）关于AX银行上海分行议付是否善意

1. 本案所涉信用证为自由议付信用证，AX银行上海分行审核了受益人提交的单据，并在其认为符合信用证的要求后向受益人贴现了信用证项下的款项，AX银行上海分行的行为符合UCP600的规定，在性质上构成议付。AX银行上海分行与各受益人之间签署的所谓沉默保兑协议是该两方之间的另行金融安排，不影响本案信用证项下它们之间形成议付法律关系的性质。

2. AX银行上海分行所议付的包括本案所涉信用证在内的共计30单信用证项下均发生了纠纷，因而不应孤立、片面地看待每一单信用证，而是应当结合包括本案所涉信用证在内的全部信用证交易所产生的背景、交易的具体情况等综合考察AX银行上海分行议付行为的性质：（1）史某等人所采用的以“自买自卖”并开立信用证的方式进行融资的方案是AX银行上海分行的职员为其设计的；（2）AX银行上海分行违反有关银行客户识别方面的法律法规的规定，没有履行客户开户资料面签的手续，放任史某等人冒用严某等人的名义为一系列空壳性质的离岸公司开立账户；（3）AX银行上海分行作为各离岸公司的开户行，理应知晓其客户背景，其同时又与各离岸公司签订了沉默保兑协议，并持续对大量信用证进行议付，其在通知、接受单据时明知委托开证人的联系人同时也是受益人的国内联系人，故可以认定AX银行上海分行对基础交易中实际的买方和卖方均为史某等人控制的关联公司是明知的。

3. 我国法律虽然并不禁止关联公司之间的国际货物买卖行为，但AX银行上海分行却未能注意到异常交易情况的发生，并为了获得沉默保兑协议项下的贴现费用，利用信用证独立抽象性原则的保护对此采取放任态度，从而导致了信用证欺诈的严重后果。

4. AX银行上海分行虽然对受益人国内联系人提交来的信用证项下的单据进行了审核，并在确认单证相符的情况下向受益人支付了信用证项下的款项，其审单行为尽管符合UCP600的规定，但由于本案缺乏真实的基础交易背景，加之有证据证明其职员为史某等人设计了这一融资方案等事实，因此，虽然没有证据证明AX银行上海分行直接参与了信用证欺诈，但这并不影响对AX银行上海分行的议付行为并非善意的认定。

5. 本案中AX银行上海分行的行为不能被认定为善意，不属于“信用证欺诈例外的例外”制度保护的范围。本案并不存在最高人民法院《关于审理信用证纠纷案件若干问题的规定》第十条规定的任一情形。因此，一、二审法院判令终止支付信用证项下的款项并无不当。

五、裁判结果

最高人民法院依据《中华人民共和国民事诉讼法》第二百条、第二百零四条第一款的规定，裁定驳回 AX 银行上海分行的再审申请。

六、评析

（一）虚构基础交易将信用证异化为融资工具套取款项的行为构成信用证欺诈

信用证作为国际贸易中发展起来的一种支付手段，其虽具有融资功能，但其根本性质依然是支付工具，如果将信用证异化为纯粹的融资工具，则背离了信用证制度的根本宗旨；信用证欺诈是指利用信用证机制中单证相符即予以付款的规则，提供表面记载与信用证要求相符，但实际上并不代表真实货物或真实交易基础的单据，从而骗取信用证项下款项的欺诈行为。

涉案信用证开立的目的并非作为国际贸易的支付手段，而仅是为了实现融资目的，显然缺乏真实的基础交易目的和交易背景，且与本案相关的协议及单据，均是虚构和伪造的，符合《最高人民法院关于审理信用证纠纷案件若干问题的规定》第八条第（一）、（三）项所规定的“受益人伪造单据或者提交记载内容虚假的单据”和“受益人和开证申请人或者其他第三方串通提交假单据，而没有真实的基础交易”的信用证欺诈情形，故即使受益人提交的仓单能够代表部分真实的保存在仓库的货物，但也不能改变本案构成信用证欺诈这一事实，应当认定存在信用证欺诈。

（二）若议付行的议付行为并非善意，即使开证行已经做出承兑，法院仍可判决终止支付

首先，信用证本身的约定及相关国际惯例的规定是判断议付行法律地位的依据，本案中，AX 银行上海分行的行为符合 UCP600 第 2 条对议付的定义，因此应当被认定为涉案信用证的议付行，其议付款项的来源，以及其与受益人之间签订沉默保兑协议的行为，均应属于信用证法律关系之外的安排，不影响其议付行的法律地位。

其次，根据《最高人民法院关于审理信用证纠纷案件若干问题的规定》的相关规定，在存在信用证欺诈的情况下，即使相符交单，开证行可以请求司法干预，请求人民法院判令终止支付信用证项下的款项，但不能因此损害善意第三人的利益。故不难看出，该规定旨在保护善意第三人的利益免受损害。因此，虽然开证行通过 SWIFT 电文向 AX 银行上海分行表示承兑，已经构成了信用证项下有效的付款承诺，但是否可以终止支付，关键在于考察 AX 银行上海分行的议付行为是否出于善意。

通常来讲，作为信用证项下的议付行，只有在未参与或知晓欺诈，并且尽了合理谨慎

之责的情况下，方可以认定为善意的议付行。本案中AX银行上海分行职员直接参与了本案信用证融资套现方式的设计，并介绍史某等人在境外注册永联公司等多家离岸公司，AX银行上海分行应当知道史某等人完全是为了融资目的而开立信用证并虚构基础交易。不仅如此，史某等实际控制的永联公司等三家离岸公司向AX银行上海分行提交的300多张信用证项下的仓单重复率畸高，而作为一家合理谨慎的银行，应当注意到该异常现象，但AX银行上海分行从未提出过任何异议，可见，该行作为议付行未尽合理谨慎之责，其议付行为并非善意，不符合《最高人民法院关于审理信用证纠纷案件若干问题的规定》第十条规定的例外情形，应判决终止支付。

（三）启示

首先，对开证行而言，应切实提高银企合作，建立信息共享机制，落实联合授信机制，及时、完整地披露授信企业的融资需求、经营状况和财务信息。在开立信用证之前应本着审慎的原则认真审核申请人和受益人的资信状况、生产经营状况及贸易背景，同时尽量对申请人收取全额保证金，避免申请人与受益人勾结骗贷的情况发生。

其次，针对议付行应确保是在真实的贸易背景下的真实单据。可通过出口商的生产经营状况、企业类型、信誉度、运输与结算方式等多个角度去审核交易背景的真实性，同时还应通过审核检验证书、发票、箱单、运输单据、保单等各种单据进一步核实合同的执行情况并在单据表面没有问题的情况下，还要注意其是否有涂改与伪造的现象。

最后，商业银行在开展信用证业务的过程中，不仅要严格依据相关法律法规和国际惯例开展业务办理并规范业务流程，更应当结合具体的交易背景，适当突破信用证独立抽象性原则对关联交易进行必要的交叉审查以准确判决基础交易的真实性，切忌僵化地在独立抽象性原则的保护下对虚构的基础交易采取放任态度，更不应为了自身收取高额的金融服务费用而向受益人贴现，进而导致信用证欺诈的严重后果发生。

第四节　授信合同约定与提单项下担保物权
——JS银行荔湾支行与蓝粤能源、粤东电力等信用证融资纠纷案

一、裁判要旨

1. 提单本身既表征债权请求权又表征物权请求权，甚至系所有权凭证，但在此类纠纷中，银行作为提单持有人是否就因受领提单的交付而取得物权以及取得何种类型的物权，均取决于其所依据的授信合同、信用证融资合同等如何约定。

2. 在提单持有人既主张提单项下货物所有权担保其债权，又主张提单质权，且在授信合同、信用证融资合同等约定不明的情况下，应当在对合同条款进行合理解释的基础上，支持更符合法律规定的主张，认定提单持有人享有提单质权。

3. 对于违约方根本否定承担违约金责任的，法院应举重以明轻，视为其提出了违约金过高的抗辩。

二、案号

最高人民法院（2015）民提字第126号。

三、案情

2011年12月5日，JS银行荔湾支行与蓝粤能源签订了“贸易融资额度合同”及附件“关于开立信用证的特别约定”。“贸易融资额度合同”约定自2011年12月22日起至2012年11月25日，JS银行荔湾支行向蓝粤能源提供最高不超过5.5亿元的贸易融资授信额度，其中包括开立承付期限90天（含）以内、额度为等值5.5亿元整的远期信用证。“关于开立信用证的特别约定”约定，甲方（蓝粤能源）违约或发生“贸易融资额度合同”中约定的可能危及乙方（JS银行荔湾支行）债权的情形之一的，乙方有权行使包括加收利息、划转、处分体现项下货物或行使担保权等相应权利保障债权的实现。

2011年12月5日，JS银行荔湾支行（乙方）又分别与粤东电力、蓝海海运、蓝文彬（甲方）签订了“最高额保证合同”“最高额自然人保证合同”，约定：甲方为上述蓝粤能源贸易融资合同项下的债务提供最高限额为26.7亿元的连带责任保证。同时还约定：如主合同项下债务到期或者乙方根据主合同的约定或法律规定宣布债务提前到期，债务人未按时足额履行，或者债务人违反主合同的其他约定，甲方应在保证范围内承担保证责任。如果甲方未在乙方要求的期限内全部支付应付款项，应自逾期之日起，按迟延付款金额的日万分之五支付违约金。

2012年10月23日，承运人船长签发提单，“收货人”栏显示为“凭指示”。

2012年11月2日，蓝粤能源向JS银行荔湾支行申请开立贸易融资额度为8 592万元的远期信用证。蓝粤能源向JS银行荔湾支行出具了“信托收据”并签订了“保证金质押合同”。“信托收据”载明：信托收据为“贸易融资额度合同”及“信托收据贷款合同”的有效组成部分，JS银行荔湾支行与蓝粤能源之间成立信托法律关系，JS银行荔湾支行作为委托人与受益人，自“信托收据”出具之日起取得上述文件及其代表货物的所有权；蓝粤能源作为受托人，有权处理包括前述文件及其代表的货物在内的信托财产。“保证金质押合同”约定蓝粤能源交纳950万元保证金，后又追加保证金31万元，为上述债务提供质押担保。

JS银行荔湾支行于2012年11月2日为蓝粤能源开出跟单信用证，并向蓝粤能源发出“开立信用证通知书”。信用证开立后，蓝粤能源进口了164 998吨煤。随后JS银行荔湾支行对该信用证进行了承兑，并向蓝粤能源放款84 867 952.27元，用于蓝粤能源偿还JS银行首尔分行信用证垫付款。蓝粤能源在款项到期后未能足额清偿欠款，构成违约。

2012年12月6日，JS银行荔湾支行与蓝文彬签订“最高额权利质押合同”，约定蓝文彬以其所持有的蓝粤能源6%的股权为借款合同主合同项下的债务提供最高额权利质押担保。担保责任的最高限额为238 978.02万元，并办理了质押登记。同日，JS银行荔湾支行收到了包括本案所涉提单在内的全套单据，JS银行荔湾支行以“信用证单据通知书”告知了蓝粤能源信用证项下有关单据内容，蓝粤能源明确表示接受单据并承诺于2013年3月6日付款。

此后，JS银行荔湾支行委托JS银行首尔分行于2012年12月14日对外支付信用证项下款项15 226 015.44美元。信用证项下付款期限届满后，蓝粤能源未向JS银行荔湾支行足额支付该笔款项。

2013年3月21日、4月21日，JS银行荔湾支行两次向粤东电力、蓝海海运、蓝文彬发出逾期贷款（垫款）催收通知书，要求粤东电力、蓝海海运、蓝文彬履行保证责任，清偿蓝粤能源拖欠的84 867 952.27元本金及551 641.69元利息。

蓝粤能源进口的164 998吨煤炭提货单由JS银行荔湾支行持有，但因其他纠纷，该批煤炭被其他法院查封，JS银行荔湾支行未能提货变现。

因粤东电力、蓝海海运、蓝文彬未能清偿上述欠款，JS银行荔湾支行向广东省广州市中级人民法院（以下简称广州中院）起诉，请求判令：（1）蓝粤能源向JS银行荔湾支行清偿信用证垫付款本金人民币84 867 952.27元及至全部清偿日止的利息（含罚息和复利551 641.70元）；（2）确认上述信用证项下164 998吨煤属于JS银行荔湾支行的财产，并以处置该财产所得款项优先清偿上述信用证项下债务；（3）粤东电力、蓝海海运、蓝文彬对蓝粤能源应承担的上述债务承担连带清偿责任；（4）粤东电力、蓝海海运自2013年3月6日起按其向JS银行荔湾支行承担保证责任应支付的金额依每日万分之五的标准支付违约金直至付清所有款项之日止；（5）确认JS银行荔湾支行对蓝文彬持有的蓝粤能源6%的股权享有优先受偿权；（6）蓝粤能源、粤东电力、蓝海海运、蓝文彬承担本案全部诉讼费用以及JS银行荔湾支行为实现上述债权所产生的必要费用。

（一）一审情况

广州中院经审理认为：本案争议的焦点包括以下四点：

1. 关于煤炭的权属问题。该院认为：JS银行荔湾支行诉请判令蓝粤能源及保证人清偿垫付款的同时，又诉请要求确认164 998吨煤炭的所有权为因同一法律事实而双重获利，JS银行荔湾支行要求确认煤炭权属的请求，不属于本案审理的范围，应予驳回。

2. 关于JS银行荔湾支行对煤炭是否享有优先受偿权问题。该院认为：JS银行荔湾支行虽持有煤炭的货运提单，但JS银行荔湾支行与蓝粤能源并未就该提单依法定程序设定质押。对JS银行荔湾支行要求确认对享有优先受偿权的诉请，不予支持。

3. 关于蓝粤能源应否清偿JS银行荔湾支行垫付的本金84 867 952.27元及利息的问题。该院认为：根据查明的事实，因其他债务纠纷，该提单项下的煤炭已被有关法院查封，JS银行荔湾支行并未实际提取煤炭，其债权并未得到实现。蓝粤能源及粤东电力、蓝海海运、蓝文彬对其拖欠JS银行荔湾支行的本金及利息金额予以确认，JS银行荔湾支行有权要求蓝粤能源清偿垫付的本金84 867 952.27元及利息，故对该项请求予以支持。

4. 关于粤东电力、蓝海海运、蓝文彬应否承担每日万分之五的违约金责任问题。该院认为：虽然保证合同中，对保证人到期不履行清偿义务约定了需承担每日万分之五的违约金责任进行了明确约定，JS银行荔湾支行亦依约向保证人进行了催收。鉴于蓝粤能源在与JS银行荔湾支行订立合时即将信用证项下的煤炭提单交付给了JS银行荔湾支行，双方存在以煤炭变现款清偿债务的意思表示。故JS银行荔湾支行要求保证人支付违约金的请求不当。且JS银行荔湾支行于本案起诉要求蓝粤能源偿还的84 867 952.27元本金及利息中，已包含复利、罚息，在此基础上再要求承担违约金，加重了保证人的责任，系对保证人进行双重惩罚，故对JS银行荔湾支行的该项诉请不予支持。

JS银行荔湾支行不服一审判决，向广东省高级人民法院（以下简称广东高院）提起上诉。

（二）二审情况

广东高院经二审审理后，对一审查明的事实予以确认，并认为本案信用证融资纠纷争议的焦点包括以下三点：

1. 关于JS银行荔湾支行是否对涉案煤炭享有所有权的问题。该院认为：蓝粤能源出具“信托收据”时，涉案煤炭交承运人运输，属第三人占有，在未直接交付的情况下，依据《物权法》第二十六条及《海商法》第七十一条的规定，提单的交付仅意味着提货请求权的转移，在未将提货请求权转移的事实通知实际占有人的情况下，并不构成提单项下货物的交付，故JS银行荔湾支行要求确认其对涉案煤炭的所有权，依据不足，不予支持。

2. 关于JS银行荔湾支行是否对涉案煤炭享有优先受偿权的问题。该院认为：《信托法》第七条规定，信托财产必须是委托人合法所有的财产，从“信托收据”的内容看，信托财产为涉案煤炭，JS银行荔湾支行作为委托人，并未取得涉案煤炭的所有权，故以涉案煤炭为信托财产的信托并未有效设立，而动产质权的设立应以出质人交付质押财产为要件，故JS银行荔湾支行对涉案煤炭不享有质权。

3. 关于粤东电力、蓝海海运、蓝文斌是否应当承担每日万分之五的违约金责任问题。该院认为：JS银行荔湾支行起诉要求蓝粤能源偿还的利息中，已经包含了复利和罚息，其既要求保证人对上述本息承担连带责任，又要求其承担每日万分之五的违约金，系对保证人的双重惩罚，不应支持。

JS银行荔湾支行不服广东高院的上述二审认定和判决，向最高人民法院（以下简称最高院）申请再审，仍请求判决支持其一审提出的全部诉讼请求。事实和理由为：（1）案涉信用证项下的提单是不记名指示提单，性质上属于所有权凭证。JS银行荔湾支行因承兑并委托偿付行付款而合法持有信用证项下包括提单在内的单据，对提单表征的货物享有所有权；（2）JS银行荔湾支行主张煤炭所有权的最终目的是以煤炭的处置价款优先清偿信用证垫款产生的债权，不足的差额部分再由蓝粤能源继续清偿，不存在双重获利的情形；（3）即使JS银行荔湾支行对案涉货物不享有所有权，也享有优先受偿权。本案中，在蓝粤能源已将提单交付JS银行荔湾支行的情况下，根据《物权法》第二百二十四条的规定，应认为已经设立提单质押，JS银行荔湾支行对提单项下货物享有优先受偿权；（4）粤东电力、蓝海海运分别与JS银行荔湾支行签订的最高额保证合同中明确约定了违约金支付标准。粤东电力、蓝海海运没有提出违约金过高从而要求酌减的抗辩，法院直接以违约金过高为由驳回JS银行荔湾支行有关违约金的诉讼请求，亦系适用法律错误。

蓝粤能源、蓝文彬答辩称：（1）根据“信托收据”的约定，JS银行荔湾支行应将相关单据交给蓝粤能源，JS银行荔湾支行没有履行交单义务，违约在先，其要求蓝粤能源承担违约责任以及相关保证人承担保证责任均缺乏法律依据；（2）JS银行荔湾支行至今仍持有信用证项下包括提单在内的单据，可以凭提单提取案涉货物，在此情况下，再向蓝粤能源及相关保证人主张权利亦缺乏法律依据。

蓝海海运答辩称：（1）JS银行荔湾支行没有根据“信托收据”的约定履行交单义务，违约在先，其要求蓝海海运承担保证责任缺乏法律依据；（2）JS银行荔湾支行起诉要求蓝粤能源偿还的利息中已经包含了复利和罚息，于此之外再要求蓝海海运承担每日万分之五的违约金责任，属于过度主张权利，不应予以支持。

粤东电力未予答辩。

四、法院观点

最高院经审查后裁定提审本案，并经公开审理后认为，本案主要争议焦点有三：（1）JS银行荔湾支行是否对案涉提单项下货物享有所有权；（2）JS银行荔湾支行对处置案涉货物所得的价款是否享有优先受偿权；（3）粤东电力、蓝海海运应否另行承担每日万分之五的违约金责任。

（一）关于JS银行荔湾支行是否对案涉提单项下货物享有所有权的问题

提单具有债权凭证与所有权凭证的双重属性。但是否持有提单就对提单项下货物享有所有权须区分记名提单、指示提单和不记名提单而区别讨论。不可转让的记名提单，只有提单上所记载的人享有交付货物的债权请求权及物权请求权；可转让的指示提单和无记名提单流转给他人持有时，提单持有人是否当然就享有提单所表征的债权请求权及物权请求权，则不能一概而论。因为对于提单持有人而言，其依法正当地向承运人行使提单权利，应具有法律上的原因或依据，基于不同的法律关系，提单持有人享有不同的权利，即虽然提单的交付可以与提单项下货物的交付一样产生提单项下货物物权变动的法律效果，但提单持有人是否就因受领提单的交付而取得物权以及取得何种类型的物权，则取决于其所依据的合同如何约定。

本案中，JS 银行荔湾支行持有提单，但其是否就享有提单项下货物的所有权，取决于其与蓝粤能源之间的有关合同如何约定。JS 银行荔湾支行与蓝粤能源于 2011 年 12 月 5 日签订的“贸易融资额度合同”及“关于开立信用证的特别约定”，均没有关于在蓝粤能源不能付款赎单则 JS 银行荔湾支行对提单项下货物享有所有权的约定。2012 年 11 月 2 日，蓝粤能源向 JS 银行荔湾支行出具的“信托收据”载明，一旦 JS 银行荔湾支行向蓝粤能源交付或者同意蓝粤能源使用信用证项下的货物或该货物的权利凭证等文件，自该收据出具之日起 JS 银行荔湾支行取得信用证项下所涉单据和货物的所有权。

根据上述记载，JS 银行荔湾支行虽持有提单，但并非当然对提单项下货物享有所有权，只有在 JS 银行荔湾支行将提单或提单项下货物交由蓝粤能源处置的情况下，蓝粤能源才让与其提单项下货物的所有权。事实上，JS 银行荔湾支行并未将案涉提单或提单项下货物交由蓝粤能源处置。因此，JS 银行荔湾支行关于“提单是所有权凭证，其合法持有提单，就享有提单项下货物所有权”的主张，缺乏事实与法律依据，不予支持。

（二）关于 JS 银行荔湾支行对处置案涉货物所得的价款是否享有优先受偿权的问题

设立提单权利质押应当同时具备两个要件：一是双方签订了设立提单权利质押的书面合同；二是满足物权公示要件，将权利凭证即提单交付质权人。JS 银行荔湾支行持有提单，具备了提单权利质押设立的公示要件，但就“信托收据”的内容来看，蓝粤能源意在将提单及提单项下货物所有权让与 JS 银行荔湾支行，以此作为履行还款义务的担保。该意思表示明显区别于动产质押或权利质押，不应作为认定设立提单权利质押的合同依据。然而，蓝粤能源与 JS 银行荔湾支行签订的“关于开立信用证的特别约定”中约定，一旦蓝粤能源违约或发生“贸易融资额度合同”中约定的可能危及 JS 银行荔湾支行债权的情形之一的，JS 银行荔湾支行有权行使下述一项或几项权利，其中第四项约定有权“行使担保权利”，第五项约定有权“要求甲方追加保证金或乙方认可的其他担保”。其中第五项所指的“保证金”和“其他担保”已有明确指向，应系蓝粤能源已经缴纳的保证金和粤东电力、蓝海海运、蓝文彬提供的连带责任保证以及蓝文彬以其持有的蓝粤能源 6% 的股权设定的质押担保。加之从合同的体系解释角度看，在合同条款有两种以上的解释时，不应当采纳使部分合同条款成为赘文的解释，而应当采纳使各个合同条款都具备一定意义的解释，因此，应认为第四项和第五项的约定具有不同的功能与法律意义。第四项约定的“担保权利”应是指向第五项约定的担保权利之外的担保。同时，开证行持有提单的目的是为了担保其债权的实现。结合《关于开立信用证的特别约定》第九条第二款第三项约定：一旦蓝粤能源违约或发生《贸易融资额度合同》中约定的可能危及 JS 银行荔湾支行债权的情形之一的，JS 银行荔湾支行有权“处分信用证项下单据及/或货物”。这表明 JS 银行荔湾支行有权以自己的意思做出包括设定提单质押在内的处分行为。同时，以货物所有权担保其债权实现，违反物权法定原则。故在 JS 银行荔湾支行既主张以提单项下货物所有权担保其债权，又主张在提单质权的情况下，应当支持更符合法律规定的主张，认定 JS 银行荔湾支行享有提单权利质权。

（三）关于粤东电力、蓝海海运应否另行承担每日万分之五的违约金责任的问题

每日万分之五的利息、逾期付款违约金计算标准相当于年利率 18.25%，而近十年金融机构人民币贷款中，五年以上档次最高利率仅为 7.83%，故违约金计算标准相当于年利率 10.42%（18.25%~7.83%），无疑已远远超过实际利息损失的 30%。在 JS 银行荔湾支行未主张且亦未举证证明逾期付款利息损失之外存在其他损失的情况下，保证人仅以担保范围为限所承担的逾期付款违约金就已超过其实际损失的 30%。在此情况下，最高额保证合同又约定保证人在担保范围之外另行承担每日万分之五的迟延付款违约金，显然属于《中华人民共和国合同法》第一百一十四条所规定的约定违约金过分高于损失的情形，根据该条及《最高人民法院关于适用〈中华人民共和国合同法〉若干问题的解释（二）》第二十九条之规定，人民法院可以基于债务人的主张对违约金进行酌减。

五、裁判结果

最高人民法院依据《物权法》第二百二十四条，《民事诉讼法》第一百七十条第一款第二项、第二百零七条之规定，判决如下：

1. 撤销广东省高级人民法院（2014）粤高法民二终字第 45 号民事判决、广东省广州市中级人民法院（2013）穗中法金民初字第 158 号民事判决主文第四项。

2. 维持广东省广州市中级人民法院（2013）穗中法金民初字第 158 号民事判决主文第一项、第二项、第三项。

3. JS 银行荔湾支行对案涉信用证项下提单对应的货物处置所得的价款享有优先受偿权。

4. 驳回 JS 银行荔湾支行的其他诉讼请求。

六、评析

（一）提单的法律性质：债权凭证和物权凭证的双重属性

依《中华人民共和国海商法》第七十一条规定，提单是指用以证明海上货物运输合同

和货物已经由承运人接收或者装船，以及承运人保证据以交付货物的单证。按照这一规定，提单既是证明运输合同成立的证据，也是承运人保证交付货物的单证。《中华人民共和国海商法》第七十八条第一款有关承运人同收货人、提单持有人之间的权利义务关系依据提单确定的规定，提单持有人享有提单载明的债权请求权，亦即提单是提单持有人请求承运人交付货物的债权请求权凭证，从这一意义上而言，提单是债权凭证。不仅如此，《最高人民法院关于审理无正本提单交付货物案件适用法律若干问题的规定》第三条第一款规定："承运人因无正本提单交付货物造成正本提单持有人损失的，正本提单持有人可以要求承运人承担违约责任，或者承担侵权责任。"提单持有人之所以可以要求承运人承担违约责任，是基于提单的债权凭证属性，其系享有提单所载权利的债权人；提单持有人之所以可以要求承运人承担侵权责任，是基于提单的物权凭证属性，其系提单项下货物的所有权人或基于所有权所设定的他物权人。显然，该司法解释亦认可了提单具有所有权凭证和债权凭证的双重属性。

（二）开证行持有提单是否取得物权及物权的类型，取决于合同约定

承前所述，提单虽具有债权与物权凭证的双重属性，且提单交付可与提单项下货物交付一样产生提单项下货物物权变动的法律效果，但提单持有人是否因受领提单交付而取得物权及取得何种类型物权，均取决于其所依据合同如何约定。本案 JS 银行荔湾支行持有提单，但与蓝粤能源未约定若蓝粤能源不能付款赎单，JS 银行荔湾支行对货物享有所有权，且该行也未将提单或货物交付蓝粤能源，故依"信托收据"约定，蓝粤能源未让与提单项下货物所有权。除此之外，JS 银行荔湾支行称"以其享有所有权的货物处置价款优先清偿信用证垫款"，而该"让与动产所有权担保"非法定担保物权类型，不产生物权效力。

依《物权法》第 224 条规定，设立权利质押需具备书面合同、交付提单两条件。本案中 JS 银行荔湾支行持有提单毋庸置疑，"信托收据"也有担保还款的意思表示，但该担保系以让与提单项下货物所有权来实现，明显区别于动产质押或权利质押，不应作为设立提单权利质押合同依据。授信合同附件"开立信用证的特别约定"中约定：蓝粤能源违约……银行有权：第四项："行使担保权利"；第五项：有权"要求甲方追加保证金或乙方认可的其他担保"，在已经明确第五项"其他担保"所约定的具体内容的情况下，依据合同解释原则，在合同条款有两种以上的解释时，不应当采纳使部分合同条款成为赘文的解释，故第四项的担保权利应指：设定提单权利质押、行使提单或提单项下担保物权。

（三）启示

如前所述，在本案信用证融资纠纷中，"贸易融资额度合同"作为授信合同，"信托收据"作为授信合同的附件，其内容直接决定了开证行在垫付信用证项下货款并依约取得货物提单的情况下，持有提单是否意味着享有了相应的担保物权。进一步讲，便是授信合

同及其附件的约定直接决定了银行在本类信用证融资业务发生风险后是否可能获得足额的清偿。因此，银行在订立此类授信合同时，应切实做到对相关法律关系约定的清楚、明确，避免产生歧义。基于当前授信合同大多为银行的制式合同，我们建议：(1) 制式合同的推行有利于弥平不同银行在办理授信及信贷业务时的专业认知差距及不同工作人员的专业能力差距，同时显著提高了业务效率。但是，一旦制式合同本身存在缺陷，则极有可能扩大银行授信业务乃至整体信贷业务的风险，可谓是一把“双刃剑”。因此，为避免制式合同所可能产生的业务风险，进一步提高银行的工作效率。我们认为，首先需要在法律法规、行业规范的层面对制式合同的条款形成程序、条款内容等进行立法完善；其次，银行自身也应通过建立系统、完善的合同管理规章制度，对制式合同的内容进行进一步规制。(2) 在对适用制式合同而签订的具体业务合同进行审核，并建立相应审核制度时，应建立以事先评估制度为主，以事后监督制度为补充的合同审查制度。(3) 不断完善在适用制式合同的过程中，履行告知义务的法律规制。按照《合同法》第112条规定，商业银行如果不能充分履行制式合同告知义务，则既要承担违约责任，还要承担侵权责任。但是，作为随附义务的告知义务，常常具有不确定性和广泛性的特点，该特点无疑直接增加了义务履行和制度落实的难度。所以，我们认为，商业银行必须建立能够系统规范告知行为的行为准则，完善告知途径，规范告知形式，确保告知效果，将告知义务从道德约束、诚信驱动的层面上升到行业规范或企业规章的层面。同时，对于因为自身利益或者业务能力问题导致的告知不充分的行为，要确立明确的惩罚机制。其中，我国现行《保险法》中关于告知的方式和内容的规定，对于商业银行具有一定的借鉴性和启迪性。(4) 建立完备的程序保障体系，使得对制式合同的评估、解释、告知制度均能得以有效落实，最终降低因授信合同条款不完善而可能产生的法律风险。

第五节　商业银行审慎注意义务与贷款合同效力

——深圳市机场股份有限公司与XY银行广州分行借款合同纠纷案

一、裁判要旨

1. 表见代理是指行为人没有代理权、超越代理权或者代理权终止后仍以代理人名义订立合同，而善意相对人客观上有充分的理由相信行为人具有代理权的，该代理行为有效，被代理人应按照合同约定承担其与相对人之间的民事责任。但如果合同系以合法形式掩盖非法目的，则合同依法为无效合同，在此情况下不应适用《合同法》关于表见代理的规定。

2. 根据最高人民法院《关于在审理经济纠纷案件中涉及经济犯罪嫌疑若干问题的规定》，行为人私刻单位公章或者擅自使用单位公章、业务介绍信、盖有公章的空白合同书以签订经济合同的方法进行的犯罪行为，单位有明显过错，且该过错行为与被害人的经济损失之间有因果关系的，单位对该过错行为所造成的损失，依法应当承担赔偿责任。单位规章制度不健全、用人失察、对其高级管理人员监管不力，属于单位具有明显过错的具体表现。

3. XY 银行广州分行在签订和履行贷款合同的过程当中，对私刻的深圳机场股份有限公司公章、伪造的证明文件和董事会决议未进行必要的鉴别和核实。深圳机场股份有限公司作为上市公司，在长达两年时间内未在上市公司年报中披露本案所涉贷款，XY 银行广州分行对此亦未能察觉并采取相应措施，反而与其签订了借新还旧的新合同，足以说明 XY 银行广州分行未尽审慎注意义务，具有一定过错。

二、案号

最高人民法院（2008）民二终字第 124 号。

三、案情

2002 年 10 月，崔绍先（时任深圳市机场股份有限公司总经理、董事会董事，主持深圳机场公司的日常工作）使用深圳市机场股份有限公司（以下简称深圳机场公司）的公章以深圳机场公司名义与中国民生银行广州分行（以下简称民生银行广州分行）签订了 1.3 亿元的银行承兑合同，贷出的 1.3 亿元被转入由张玉明任董事长的西北亚奥信息技术公司（以下简称西北亚奥公司），由西北亚奥公司开出汇票在湖南岳阳农行贴现。2003 年 3 月，崔绍先使用深圳机场公司的公章以深圳机场公司名义与上海浦东发展银行广州分行（以下简称浦发银行广州分行）签订了贷款 1.6 亿元的合同，以该 1.3 亿元贷款偿还了前笔向民生银行广州分行的借款本息。在此笔贷款到期时，崔绍先亲自与 XY 银行股份有限公司广州分行（以下简称 XY 银行广州分行）人员商谈贷款，并向 XY 银行广州分行人员介绍西北亚奥公司出纳员李振海为深圳机场公司助理会计师，指使李振海假冒深圳机场公司工作人员（崔亲笔涂改自己的名片给李振海印制名片），使用私刻的深圳机场公司公章于 2003 年 7 月 11 日与 XY 银行广州分行签订“基本授信合同”，约定 XY 银行广州分行向深圳机场公司提供最高限额为人民币 3 亿元的基本授信额度，用于解决深圳机场公司正常的流动资金周转，授信有效期自 2003 年 7 月 11 日至 2004 年 7 月 10 日止。同年 7 月 14 日和 12 月 9 日，李振海按崔绍先的授意代表深圳机场公司在崔绍先办公室与 XY 银行广州分行分别签订了数额为 2 亿元和 2 500 万元的两份贷款合同，共贷款 2.25 亿元，年利率为 4.779%，贷款期限一年。开户和贷款所需的深圳机场公司营业执照、税务登记证、法定代表人身份证明、授权委托书、董事会决议等相关资料，全部由崔绍先提交并加盖私刻的深圳机场公司公章。2.25 亿元贷款发放后，李振海按崔绍先的授意将其中的 1.6 亿元通过深圳市机场航空货运有限公司（以下简称深圳机场航空货运公司）账户偿还浦发银行广州分行的 1.6 亿元借款。余款转入西北亚奥公司等处。在 2.25 亿元贷款即将到期时，2004 年 7 月 5 日，崔绍先又亲自用私刻的深圳机场公司假公章在其办公室与 XY 银行广州分行签订了三份各 7 500 万元的借新贷还旧贷合同，年利率为 5.481%，贷款期限一年，对 2.25 亿元贷款延期。2004 年 8 月 11 日和 2005 年 1 月 4 日，XY 银行广州分行直接或通过安永会计师事务所向深圳机场公司发出贷款核数函和直接追收函，崔绍先又亲自拟函和签名并使用私刻的深圳机场公司公章行文答复 XY 银行广州分行。

XY 银行广州分行发放 2.25 亿元贷款后，已收至 2004 年 11 月 24 日共 667 万元的贷款利息。其中：深圳航空货运有限公司汇入 309 万元；深圳市深唐供水设备工业有限公司汇入 90 万元；新宝莱实业发展（深圳）有限公司汇入 10 万元；李振海交现金 188 万元；张玉明深圳账户转款 70 万元。

2005 年 2 月 24 日，张玉明、崔绍先、李振海等人因涉嫌贷款诈骗犯罪被深圳市公安局逮捕。2006 年 2 月 27 日，深圳市人民检察院对崔绍先等人涉嫌犯罪一案向深圳市中级人民法院提起公诉。2007 年 8 月 7 日，深圳市中级人民法院对崔绍先、张玉明、李振海等所涉贷款诈骗罪一案做出（2006）深中法刑二初字第 134 号刑事判决。该刑事判决认定以下事实：2003 年 5 月，被告人崔绍先为帮助被告人张玉明融资，以深圳机场公司名义和浦发展银行广州分行签订 2 亿元人民币的基本授信合同及 1.6 亿元的贷款合同，该贷款被张玉明的公司占有。为了偿还到期的该笔贷款，被告人张玉明、崔绍先商定盗用深圳机场公司的名义以机场扩建候机楼需用资金的理由向 XY 银行广州分行贷款。被告人张玉明、崔绍先授意被告人李振海假冒机场公司的财务人员办理向 XY 银行广州分行贷款的具体事宜。同年 7 月 11 日，被告人李振海假冒深圳机场公司的财务人员代表该公司与 XY 银行广州分行签订了金额为 3 亿元人民币的基本授信合同，伪造深圳机场公司法定代表人授权书，代表该公司与 XY 银行广州分行签订了金额分别为 2 亿元人民币和 0.25 亿元人民币的借款合同，并在合同及所有贷款资料上加盖其伪造的深圳机场公司公章。2.25 亿元人民币贷出后，全部由李振海转到张玉明控制的公司非法占有。2004 年初，2.25 亿元人民币即将到期，被告人张玉明、崔绍先、李振海采取“借新还旧”的方式，利用上述授信合同内剩余的 0.75 亿元贷款额度，循环贷款三次，共计贷款 2.25 亿元人民币，将还贷的期限变相延长一年。被告人崔绍先在延期的贷款合同上签名。被告人李振海在延期的贷款合同上加盖了伪造的深圳机场公司公章。该判决认为：张玉明、田其伟、崔绍先、李振海以非法占有为目的，使用虚假的证明文件和经济合同，诈骗银行贷款，数额特别巨大，其行为已构成诈骗贷款罪；张玉明、田其伟构成合同诈骗罪。在共同犯罪中，张玉明在诈骗贷款和合同诈骗中均是主犯。田其伟在诈骗贷款中是从犯，在合同诈骗中是主犯。崔绍先在贷款诈骗中虽未占有赃款，但其协助张玉明进行贷款诈骗，帮助张玉明非法占有他人财产，属贷款诈骗共犯中的从犯。鉴于崔绍先没有实际占有他人财产，犯罪后主动投案如实供述自己的罪行，应认定为自首，归案后协助公安机关抓获同案犯张玉明、李振海，属于重大立功表现，依法应当减轻处罚。深圳市中级人民法院判决：（1）被告人张玉明犯贷款诈骗罪，判处无期徒刑，剥夺政治权利终身，并处没收个人全部财产。犯合同诈骗罪，判处无期徒刑，剥夺政治权利终身，并处没收个人全部财产。决定执行无期徒刑，剥夺政治权利终身，并处没收个人全部财产。被告人田其伟犯贷款诈骗罪，判处有期徒刑八年，并处罚金人民币 1 万元；犯合同诈骗，判处有期徒刑十五年，并处罚金人民币 2 万元。决定执行有期徒刑十七年，并处罚金人民币 3 万元。被告人李振海犯贷款诈骗罪，判处有期徒刑十五年，并处罚金人民币 2 万元。被告人崔绍先犯贷款诈骗罪，判处有期徒刑六年，并处罚金人民币 1 万元。（2）缴扣的假印章由公安机关予以没收销毁，犯罪所得的财物继续予以追缴。深圳市中级人民法院做出该刑事一审判决后，张玉明、田其伟、李振海三人向广东省高级人民法院提出上诉。崔绍先在一审承认控罪，判决后未提出上诉。

XY 银行广州分行于 2005 年 1 月向广东省高级人民法院提起诉讼，请求：一、判令解除双方 2003 年 7 月 11 日签署的“基本授信合同”及基于该《基本授信合同》签订的金额分别为 2 亿元和 2 500 万元的两份贷款合同及 2004 年 7 月与深圳机场公司以借新还旧的方式签订的每份金额为 7 500 万元的借款合同。二、判令深圳机场公司立即返还借款本金 22 500 万元、利息及罚息 212 592 936 元（合计：人民币 22 712 592. 36 元，暂计至 2005 年 1 月 24 日）。三、由深圳机场公司承担本案 XY 银行广州分行为实现债权而支付的所有费用。

广东省高级人民法院受理后，因深圳市公安局对深圳机场公司原总经理崔绍先等人涉嫌贷款诈骗一案正在进行刑事侦查，根据深圳机场公司的申请，该院于 2005 年 12 月 19 日裁定中止案件的审理。在深圳市人民检察院对崔绍先等人涉嫌利用合同诈骗贷款一案向深圳市中级人民法院提起公诉，深圳市中级人民法院对该刑事案件开庭审理后，广东省高级人民法院恢复案件审理。

四、法院观点

（一）深圳机场公司和 XY 银行广州分行签订的基本授信合同和相关借款合同的效力

根据本案查明的事实，本案所涉贷款系崔绍先等人伪造文件，虚构贷款用途，通过私刻公章以深圳机场公司的名义与 XY 银行广州分行签订借款合同诈骗而来，所骗款项全部由张玉明控制的公司非法占有，张玉明、崔绍先、李振海正在接受国家司法机关的刑事追究。崔绍先等人的真实目的是骗取银行信贷资产，签订本案所涉基本授信合同及相关贷款合同只是诈骗银行信贷资产的形式和手段。上述行为符合《中华人民共和国合同法》第五十二条第（三）项规定的合同无效情形，本案所涉基本授信合同及相关贷款合同系以合法的形式掩盖非法目的，应属无效合同。

（二）深圳机场公司和 XY 银行广州分行是否存在过错

最高人民法院《关于在审理经济纠纷案件中涉及经济犯罪嫌疑若干问题的规定》规定：“行为人私刻单位公章或者擅自使用单位公章、业务介绍信、盖有公章的空白合同书以签订经济合同的方法进行的犯罪行为，单位有明显过错，且该过错行为与被害人的经济损失之间具有因果关系的，单位对该过错行为所造成的损失，依法应当承担赔偿责任”。崔绍先系深圳机场公司的董事、总经理，在本案发生期间主持深圳机场公司的日常工作。崔绍先伙同张玉明、李振海等人为偿还骗取的其他商业银行的到期贷款，亲自与 XY 银行广州分行人员商谈贷款事宜，提供虚假文件和伪造的董事会决议，指使李振海以私刻的公章代表深圳机场公司签订授信合同和贷款合同，并在其后亲自使用私刻的公章与 XY 银行广州分行签订了借新还旧的贷款合同，使 XY 银行广州分行误以为崔绍先是在履行职务行为，贷款系深圳机场公司所为，从而造成 2.25 亿元骗贷最终得逞。上述情形之所以能够发生，崔绍先利用其特殊的身份参与骗贷活动固然系主要原因，但也与深圳机场公司规章制度不健全、用人失察、对公司高级管理人员监管不力密不可分，故深圳机场公司在本案中具有明显过错，应依法对 XY 银行广州分行的损失承担主要的赔偿责任。

XY 银行广州分行在签订和履行本案 2.25 亿元贷款合同的过程当中，未尽审慎注意义务，对私刻的深圳机场公司公章、伪造的证明文件和董事会决议未进行必要的鉴别和核实，在贷款的审查、发放、贷后跟踪检查等环节具有明显疏漏。深圳机场公司作为上市公司，在长达两年时间内未在上市公司半年报和年报中披露本案所涉贷款，XY 银行广州分行对此亦未能察觉并采取相应措施，反而与其签订了借新还旧的新合同，故 XY 银行广州分行在本案中也存在一定过错，对本案的损失应承担相应的民事责任。

（三）崔绍先的行为是否构成表见代理

关于 XY 银行广州分行所称本案崔绍先的行为构成表见代理，本案授信合同和与之相关的一系列贷款合同为有效合同，深圳机场公司应依贷款合同返还贷款本息（包括罚息）的主张，法院认为，表见代理是行为人没有代理权、超越代理权或者代理权终止后继续以代理人名义订立合同，而善意相对人客观上有充分的理由相信行为人具有代理权，则该代理行为有效，被代理人应按合同约定承担其与相对人之间的民事责任。但是，在相对方有过错的场合，不论该种过错是故意还是过失，无表见代理适用之余地。因本案基本授信合同及相关贷款合同，均为以合法的形式掩盖非法目的的无效合同，且 XY 银行广州分行在本案所涉贷款过程中具有过错，故本案不适用《合同法》关于表见代理的规定，深圳机场公司和 XY 银行广州分行应根据各自的过错程度承担相应的民事责任。

（四）深圳机场公司和 XY 银行广州分行应当承担的责任比例

本案 2.25 亿元之中的 1.6 亿元确被崔绍先等用于偿还欠浦发银行广州分行的前一笔

债务，但深圳机场公司是否应当偿还浦发银行广州分行 1.6 亿元贷款与本案无关，该偿付行为并未使 2.25 亿元骗贷的性质有所改变，本案应以 2.25 亿元及未付利息作为损失，确定民事责任的承担范围。法院最终判决确定深圳机场公司赔偿 XY 银行广州分行损失本金 1.925 亿元及未付利息，XY 银行广州分行自行承担损失本金 3 250 万元及利息，即深圳机场公司承担本案 2.25 亿元贷款本息损失的近 85%，XY 银行广州分行自行承担本息损失的近 15%。上述责任的分担情况与双方当事人的责任承担与其过错程度是适应的。

五、裁判结果

广东省高级人民法院经审判委员会讨论，根据《中华人民共和国合同法》第五十二条第（三）项、第五十八条，《中华人民共和国商业银行法》第三十五条第一款，最高人民法院《关于在审理经济纠纷案件中涉及经济犯罪嫌疑若干问题的规定》第五条第二款，《中华人民共和国民事诉讼法》第一百三十八条之规定，做出一审判决：一、确认本案所涉的授信合同、贷款合同全部无效；二、深圳机场公司于判决生效之日起十五日内赔偿 XY 银行广州分行贷款损失 19 250 万元本息（利息从 2004 年 11 月 25 日起按中国人民银行规定的同期贷款利率计至还款之日，逾期付款按中国人民银行规定的同期贷款利率双倍计付利息）；三、驳回 XY 银行广州分行的其他诉讼请求。广东省高级人民法院做出一审判决后，深圳机场公司和 XY 银行广州分行均不符一审法院判决，向最高人民法院提起上诉。

最高人民法院二审判决：驳回上诉，维持原判。

六、评析

（一）为骗取银行贷款而订立的授信合同及相关贷款合同属于以合法形式掩盖非法目的合同，应属无效

《中华人民共和国合同法》第五十二条规定：“有下列情形之一的，合同无效：（一）一方以欺诈、胁迫的手段订立合同，损害国家利益；（二）恶意串通，损害国家、集体或者第三人利益；（三）以合法形式掩盖非法目的；（四）损害社会公共利益；（五）违反法律、行政法规的强制性规定。”所谓“以合法形式掩盖非法目的”是指当事人订立的合同在形式上是合法的，但在缔约目的和内容上是非法的。因被掩盖的目的非法，在后果上损害了国家、集体或第三人的利益，故该类合同应为无效。本案中，崔绍先等人的真实目的是骗取银行贷款，签订本案所涉基本授信合同及相关贷款合同只是诈骗银行信贷资产的形式和手段，故应当认定为无效合同。

（二）表见代理能够适用的前提是合同合法有效，且相对人善意无过失

表见代理是为保护交易安全和善意第三人的利益而设立的法律制度。《中华人民共和国合同法》第四十九条规定："行为人没有代理权、超越代理权或者代理权终止后以被代理人名义订立合同，相对人有理由相信行为人有代理权的，该代理行为有效。"适用表见代理制度的前提是合同合法有效，如果合同因为违反了《中华人民共和国合同法》第五十二条之规定而被认定为无效，则没有表见代理适用的余地。

《最高人民法院关于当前形势下审理民商事合同纠纷案件若干问题的指导意见》第 13 条和第 14 条对表见代理的构成要件及具体判断标准、举证责任等做出了进一步阐述。《最高人民法院关于当前形势下审理民商事合同纠纷案件若干问题的指导意见》第 13 条规定："合同法第四十九条规定的表见代理制度不仅要求代理人的无权代理行为在客观上形成具有代理权的表象，而且要求相对人在主观上善意且无过失地相信行为人有代理权。合同相对人主张构成表见代理的，应当承担举证责任，不仅应当举证证明代理行为存在诸如合同书、公章、印鉴等有权代理的客观表象形式要素，而且应当证明其善意且无过失地相信行为人具有代理权"。第 14 条规定："人民法院在判断合同相对人主观上是否属于善意且无过失时，应当结合合同缔结与履行过程中的各种因素综合判断合同相对人是否尽到合理注意义务，此外还要考虑合同的缔结时间、以谁的名义签字、是否盖有相关印章及印章真伪、标的物的交付方式与地点、购买的材料、租赁的器材、所借款项的用途、建筑单位是否知道项目经理的行为、是否参与合同履行等各种因素，做出综合分析判断"。如果合同相对人不能举证证明是善意且无过失地相信行为人具有代理权，则也不能适用表见代理。

本案中，XY 银行广州分行在签订和履行本案 2.25 亿元贷款合同的过程当中，未尽审慎注意义务，对私刻的深圳机场公司公章、伪造的证明文件和董事会决议未进行必要的鉴别和核实，在贷款的审查、发放、贷后跟踪检查等环节具有明显疏漏。深圳机场公司作为上市公司，在长达两年时间内未在上市公司半年报和年报中披露本案所涉贷款，XY 银行广州分行对此亦未能察觉并采取相应措施，反而与其签订了借新还旧的新合同。以上种种情形足以证明 XY 银行广州分行未尽到合理的注意义务，存在一定过失。故本案不能适用表见代理的规定。

（三）启示

1. 签订授信贷款合同时，银行应当严格按照监管规定审查贷款人提交的各项贷款申请资料。《贷款通则》第十九条规定："借款人应及时依法向贷款人提供贷款人要求的有关资料，不得隐瞒，不得提供虚假资料"。本案涉案贷款的发放时间为 2004 年前后，虽然原中国银监会制定的《流动资金贷款管理暂行办法》于 2010 年颁布实施，但该办法的各项要求也是在商业银行贷款的长期实践中形成的。《流动资金贷款管理暂行办法》第五条规定："贷款人应完善内部控制机制，实行贷款全流程管理，全面了解客户信息，建立流

动资金贷款风险管理制度和有效的岗位制衡机制，将贷款管理各环节的责任落实到具体部门和岗位，并建立各岗位的考核和问责机制。”第二十一条规定：“贷款人应在借款合同中约定由借款人承诺以下事项：（一）向贷款人提供真实、完整、有效的材料……”原中国银监会2004年颁布的《商业银行授信工作尽职指引》对银行授信过程中应掌握的“客户基本信息”提出了要求，包括“（八）董事会成员和主要负责人、财务负责人名单和签字样本等；（九）若为有限责任客户、股份有限客户、合资合作客户或承包经营客户，要求提供董事会或发包人同意申请授信业务的决议、文件或具有同等法律效力的文件或证明……”。本案中，XY银行广州分行在签订和履行涉案2.25亿元贷款合同的过程当中，未按照监管规定对深圳机场公司的公章、董事会决议的真实性进行必要的鉴别和核实，未尽到审慎注意义务，未能发现崔少先等人提供的贷款申请材料是伪造的，是造成巨额银行贷款被崔少先等人诈骗的重要原因。

2. 贷款发放后，银行应当按照规定检查贷款的使用情况，将贷后管理各项工作落实到位。《贷款通则》第二十条规定：“借款人应依法接受贷款人对其财务状况以及使用贷款情况的监督。”《流动资金贷款管理暂行办法》第九条规定：“贷款人应与借款人约定明确、合法的贷款用途。流动资金贷款不得用于固定资产、股权等投资，不得用于国家禁止生产、经营的领域和用途。流动资金贷款不得挪用，贷款人应按照合同约定检查、监督流动资金贷款的使用情况。”《商业银行授信工作尽职指引》第四十一条规定：“商业银行授信实施后，应对所有可能影响还款的因素进行持续监测，并形成书面监测报告。重点监测以下内容：客户是否按约定用途使用授信，是否诚实地全面履行合同。”本案中，崔绍先于2003年第一次冒用深圳机场公司的名义向XY银行广州分行贷款2.25亿元后并没有按照借款合同约定的用途使用贷款，而是将其中的1.6亿元通过深圳机场航空货运公司账户偿还浦发银行广州分行的1.6亿元借款，余款转入西北亚奥公司等处，但XY银行广州分行并未按照规定检查、监督这笔流动资金贷款的使用情况，对崔绍先等人操纵XY银行广州分行贷款偿还其他银行贷款的行为毫无察觉，未能及时采取措施减少损失。

《流动资金贷款管理暂行办法》第三十条规定：“贷款人应加强贷款资金发放后的管理，针对借款人所属行业及经营特点，通过定期与不定期现场检查与非现场监测，分析借款人经营、财务、信用、支付、担保及融资数量和渠道变化等状况，掌握各种影响借款人偿债能力的风险因素。”深圳机场公司是A股上市公司，《中华人民共和国证券法》第六十五条、第六十六条、第六十七条对上市公司的定期报告和临时报告都做出了规定。深圳机场公司向银行借款融资的行为按规定应当及时进行信息披露，但深圳机场公司在长达两年时间内未在上市公司半年报和年报中披露本案所涉贷款，XY银行广州分行对此亦未能察觉并采取相应措施，贷后管理工作严重不到位，最终使得崔绍先有机可乘于2004年第二次冒用深圳机场公司的名义与XY银行广州分行签订三份各7 500万元的借新贷还旧贷合同。

这一案例再一次用惨痛的教训告诉银行从业人员，如果XY银行广州分行在签订授信贷款合同时认真审查深圳机场公司印章和董事会决议的真实性，就能发现崔少先等人贷款诈骗的行为，避免损失的发生。如果XY银行广州分行在贷款发放后及时检查涉案流动资金贷款的实际用途或在贷后管理中仔细查阅深圳机场公司按照《中华人民共和国证券法》的规定披露的各项信息，也能够及时发现崔少先等人贷款诈骗的行为，从而能够及时采取措施将损失减少到最小。

第六节　银行负责人借款与表见代理

——郭世亮与JT银行股份有限公司镇江扬中支行金融借款合同纠纷再审案

一、裁判要旨

1. 银行向自然人借款，固然不属于银行的正常业务范围，但案涉借款合同系工作时间在银行办公室所签，代表银行签字的人员时任银行负责人并持有该行公章，且该借款合同仅约定资金借用一天。因此，相对人有充分理由相信银行签字人员是代表银行进行业务资金周转，相对人的信赖符合常人理性判断，相关信赖利益应予以保护。

2. 银行若主张借款合同系银行负责人个人与相对人之间的个人债务的，应承担相应的举证责任。

二、案号

（2018）最高法民再302号。

三、案情

2013年12月26日，JT银行主持工作副行长戴鸿翔向案外人陈道燧出具借条，借条主要内容：今借到郭世亮人民币4 720万元整，请将此款转到中电变压器公司账户上，再将此款转到绿洲公司账户上，定于2013年12月27日归还。具借人：戴鸿翔、JT银行并加盖了公章。

郭世亮于2013年12月26日从其个人银行卡中将4 720万元借款付至中电变压器（江苏）股份有限公司（以下简称中电变压器公司），后转至绿洲公司。经查，JT银行印章系戴鸿翔私刻，盖印章地点为JT银行戴鸿翔办公室。郭世亮亦陈述，其与戴鸿翔不熟悉，该借款由陈道燧介绍并委托其操作。

郭世亮向一审法院起诉请求：（1）JT 银行偿还借款 4 720 万元及利息（按中国人民银行同类同期贷款利率计算）；（2）本案诉讼费用由 JT 银行承担。

四、法院观点

（一）一审观点

一审法院经审理后，认为本案的争议焦点为：戴鸿翔出具借条行为是履行职务行为还是表见代理。

1. 职务行为系企业负责人在法律和章程范围内履行职权的行为。《商业银行法》第三条规定的十四项业务内容是商业银行的经营业务范围，戴鸿翔向个人的借款行为不属于商业银行的经营活动，故戴鸿翔向个人借款行为不构成履行职务行为。

2. 戴鸿翔的行为是否构成表见代理。表见代理制度应当符合两个基本条件：一是行为人无权代理，二是合同相对人主观必须是善意、无过失的。本案中，戴鸿翔的行为不属于其职务范围内的经营活动，属无权代理。郭世亮在起诉状中陈述，借款原因是绿洲公司需“过桥”而发生的短期资金拆借，借款人应当是绿洲公司，JT 银行不是资金的实际使用人，郭世亮系当地规模企业的财务总监，对此应当知道，且在取得对银行的债权时并未按照银行业务规范要求银行出具银行正式单据，郭世亮主观上存在过失。因此，本案不构成表见代理，郭世亮要求 JT 银行承担还款责任，没有法律依据，不予支持。郭世亮追加绿洲公司为被告，是为了查明资金的走向，并未主张其承担责任，绿洲公司在本案中实际处于第三人地位。

综上，一审法院判决：驳回郭世亮的诉讼请求。案件受理费为 296 208 元，由郭世亮负担。

（二）二审观点

郭世亮不服一审判决提起上诉。二审法院认为本案争议焦点为：JT 银行是否应当承担向郭世亮返还借款 4 720 万元本金及利息的责任。

1. 案涉 4 720 万元是否用于偿还 JT 银行到期债务。现有证据并不能充分证明 9 000 万元中的资金进入 JT 银行的自身账户，以及 JT 银行承诺对开票资金承担偿还责任，故难以认定 JT 银行对绿洲公司负有 4 720 万元的债务。郭世亮主张案涉 4 720 万元偿还了 JT 银行的到期债务，缺乏事实依据。

2. 案涉借款行为不属于 JT 银行的经营活动。根据《商业银行法》第三条规定，商业银行可以从事的十四类业务中并无向个人借款的业务。郭世亮主张《商业银行法》并未明文禁止商业银行向个人借款，故案涉借款行为合法。根据《商业银行法》第三条第一款第十四项的规定，商业银行开展其他业务须经银行业监督管理机构批准，而郭世亮并未举证证明案涉借款行为是JT银行经过银行业监管部门批准的业务，故案涉借款行为不属于JT银行的经营活动，郭世亮主张本案适用《中华人民共和国民法通则》第四十三条的规定，缺乏法律依据，本院不予支持。

3. 戴鸿翔出具借条的行为不构成表见代表。如前所述，案涉借款行为不属于JT银行的经营业务范围，戴鸿翔擅自向个人借款并加盖JT银行的印章，超越其职务权限。即便戴鸿翔可以代表JT银行为其他民事行为，但也应当在法律、公司章程的授权范围内。郭世亮作为完全行为能力人及当地规模企业的财务总监，应当知晓《商业银行法》对商业银行经营业务范围的强制性规定，并据以知晓戴鸿翔的行为超越职务权限，但其既未对戴鸿翔借款行为是否经过金融监管部门或JT银行镇江分行的批准进行核实，也未要求将案涉款项汇入JT银行的自身账户或要求JT银行出具正式单据。因此，郭世亮述称戴鸿翔出具借条行为发生在戴鸿翔办公室、戴鸿翔是JT银行对外公示的负责人以及借条上加盖了JT银行的公章等情节，均不足以证明其有理由相信戴鸿翔的行为是履行职务行为，故郭世亮主张戴鸿翔的行为构成表见代表，缺乏事实和法律依据，法院不予采纳。

4. 戴鸿翔出具借条的行为亦不构成表见代理。本案中，戴鸿翔出具借条的行为不属于其职务范围内的经营活动，属于无权代理。诉讼过程中，郭世亮向法院提交"借条出具及借款支付等事项说明"，陈述陈道燧曾告知戴鸿翔借款目的是帮银行客户转贷，但戴鸿翔欠他的钱没有还清，他不想再借。

法院认为，首先，商业银行即使帮客户转贷，也应由客户自行办理借款手续承担还款责任，而非由银行出具借条并承担还款责任，戴鸿翔的借款理由不符合常理。其次，根据陈道燧、戴鸿翔一审期间的陈述，戴鸿翔与陈道燧之间长期存在民间借贷往来，郭世亮亦自认陈道燧告知戴鸿翔尚有欠款未还清，不愿意再借款。最后，银行向个人借款并非商业银行的正常经营活动。在此情形下，足以使人怀疑戴鸿翔的借款行为是其个人借款行为。加之，本案所涉借款金额巨大，郭世亮在未进行调查核实的情况下出借款项，主观上具有重大过失，故本案不符合表见代理的构成要件。对郭世亮主张本案应适用《合同法》第四十九条的规定，法院不予采信。戴鸿翔出具借条向郭世亮借款的行为系个人行为，借款人应为戴鸿翔。结合借条记载内容、借条持有人及款项支付等情形，出借人应为郭世亮。至于戴鸿翔将4 720万元指示交付给绿洲公司的原因，与本案无关，不予理涉。

综上所述，二审法院认为郭世亮的上诉请求不能成立，应予驳回；一审判决认定事实清楚，适用法律正确，应予维持。依照《中华人民共和国民事诉讼法》第一百七十条第一款第一项规定，判决：驳回上诉，维持原判。

（三）最高法院再审观点

1. 关于郭世亮是否有理由相信借款主体为JT银行的问题。JT银行在案涉借条上借款人处盖章确认，应当认定为案涉借款合同的借款人。借款合同是借款人向贷款人借款，到期返还借款并支付利息的合同。通常而言，在借款合同没有其他保证人的情况下，借款合同只有借款人和贷款人两方主体，在借款人处签字或盖章的应当认定为借款人。案涉借条在借款人处具有戴鸿翔个人签字，同时签有“JT 银行”字样，并在戴鸿翔及“JT 银行”上盖有 JT 银行公章。按交易习惯来看，如果借款合同借款人为戴鸿翔本人，则无须在借款人处加盖 JT 银行公章，相反，只有 JT 银行作为借款人借款，其相关负责人才需要在盖章处签字。案涉借条签订时，戴鸿翔为 JT 银行副行长，系该行负责人，其代表该行在盖章处签字符合交易习惯。因此，JT 银行辩称案涉借款合同借款人为戴鸿翔本人，不予支持。

2. 关于戴鸿翔是否有权代表 JT 银行签订借款协议的问题。戴鸿翔在签订借款合同时系 JT 银行主持工作副行长，作为 JT 银行实际负责人，有权代表 JT 银行在借款合同上签字并加盖公章。本案中，戴鸿翔显然是以 JT 银行名义签订借款合同，其行为明确表示代表 JT 银行进行借款，因此案涉借款合同借款人应为 JT 银行。

根据原审查明的事实，案涉借款合同系工作时间在戴鸿翔办公室所签，戴鸿翔时任 JT 银行负责人并持有该行公章，且该借款合同仅约定资金借用一天，因此，郭世亮有充分理由相信戴鸿翔是代表 JT 银行进行业务资金周转，郭世亮此等信赖符合常人理性判断，相关信赖利益应予保护。

3. 关于案涉借款是否用于 JT 银行相关业务的问题。JT 银行并无证据证明戴鸿翔与绿洲公司存在个人债权债务关系，绿洲公司所提交证据可以证明 JT 银行实际使用案涉借条中款项。JT 银行称案涉借款系戴鸿翔个人借款，且主张戴鸿翔作为 JT 银行负责人亦陈述案涉借款为其个人所借，对此，JT 银行应当举证证明戴鸿翔与绿洲公司具有个人债权债务关系。本案中，绿洲公司主张其与戴鸿翔个人并无债权债务关系，并提交了 JT 银行与绿洲公司上级单位之间的资金拆借证据，在 JT 银行并未提交充分证据否认绿洲公司所交证据的情况下，JT 银行亦未举证证明戴鸿翔与绿洲公司之间存在债权债务关系，应由 JT 银行承担举证不利的法律后果。JT 银行虽不认可绿洲公司提交的“银票说明”及“开票清单”，但该证据上具有 JT 银行的业务专用章，JT 银行对上述印章亦未申请鉴定，更未提供其他证据否认其真实性。绿洲公司作为案涉借条款项的收取方，其提供的证据能充分显示 JT 银行对其欠款 4 720 万元，与案涉借款金额完全相符，且在天禾公司记账凭证中亦显示绿洲公司在案涉借条签订后收回 4 720 万元。因此，绿洲公司所提交的证据及其陈述形成完整证据链条，JT 银行对此并未提出任何证据予以否认，故可以认定 JT 银行系使用案涉借款偿还天禾公司开票资金，JT 银行应为案涉款项实际借款人。

另外，即便案涉借款合同上 JT 银行公章为戴鸿翔私刻，但该公章系时任 JT 银行负责人的戴鸿翔在其办公室内所盖，郭世亮亦有充足理由相信该公章代表 JT 银行真实意思表示，且戴鸿翔作为负责人亦能够代表 JT 银行从事民事行为。因此，如 JT 银行所称借款合同上公章为戴鸿翔私刻，戴鸿翔亦是代表 JT 银行签订借条，郭世亮相信其行为可以代表 JT 银行亦无不当，JT 银行亦应为案涉借款承担还款责任。

综上所述，JT 银行并未提供充分证据证明案涉借款合同上该行公章为虚假公章，其称案涉借款为戴鸿翔个人所借，既无事实依据，亦显然不合常理。戴鸿翔作为 JT 银行负责人有权代表该行签订借款合同，其代表 JT 银行所做出的民事行为应由该行承担责任，且案涉借条中的款项实际亦为 JT 银行业务使用。因此，原审法院认定案涉借款系戴鸿翔个人所借系认定事实错误，JT 银行应为实际借款人并应承担还款责任，郭世亮的再审请求有事实和法律依据。

五、裁判结果

1. 撤销江苏省高级人民法院（2017）苏民终 283 号民事判决以及江苏省镇江市中级人民法院（2015）镇商初字第 113 号民事判决。

2. 交通银行股份有限公司镇江扬中支行于本判决生效后十日内向郭世亮偿还 4 720 万元及利息。

六、评析

（一）法理层面

在近年来的银行授信业务中，银行出于完成内部业绩考核等原因，存在着相当数量的对外借款案件。在这些案件中，银行负责人或工作人员以银行名义与出借人签订借款合同。借款期限届满后，出借人要求银行还款，银行此时大多以无权代理、个人借款为由，拒绝承担还款责任。针对此类案件，法院的判决思路在于银行负责人或工作人员是否构成表见代理。构成表见代理的，银行承担还款责任；不构成表见代理的，则属于银行负责人或工作人员与出借人之间的个人民间借贷关系，银行无须承担还款责任。

在判断银行负责人或工作人员是否构成表见代理时，法院在案件事实的基础上，除了衡量客观上具有代理权表象、相对人善意无过失等要素以外，还会重点考察银行负责人或工作人员与出借人之间是否存在个人债务、借款合同所涉款项的流向与用途等情节。

（二）启示

内控管理制度与合规建设不到位，是产生表见代理风险的重要条件，单位管理失职是产生表见代理案件的主要原因。对此我们建议，要根据《商业银行授权、授信管理暂行办法》《商业银行授信工作指引》的相关规定，加强银行工作人员的授权审批、印章管理和法律风险审查等工作。

1. 提升风险责任意识。把合规管理作为企业文化的核心。一是完善员工行为失范监察制度。了解员工思想动态，培育良好的职业操守，明确授权职责，规范经营行为。二是完善适度的信息披露机制。要在营业场所公示业务范围、经营区域及工作人员的身份、岗位、职责和权限；基层行主要负责人和对外业务人员的变动可在适度范围内告知客户。三是完善重要凭证和印章管理流程。加强对公章、合同章、财务专用章、介绍信等重要凭证的管理，避免利用员工身份或银行营业场所形成表见代理案件的风险。

2. 加强重点岗位风险整治。持续强化对信贷、票据、柜面等关键岗位的合规性监督。加强资金进出四项环节监控：一是加强银行与客户、银行与银行以及银行内部业务台账与会计账之间的对账制度，特别是对于大额资金短期内密集转出的账户要与客户适时对账。二是加强未达账项和可能发生的账外经营的监控。记账岗位和对账岗位必须严格分开，坚决做到对未达账的查核工作不返原岗处理。三是加强开户环节的规范管理，坚持开户代理人亲临开户、人证合一，禁止非银行工作人员接触客户资料，防止印鉴卡等资料脱离控制，杜绝开户资料外泄。四是加强大额资金变动的账户监控，可在监控系统中设定对一段期间内多次发生大额转出的账户进行自动提醒，或通过短信提醒等方式使企业全面掌控资金进出情况。

3. 发挥案件处置震慑作用。要强化案防一把手责任体系，着力打破“案防制度最后一公里”的传导痼疾，推进合规经营意识入心入脑。以案件风险排查为抓手，认真查找漏洞，加大整改力度，做到查漏纠弊，消除风险隐患，从源头上防范操作风险，及时发现和处置案件风险隐患。充分运用银行从业人员处罚信息系统和银行流动人员职业背景调查系统，加强行业内流动人员负面信息甄别，堵住违规人员带病流动，严格落实员工管理责任制，强化从业人员管理。

第六章
银行授信业务典型刑事犯罪案例解析

第一节 授信业务相关犯罪问题

一、授信业务涉及主要犯罪罪名

金融犯罪是在金融业务领域违反国家金融管理法律法规及有关规定，危害国家有关货币、银行、信贷、票据、外汇、信托、保险、证券期货等金融管理制度，破坏金融管理秩序，情节严重，依据刑法规定应受刑罚处罚的行为。金融犯罪主要规定在《中华人民共和国刑法》（以下简称《刑法》）以及全国人大有关刑法修正案中。其中，《刑法》分则第三章破坏社会主义市场经济秩序罪中的第四节破坏金融管理秩序罪、第五节金融诈骗罪中，加之全国人大相关与刑法相关的修正案，有关金融犯罪的罪名有 40 多个。其中，与授信业务密切相关的罪名主要有高利转贷罪，骗取贷款、票据承兑、金融票证罪，对违法票据承兑、付款、保证罪，违法发放贷款罪，贷款诈骗罪、票据诈骗罪、信用证诈骗罪，违规出具金融票证罪以及银行业从业人员涉及利用职务上的便利侵占、贪污、受贿、挪用资金公款罪等。

当前，随着金融活动的泛社会化，金融犯罪呈现出新态势。银行业涉授信业务相关犯罪问题越来越突出，主要表现在一是逃废银行债务行为时有发生，骗取贷款、贷款诈骗、拒不执行生效法律文书等犯罪行为并未得到有效的追究。二是违法发放贷款罪被滥用，将银行业从业人员一般授信违规行为错误地追究刑事责任，甚至追究银行业金融机构的单位犯罪责任。三是利用部分涉授信刑事犯罪行为追究转嫁非法金融产生的风险损失，严重损害了金融机构以及从业人员的合法权益，破坏了正常的金融秩序。

二、高利转贷罪

高利转贷罪，是指以转贷牟利为目的，套取金融机构信贷资金再高利转贷给他人，违法所得数额较大的行为。高利转贷侵犯的直接客体是国家对信贷业务的管理秩序，其主体为特殊主体即借款人，在主观上只能由故意构成，而且以转贷牟利为目的。客观上实施了套取金融机构信贷资金高利转贷他人，违法所得数额较大的行为。高利转贷行为在中国的一些地方具有一定的普遍性，尤其是最高人民法院关于审理民间借贷若干规定司法解释发布后，部分企业利用转贷行为进行套利，严重地破坏了金融秩序的稳定，社会危害性日趋明显。

2018 年 4 月 16 日，公安部、中国银保监会、国家市场监督管理总局、中国人民银行联合发布《关于规范民间借贷行为 维护经济金融秩序有关事项的通知》银保监发〔2018〕10 号，2018 年 8 月 1 日，最高院亦发布《关于依法妥善审理民间借贷案件的通知》（法〔2018〕215 号），联合整治民间借贷中不规范行为。有关通知明确要求严格执行《中华人民共和国银行业监督管理法》《中华人民共和国商业银行法》及《非法金融机构和非法金融业务活动取缔办法》等法律规范，未经有权机关依法批准，任何单位和个人不得设立从事或者主要从事发放贷款业务的机构或以发放贷款为日常业务活动。严厉打击面向在校学生非法发放贷款，发放无指定用途贷款，或以提供服务、销售商品为名，实际收取高额利息（费用）变相发放贷款行为。严禁银行业金融机构从业人员作为主要成员或实际控制人，开展有组织的民间借贷。民间借贷必须是合法收入的自有资金。

最高人民法院（2017）最高法民终 647 号民事判决则明确指出，出借人通过向社会不特定对象提供资金以赚取高额利息，出借行为具有反复性、经常性，借款目的具有营业性。未经批准，擅自从事经常性的贷款业务，属于从事非法金融业务活动，所签订之民间借贷合同因违反强制性规定而无效。

三、骗取贷款、票据承兑、金融票证罪

骗取贷款、票据承兑罪是刑法修正案（六）规定的一个罪名。所谓“欺骗手段”，是指行为人在取得银行或者其他金融机构的贷款、票据承兑、信用证、保函等信贷资金、信用时，采用的是虚构事实、隐瞒真相等手段，掩盖了客观事实，骗取了银行或其他金融机构的信任。据此，对于骗取贷款、票据承兑罪中欺骗手段的认定，应限定在足以破坏金融管理秩序的手段。骗取贷款、票据承兑罪的欺骗手段与民事借贷中的欺诈皆属于在贷款过程中“虚构事实、隐瞒真相”，通常表现是程度上有差异，性质上有区别。二者的界分应在坚持罪刑法定原则和刑法谦抑性的基础上，全面客观地考察具体案情。结合司法实践，如果仅仅是手段有瑕疵，但不足以破坏金融管理秩序，就不构成该罪的欺骗手段，这也是

其与一般民事欺诈之间的本质不同。作为该罪的欺骗手段，最主要的方式是虚构投资项目、虚构担保单位和虚设抵押物等三种虚假手段，如果不属于这三种虚假手段，就难以给银行资金带来实际风险，不应认定为刑事欺诈。

根据《刑法》第175条之一规定，认定骗取贷款、票据承兑罪的前提是“给银行或者其他金融机构造成重大损失或者有其他严重情节”。司法实践中对“重大损失”的理解主要有两种，即骗取资金或最终欠款达到一定数额，即分别从犯罪起点和终点的逻辑判断上进行考量。

司法实践中，在行为人拒不供述的情况下，对其主观故意的认定成为案件办理的一大难点，也是认定罪与非罪、此罪与彼罪的关键。判断行为人是否具有非法占有目的，应运用“主观见之于客观、客观体现主观”的主客观相一致的原则来认定。依据最高人民法院《全国法院审理金融犯罪案件工作座谈会纪要》《关于审理非法集资刑事案件具体应用法律若干问题的解释》等司法解释规定，实践中如果行为人具有下列情形之一，可以认定为具有“非法占有目的”：（1）明知没有归还能力而大量骗取资金的；（2）集资后不用于生产经营活动或者用于生产经营活动与筹集资金规模明显不成比例，致使集资款不能返还的；（3）肆意挥霍集资款，致使集资款不能返还的；（4）携带集资款逃匿的；（5）将集资款用于违法犯罪活动的；（6）抽逃、转移资金、隐匿财产，逃避返还资金的；（7）隐匿、销毁账目，或者搞假破产、假倒闭，逃避返还资金的；（8）拒不交代资金去向，逃避返还资金的；（9）其他非法占有资金拒不退还的行为。

对于行为人编造虚假合同、虚构资金用途骗取银行贷款、票据承兑的行为，应当认定为骗取贷款、票据承兑罪。具体而言，从行为方式来看，编造虚假合同、虚构资金用途属于骗取银行贷款、票据承兑中的欺骗手段。从危害后果来看，在行为人对贷款提供真实有效质押、抵押担保的情况下，其骗取资金行为仍然可视为给金融机构造成了“重大损失”或具有“其他严重情节”。

四、对违法票据承兑、付款、保证罪

对违法票据承兑、付款、保证罪，是指银行或者其他金融机构的工作人员在票据业务中，对违反《票据法》规定的票据予以承兑、付款或者保证，造成重大损失的行为。在银行授信业务中，该罪在实践中主要有以下表现形式：在票据业务中，玩忽职守，对没有真实委托付款关系的汇票予以承兑；对背书不连续（以其他合法方式取得的例外）、形式要件欠缺、签章与预留印鉴不符、票载金额（文字与数码记载）不一致、超过实效期限及其他违反《票据法》规定的票据予以付款；对没有财产担保或财产担保不足值的票据予以保证或承兑等。对违法票据承兑、付款、保证罪的构成要件是：

1. 对违法票据承兑、付款、保证罪的客体是复杂客体，即国家对票据的管理制度和金融机构资金的安全。

2. 对违法票据承兑、付款、保证罪的客观方面表现为在票据的业务中，对违反《票据法》规定的票据予以承兑、付款或者保证，造成重大损失的行为。这里的票据，是指汇票、本票和支票。对违法票据承兑、付款、保证罪在客观方面必须具备以下两个要件：第一，对违反《票据法》规定的票据予以承兑、付款、保证。“承兑、付款、保证”是票据业务的三种方式。承兑是指汇票付款人承诺在汇票到期日支付汇票金额的一种附属的票据行为。付款是指票据的付款人、承兑人或者担当付款人在票据到期时对持票人支付票据金额，从而消灭票据关系的行为。保证是指票据债务人以外的第三人为担保特定票据债务的履行，以负担同一内容的票据债务为目的而进行的一种附属票据行为。行为人只要实施三种行为之一，就有可能造成重大损失。第二，在结果上，必须造成重大损失，才能构成对违法票据承兑、付款、保证罪，所以，对违法票据承兑、付款、保证罪属于结果犯。至于重大损失的标准，则有待于最高司法机关做出司法解释。

3. 对违法票据承兑、付款、保证罪的主体是特殊主体，包括银行或其他金融机构及其工作人员，即作为单位的金融机构或作为自然人的职工都可以成为对违法票据承兑、付款、保证罪的主体。

4. 对违法票据承兑、付款、保证罪在主观上一般是过失构成，但也不排除间接故意。从《刑法》条文的规定来看，《刑法》只规定对违反《票据法》规定的票据予以承兑、付款或者保证，造成重大损失的即构成犯罪，至于行为人对这种违反《票据法》规定的票据是否明知，行为人对可能发生的危害结果，即造成重大损失是否预见，《刑法》未作明确规定。这就存在三种情况：一是行为人因疏忽大意，对票据审查不严，未发现票据违反《票据法》而予以承兑、付款或保证，造成重大损失的，构成疏忽大意的过失犯罪。二是行为人发现了票据违法，自以为不会造成损失而予以承兑、付款或保证。这种情况在理论中存在，但在现实中不可能发生，因为行为人既然已发现了票据违法，那么只要是有一点金融常识的人都会知道承兑、付款或保证这些违法票据的后果，更何况对违法票据承兑、付款、保证罪的主体是金融机构的工作人员，更清楚承兑、付款或保证违法票据会造成的危害后果，所以，对违法票据承兑、付款、保证罪不存在过于自信的过失。三是行为人明知票据违法，也预见到予以承兑、付款、保证可能造成重大损失，却采取放任的态度，构成间接故意。所以，对违法票据承兑、付款、保证罪在主观方面既可以是疏忽大意的过失，也可以是出于间接故意。对违法票据承兑、付款、保证罪不可能由直接故意和过于自信的过失构成。

《刑法》第 189 条规定，银行或者其他金融机构的工作人员在票据业务中，对违反《票据法》规定的票据予以承兑、付款或者保证，造成重大损失的，处五年以下有期徒刑或者拘役；造成特别重大损失的，处五年以上有期徒刑。单位犯前款罪的，对单位判处罚金，并对其直接负责的主管人员和其他直接责任人员，依照前款的规定处罚。

五、违法发放贷款罪

违法发放贷款罪，是指银行或者其他金融机构的工作人员违反国家规定发放贷款，数额巨大或者造成重大损失的行为。该罪名至今尚无司法解释。这一罪名看似简单，理解上却有不少分歧。

我国《刑法》第九十六条规定："本法所称违反国家规定，是指违反全国人民代表大会及其常务委员会制定的法律和决定，国务院制定的行政法规、规定的行政措施、发布的决定和命令。"最高人民法院《关于准确理解和适用刑法中"国家规定"的有关问题的通知》中明确："国务院规定的行政措施"应当由国务院决定，通常以行政法规或者国务院制发文件的形式加以规定。以国务院办公厅名义制发的文件，符合以下条件的，亦应视为刑法中的"国家规定"：(1) 有明确的法律依据或者同相关行政法规不相抵触；(2) 经国务院常务会议讨论通过或者经国务院批准；(3) 在国务院公报上公开发布。对于违反地方性法规、部门规章的行为，不得认定为"违反国家规定"。

涉及违法发放贷款罪的法律法规主要有《商业银行法》《银行业监督管理法》《合同法》《担保法》《物权法》等。涉及发放贷款的规定主要集中在《商业银行法》，其中第七条规定："商业银行开展信贷业务，应当严格审查借款人的资信，实行担保，保障按期收回贷款"；第三十五条规定："商业银行贷款，应当对借款人的借款用途、偿还能力、还款方式等情况进行严格审查"；第五十二条规定："商业银行的工作人员应当遵守法律、行政法规和其他各项业务管理的规定，不得有下列行为：（一）利用职务上的便利，索取、收受贿赂或者违反国家规定收受各种名义的回扣、手续费；（二）利用职务上的便利，贪污、挪用、侵占本行或者客户的资金；（三）违反规定徇私向亲属、朋友发放贷款或者提供担保；（四）在其他经济组织兼职；（五）违反法律、行政法规和业务管理规定的其他行为"。

从司法实践看，《商业银行法》的规定过于抽象，可操作性不强。《贷款通则》对金融机构的贷款行为进行了具体细化，具有可操作性，有些地方直接将《贷款通则》的规定认定为是"国家规定"，将此作为界定违法发放贷款行为的具体标准。但是，《贷款通则》是于 1996 年 6 月 28 日以中国人民银行令的形式发布的，并不是以国务院或者国务院办公厅的名义发布的，不属于行政法规，只是一个部门规章。2003 年，中国银行业监督管理委员会成立后，也发布了一系列关于贷款管理的规定，如《个人贷款管理暂行办法》《流动资金贷款管理暂行办法》《固定资产贷款管理暂行办法》等，也都只是以中国银监会的名义发布，都只是部门规章。《贷款通则》《个人贷款管理暂行办法》等部门规章，对违反规定发放贷款的行为规定了不同的处罚标准，包括民事处罚、行政处罚以及刑事处罚措施，并没有规定违反部门规章发放贷款，数额达到 100 万元以上就是犯罪。

违法发放贷款罪作为一种法定犯，以违反金融行政法规为前提，即行为违反了金融管理法律法规，且其社会危害性达到一定程度时，才需运用刑法手段加以制裁。如果金融管理法律、法规、规章已经对违规操作行为设定了不同的处罚标准，就不能把所有违规操作行为都认定为是违反国家规定，从而上升为犯罪，否则民法、行政法等将失去规范作用，也就混淆了一般违法行为与刑事犯罪行为的界限。因此，根据罪刑法定的原则，在立法解释、司法解释没有对《贷款通则》等部门规章进行扩大解释前，不应当将上述相关规定认定为“国家规定”。当然，认定发放贷款的违法性确实需要更加详细、确定的标准，这既是实践中具体操作的要求，也是刑法罪刑法定原则的本质要求。

六、贷款、票据、信用证诈骗罪

贷款诈骗罪，是指以非法占有为目的，采取虚构事实或者隐瞒真相的手段，诈骗银行或者其他金融机构的贷款，数额较大的行为。贷款诈骗的手段通常为：编造虚假理由、使用虚假证明文件、使用虚假的产权证明作担保以及超出抵押物价值重复担保等。

本罪侵犯的客体是国家正常的贷款管理秩序和金融机构对贷款的所有权。本罪在客观方面表现为采用虚构事实、隐瞒真相的方法诈骗银行或者其他金融机构的贷款，数额较大的行为。根据 2010 年 5 月 7 日最高人民检察院、公安部《关于公安机关管辖的刑事案件立案追诉标准（二）》第 50 条规定：“贷款诈骗案（刑法第一百九十三条）以非法占有为目的，诈骗银行或者其他金融机构的贷款，数额在 2 万元以上的，应予立案追诉。”

本罪的主体是一般主体，凡年满 16 周岁且具备刑事责任能力的自然人均能构成本罪主体，但单位不能构成贷款诈骗罪的主体。对单位实施的贷款诈骗行为，根据 2001 年《全国法院审理金融犯罪案件工作座谈会纪要》有关要求，不能以贷款诈骗罪定罪处罚，也不能以贷款诈骗罪追究直接负责的主管人员和其他直接责任人员的刑事责任。对于单位以非法占有为目的，利用签订、履行借款合同诈骗银行或其他金融机构贷款，符合《刑法》第 224 条规定的合同诈骗罪的构成要件的，应以合同诈骗罪定罪处罚（该纪要精神中“不能以贷款诈骗罪定罪处罚，也不能以贷款诈骗罪追究直接负责的主管人员和其他直接责任人员的刑事责任”的内容与 2014 年 4 月 24 日全国人民代表大会常务委员会关于《中华人民共和国刑法》第三十条的解释相矛盾，相关内容为：“单位实施《刑法》规定的危害社会的行为，《刑法》分则和其他法律未规定追究单位的刑事责任的，对组织、策划、实施该危害社会行为的人依法追究刑事责任）”。本罪在主观上由故意构成，且以非法占有为目的。

贷款诈骗罪必须同时具备涉案数额较大和以非法占有为目的的要件：一是贷款诈骗罪以 2 万元以上为追诉标准；二是“以非法占有为目的”是区别罪与非罪界限、本罪与彼罪的重要标准。在认定诈骗贷款罪时，不能简单地认为，只要贷款到期不能偿还，就以诈骗贷款罪论处。对于合法取得贷款后，没有按规定的用途使用贷款，到期没有归还贷款的，不能以贷款诈骗罪定罪处罚。

《全国法院审理金融犯罪案件工作座谈会纪要（2001年1月21日）》曾明确指出，对于确有证据证明行为人不具有非法占有的目的，因不具备贷款的条件而采取了欺骗手段获取贷款，案发时有能力履行还贷义务，或者案发时不能归还贷款是因为意志以外的原因，如因经营不善、被骗、市场风险等，不应以贷款诈骗罪定罪处罚。

判断行为人主观上具有非法占有贷款的目的，必须同时具备以下客观事实：其一，行为人是通过欺诈的手段来取得贷款的；其二，行为人到期没有归还贷款；其三，行为人贷款时即明知不具有归还能力或者贷款后实施了某种特定行为，如携款逃跑，肆意挥霍贷款，抽逃、转移资金，隐匿财产以逃避返还贷款等。只有在借款人同时具备上述三个条件时，才能认定借款人在主观上具有非法占有贷款的目的。若借款人所实施的行为欠缺上述条件之一的，一般不能认定其主观上具有非法占有的目的。因此，只有那些以非法占有为目的，采用欺骗的方法取得贷款的行为，才构成贷款诈骗罪。

本罪与骗取贷款罪的关键区别在于行为人主观上是否具有非法占有的目的。对不足以证实行为人具有非法占有目的的骗取贷款的行为，构成犯罪的，应当以骗取贷款罪（量刑相对较轻）论处。反之，构成贷款诈骗罪。

七、违规出具金融票证罪

违规出具金融票证罪，是指银行或者其他金融机构的工作人员违反规定，为他人出具信用证或者其他保函、票据、存单、资信证明，情节严重的行为。在银行表外授信业务中，相关当事人往往需要银行或者其他金融机构出具证明其具有给付经济活动相关款项能力的信用证、保函、票据、存单、资信证明等票证。但是，由于信用证或者其他保函、票据、存单、资信证明等属于金融机构的信用工具和信用形式，银行或者其他金融机构一旦开具，就要承担连带补偿或者赔偿责任，即在当事人不能按照金融机构开出的信用证等在规定的时间范围内给付款项时，相对人有权要求开具相关金融票证的金融机构承担补偿或者赔偿义务。就此而言，银行或者其他金融机构开具票证的行为，密切关系到本机构自身的财产利益。所以，银行及其他金融机构在出具相关金融票证时，应当仔细审核、评估有关当事人的资产负债、经营、信用等具体情况，只有在确认当事人资信良好，具有履约能力的情况下才可以为其开具这些信用证明。但是，在司法实践中，一些银行或者其他金融机构的工作人员，经常为了一己私欲或者其他个人目的，或因受贿而违反法律规定，非法为他人出具信用证明，导致银行等金融机构遭受巨大财产损失。

违规出具金融票证罪的行为对象是特定的，即金融票证，为金融票据和金融结算凭证的简称。金融票证是一种财产权利凭证，它以货币为计量单位，标有票面价值，代表一定数量的现金，在特定范围和条件下流通，是重要的信用工具。金融票证的范围很广，按其功能可以大致分为三类：（1）本身就代表一定数量的现金，在特定条件和范围内可以流通，从而起到货币作用的凭证，如支票、本票等。（2）反映经济活动过程或者经济活动结果的凭证，如委托收款凭证等银行结算凭证。(3) 由持票人持有，支配一定数量货币的凭证，如信用卡。

违规出具金融票证罪中的“出具”是指开出或写出信用证等相关信用证明。出具的范围仅限于信用证或者其他保函、票据、存单、资信证明等。从行为人出具行为实质的角度分析，可以将违规出具金融票证行为分为下列几类：一是形式违规出具，即在出具金融票证时，没有按照规定流程，尽到认真审查的责任，贸然出具；二是无形伪造型出具，金融票证制作权人明知申请人不具有真实的票证记载内容，而故意制作虚假的金融票证；三是越权出具，行为人在没有权限的情况下，擅自为不符合条件的申请人开立金融票证。

本罪主体是特殊主体，只有银行或其他金融机构工作人员才能成为本罪主体。本罪侵犯的客体是国家的金融管理秩序及金融机构的财产所有权。单位犯本罪的，对单位和个人实行双罚。本罪主观上是明知的和故意的，对被他人骗取、丢失、其他需要而取走的金融票证，应根据具体情节具体分析，不能一概定本罪。行为人在出具票证时应以明知为特征，因为其对保函和证明的效力是知晓的。本罪为结果犯，以“较大损失”为成立要件。

八、挪用资金罪、挪用公款罪

《刑法》第一百八十五条规定，商业银行、证券交易所、期货交易所、证券公司、期货经纪公司、保险公司或者其他金融机构的工作人员利用职务上的便利，挪用本单位或者客户资金的，依照本法第二百七十二条的规定定罪处罚。国有商业银行、证券交易所、期货交易所、证券公司、期货经纪公司、保险公司或者其他国有金融机构的工作人员和国有商业银行、证券交易所、期货交易所、证券公司、期货经纪公司、保险公司或者其他国有金融机构委派到前款规定中的非国有机构从事公务的人员有前款行为的，依照本法第三百八十四条的规定定罪处罚。银行授信工作人员可能根据所在银行的所有权性质（国有还是非国有），分别适用挪用资金罪或挪用公款罪。以下就国有银行人员所涉及的挪用公款罪做以下简要介绍。

根据最高人民法院、最高人民检察院《关于执行〈关于惩治贪污罪贿赂罪的补充规定〉若干问题的解答》、最高人民检察院《关于人民检察院直接受理立案侦查案件立案标准的规定（试行）》和最高人民法院《关于审理挪用公款案件具体应用法律若干问题的解释》，“挪用公款归个人使用”，既包括挪用者本人使用，也包括给他人使用。挪用公款后，为私利以个人名义将挪用的公款给企业事业单位、机关、团体使用的，应为挪用公款归个人使用。2002 年 4 月 28 日，全国人民代表大会常务委员会对挪用公款“归个人使用”的含义问题，是这样解释的：有下列情形之一的，属于挪用公款“归个人使用”：（一）将公款供本人、亲友或者其他自然人使用的；（二）以个人名义将公款供其他单位使用的；（三）个人决定以单位名义将公款供其他单位使用，谋取个人利益的。

根据最高人民法院《全国法院审理经济犯罪案件工作座谈会纪要》（法发〔2003〕

167 号）、最高人民检察院《关于挪用公款给私有公司、私有企业使用行为的法律适用问题的批复》（高检发研字〔2000〕7 号）和根据最高人民法院、最高人民检察院《关于办理国家出资企业中职务犯罪案件具体应用法律若干问题的意见》（法发〔2010〕49 号），关于挪用公款罪，有以下几种需要特别注意的情形：

1. 单位决定将公款给个人使用行为的认定。经单位领导集体研究决定将公款给个人使用，或者单位负责人为了单位的利益，决定将公款给个人使用的，不以挪用公款罪定罪处罚。上述行为致使单位遭受重大损失，构成其他犯罪的，依照《刑法》的有关规定对责任人员定罪处罚。

2. 挪用公款供其他单位使用行为的认定。“以个人名义将公款供其他单位使用的”“个人决定以单位名义将公款供其他单位使用谋取个人利益的”，属于挪用公款“归个人使用”。在司法实践中，对于将公款供其他单位使用的，认定是否属于“以个人名义”，不能只看形式，要从实质上把握。对于行为人逃避财务监管，或者与使用人约定以个人名义进行，或者借款、还款都以个人名义进行，将公款给其他单位使用的，应认定为“以个人名义”。“个人决定”既包括行为人在职权范围内决定，也包括超越职权范围决定。“谋取个人利益”，既包括行为人与使用人事先约定谋取个人利益实际尚未获取的情况，也包括虽未事先约定但实际已获取了个人利益的情况。其中的“个人利益”，既包括不正当利益，也包括正当利益；既包括财产性利益，也包括非财产性利益，但这种非财产性利益应当是具体的实际利益，如升学、就业等。

3. 国有单位领导向其主管的具有法人资格的下级单位借公款归个人使用的认定。国有单位领导利用职务上的便利指令具有法人资格的下级单位将公款供个人使用的，属于挪用公款行为，构成犯罪的，应以挪用公款罪定罪处罚。

4. 挪用有价证券、金融凭证用于质押行为性质的认定。挪用金融凭证、有价证券用于质押，使公款处于风险之中，与挪用公款为他人提供担保没有实质的区别，符合《刑法》关于挪用公款罪规定的，以挪用公款罪定罪处罚。

5. 挪用公款归还个人欠款行为性质的认定。挪用公款归还个人欠款的，应当根据产生欠款的原因分别认定属于挪用公款的何种情形。归还个人进行非法活动或者进行营利活动产生的欠款，应当认定为挪用公款进行非法活动或者进行营利活动。

6. 挪用公款用于注册公司、企业行为性质的认定。申报注册资本是为进行生产经营活动作准备，属于成立公司、企业进行营利活动的组成部分。因此，挪用公款归个人用于公司、企业注册资本验资证明的，应当认定为挪用公款进行营利活动。

7. 挪用公款后尚未投入实际使用的行为性质的认定。挪用公款后尚未投入实际使用的，只要同时具备“数额较大”和“超过三个月未还”的构成要件，应当认定为挪用公款罪。

8. 挪用公款给私有公司、私有企业使用的行为性质的认定。挪用公款给私有公司、私有企业使用的行为，无论发生在《刑法》修订前后，均可构成挪用公款罪。

9. 国家出资企业工作人员使用改制公司、企业的资金担保个人贷款，用于购买改制公司、企业股份的行为的处理。国家出资企业的工作人员在公司、企业改制过程中为购买公司、企业股份，利用职务上的便利，将公司、企业的资金或者金融凭证、有价证券等用于个人贷款担保的，依照《刑法》第二百七十二条或者第三百八十四条的规定以挪用资金罪或者挪用公款罪定罪处罚。

行为人在改制前的国家出资企业持有股份的，不影响挪用数额的认定，但量刑时应当酌情考虑。经有关主管部门批准或者按照有关政策规定，国家出资企业的工作人员为购买改制公司、企业股份实施前款行为的，可以视具体情况不作为犯罪处理。

根据最高人民法院最高人民检察院《关于执行〈关于惩治贪污罪贿赂罪的补充规定〉若干问题的解答》、最高人民法院《关于审理挪用公款案件具体应用法律若干问题的解释》和最高人民检察院《关于人民检察院直接受理立案侦查案件立案标准的规定（试行）》（高检发释字〔1999〕2 号），在理解挪用公款罪时应当注意以下几点：

1. 挪用公款归个人使用，数额较大，超过三个月未还的，构成挪用公款罪。“未还”是指案发前（被司法机关、主管部门或者有关单位发现前）未还。如果挪用公款数额较大，超过三个月后在案发前已全部归还本息的，可不认为是犯罪，由主管部门按政务处理。

2. 挪用公款数额较大，归个人进行营利活动的，构成挪用公款罪，不受三个月的时间和是否归还的限制。

3. 挪用公款归个人进行走私、赌博等非法活动的，构成挪用公款罪，不受上述“数额较大”“超过三个月未还”的限制。

4. 挪用公款给他人使用，不知道使用人用公款进行营利活动或者用于非法进行营利活动或者用于非法活动，数额较大、超过三个月未还的，构成挪用公款罪；明知使用人用于营利活动或者非法活动的，应当认定为挪用人挪用公款进行营利活动或者非法活动。

5. 挪用公款存入银行，用于集资，购买股票、国债等，属于挪用公款进行营利活动。

6. 有关挪用公款罪案中的“非法活动”，既包括犯罪活动，也包括其他违法活动。

根据最高人民法院、最高人民检察院《关于办理贪污贿赂刑事案件适用法律若干问题的解释》（法释〔2016〕9 号）、最高人民法院《关于审理挪用公款案件具体应用法律若干问题的解释》和最高人民检察院《关于人民检察院直接受理立案侦查案件立案标准的规定（试行）》（高检发释字〔1999〕2 号），关于挪用公款罪的数额标准及对于“情节严重”，应该这样理解：（1）挪用公款归个人使用，进行非法活动，数额在三万元以上的，应当依照《刑法》第三百八十四条的规定以挪用公款罪追究刑事责任；数额在三百万元以上的，应当认定为《刑法》第三百八十四条第一款规定的“数额巨大”。具有下列情形之一的，应当认定为《刑法》第三百八十四条第一款规定的“情节严重”：（一）挪用公款数额在一百万元以上的；（二）挪用救灾、抢险、防汛、优抚、扶贫、移民、救济特定款物，数额在五十万元以上不满一百万元的；（三）挪用公款不退还，数额在五十万元以上不满一百万元的；（四）其他严重的情节。（2）挪用公款归个人使用，进行营利活动或者超过三个月未还，数额在五万元以上的，应当认定为《刑法》第三百八十四条第一款规定的“数额较大”；数额在五百万元以上的，应当认定为《刑法》第三百八十四条第一款规定的“数额巨大”。具有下列情形之一的，应当认定为《刑法》第三百八十四条第一款规定的“情节严重”：（一）挪用公款数额在二百万元以上的；（二）挪用救灾、抢险、防汛、优抚、扶贫、移民、救济特定款物，数额在一百万元以上不满二百万元的；（三）挪用公款不退还，数额在一百万元以上不满二百万元的；（四）其他严重的情节。（3）多次挪用公款不还的，挪用公款数额累计计算，多次挪用公款并以后次挪用的公款归还前次挪用的公款，挪用公款数额以案发时未还的数额认定。（4）挪用公款存入银行，用于集资，购买股票、国债等，所获取的利息、收益等违法所得，不计入挪用公款的数额。（5）挪用公款情节严重，是指挪用公款数额巨大，或者数额虽未达到巨大，但挪用公款手段恶劣，多次挪用公款，因挪用公款严重影响生产、经营，造成严重损失等情形。（6）挪用虽未达到规定的“情节严重”的数额标准，但给国家或集体造成政治上、经济上的恶劣影响或重大损失的，也可以按“情节严重”处罚。

第二节　银行业涉及违法发放贷款罪分析

一、银行员工涉嫌违法发放贷款罪基本情况

检索人民法院裁判文书网可以发现，2012 年以来，涉及银行业从业人员违法发放贷款罪的一审裁判文书高达 515 件，在发生时间分布上，2012 年、2013 年各有一件，其余均为 2014～2018 年。二审涉及违法发放贷款罪的仅有 21 件，这在一定程度上说明，终审对违法发放贷款罪行为确定的并不多，反映了违法发放贷款被不当适用的情况。

中银协法律工作委员会办公室曾对 51 家银行业金融机构进行过专题调研，据不完全统计，2012 年以来，发生 30 例银行员工被判违法发放贷款罪案例（仅指已审结案件），涉及 12 家银行、49 名员工，发案地区涉及浙江（6 例）、黑龙江（4 例）、甘肃（1 例）、重庆（1 例）、辽宁（1 例）、内蒙古（16 例）、广东（1 例）7 个省（直辖市）。从借款人类型来看，有 21 例借款人为个人（其中 19 例为个人经营性贷款，3 例为个人住房贷款）；有 5 例借款人属于小微企业（均为流动资金贷款）；有 3 例借款人属于中型企业（均为流动资金贷款）。如按照中国银监会对小微企业的统计口径，则小微企业涉案占比为 80%。从发案原因来看，因借款人、担保人或其他外部人员举报而发案的有 14 例，其中有 8 例属于银行在不良贷款清收中主动申请公安机关对涉嫌犯罪的借款人采取刑事手段后，因借

款人举报而发案；因公安机关侦查借款人贷款诈骗等其他犯罪线索而发案的有 8 例；因审计署检查发现犯罪线索而发案的有 1 例；银行主动报案的有 7 例。近半数案件都是因融资出现风险后借款人等恶意举报而引发，其目的或是为了干扰或阻碍银行正常的依法清收工作，企图达到逃废债的目的，或是因自身涉嫌犯罪而对银行员工予以打击报复。从涉案人员主观过错来看，主观上为故意的（即明知不符合贷款条件仍违规发放贷款）有 21 例，其中 13 例属于“借名贷款”；主观上为重大过失的（即在抵质押物现场核查、贷款资料审查等关键环节未尽到应有的审慎义务）有 1 例；主观上为一般过失的（即履行了基本的贷前调查义务，但未发现贷款虚假的事实）有 7 例；属于因上级“打招呼”而违规发放贷款的有 1 例。从涉案贷款虚假情况来看，有 13 例属于名义借款人与实际使用人不符，即“借名贷款”；有 10 例属于贷款资料虚假，即借款人伪造交易合同、发票、抵质押手续等；有 7 例属于贷款用途虚假，即借款人恶意隐瞒贷款用于归还民间借贷等实际用途。如以案发时尚未收回的贷款作为损失界定，损失金额在 5 000 万元至 10 000 万元的有 7 例；损失金额在 1 000 万元至 5 000 万元的有 6 例；损失金额在 100 万元至 1 000 万元的有 4 例；损失金额在 100 万元以下的有 1 例；通过借款人或第三方偿还、处置抵质押物等方式全额收回贷款本息，未造成任何实际损失的有 12 例。

二、银行员工涉嫌违法发放贷款罪的主要问题

（一）违法放贷类案件中小微企业信贷业务最多

从前述统计数据来看，违法发放贷款类案件在小微企业信贷业务中发案比例明显高于其他信贷业务。究其原因，主要在于小微企业自身财务管理不规范、信息不对称现象突出、风险管理防控难度大，在宏观经济下行与融资难相叠加的背景下，小微企业实际控制人或贷款实际使用人道德风险易发，使得小微企业信贷业务中的“假报表”“假合同”“假担保”等问题更为突出，识别和防范也相对更难。也正因如此，财政部、国家税务总局等先后出台针对小微企业的税收优惠政策，对销售额或营业额在一定金额以下的小微企业免征增值税和营业税，同时适度放宽了小微企业呆账核销标准，适当提高不良容忍度。中国银监会也于 2016 年末专门印发《中国银监会关于进一步加强商业银行小微企业授信尽职免责工作的通知》（银监发〔2016〕56 号），其中对商业银行小微企业授信尽职免责的适用对象、认定标准、免责情形等都有具体、明确的规定。

与此同时，小微企业在国计民生中具有重要战略地位，其在稳定经济增长、扩大就业、促进创新、繁荣市场和满足人民群众需求等方面发挥着极为重要的作用。小微企业信贷是金融支持实体经济和稳定就业、鼓励创业的重要内容，事关国家经济社会发展全局，事关国计民生。当前，党中央、国务院和政府部门均对小微企业信贷高度重视，并采取了一系列措施鼓励银行发展小微企业信贷，并要求商业银行成立普惠金融机构，对小微企业

予以信贷支持。在此背景下，如果不结合个案实际情况，不加区分，仅凭“假报表”“假担保”就一概追究小微企业信贷业务中银行员工违法放贷刑事责任，无疑会严重打击银行业金融机构支持小微企业信贷发展的积极性。

（二）融资风险暴露后债务人恶意举报企图逃废债为重要发案原因，担保人以借款人涉嫌骗取贷款、信贷人员涉嫌违法放贷为由主张贷款合同及担保合同无效，企图脱保

从前述统计数据来看，近半数案件都是因融资出现风险后借款人等恶意举报而引发，意图干扰或阻碍银行正常的依法清收工作，企图达到逃废债的目的。调研过程中，多家银行也提出与借款人贷款诈骗及银行人员违法放贷相关联的担保人脱保问题，即在银行要求借款人及担保人承担清偿责任时，担保人会主动向公安机关举报借款人存在伪造贷款资料骗取贷款，银行员工存在违法发放贷款的情况，企图干扰正常的民事诉讼程序，进而达到脱保目的。

根据目前司法实践，如借款人涉嫌贷款诈骗可能导致借款合同无效的，部分法院会按照刑民交叉原则中止民事案件审理，而一旦刑事案件最终认定借款人构成骗取贷款罪、银行员工构成违法发放贷款罪的，民事案件审理法院往往会以借款合同“以合法形式掩盖非法目的”为由认定借款合同无效，进而认定担保合同无效。此种情况下，担保人仅需承担过错责任，而此时再向借款人追偿的可能性也往往较低，使得银行债权损失难以弥补。在当前借款人及担保人恶意逃废债问题日益突出的情况下，对于此类案件的刑民交叉问题处理应更加审慎，以免使其成为担保人逃废债的新手段。

（三）未考虑信贷人员主观过错，过分加重信贷人员责任

部分案例中，信贷人员对贷款资料虚假、贷款用途不真实等情况不明知，只是因为没有严格履行贷前调查职责或因工作失误而未发现贷款不符合条件进而通过审查审批程序的情况下，也即行为人主观上为过失的情况下，仅凭贷款资料虚假的事实就追究行为人违法放贷刑事责任，不利于保护信贷人员从业安全和从业积极性。目前法院在本罪的定罪量刑方面并未合理考量信贷人员的主观过错、违规行为与贷款发放及损失结果间的因果关系，过分加重信贷人员责任。在借款人与第三人恶意串通，伪造贷款申请材料、伪造项目现场，或擅自挪用贷款资金用于清偿民间借贷等其他债务的情况下，借款人的主观恶意及挪用行为应是造成贷款损失的主要原因，信贷人员尽管在贷款审查过程中存在一定的失职行为，但不应要求其对全部损失结果承担责任，尤其是刑事责任。

（四）未树立“尽职免责”裁判尺度，不利于保护信贷人员从业安全

目前法院在本罪的定罪量刑方面并未树立“尽职免责”的裁判尺度，只要信贷人员在贷款发放过程中未审核识别出“假报表”“假合同”“假担保”等虚假贷款资料，导致贷款发放数额或造成损失金额达到定罪标准，信贷人员就有可能被追究违法发放贷款罪刑事

责任。一方面，金融机构本身是具有经营风险的机构，信贷业务中的信用风险、市场风险，甚至政策风险都是客观存在且无法完全避免的，有时即便银行信贷人员履行了必要的工作流程、尽到了正常人应有的合理、审慎的注意义务，也可能难以发现贷款资料虚假的事实。另一方面，融资风险的发生往往是多重因素叠加的结果，有的信贷业务中尽管存在一定的虚假问题，但融资确实用于借款人正常的生产经营，只是后续因为各种外部原因导致借款人资金链断裂，融资风险暴露。如果完全不考量银行人员在信贷流程中的尽职行为，不树立“尽职免责”的裁判尺度，只要出现贷款虚假的事实，就简单认定银行信贷人员违法放贷刑事责任，将严重危及银行信贷人员从业安全，使信贷人员产生“惧贷”“恐贷”心理。

（五）裁判尺度不一，违法发放贷款罪扩大适用

关于违法发放贷款罪的定罪标准，最高人民法院2001年曾印发的《全国法院审理金融犯罪案件工作座谈会纪要》（法〔2001〕8号）中有如下表述：“关于违法发放贷款罪。银行或者其他金融机构工作人员违反法律、行政法规规定，向关系人以外的其他人发放贷款，造成50万~100万元以上损失的，可以认定为‘造成重大损失’；造成300万~500万元以上损失的，可以认定为‘造成特别重大损失’。”2006年6月29日，第十届全国人民代表大会常务委员会第二十二次会议通过《中华人民共和国刑法修正案》（六）对《刑法》已经做出了修正。其中，第十项规定：在《刑法》第一百七十五条后增加一条，作为第一百七十五条之一：“以欺骗手段取得银行或者其他金融机构贷款、票据承兑、信用证、保函等，给银行或者其他金融机构造成重大损失或者有其他严重情节的，处三年以下有期徒刑或者拘役，并处或者单处罚金；给银行或者其他金融机构造成特别重大损失或者有其他特别严重情节的，处三年以上七年以下有期徒刑，并处罚金。单位犯前款罪的，对单位判处罚金，并对其直接负责的主管人员和其他直接责任人员，依照前款的规定处罚。”第十三项规定：“将刑法第一百八十六条第一款、第二款修改为：“银行或者其他金融机构的工作人员违反国家规定发放贷款，数额巨大或者造成重大损失的，处五年以下有期徒刑或者拘役，并处1万元以上10万元以下罚金；数额特别巨大或者造成特别重大损失的，处五年以上有期徒刑，并处2万元以上20万元以下罚金”。“银行或者其他金融机构的工作人员违反国家规定，向关系人发放贷款的，依照前款的规定从重处罚。”换言之，只违反内部规章制度、监管规制或者贷款通则，而不违反国家法律规定的依法不应追究违法发放贷款罪，否则即是刑罚的违法适用。

三、审慎适用违法发放贷款罪

目前银行员工涉嫌违法发放贷款罪案件问题突出，严重影响了商业银行利用信贷功能在支持小微企业发展以及不良资产依法清收，也在一定程度上影响银行信贷人员的从业

安全。

（一）在小微企业信贷业务中审慎追究信贷人员违法发放贷款罪刑事责任。要合理考量发案原因、各方过错程度、业务类型、行为与结果的因果关系以及造成损失等多重因素，审慎追究小微企业信贷业务中银行信贷人员违法发放贷款罪刑事责任。可以考虑：非银行主动报案的审慎追究、信贷人员仅有一般过错的审慎追究、商品融资订单融资业务中的审慎追究，信贷人员违规行为仅是造成贷款损失次要原因的审慎追究，积极挽回损失或没有造成损失的审慎追究。

（二）树立小微企业信贷业务中“尽职免责”标准。银行信贷业务中信息不对称现象客观存在，小微企业信贷业务中尤其突出，在借款人、担保人等伪造全套贷款资料，恶意骗取银行贷款的情况下，即便银行信贷人员履行合理的注意义务，可能也难以发现贷款资料为虚假的事实。为此，中国银监会专门制定了针对小微企业授信业务的“尽职免责”规定。例如中国银监会《关于进一步加强商业银行小微企业授信尽职免责工作的通知》（银监发〔2016〕56 号）中明确提出，符合特定情形的，商业银行在责任认定中可对小微企业授信业务工作人员免除全部或部分责任，包括无确切证据证明工作人员未按照标准化操作流程完成相关操作或未勤勉尽职的；信贷资产本金已还清，仅因少量欠息形成不良的；相关工作人员无舞弊欺诈、违规违纪行为，并已按商业银行有关管理制度积极采取追索措施的；在档案或流程中有书面记录，或有其他可采信的证据表明工作人员对不符合当时有关法律法规、规章、规范性文件和商业银行管理制度的业务曾明确提出反对意见，或对小微企业信贷资产风险有明确警示意见，但经上级决策后业务仍予办理且形成不良等情形。

司法机关应从国家经济战略高度提升银行信贷支持小微企业发展重要性的认识，参考中国银监会对小微企业授信业务“尽职免责”的相关规定，在实践中相应地树立“尽职免责”的裁判尺度。只要银行信贷人员履行了必要的工作流程、尽到了应有的合理、审慎注意义务，即便存在贷款虚假也不应简单地认定为违法放贷，避免一旦发现银行员工没有识别“假报表”“假合同”，就简单地把银行员工认定为违法放贷。同时，确立“尽职免责”的例外，即在银行员工明知贷款资料虚假仍违规发放贷款，甚至与借款人恶意串通，帮助伪造贷款资料的情况下，不适用“尽职免责”标准，而应予严惩。

（三）细化立案追诉标准，统一裁判尺度。对违法发放贷款罪中的“违反国家规定”作从严解释，严格依据《刑法》第九十六条的规定，将本罪中“违反国家规定”的范围限定为违反全国人大及其常委会制定的法律和决定，国务院制定的行政法规、规定的行政措施、发布的决定和命令，避免任意扩大。应结合个案实际情况综合认定银行员工是否违反国家规定，而不一概以银行员工违反《贷款通则》等部门规章、行业规范，甚至银行内部信贷管理规定为由推定其违反了国家规定。同时，要适当细化调整立案追诉标准，明确造成损失金额的界定方式，即以法院判决前银行业金融机构采取有效追偿手段后仍未收回的贷款本息作为最终认定的损失金额。对于立案后借款人、担保人或第三人积极偿还贷款的，应相应调减损失金额，借此一方面可与中国人民银行《贷款风险分类指导原则》中对损失贷款的定义保持相对一致，另一方面也有利于鼓励债务人积极通过多种渠道偿还银行贷款，减少银行债权损失。最高人民法院应通过适当方式明确本罪中违法发放贷款“数额巨大”“数额特别巨大”，以及“造成重大损失”“造成特别重大损失”的金额标准，便于基层法院理解执行，尽可能统一裁判尺度。

（四）合理确定个案中刑民交叉案件处理原则，保护民事案件中银行依法清收债权的合法权益。对于银行依法起诉借款人及保证人要求其承担贷款清偿责任的民事案件，如借款人涉嫌诈骗或银行员工涉嫌违法放贷被司法机关采取强制措施，建议结合个案中刑事案件发案原因、现有证据等具体情况，合理确定民事案件是否应予继续审理。对于借款人已被法院判决认定构成贷款诈骗或合同诈骗犯罪、银行员工被判构成违法发放贷款罪的，建议在民事案件的审理中结合个案具体情况，合理认定借款合同及担保合同效力，有效维护银行合法债权，打击借款人或担保人恶意逃废债行为。

第三节　授信业务相关刑事犯罪案例解析

一、银行贷款损失与骗取贷款罪

——韩伟等犯骗取贷款罪和诈骗罪、逯宾犯违法发放贷款罪一案

（一）裁判要旨

1. 骗取贷款罪不以“给银行或金融机构造成重大损失”为必要条件，如违反金融管理秩序情节严重，使贷款处于可能无法收回的巨大风险时，同样会受到刑罚处罚。

2. 金融机构工作人员未谋取私利，为完成业务考核指标，未尽或未严格按照“国家规定”尽审核义务，发放贷款数额巨大，构成违法发放贷款罪。

3. 行为人明知其无力归还银行贷款的情况下，仍然以借用过桥资金的名义骗取他人的巨额钱款，致使最终不能归还，因其具有非法占有他人财产的故意和目的而构成诈骗罪。

（二）案号

济南市中级人民法院（2014）济刑二初字第12号。

（三）案情

2012年6月，被告人逯宾（PA银行济南分行信贷客户经理）提出可以为被告人韩伟

（辰恒公司法定代表人）采用保理贷款的模式从 PA 银行济南分行办理贷款。后韩伟又联系了东大公司法定代表人韩宗祥（在逃），二人确定用东大公司作为贷款主体，以虚构的东大公司在华电公司有 2 500 万元的应收账款作抵押，伪造东大公司财务报表，签订虚假的辰恒公司和东大公司煤炭购销合同等资料，向 PA 银行济南分行申请贷款，逯宾对韩伟、韩宗祥提交的相关资料多次提出修改意见，并在前往华电公司核保时未按规定对该应收账款的真实性进行核实，致使韩伟、韩宗祥等人于 2013 年 2 月 6 日骗取 PA 银行济南分行贷款 2 000 万元，该笔贷款转入东大公司账户后，韩伟、韩宗祥将该款用于归还个人欠款及购买房产等。

2013 年 8 月，上述东大公司的贷款到期后，韩伟、韩宗祥无力偿还银行贷款，二人经预谋后，以东大公司需要过桥资金为由，以虚构的华电公司 2 500 万元应收账款作抵押，与崔某签订借款合同和应收账款转让协议，骗取崔某两张银行承兑汇票，共计 2 000 万元，韩伟、韩宗祥将该款项用于偿还 PA 银行济南分行贷款。

（四）法院观点

1. 以公司名义骗取贷款，但所骗贷款未归公司使用，应当按照个人犯罪处理。被告人韩伟虽以东大公司的名义骗取贷款，所骗的贷款并未归东大公司使用，根据《最高人民法院〈关于审理单位犯罪案件具体应用法律有关问题的解释〉》第三条之规定，应当按照个人犯罪处理。

2. 法院认定银行工作人员违法发放贷款罪时考量的要素。被告人逯宾作为 PA 银行对公客户经理，应当按照 PA 银行保理贷款的相关规定办理业务，但其不仅对上述情况未严格审查，却与韩伟在编造贷款报表等资料中有大量沟通联络，且未按照相关规定进行核保，在贷款即将到期时，亦未按照规定向华电公司催收，而是向韩伟等人催要。被告人逯宾在明知东大公司在华电公司没有应收账款的情况下，违反国家规定发放贷款，其行为依法构成违法发放贷款罪。

3. 关于诈骗罪“非法占有目的”的认定。韩伟在明知其和韩宗祥等人无力归还银行贷款的情况下，仍然以借用过桥资金的名义骗取崔某的巨额钱款，致使最终不能归还，其具有非法占有他人财产的故意和目的，其行为符合诈骗罪的构成要件。

（五）裁判结果

被告人韩伟犯诈骗罪判处有期徒刑 15 年，并处罚金 150 万元；犯骗取贷款罪，判处有期徒刑 5 年，并处罚金 100 万元；决定执行有期徒刑 18 年。

被告人逯宾犯违法发放贷款罪，判处有期徒刑 6 年，并处罚金 10 万元。

（六）评析

基于认识错误从而处分财产是认定诈骗罪的重要构成要件，那么在金融机构内部人员知晓贷款申请人采用欺骗手段的情况下，该工作人员显然不存在受骗（认识错误）的问题，能否据此否定手段的欺骗性，认定金融机构不存在受骗的情形呢？

1. 法人的意志通过银行的工作人员形成、表达。骗取贷款罪是《刑法修正案（六）》新设罪名，是指以欺骗手段取得银行或者其他金融机构贷款，给银行或者其他金融机构造成重大损失或者有其他严重情节的行为。根据《刑法》规定，骗取贷款罪的欺骗对象是银行或者其他金融机构，但是作为法人，银行等金融机构只是法律上的拟制人，没有自然人的大脑与肢体，其意思的形成与表达必须通过法人中自然人的意志与行为表现出来。

2. 一般工作人员的意志不能代表法人的意志，即银行或其他金融机构是否受骗不取决于一般工作人员的认识。根据银行贷款审贷分离、分级审批的原则，将金融机构内部人员划分为一般工作人员和具有决定权的工作人员（即贷款发放决策者）。在形式上，贷款发放决策者取得金融机构的授权，对是否发放贷款有最终决定权，且其做出的决定能够代表法人，具有对外效力。在一般工作人员明知行为人采用欺骗手段骗取贷款的情况下，无论其对于虚假的贷款申请材料知情不报，还是授意、帮助贷款申请人在申请材料上作假，由于贷款发放决策者对贷款申请材料存在虚假的情况并不知情，发放贷款的决定是基于错误认识做出的。在此情况下，一般工作人员知情并不能否定手段的欺骗性，贷款申请人还是构成骗取贷款罪，一般工作人员可能构成违法发放贷款罪或者构成骗取贷款罪的共犯。

3. 在贷款发放决策者明知行为人采用欺骗手段骗取贷款仍然做出发放贷款决定的情况下，贷款申请人能否构成骗取贷款罪？对此存在两种不同的观点。

第一种观点认为，因为贷款发放决策者的认识和意志能代表金融机构，若决策者没有陷入认识错误，那么金融机构也没有认识错误，因而不存在被骗问题，即不构成骗取贷款罪。第二种观点认为，在此情况下应当对决策者做出决定的利益归属进行考量：在决策者基于金融机构的利益做出放贷决定的情况下，如为完成放贷指标、公司业绩等，金融机构不存在受骗问题，适用被害人自我答责原则，贷款申请人不构成骗取贷款罪。反之，如果决策者是基于私利，因为收受贿赂或者其他利益输送，罔顾法人的利益发放贷款，决策者知情并不能否定手段的欺骗性，金融机构仍然受到欺骗，行为人依旧构成骗取贷款罪。笔者赞同第二种观点，理由如下：一是金融机构有独立的意志，该意志与其目的紧密相连。对于大部分金融机构来说，其目的在于通过参与社会经济活动来获得自身利益的增长。二是虽然作为法人的金融机构有独立意志，但法人毕竟不能独立地进行意思表示，其行为必须通过自然人来实施。在决定是否发放贷款时，贷款发放决策者的职务行为对法人来说是一种代理行为。由于法人不能独立进行意思表示，所以法人只能是决策者意思表示的承受者，但并不意味着决策者的行为都能归属于法人。决策者的行为之所以能为法人认可，是因为其行为符合法人秩序、代表法人的利益，其在职务范围内为了法人的利益实施的行为，才能视为法人的行为，其中利益归属是区分法人行为与个人行为的标尺，也是刑法区分自然人犯罪和单位犯罪的重要标准，这一点民法和刑法是共通的。三是在外部人员与法人代理人相互勾结的情况下，交易安全不再是优先保护对象，法人无须再对其代理人的行为承担责任，代理人的意志与行为不再能代表法人。如果贷款申请人与贷款发放决策者相互勾结，决策者出于私利发放贷款，该决定不能代表金融机构的利益，其行为的后果必然不能由金融机构承担。此时，则应当将决策者的认识与金融机构的认识相剥离。在单位层面上，金融机构仍然被骗，即被贷款申请人和贷款发放决策人共同欺骗，贷款申请人仍然构成骗取贷款罪。

虽然现代民法出于对交易安全的保护，采用外观主义的原则，即使法人代理人违背法人的利益与第三人进行交易，若第三人相信法人代理人的出的是法人的意思并与其交易，该交易的法律效力仍及于法人，但是这种情况仅适用于“善意第三人”。

4. 启示。

（1）骗取贷款罪往往与违法发放贷款罪结伴而行。众所周知，金融机构都建立了专业的贷款审查制度和严格的风险控制机制，一般外部人员很难单独实施骗取贷款犯罪，而内部人员熟悉金融机构的管理制度、运行程序以及操作规程，懂得各种金融工具的使用方法，也了解金融机构内部管理方面存在的纰漏，在内部人员的参与下，骗取贷款行为更容易得逞。因此，骗取贷款犯罪时常表现为里应外合的作案形式。

（2）银行等金融机构对客户调查和资料验证是防止犯罪的第一道防线。《商业银行法》第三十五条第一款规定，商业银行贷款，应当对借款人的借款用途、偿还能力、还款方式等情况进行严格审查。实践中，金融机构工作人员急于完成业务考核指标，未尽或未严格按照国家规定对借款人以及第二还款来源提供的身份证明、授信主体资格、财务状况等资料的合法性、真实性和有效性进行认真核实，甚至对上述资料“指手画脚”，其行为不但逾越了执业底线，为骗取贷款罪提供了犯罪的“温床”，同时其本身也可能触犯了违法发放贷款罪。因此，银行等金融机构的工作人员对客户调查和客户资料的验证应以实地调查为主，间接调查为辅。必要时，可通过外部征信机构对客户资料的真实性进行核实。

二、骗取承兑汇票信用额度与票据诈骗罪

——任楷犯票据诈骗罪，闫景霞、杨普犯骗取票据承兑罪案

（一）裁判要旨

1. 行为人掩盖公司亏损的经营现状，夸大公司还款能力，骗取银行承兑汇票业务的信用额度，虚构保兑仓业务，继而使银行开具无资金保证的银行承兑汇票，在银行开具汇票后转移至收款人占有之前，再将票据骗走贴现的行为，构成票据诈骗罪。

2. 公司员工按照公司制度领取工资及业务提成，主观上没有非法占有的目的，只应在骗取票据承兑犯罪的范围内承担刑事责任。

（二）案号

济南市中级人民法院（2015）济刑二初字第25号。

（三）案情

被告人任楷系欣平公司法定代表人，天源公司、海纳公司、诺尔公司等公司（以下统称任楷公司）的实际控制人，为非法占有使用银行资金，自2010年起，任楷先后与ZX银行、泰安GT银行、MS银行及PF银行等多家银行联系，虚构可以与中国石油化工销售有限公司华北分公司（以下简称石化分公司）合作开展保兑仓业务（MS银行称“动产融资差额回购业务”，PF银行称“集群式供应链融资业务”，ZX银行、泰安GT银行称“保兑仓业务”，以下统称为“保兑仓业务”），为此，任楷指使公司员工被告人杨普伪造虚假公司财物报表，安排某会计师事务所为其公司出具虚假审计报告，掩盖公司亏损的经营现状，夸大公司还款能力，骗取上述银行用于办理银行承兑汇票业务的信用额度，并在银行工作人员到石化分公司面签过程中，亲自或者指使被告人闫景霞冒充石化分公司工作人员，在石化分公司办公楼内以“石化分公司大楼不许外人进入”等虚假理由，阻止银行工作人员入内见证保兑仓协议的签署过程，任楷借机用伪造的石化分公司及负责人的印章，冒充石化分公司在保兑仓协议上盖章，造成石化分公司签订了合同的假象。

在交纳票面金额30%~50%的保证金后，任楷以公司作为出票人向银行申请开立了共计55亿余元的银行承兑汇票。任楷指使杨普掌握邮件到达的时间和途径，从石化分公司的收发室、顺丰速运公司分发点直接取得银行承兑汇票，或冒充石化分公司工作人员接收银行工作人员交来的银行承兑汇票。取得上述汇票后，任楷将极少数汇票用于同石化分公司的货物交易，将绝大部分汇票在没有真实交易的情况下，加盖虚假的石化分公司印章后，安排公司人员从中介人员处以低于汇票面额约3%的比例将银行承兑汇票贴现，实际占有资金。

任楷将贴现后的资金以公司或亲友的名义投入期货市场及支付新开立银行承兑汇票的保证金、归还前期开立银行承兑汇票的到期资金，以继续骗取银行承兑。任楷在期货市场、公司经营全面亏损的情形下，明知已经产生巨大亏空，入不敷出，且银行承兑汇票获得方式本身违法的情形下，仍然假借开展保兑仓业务之机，以公司为出票人签发无资金保证的银行承兑汇票，继续骗取四家银行承兑，在多家银行不再为其提供承兑业务后，资金链断裂，任楷、闫景霞潜逃。银行承兑汇票到期后，致使四家银行实际垫资共计6.8亿元不能归还。

（四）法院观点

1. 对公诉机关起诉任楷犯贷款诈骗罪、诈骗罪的罪名予以纠正。

（1）在同一犯罪故意支配下，不因欺骗手段不同而分别定罪。被告人任楷以非法占有为目的，虚构保兑仓业务，隐瞒经营亏损及资金使用真相，骗取银行授信和票据承兑，继而签发无资金保证的银行承兑汇票，骗取银行资金，数额特别巨大，其行为依法应构成票据诈骗罪。在案证据显示，任楷并非通过贷款方式骗取银行资金，且无论是从银行工作人员手中直接骗取到银行承兑汇票，还是骗取银行承兑汇票的邮件，均是在同一犯罪故意下，采取隐瞒真相手段实施的犯罪行为，并无本质区别，应为一罪，公诉机关指控任楷犯贷款诈骗罪、诈骗罪均不当。

（2）行为人明知汇票到期日无偿还能力，骗取银行承兑汇票，资金链断裂后潜逃的，应当认定其具有非法占有目的。任楷骗取资金后，一方面用于支付新开立银行承兑汇票的保证金、归还前期银行承兑汇票到期资金，以期继续骗新还旧，拆东墙补西墙，维持资金链不断，一方面将资金投入期货市场后巨亏，两个方面同时交错、往复进行，在其公司正常经营年年亏损的情形下，任楷实际已经明知如果资金链断裂，其必然没有在银行承兑汇票到期日支付资金的保证能力和归还能力，继续决定以公司名义欺骗银行签订保兑仓协议，骗取银行票据承兑，签发实际上已无资金保证的涉案银行承兑汇票，在多家银行不再为其提供新的承兑后，资金链断裂并潜逃，其主观上非法占有的故意是显而易见的。

（3）骗取的资金用于企业合法经营的比例过小，不能认定为单位犯罪。任楷以自己或亲友身份注册成立多家公司，仅将骗取到的不足1%的银行承兑汇票用于合法经营，合法经营远远少于犯罪活动，上述事实足以认定任楷公司系以实施犯罪为主要活动，不符合单位犯罪构成要件，不应以单位犯罪论处。

2. 在案证据无法证明共犯具备非法占有目的，应当认定为骗取票据承兑罪。被告人杨普、闫景霞在任楷的指使下冒充石化分公司工作人员欺骗银行工作人员，阻止保兑仓协议的面签，帮助任楷骗取承兑汇票，但现有证据不足以证明闫个人或与任楷共同具有非法占有银行资金的目的，不构成票据诈骗罪。两名被告人采取虚构事实、隐瞒真相的欺骗手段，取得银行票据承兑，给银行造成特别重大的损失，应当以骗取票据承兑罪予以追究。

（五）裁判结果

被告人任楷犯票据诈骗罪，判处无期徒刑，剥夺政治权利终身，并处没收个人全部财产。被告人杨普犯骗取票据承兑罪，判处有期徒刑六年，并处罚金20万元。被告人闫景霞犯骗取票据承兑罪，判处有期徒刑五年六个月，并处罚金10万元。

（六）评析

1. 法律规定的五种常用票据诈骗方法。票据诈骗罪，是指以非法占有为目的，用虚构事实或者隐瞒真相的方法，利用金融票据骗取财物，数额较大的行为。

票据诈骗罪表现为用虚构的事实或者隐瞒真相的方法，利用金融票据骗取财物，数额较大的行为。《刑法》规定了五种票据诈骗的方法：（1）明知是伪造、变造的汇票、本票、支票而使用。（2）明知是作废的汇票、本票、支票而使用。（3）冒用他人的汇票、本票、支票。（4）签发空头支票或者与其预留印鉴不符的支票，骗取财物。签发空头支票，是指行为人所签发的支票金额超过其在银行实有的存款金额的行为。与其预留印鉴不符的支票，是指票据签发人在其签发的支票上加盖与其预留存在银行或者其他金融机构的印鉴不一致的财务公章或者支票签发人的名章的行为。(5) 汇票、本票的出票人签发无资金保证的汇票、本票或者在出票时作虚假记载，骗取财物。资金保证，是指票据的出票人在承兑票据时具有按票据支付的能力。

2. 罪与非罪的界限。为避免混淆罪与非罪的界限，对行为人主观方面进行了特别规定。如使用伪造、变造，或者作废的汇票、本票、支票，行为人在主观上必须是“明知”的，如果行为人在使用汇票、本票、支票时，在主观上确实不知道该票据是伪造、变造或者作废的，则不构成本罪。一般说来，具有以下情形的不构成犯罪：(1) 不知是伪造、变造、作废的金融票据而使用的；(2) 将他人的金融票据误认为是自己的金融票据而使用的；(3) 不知存款已不足而误签空头支票或者误签与其预留印鉴不符的支票的；(4) 签发汇票、本票时因过失而作错误记载的；(5) 不知是伪造、变造的委托收款凭证、汇款凭证、银行存单而使用的等。

3. 票据诈骗罪、金融凭证诈骗罪与合同诈骗罪的区分。

(1) 三个罪名的共同点。合同诈骗罪与票据诈骗罪、金融凭证诈骗罪都属于特殊的诈骗犯罪，具备诈骗的本质特征，从犯罪客体看，三罪都侵害了他人财产所有权，客观上都表现为采用虚构事实，隐瞒真相的手段，使对方当事人上当受骗，信以为真，“自愿”地交出财物。

(2) 三个罪名的区别。从侵害的客体来看，合同诈骗罪侵害国家合同管理制度，票据诈骗罪、金融凭证诈骗罪则侵害了国家金融管理秩序。

从具体行为方式来看，合同诈骗罪是以签订、履行合同为欺骗手段，将他人预付款、货物、货款或担保财产等财物非法占有；票据诈骗罪、金融凭证诈骗罪则是行为人以使用虚假的金融票据或银行结算凭证作为犯罪手段非法占有他人财物的行为。

(3) 三个罪名交叉（法条竞合）时的处理。在签订、履行合同过程中，以虚假票据或银行结算凭证支付合同价款诈骗对方当事人财物的，会导致三罪在行为方式上互有交叉，按照刑法禁止重复评价的原则，对“以虚假的票据或银行结算凭证支付合同价款骗取对方当事人财物”这一个危害行为只应依据一个犯罪构成要件给予一个刑法评价。这种行为人实施了一个犯罪行为，却同时触犯了数个法条，属于法条竞合。所以，三者存在交叉竞合的关系，应适用重法优于轻法原则。从票据诈骗罪、金融凭证诈骗罪与合同诈骗罪的法定刑来看，票据诈骗罪、金融凭证诈骗罪的法定刑重于合同诈骗罪，因此，当出现交叉竞合时应以票据诈骗罪、金融凭证诈骗罪定罪处罚。

需要指出的是，如果行为人以伪造、变造、作废的票据作合同担保而进行诈骗，由于《刑法》第224条第（2）项明确规定其属于合同诈骗的客观表现形式，按照罪刑法定原则，应以合同诈骗罪定罪处刑。

4. 启示。

(1) 加强资信调查，实现风险关口前移。行为人为了获得银行额度较高的承兑汇票，往往会在申请阶段提交虚假资料，例如虚构交易对手、交易数额，为掩盖亏损提交虚假财务报告、审计报告等。银行业金融机构要坚决按照“了解你的客户”“了解你客户的业务”的原则，加强客户授信调查工作，严格审核票据申请人资格、贸易背景的真实性及背书流转过程的合理性，严防恶意串通套取银行信用的情况发生。

（2）提高银行工作人员风险防范意识，规范操作流程。在面签、核保环节，行为人经常冒充交易对手，使用提前伪造的交易对手的印章，并以各种借口欺骗银行工作人员在交易对手办公地点以外的地方完成面签、核保手续。银行工作人员应当充分认识并高度重视银行票据业务中存在的风险隐患，强化制度执行，规范操作流程，加强监督检查，落实责任制，审慎经营，切实防范操作风险。

（3）加强保证金来源真实性、合规性审核和管理。本案犯罪行为人的承兑汇票的保证金均来自于贴现资金，银行工作人员往往因为客户按照约定比例足额缴纳了保证金，就容易忽视保证金的来源，未进行真实性、合规性审查，使得犯罪行为人得以继续骗取承兑汇票。

三、劳务派遣人员与受托支付贷款
——某行信贷经理陈其贪污罪案

（一）裁判要旨

1. 被告虽系以劳务派遣的形式在国有银行工作，但其负责对企业贷款授信的初审、调查、建议审批，贷款支用的审查、调查和报批等工作，系在国有银行从事公务的人员，应以国家工作人员论。

2. 银行以受托支付方式发放的贷款，虽然经过借款企业的银行账户转账给受托支付对象，但借款企业对此并无支配权，贷款发放及受托支付过程均由放贷的银行管理、控制。该笔贷款仍然属于《刑法》第91条规定的“在国有公司管理、使用中的私人财产”，以公共财产论。

（二）案号

浙江省高级人民法院（2014）浙刑二终字第39号。

（三）案情

被告人陈其于2011年3月起担任YZCX银行股份有限公司（国企）三门县支行小企业信贷经理，负责对企业贷款授信环节的初审、调查、建议审批及贷款支用、受托支付环节的审查和报批等工作。2012年8月至2013年7月，陈其借为“福斯特公司”“财富公司”“舟顺公司”“冠光公司”“昂力橡胶厂”等五家企业申请支用授信额度项下贷款之机，虚增贷款额度，通过伪造产品购销合同，在贷款受托支付申请书上添加或更改虚假的受托支付对象，侵吞银行信贷资金共计人民币 1 180 万元。

（四）法院观点

1. 在国有企业从事公务的人员，以国家工作人员论。被告人陈其身为国有银行的小企业信贷经理，负责对企业贷款授信的初审、调查、建议审批，贷款支用的审查、调查和报批等工作，系在国有银行从事公务的人员，应以国家工作人员论。陈其虽系以劳务派遣的形式在 YZCX 银行工作，但不影响对其国家工作人员身份的认定。

2. 银行以受托支付方式发放的贷款，属于公共财产。中国银监会流动资金贷款管理办法、YZCX 银行授信业务管理的相关文件均规定，银行以受托支付方式发放的贷款经过借款企业的银行账户转账给受托支付对象时，借款企业对银行发放的贷款并无支配权，贷款发放及受托支付过程均由放贷的银行管理、控制。该贷款属于刑法第 91 条规定的“在国有公司管理、使用中的私人财产”，以公共财产论。

（五）裁判结果

被告人陈其犯贪污罪，判处无期徒刑，剥夺政治权利终身，并处没收个人全部财产。

（六）评析

1. 国家工作人员的外延较宽，很多银行工作人员容易忽略了自己国家工作人员的身份。

（1）法律对于国家工作人员的界定。《刑法》第 93 条规定的国家工作人员范围包括两个层面：第一个层面指的是纯正的国家工作人员，第二个层面是法律拟制的国家工作人员。纯正的国家工作人员，是指国家机关中从事公务的人员。国家机关，是指国家的权力机关、行政机关、司法机关以及军事机关，是依据宪法和法律设立的，依法承担一定的国家和社会公共事务的管理职责和权力的组织，一般人不会判断错误。“以国家工作人员论”是法律拟制的国家工作人员，主要包括三个方面：一是在国有公司、企业、事业单位、人民团体中从事公务的人员。《全国法院审理经济犯罪案件工作座谈会纪要》第 4 项明确规定：“从事公务，是指代表国家机关、国有公司、企业、事业单位、人民团体等履行组织、领导、监督、管理等职责。公务主要表现为与职权相联系的公共事务以及监督、管理国有财产的职务活动。”显然，在公司、企业等上述单位中不具有管理职责的一般工人、临时工等其他勤杂人员，不属从事公务的人员。二是国家机关、国有公司、企业、事业单位委派到非国有公司、企业、事业单位、社会团体从事公务的人员。三是其他依照法律从事公务的人员。例如，协助人民政府从事行政管理事务的村委会等村基层组织人员，《全国人民代表大会常务委员会关于〈刑法〉第九十三条第二款的解释》的规定，村民委员会等村基层组织人员协助人民政府从事下列行政管理工作，属于《刑法》第 93 条第 2 款规定的“其他依照法律从事公务的人员”：①救灾、抢险、防汛、优抚、扶贫、移民、救济款物的管理；②社会捐助公益事业的款物的管理；③国有土地的经营和管理；④土地征收、征用补偿费用的管理；⑤代征、代缴税款；⑥有关计划生育、户籍、征兵工作；⑦协助人民政府从事其他行政管理工作。

（2）在认定国家工作人员身份的问题上，理论界存在三种争论。第一种观点称为“身份论”，即只有依照法定程序任命，具有国家工作人员身份的人才属于国家工作人员。第二种观点称为“职责论”，这种观点认为，犯罪主体是否是国家工作人员，应以其是否从事公务来决定，而不问其是否具有国家工作人员的资格身份。第三种观点认为应当将身份与公务有机地结合起来，二者不可偏废。

笔者认为，第三种观点更符合立法目的。对于法律拟制的特殊身份，应当严格按照立法目的和本意进行解释，禁止做扩大解释，单纯的“身份论”和“职责论”容易扩大国家工作人员的适用范围。另外，从我国立法解释来看，2000 年全国人民代表大会常务委员会《关于〈刑法〉第九十三条第二款的解释》采取了身份论与公务论相结合的观点。

2. 经手即可被认定为贪污罪中的“利用职务便利”。最高人民检察院 1999 年 9 月 16 日《关于人民检察院直接受理立案侦查案件中立案标准的规定（试行）》，对于贪污罪中的“利用职务上的便利”解释为：“‘利用职务上的便利’，是指利用职务上主管、管理、经手公共财物的权力及方便条件。”上述司法解释实际上是就贪污罪中“利用职务上的便利”的外延而做出的解释。所谓“主管”，是指行为人本人虽然不具体管理、经手公共财物，但是对公共财物具有调拨、统筹、使用的决定权、决策权。比如国有行政机关的市长、县长、处长、科长在一定范围内拥有调配、处置本单位甚至下属单位公共财物的权力。“管理”，是指行为人对公共财物直接负有保管、处理、使用的职权。比如国家机关、国有公司、企业、事业单位、人民团体的会计、出纳具有管理本单位财务、直接掌管资金的权力。“经手”，是指行为人虽无决定对公共财物进行调拨、统筹、使用的权力，也不具有管理、处置公共财物的职权，但因为工作需要、公共财物一度由其经手，行为人对公共财物具有实际控制权。

3. 银行以受托支付方式发放的贷款，属于公共财产。《刑法》第九十一条规定的公共财产，包括以下三种情况：①国有财产，即国家所有的财产。主要包括国家机关、国有公司、企业、国有事业单位、人民团体中的财产。②劳动群众集体所有的财产。主要包括集体所有制的公司、企业、事业单位、经济组织中的财产。在经济活动中，公民多人合伙经营积累的财产，属于合伙人共有，不属于集体所有的财产。③用于扶贫和其他公益事业的社会捐助或者专项基金的财产。“公益事业”主要是指服务于社会公益的事业，如学校、残疾人康复中心、养老院以及希望工程等。“社会捐助”是指个人、组织或单位向社会公益事业以及向贫困地区所捐赠、赞助的款物。“专项基金”是指专门用于上述公益事业的各种基金。④在国家机关、国有公司、企业、集体企业和人民团体管理、使用、运输中的私人财产，以公共财产对待，按公共财产予以保护。因为这部分财产虽然属于私人所有，但当交由国家机关、国有公司、企业、集体企业和人民团体管理、使用、运输时，就属于公共财产。

4. 启示。

（1）受托支付的方式可以防范银行贷款风险。受托支付是指贷款人根据借款人的提款申请和支付委托，将贷款通过借款人账户支付给符合合同约定用途的借款人交易对象。《流动资金贷款管理暂行办法》第二十六条规定：具有以下情形之一的流动资金贷款，原则上应采用贷款人受托支付方式：①与借款人新建立信贷业务关系且借款人信用状况一般；②支付对象明确且单笔支付金额较大；③贷款人认定的其他情形。

从上述规定可以看出，对于有明确支付对象、借款人信用状况一般的贷款，原则上应采用受托支付方式，如果采用受托支付方式，意味着贷款资金直接进入借款人交易对象的账户，可以在一定程度上防止借款人“侵占、挪用”贷款。

（2）采用受托支付方式的银行等金融机构应对借款人的交易背景的真实性做尽职调查。骗取贷款罪、贷款诈骗罪的行为人往往采取虚构交易对手和交易背景的欺骗手段，采用受托支付方式贷款的，银行工作人员应当着重审核交易合同的真实性。并且根据约定的贷款用途审核借款人提供的支付申请所列支付对象、支付金额等信息是否与相应的商务合同等证明材料相符。

四、申贷资料虚假与贷款诈骗罪

——史秀兰、吴国明诈骗罪、贷款诈骗罪案

（一）裁判要旨

行为人在贷款过程中虽然有欺诈行为，但涉案贷款之担保人和抵押物均真实，且在案证据无法证明行为人具有非法占有目的，不构成贷款诈骗罪。

（二）案号

浙江省高级人民法院（2016）浙刑终 125 号。

（三）案情

2005 年 3 月，被告人史秀兰、吴国明成立嘉兴市金事利纺织品有限公司（以下简称金事利公司）。2012 年 9 月以来，史秀兰、吴国明以非法占有为目的，隐瞒公司经营严重亏损，自身及公司严重资不抵债、没有偿还能力的真相，虚构公司购货需要资金周转等事实，承诺支付高额利息为诱饵，以借款的名义先后实际骗得裘某等人共计 11 809. 5427 万元，用于还债及个人挥霍等。被告人史秀兰犯诈骗罪，被判处无期徒刑，吴国明判处有期徒刑十五年，因检方和法院对诈骗罪的认定均无争议，不再赘述，仅就双方争议较大的骗取贷款罪、贷款诈骗罪进行详细解析。

2011 年 11 月 28 日，金事利公司与 JX 银行秀水支行签订最高额授信合同，最高授信额度为 650 万元，授信期限为三年，由嘉兴市中小企业担保公司提供担保，并由黄某、史某、刘某分别以其个人名下的三处房产作抵押为金事利公司向嘉兴市中小企业担保公司提供反担保，房产估值 708.37 万元。其中，黄某、史某名下的两处房产系史秀兰、吴国明出资购买。2013 年 11 月，在最高额授信合同期限内，史秀兰、吴国明虚构金事利公司需要购货，采用金事利公司与海宁广源化纤有限公司、嘉兴市幸朗纺织品有限公司签订虚假购销合同的手段，以金事利公司的名义向 JX 银行秀水支行申请贷款 650 万元，最终造成 JX 银行秀水支行损失 29.56 万元。

一审公诉机关认为，史秀兰、吴国明的行为构成贷款诈骗罪。理由是：史秀兰、吴国明向银行贷款时已资不抵债，且与他人公司签订虚假购销合同，共同骗取银行贷款，两被告人主观上具有非法占有故意，客观上实施了虚构事实、隐瞒真相的行为，且实际骗得 29.56 万元，两被告人的行为构成贷款诈骗罪。

二审公诉机关认为，史秀兰、吴国明并不构成贷款诈骗罪，两被告人向银行申请贷款时使用虚假购销合同，隐瞒贷款用途，维系诈骗活动的资金周转，严重破坏国家金融管理秩序，应认定为骗取贷款罪。

（四）法院观点

1. 行为人实施欺骗行为，但无法证实其具有非法占有目的的，不构成贷款诈骗罪。史秀兰在贷款过程中虽有提供虚假购销合同、虚构资金用途的欺诈行为，但涉案两笔贷款在贷款担保人、抵押物方面均真实，抵押物价格高于银行贷款数额，在案证据尚无法证实史秀兰、吴国明主观上具有非法占有贷款的故意，不构成贷款诈骗罪。

2. 行为人没有使银行贷款形成风险、未给银行造成实际损失，在案证据无法证实银行工作人员被骗，不构成骗取贷款罪。鉴于涉案贷款是在银行正常授信范围内且有担保，没有给银行贷款形成风险、给银行造成实际损失，且史秀兰提供虚假购销合同、虚构资金用途行为发生在提供贷款申请资料环节，银行及其工作人员是否被骗，在案证据尚不能证实，故对一审公诉机关起诉的贷款诈骗罪，二审公诉机关起诉的骗取贷款罪均不予支持。

（五）裁判结果

被告人史秀兰犯诈骗罪，判处无期徒刑，剥夺政治权利终身，并处没收个人全部财产。被告人吴国明犯诈骗罪，判处有期徒刑十五年，剥夺政治权利五年，并处罚金人民币 100 万元。

（六）评析

1. “以非法占有为目的”是区别罪与非罪界限的重要标准。实际生活中，贷款不能按期偿还的情况时有发生，其原因也纷繁复杂，如有的因为经营不善或者市场行情的变动，使营利计划无法实现不能按时偿还贷款，有的是本人对自己的偿还能力估计过高，以致不能按时还贷，但如果其没有非法占有的目的，不能以贷款诈骗罪予以追究刑事责任。只有那些以非法占有为目的，采用欺骗的方法取得贷款的行为，才构成贷款诈骗罪。

（1）非法占有的目的属于行为人主观上的心理活动，需要通过其客观行为综合认定。是否具有非法占有目的，需要从行为人具体实施的客观行为来判断，某些行为本身就足以证明行为人主观上具有非法占有的目的。例如，行为人使用虚假的产权证明作担保，从金融机构获取贷款后，携款逃跑，这一行为本身就直接表明行为人主观上具有非法占有的目的。但是，某些行为本身尚不能直接表明行为人主观上具有非法占有的目的，例如，编造引进资金的虚假理由取得贷款，使用虚假证明文件取得贷款等，而只能间接表明行为人主观上具有非法占有目的的可能性。也就是说，在某些情况下，并不能直接表明行为人主观上具有非法占有的目的，还必须借助相关的客观事实来加以分析认定。

（2）对非法占有目的的认定。如何认定行为人有"非法占有目的"，在最高人民法院印发的《全国法院审理金融犯罪案件工作座谈会纪要》（以下简称《纪要》）已提出明确意见，虽然《纪要》并非法律，亦非司法解释，但在法院内部达成了共识，对审判者具有重要的指导意义。《纪要》指出："应当坚持主客观相一致的原则，既要避免单纯根据损失结果客观归罪，也不能仅凭被告人自己的供述，而应当根据案件具体情况具体分析。对于行为人通过诈骗的方法非法获取资金，造成数额较大资金不能归还，并具有下列情形之一的，可以认定为具有非法占有的目的：①明知没有归还能力而大量骗取资金的；②非法获取资金后逃跑的；③肆意挥霍骗取资金的；④使用骗取的资金进行违法犯罪活动的；⑤抽逃、转移资金，隐匿财产，以逃避返还资金的；⑥隐匿、销毁账目，或者搞假破产、假倒闭，以逃避返还资金的；⑦其他非法转移资金、拒不返还的行为。"

2. 贷款诈骗罪与借贷纠纷的界限。有些借贷人在获得贷款后长期拖欠不还，甚至在申请贷款时就有夸大履约能力、编造谎言等情节，而到期又未能偿还。这种借贷纠纷，十分容易与贷款诈骗相混淆，区分二者的界限应当把握以下几点：一是若发生了到期不还的结果，还要看行为人在申请贷款时，履行能力不足的事实是否已经存在，行为人对此是否清楚。如无法履约这一点并不十分了解，即使到期不还，也不应认定为诈骗贷款罪而应以借贷纠纷处理。二是要看行为人获得贷款后，是否积极将贷款用于借贷合同所规定的用途。尽管到期后行为人无法偿还，但如果贷款确实被用于所规定的项目，一般也说明行为人主观上没有诈骗贷款的故意，不应以本罪处理。三是要看行为人于贷款到期后是否积极偿还。如果行为人仅仅口头上承认还款，而实际上没有积极筹款准备归还的行为，也不能证明行为人没有诈骗的故意，不赖账，不一定就没有诈骗的故意。

将上述因素综合起来考察，通过多方位客观行为全面考察行为人主观心态，从而得出是否有非法占有贷款的目的，这对于正确区分贷款诈骗罪与借贷纠纷的界限具有重要意义。

3. 单位实施贷款诈骗行为，按照合同诈骗定罪。关于贷款诈骗罪，刑法并未规定单位犯罪。对此，我国刑法学界存在以下两种观点：第一种观点认为，既然刑法没有规定单位可以成为贷款诈骗罪的主体，根据罪刑法定原则，既不能追究单位，也不能追究单位的直接负责的主管人员和其他直接责任人员的刑事责任。第二种观点认为，由于刑法没有规定单位可以成为贷款诈骗罪的主体，就不能追究单位的刑事责任，但并不妨碍对单位的直接负责的主管人员和其他直接责任人员按照个人犯罪追究刑事责任。《纪要》为统一司法裁判，规定："对于单位实施的贷款诈骗行为，不能以贷款诈骗罪定罪处罚，也不能以贷款诈骗罪追究直接负责的主管人员和其他直接责任人员的刑事责任。但是，在司法实践中，对于单位十分明显地以非法占有为目的，利用签订、履行借款合同诈骗银行或者其他金融机构贷款，符合《刑法》第224条规定的合同诈骗罪构成要件的，应当以合同诈骗罪处罚。"在司法实践中，对于单位实施贷款诈骗的，应当依照《纪要》的规定处理①。

4. 银行工作人员与诈骗行为的犯罪分子事前通谋，为其提供帮助的，以贷款诈骗罪的共犯论处。共犯（共同犯罪）是指二人以上共同故意犯罪。如果银行工作人员与实施贷款诈骗行为的犯罪分子事前通谋、意思联络，也就是主观上有共同犯罪的故意，又在客观上为实施贷款诈骗活动提供了帮助的，与行为人成立贷款诈骗罪的共犯。

如果银行工作人员与实施贷款诈骗行为的犯罪分子没有事前通谋、意思联络，而是单方违反法律、行政法规的规定，向行为人发放贷款，造成较大损失的，虽然在客观上致使贷款诈骗罪的犯罪分子行为得逞，也不应以贷款诈骗罪的共犯论处，应当根据银行工作人员与实施贷款诈骗行为人的身份关系，或成立违法向关系人发放贷款罪定罪，或成立违法发放贷款罪。

5. 启示。实践中，银行工作人员有采用冒名贷款的手段取得银行贷款，冒名贷款主要有"顶名贷款""搭名贷款""盗名贷款"和"假名贷款"几种，如果银行工作人员采用了上述欺骗手段取得贷款，并将贷款非法占有或者挪作他用，因其身份的特殊性，属于利用职务上的便利，将银行资金或挪用或侵占，应当分别认定贪污罪、职务侵占罪，或者挪用公款罪、挪用资金罪定罪，但不构成贷款诈骗罪。

五、套取信贷资金与高利转贷罪

——任某犯高利转贷罪案

（一）裁判要旨

套取银行贷款后，以高于银行年利率的10.5%（1.4倍），即可认定为"高利"。

（二）案号

义乌市人民法院（2015）金义刑初字第1117号。

① 陈兴良：《规范刑法学》（下册），中国人民大学出版社2008年版。

（三）案情

2012 年 8 月 17 日，被告人任某以支付货款为由，通过房产抵押的方式向 NY 银行义乌分行贷款 240 万元人民币，期限一年，约定年利率为 6.3%；后被告人任某将其中 230 万元贷款，以月息 1.5%（18% 年利率，高于银行利率 11.7%）出借给胡某赚取利差。被告人任某支付银行利息 144 900 元，服务费 20 987 元，从胡某处获取利息 41.4 万元，违法所得数额为 248 113 元。

2013 年 8 月 13 日，被告人任某以经营周转为由，通过房产抵押的方式向 NY 银行义乌分行贷款 240 万元人民币，期限一年，约定年利率为 7.5%；后被告人任某将其中 200 万元贷款以月息 1.5%（高于银行 10.5% 的年利率）出借给胡某赚取利差。截至 2014 年 6 月，被告人任某支付银行利息 117 083 元，从胡某处获取利息 27 万元，违法所得数额为 152 917 元。

（四）法院观点

被告人任某以转贷牟利为目的，套取金融机构信贷资金高利转贷他人，违法所得数额较大，其行为已构成高利转贷罪。

（五）裁判结果

被告人任某犯高利转贷罪，判处有期徒刑一年零十个月，缓刑二年，并处罚金人民币 41 万元。

（六）评析

1. 犯罪目的产生的时间对犯罪构成的影响。

（1）犯罪目的与犯罪行为的关系。要构成高利转贷罪，行为人主观上必须具有转贷牟利的目的，而高利转贷罪的客观行为由两个行为组成，即套取信贷资金和高利转贷。转贷牟利这一主观目的产生于套取信贷资金之前（或同时）与产生于套取信贷资金之后高利转贷之前，这两个不同的时间节点将对认定是否构成该罪具有重要影响。

（2）套取信贷资金之前（或同时）产生转贷牟利目的，构成高利转贷罪。根据《刑法》第 175 条规定，"以转贷牟利为目的，套取金融机构信贷资金高利转贷他人……"从法条表述的本意来看，要求行为人具有转贷牟利的目的在先，嗣后，为实现该目的去实施套取现金、高利转贷这两个行为，通过实施客观行为实现其犯罪目的，理所当然地构成高利转贷罪。

（3）套取信贷资金之后，高利转贷之前产生转贷牟利目的，应当在主客观相一致的范围内成立犯罪。如果行为人因扩大生产规模需要欲向银行申请贷款，但其不符合贷款的条件，以提供虚假的材料或其他欺骗手段获得了银行的贷款，但获得贷款后，因某种原因贷款得以闲置，遂产生了牟利转贷的目的，此后将贷款高利转贷他人，对于这种情形，应当按照主客观相一致的原理解决。

①先行为—套取信贷资金的行为。套取信贷资金的方式有很多，有编造虚假理由的，有伪造虚假材料的，有提供虚假担保的，也有未按照约定用途使用资金的。理论界对套取行为争议颇多，这里不过多介绍，总之，套取信贷资金这一行为，如果行为人实施这一行为时其并无“转贷牟利”的目的，那么主客观不一致，不能成立高利转贷罪。

当行为人套取信贷资金，对于自己的“套取行为”主观是故意的，应当具体分析“套取行为”的法益侵害性，如果不具有法益侵害性，只是普通的民事欺诈，银行可通过“加速到期条款”“违约责任条款”等追究行为人的民事责任。如果其行为具有法益侵害性，给银行造成了重大损失或者有其他严重情节，则可能成立骗取贷款罪。

②后行为—高利转贷的行为。行为人在套取信贷资金后产生了转贷牟利的目的，有人提出了事后故意的概念，事后故意是指行为人犯罪意图产生在犯罪事实状态的发展过程中的情形。事后故意并不意味着整个事实结束后才产生犯罪故意，而是在行为人实施第一个行为以后产生的犯罪故意，但根据犯罪故意不可能有溯及力的认识，事后故意的提法并不科学①。

其后产生的故意，叫临时起意也好，突发的故意也好，重点是在与此故意支配下实施了何行为，然后在主客观一致范围内成立犯罪，如仅是单纯的高利转贷他人，应当属于民间借贷调整的范围，至少不构成高利转贷罪。

2. 何为“高利”。高利转贷罪的本质在于侵犯国家对信贷资金的管理秩序，究竟多高才能称之为“高利”？一种观点认为，所谓高利，指行为人的出贷利率高于中国人民银行规定的贷款利率上限，如果等于甚至低于该贷款利率上限者，不属于高利，也不能以本罪论处。另一种观点认为，高利是指比贷款利率高的利率。理由是国家对金融活动实行严格的特许制，只有经过国家批准的金融机构才具备发放贷款的资格，因此不能将本罪中的“高利”与民间借贷中的“高利”等同。本案的行为人以18%的年利率转贷给他人，被法院认定为高利转贷罪，可见第二种观点更与司法实践相符合。

3. 启示。套取贷款、转贷牟利的行为，构成对信贷资金总量控制以及信贷资金安全的妨害和威胁，《贷款通则》第71条已明令禁止，凡通过虚假资料、假用途、假担保套取信贷资金者，本身即属违反信贷资金管理法规的不法行为，银行等金融机构可以将行为人列为失信人予以惩戒，根据《关于对失信主体加强信用监管的通知》的精神，银行等金融机构一方面应加快构建“一处失信、处处受限”的信用惩戒格局，另一方面应加大失信成本，引导各类主体依法诚信经营，保持良好的信用记录。例如，可充分运用“信用中国”网站、国家企业信用信息公示系统、各级政府及其部门门户网站等渠道，依法依规向社会公开各类主体失信信息。应公开的失信信息包括行政处罚、执法检查、黑名单，以及司法

---

① 陈兴良：《刑法适用总论》（上卷），中国人民大学出版社2006年版。

判决和强制执行等负面记录，重点关注名单可选择性公开。其中，行政处罚信息应自做出行政决定之日起 7 个工作日内通过政府网站公开，并及时归集至“信用中国”网站。对公开的失信信息，应明确公开期限。对涉及企业商业秘密和个人隐私的信息，发布前应进行必要的技术处理。

附录 1

银行业联合授信成员银行协议参考文本

成员银行：

授信企业：

为进一步优化银企合作关系，本协议签约各方拟对或已对________（集团）企业提供债务融资、实施联合授信机制，经双方协商一致，达成如下协议：

第一条 为促进金融服务实体经济效率，优化金融资源配置，有效防控重大信用风险，根据《中华人民共和国合同法》《中华人民共和国商业银行法》《银行业金融机构联合授信管理办法（试行）》（以下简称“《联合授信办法》”）等法律法规及规范性文件，制定本协议。

第二条 签订方本着自愿、平等、公平、诚实、信用的原则，经友好协商，根据有关法律、法规及规范性文件规定签订本协议，共同遵守本协议条款。

第三条 定义：

（一）本协议所称“成员银行”，指签订本协议的银行业金融机构以及后续加入并承诺遵守本协议的其他银行业金融机构（不含财务公司）。成员银行名单（见附件）由牵头银行保管备查。

（二）本协议所称“企业”，是指由联席会议确定的清单内企业（含企业集团，见附件）。

（三）本协议所称“联合授信”，指拟对或已对企业提供债务融资的多家银行业金融机构，建立信息共享机制，改进银企业务模式，提升银行业金融服务质效和风险防控水平的运作机制。

（四）本协议所称“银企协议”，指经成员银行授权，牵头银行代表所有成员银行与企业签订的《银行业联合授信成员银行与授信企业框架协议》。

（五）本协议所称“联合授信额度”，指银企协议约定的企业债务融资总和的最高上限。

（六）本协议所称“联合授信委员会”，指成员银行根据《管理办法》及本协议的相关规定组建的联合授信委员会。

（七）本协议所称“债务融资及对外担保”，指该企业在银行业金融机构、非银行业金融机构及任何其他渠道通过借款、发行债券及其他方式产生的金融负债中已发生但未清偿的余额之和，以及企业对外担保等或有负债的总和。

（八）本协议所称“成员银行债权总金额”，指就“债务融资”而言，由成员银行作为债权人、债券投资人、担保权益人或其他权益持有人向企业提供的债务融资之和。

（九）本协议中其他定义，可参照银保监会相关规范性文件或由联席会议通过特别决议审议确定的定义。

第四条 未签署本协议的其他银行业金融机构在取得企业知情同意或授权书、签署报告书，经牵头银行备案后，加入联合授信委员会。

新增成员银行享有本协议的与初始成员银行同等的权利义务，并接受本协议约束。

牵头银行应当为拟新加入成员银行办理备案工作，自收到报告书__个工作日内发送回执并更新联合授信委员会成员银行名单，完成相关备案工作。

第五条 联合授信委员会从成员银行中推选产生一家牵头银行。担任牵头银行应同时符合以下条件：

（一）向企业提供的实际融资额居所有债权银行业金融机构前三位。

（二）与企业无关联关系。

（三）本协议成员银行协商一致的其他条件等。

第六条 根据《联合授信办法》要求，本协议约定联合授信委员会建立联席会议，作为联合授信委员会的决策机构。其基本议事规则为：

（一）联席会议投票时，成员银行按照投票前 3 日时点的实际融资比例设置投票权重。

（二）联席会议原则上每个季度召开一次。如遇重大事项，由牵头银行或占成员银行债权总金融的三分之一以上比例的成员银行提请，可召开临时联席会议。

（三）联席会议审议下列事项，包括但不限于：

（1）修订成员银行协议；

（2）制定和修订银企协议的提案；

（3）设定和调整企业联合授信额度的拟定额；

（4）认定企业集团的成员；

（5）选举和改选（副）牵头银行；

（6）设置融资风险预警线；

（7）启动与解除风险预警；

（8）修改工作制度；

（9）延长本协议有效期；

（10）确定信息报送时限、信息共享方式；

（11）其他事项。

其表决程序分别为：

1. 涉及上述（1）（2）的重大事项，应当经全体成员银行一致同意。

2. 涉及上述（3）（4）（5）（6）（7）（8）（9）的重大事项，应当经占成员银行债权总金额的三分之二以上比例成员银行及全体成员银行过半数同意。

3. 涉及上述（10）（11）等其他事项应当经占成员银行债权总金额的二分之一以上比例成员银行同意。

（四）联席会议不得决议以下事项：

1. 统一规定成员银行对企业提供债务融资和其他交易的条款或条件，包括但不限于利率、期限、抵（质）押要求。

2. 以其他任何方式干预或限制成员银行就其对企业提供的债务融资和其他交易自行确定融资条件，自主做出授信决策，或独立进行审批的权利。

3. 在成员银行间分配联合授信额度，或以其他任何方式干涉成员银行在联合授信额度内向企业提供债务融资或达成其他任何交易。

4. 损害成员银行对企业合法权利及其行使效力。

第七条　牵头银行不再符合作为牵头银行条件继续履行牵头银行职责的，经成员银行提议，联席会议可改选牵头银行。牵头银行履职不到位，由二分之一以上成员银行提议改选牵头银行。

第八条　成员银行可授权其分支机构代表其参加联合授信委员会，被授权的分支机构应具备相应的决策权限。

第九条　联合授信委员会建立信息共享机制，包括但不限于企业经营和财务信息、企业关联关系、隐性关联企业和实际控制人、企业的整体负债状况、实际融资需求和经营状况、企业通过非银行业金融机构渠道进行的融资、企业重大法律诉讼、重大违约事件、重大处罚等。

第十条　信息共享机制不包括以下信息：

（一）银企协议中未允许成员银行分享的信息。

（二）有关债务融资的利率、费率等竞争敏感性信息。

（三）成员银行非因办理债务融资业务而取得的信息。

（四）其他依法依约不得共享的信息。

第十一条　对于通过联合授信委员会共享的信息，成员银行应当按照不低于本行商业秘密/客户信息的保密标准进行保护。

第十二条　牵头银行享有以下权利与义务：

（一）代表全体成员银行，与企业签署银企协议。

（二）召集成员银行组织召开联席会议。

（三）组织成员银行共同制定联合授信机制相关工作制度，提交联席会议审议。

（四）组织成员银行共同研究认定企业集团的全部成员，提交联席会议审议。

（五）组织成员银行共同测算企业联合授信额度，设置融资风险预警线，提交联席会议审议。

（六）收集、汇总成员银行报送的相关信息，建立和维护企业融资台账。

（七）及时向成员银行分发通过成员银行共享的与企业融资相关的各类信息。

（八）代表联合授信委员会向银行业协会报送融资台账等相关信息。

（九）督促本协议和联席会议各项决议的执行，向联席会议或银行业协会提出违约成员银行处理建议。

（十）做好联合授信委员会成员的相关登记与报备工作。

（十一）《联合授信办法》规定、本协议约定的牵头银行享有的权利义务。

第十三条 成员银行享有以下权利与义务：

（一）遵守本协议、银企协议和联席会议形成的各项决议。

（二）牵头银行与副牵头银行的选举权与被选举权。

（三）授权牵头银行代表其与企业签署银企协议。

（四）向成员银行真实全面地共享本行对企业的融资台账信息，以及企业向其报送的其他与融资相关的信息。

（五）获取其他成员银行共享的企业融资相关信息。

（六）参与测算企业联合授信额度，设置融资风险预警线。

（七）监测企业整体负债水平，监督企业银企协议履行情况。

（八）调查收集企业其他相关信息，并及时与各成员银行共享。

（九）向联席会议提交议案。

（十）单独或合计占成员银行债权总金额的三分之一以上比例的成员银行有权提请召开临时联席会议。

（十一）有权要求对违反本协议、损害联合授信委员会成员利益的成员银行，就其相关行为做出解释说明。

（十二）有权将违反本协议、损害联合授信委员会成员利益的成员银行的行为报请银行业协会。

（十三）《联合授信办法》规定、本协议约定的成员银行享有的其他权利义务。

第十四条 成员银行连续12个月对企业融资余额为零自动退出本协议和联合授信委员会。

成员银行在发生下列情形之一时，可采取书面通知联合授信委员会的方式主动退出本协议和联合授信委员会：

（一）该成员银行对企业债务融资为零。

（二）该成员银行对企业债务融资不属于《联合授信办法》强制要求加入联合授信委员会的情况。

第十五条 联合授信委员会、牵头银行、成员银行有权按照《联合授信办法》的有关规定，执行相应的联合风险防控措施，联合防控企业授信风险。

第十六条 当确认企业进入《管理办法》规定的融资风险预警状态后，联合授信委员会应启动联合风险预警处置机制，共同研究应对方案，并采取相应的应对措施进行风险处置。

第十七条 对违反本协议、损害联合授信委员会成员利益的成员银行，如给其他成员银行造成损失，应当承担违约责任。

第十八条　成员银行因情势变更或不可抗力等情况而不能履行协议内容，本协议的履行可以终止。

第十九条　成员银行履行本协议中出现任何争议时，应通过友好协商的方式予以解决，或提请银行业协会进行调解。经协商未能解决的，任何一方均可提交______________仲裁委员会以现行仲裁规则仲裁的方式予以解决。仲裁裁决对协议各方具有法律约束力。

成员银行之间联合授信有关协议争议解决方式与本协议不一致的，以本协议为准。

第二十条　协议的生效与其他条款：

（一）本协议在各成员银行签章后生效（成员银行签署本协议依据有关规定可以免除内部法律审查程序）。

（二）本协议有效期为____年，如无异议，合同到期后有效期可自动顺延____年。

（三）本协议可另行制定外文译本。中文版本和外文译本不一致的，以中文版本为准。

（四）签署并在牵头银行备案本协议附件报告书的新增成员银行，视同加入本协议。

（五）其他。

本协议一式 N+1 份，具备同等法律效力，成员银行各执一份，银行业协会备案一份。

成员银行：

（公章/合同专用章）

法定代表人/授权代表人

（签章）

联系人：　　　　　　　　　　　电话：

年　月　日

附：

成员银行名单

（由牵头银行更新与备案）

年　月　日　　　　　　　　　　编号：

1.
2.
3.

附：

企业名单

（由牵头企业会同牵头银行更新）

年　月　日　　　　　　　　　　编号：

1.
2.
3.

附：

加入联合授信委员会
报告书

致：　　　　（集团）企业联合授信委员会

鉴于：

各成员银行已对______（集团）企业（以下简称“企业”）建立联合授信委员会，并签署《银行业联合授信成员银行协议》（以下简称为“成员银行协议”）。我行拟对/已对该企业提供债务融资，特报告加入联合授信委员会。

新增成员银行同意自其签署本报告书并在牵头银行备案之日起成为成员银行协议和其所规定的银企协议项下的一名成员银行，加入联合授信委员会，受限于成员银行协议和银企协议的约束并享有成员银行协议和银企协议项下成员银行的权利。

新增成员银行：

注册地址：

（公章/合同专用章）

法定代表人/授权代表人（签字）：

签署日期：　　年　　月　　日

兹予以备案。

牵头银行：

备案日期：

回执

______________：

你单位《加入联合授信委员会报告书》收悉，已完成相关备案手续，并已确认加入　　　　（集团）企业联合授信委员会。

牵头银行：
联系人：　　　　　　　　电话：
备案日期：

附录 2

银行业联合授信成员银行与授信企业框架协议参考文本

甲方：银行业联合授信委员会全体成员银行（由牵头银行代签署）
牵头银行：______银行
地址：
法定代表人：

乙方：______（集团）企业（成员名单所列企业由牵头企业代签署）
牵头企业：______企业
地址：
法定代表人：

为进一步优化银企合作关系，甲乙双方本着平等、公平、诚实、信用的原则，经友好协商一致，签订本协议。

第一条 为提升金融服务实体经济效率，优化金融资源配置，有效防控重大信用风险，根据《中华人民共和国合同法》《中华人民共和国商业银行法》《银行业金融机构联合授信管理办法（试行）》（以下简称“《管理办法》”）等法律法规及规范性文件，签署本协议。

第二条 定义：

（一）本协议所称“成员银行协议”，指包括牵头银行在内的银行业金融机构就对企业提供债务融资、实施联合授信机制签订的《银行业联合授信成员银行协议》。

（二）本协议所称“成员银行”，指成员银行协议规定的银行业金融机构，成员银行名单由牵头银行负责确定及更新。本协议相关权利义务的适用范围按更新后的成员银行名单执行。

（三）本协议所称“企业”，是指由双方共同确定的清单内企业（含企业集团，见附件），企业名单由甲乙双方共同确定，由牵头企业会同牵头银行对名单更新调整。

（四）本协议所称“联合授信”，指拟对或已对同一企业提供债务融资的多家银行业金融机构，建立信息共享机制，改进银企业务模式，提升银行业金融服务质效和风险防控水平的运作机制。

（五）本协议所称“联合授信额度”，指由甲方与乙方共同确认的企业债务融资总和的最高上限。

（六）本协议所称“联合授信委员会”，指成员银行根据《联合授信办法》及成员银行协议的相关规定组建的联合授信委员会。

（七）本协议所称“牵头银行”，指联合授信委员会从成员银行中推选产生的一家符合《联合授信办法》规定的银行。

（八）本协议所称“牵头企业”，指乙方若为企业集团，其集团内有多家法人企业，各家企业均委托授权给一家企业作为牵头企业，由其代表各成员企业签署本协议并接受本协议法律约束。

（九）本协议所称“成员企业”，指乙方若为企业集团，其集团内联合授信委员会认定的所有法人企业。成员企业名单由牵头企业负责确定及更新。本协议相关权利义务的适用范围按更新后的成员企业名单执行。

（十）本协议所称“债务融资和对外担保”，指该企业在银行业金融机构、非银行业金融机构及任何其他渠道通过借款、发行债券及其他方式产生的金融负债中已发生但未清偿的余额之和，以及企业对外担保等或有负债的总和。

（十一）本协议中其他定义，可参照银保监会相关规范性文件或由联席会议通过特别决议审议确定的定义。

第三条 经由联合授信委员会研究、评估及测算，双方同意，甲方对乙方的联合授信额度为______。联合授信额度可通过双方签署《补充协议》予以动态调整。

甲方和乙方可以按每月/季/年重新评估乙方联合授信额度，乙方应按甲方要求提供复评所需的数据和资料。联合授信额度不表示成员银行对企业的任何融资承诺，成员银行与企业之间的具体融资行为，以具体融资合同的约定为准。

第四条 乙方企业名单下各成员企业已授权牵头企业签署本协议，并同意成员银行按照成员银行协议约定向其他成员银行、银行业协会及银行业监督管理机构披露企业信息。

第五条 成员银行享有以下权利与义务：

（一）成员银行有权向联合授信委员会真实全面地共享本行对企业的融资信息，以及企业向其报送的其他与融资相关的信息。

（二）成员银行有权按照业务要求自行确定对乙方的融资条件，有权自主做出授信决策、独立审批，并有权按照对乙方风险的评估，实施资产分类。

（三）企业进入《联合授信办法》规定的融资风险预警状态时，成员银行有权启动联合风险预警处置机制，共同研究应对方案，并采取相应的应对措施进行风险处置。

（四）企业出现信用违约，可能发生偿债风险时，成员银行有权与企业的其他债权人联合组建债权人委员会。

（五）成员银行应当保护其在成员银行协议项下取得的企业信息，即该信息视同成员银行从企业直接获得的信息，成员银行应遵守与企业间的保密约定。

（六）《联合授信办法》与本协议约定成员银行享有的其他权利义务。

第六条　企业享有以下权利与义务：

（一）企业有权在联合授信额度内根据业务需要，自主选择融资业务模式、金额、合作对象等。

（二）企业有权根据其经营状况变化、新增投资需求等情况，建议联合授信委员会在联合授信额度复评中据实调整联合授信额度及临时调整联合授信额度。

（三）企业同意并将确保其企业名单内各企业的债务融资之和在任何时点不得超过联合授信额度。

（四）企业同意联合授信委员会、牵头银行及各家成员银行有权根据《管理办法》履行其职责并进行相关决策。

（五）企业应真实、完整、准确地向甲方提供全部资料，包括但不限于其企业基本信息、财务报表、各项债务融资、重大投资、所有关联方及关联交易情况等。

（六）企业应每 三/六 个月向联合授信委员会报送企业并表口径，以及各成员企业的资产负债表、利润表及现金流量表等财务报表，重大投资行为在发生后____个工作日内向联合授信委员会报送。

（七）企业应在各类债务融资的融资行为、所有关联方及关联交易情况等发生后 5 个工作日内报告联合授信委员会。

（八）企业通过联合授信委员会之外的其他渠道，进行可能实质性改变企业债务状况的重大融资和重大对外担保前，应征得联合授信委员会同意。

（九）其他本协议约定企业享有的权利义务。

第七条　双方违反本协议内容，应承担如下责任：

（一）成员银行违反本协议，给企业造成损失，企业可要求成员银行依法承担相应的法律责任。

（二）企业违反本协议，包括但不限于擅自突破联合授信额度、未及时报告重大投融资行为、提供虚假资料等，则成员银行可视其为同时违反其与企业间的具体融资合同，并可要求企业根据该合同约定承担相应的法律责任。

（三）因企业授信额度不足，导致有关融资合同或协议不能履行的，银行不承担违约责任。

第八条　双方违反本协议内容，应接受如下自律惩戒措施：

（一）成员银行有违反本协议、《管理办法》等有关规定的行为，企业与其他成员银行均可向银行业协会报告，银行业协会可依法采取相关自律惩戒措施或向银行业监督管理机构报告。

（二）成员银行有违反《中华人民共和国银行业监督管理法》《中华人民共和国商业银行法》等法律规定的行为，企业与其他成员银行均可向银行业监督管理机构报告。

（三）企业有违反本协议、《联合授信办法》等有关规定的行为，成员银行可采取压降授信额度、提前收贷等措施。

（四）企业有违反本协议、《联合授信办法》等有关规定的行为，成员银行可向银行业协会报告，银行业协会可视情况将其列入失信企业名单，并推送至全国信用信息共享平台，且可按照有关规定和其他成员银行联合实现跨领域联合惩戒。

第九条 双方履行本协议以及与本协议有关授信协议中出现任何争议时，应通过友好协商的方式予以解决。经协商未能解决的，可约定以下第______种方式予以解决：

（1）提请____________仲裁委员会仲裁。

（2）向有管辖权的法院提起诉讼方式。

银行企业之间联合授信有关协议争议解决方式与本协议不一致的，以本协议为准。

第十条 协议的生效与其他条款：

（一）本合同在执行期间，如有未尽事宜，可以通过《补充协议》约定。《补充协议》与本协议具有同等法律效力，是本协议的组成部分。

（二）本协议于双方法定代表人或授权代表签章并加盖公章/合同专用章之日起生效。本协议有效期为　　年/与成员银行协议的有效期相同。如无异议，合同到期后有效期可自动顺延____年。

（三）本协议牵头企业确认已经取得名单内企业授权委托。后续签署委托授权书的新增企业，视同加入本协议。

（四）企业名单更新后的新增企业享有本协议约定的与初始企业同等的权利义务，并接受本协议的法律约束。

（五）本协议中的任何约定和条款均不能豁免企业与各成员银行的融资合同或其他协议中的义务。有关融资合同或其他协议与本协议约定不一致的，以本协议为准。

（六）本协议可另行制定外文译本。中文版本和外文译本不一致的，以中文版本为准。

（七）本协议一式N+1+1份，各成员银行、乙方各执一份，银行业协会备案一份，具备同等法律效力。

（八）本协议签署后，甲方与乙方新签订的融资合同中应当体现本协议第五条、第六条约定的权利义务内容。

银行 （公章/合同专用章）	企业 （公章）
法定代表人/ 授权代表人 （签章） 联系人： 电话：	法定代表人 （公章） 联系人： 电话：
年　月　日	年　月　日

附：

成员银行名单

（由牵头银行更新与备案）

年　月　日　　　　　　　　　编号：

1.
2.
3.

附：

企业名单

（由牵头企业会同牵头银行更新）

年　月　日　　　　　　　　　编号：

1.
2.
3.

附：

委托授权书

委托单位：________企业
法定代表人：
联系人：　　　　　电话：

受委托单位：________企业
法定代表人：
联系人：　　　　　电话：

鉴于：

各成员银行已对/拟对______企业集团建立联合授信委员会，并签署《银行业联合授信成员银行协议》。

我单位授权______企业代为签署《银行业联合授信成员银行与授信企业框架协议》，并知晓相关协议条款，确认遵守协议约定，受限于协议项下企业权利义务。

委托单位：______企业
法定代表人/授权代表人（签字）：

年　　月　　日

附录3

中国银行保险监督管理委员会关于印发银行业金融机构联合授信管理办法（试行）的通知

（银保监发〔2018〕24号）

各银监局，各政策性银行、大型银行、股份制银行、邮储银行、外资银行，金融资产管理公司，其他会管金融机构，银行业协会：

为抑制多头融资、过度融资行为，有效防控企业杠杆率上升引发的信用风险，现将《银行业金融机构联合授信管理办法（试行）》（以下简称《办法》）印发给你们，并就联合授信试点工作提出以下要求，请认真抓好落实。

一、充分认识联合授信的重要意义

银行业金融机构开展联合授信是落实党中央、国务院关于降低企业杠杆率要求，防范化解重大金融风险的重要举措。各银监局、各银行业金融机构要充分认识联合授信机制对于提高银行业金融机构信用风险整体管控能力，有效遏制多头融资、过度融资，以及优化金融资源配置，提高资金使用效率，支持供给侧结构性改革的重大意义，把试点工作摆在重要位置，组织认真学习研究，深刻领会政策内涵和工作要求。

二、切实加强工作组织协调

各银监局要成立以主要负责人任组长的试点工作领导小组，建立完善工作机制，明确任务，强化责任，细化措施，确保试点工作有序推进。各银监局试点工作方案应于2018年6月30日前报中国银行保险监督管理委员会备案。各银监局要指导辖内银行业协会做好会员单位的协调组织工作，加快完成统计信息系统建设，完善各项配套工作机制；要加强与各级地方政府及有关部门的沟通协调，争取支持和配合。银行业金融机构要对照《办法》要求，针对试点企业制定专门的授信政策、管理制度、业务流程，督促指导分支机构按照属地银监局要求，积极参加试点工作。

三、选好试点企业

各银监局要严格按照《办法》明确的标准，遵循差异化原则选择试点企业，确保试点企业在性质、行业、规模上具有较强代表性。各银监局辖内试点企业数量原则上不得少于

10 家，计划单列市以及经济总量较小的省份可适当减少试点企业数量，但不得低于 5 家。各银监局应于 2018 年 6 月 30 日前将试点企业名单报中国银行保险监督管理委员会备案。

四、持续监测跟踪

各银监局要对试点运行情况和风险状况进行持续监测。对试点中遇到的新情况、新问题要及时报告；对涉及的重大政策事项，要主动请示报告。要及时总结试点工作经验，自 2018 年第三季度起每季末向中国银行保险监督管理委员会报送试点工作情况。

中国银行保险监督管理委员会将适时开展试点工作评估，根据试点情况修订完善《办法》，稳妥有序推广实施联合授信机制。

2018 年 5 月 22 日

（此件发至银监分局和地方法人银行业金融机构）

附：

银行业金融机构联合授信管理办法
（试行）

第一章　总　　则

第一条　为进一步优化银企合作关系，提高金融资源配置效率，有效防控重大信用风险，根据《中华人民共和国银行业监督管理法》《中华人民共和国商业银行法》等法律法规，制定本办法。

第二条　本办法适用于经银行业监督管理机构批准设立的金融机构。

第三条　本办法所称联合授信是指拟对或已对同一企业（含企业集团，下同）提供债务融资的多家银行业金融机构，通过建立信息共享机制，改进银企合作模式，提升银行业金融服务质效和信用风险防控水平的运作机制。

本办法所称融资均指债务融资。

第四条　联合授信机制应坚持以下基本原则：

依法合规。联合授信机制运行中，应遵守国家有关法律法规，符合国家信贷政策。

市场导向。联合授信机制运作应充分发挥市场机制的决定性作用，注重平等协商，明晰权利义务，坚守契约精神，尊重各方合法权益。

公开透明。联合授信机制各参与主体应按照约定及时完整真实地披露信息，加强信息共享，提高信息透明度。

第二章　联合授信管理架构

第五条　多家银行业金融机构对同一企业进行授信时，可建立信息共享机制，共同收集汇总、交叉验证企业经营和财务信息。

第六条　对在3家以上银行业金融机构有融资余额，且融资余额合计在50亿元以上的企业，银行业金融机构应建立联合授信机制。

对在3家以上的银行业金融机构有融资余额，且融资余额合计在20亿~50亿元之间的企业，银行业金融机构可自愿建立联合授信机制。

第七条　银行业金融机构发现企业符合第六条明确的建立联合授信机制条件时，应通知银行业协会。银行业协会协调企业的债权银行业金融机构在1个月内建立联合授信机制。

第八条　企业债权银行业金融机构应签署联合授信成员银行协议（以下简称“成员银行协议”），并组建联合授信委员会。成员银行协议内容包括但不限于：联合授信委员会的组织架构、议事规则、运作方式，成员银行的权利义务和违约责任，联合风险防控、风险预警、风险处置的工作规则等。

第九条 联合授信委员会应履行以下职能：

（一）共同收集汇总、交叉验证企业经营和财务信息，防止企业隐藏真实信息或提供虚假信息，规避银行授信管理要求。

（二）共同挖掘企业内外部信息源，运用必要技术手段，汇总梳理企业关联关系，识别隐性关联企业和实际控制人。

（三）联合评估企业的整体负债状况、实际融资需求和经营状况，测算企业可承受的最高债务水平，设置企业融资风险预警线。

（四）与企业就确定联合授信额度和风险管理要求等进行协商并签订相关协议。其中，联合授信额度包括企业在银行业金融机构、非银行业金融机构、其他渠道的债务融资，以及对集团外企业的担保。

（五）协同监测企业履约情况，发现企业存在不当行为，或出现风险信号时，联合采取风险防控、风险预警和风险处置措施。

第十条 联合授信委员会全体成员银行和企业之间应签署联合授信框架协议（以下简称“银企协议”）。银企协议内容应包括但不限于以下内容：

（一）成员银行应按融资合同和相关协议的约定向企业提供融资，满足企业合理融资需求；

（二）成员银行调低对企业授信额度时应提前 1 个月告知企业；

（三）成员银行在与企业约定的联合授信额度内向企业提供融资；

（四）企业在联合授信额度内，可自主选择成员银行作为融资业务合作对象，协商确定融资条件；

（五）企业应及时完整地向联合授信委员会披露所有关联方及关联交易情况，提供真实财务报表，在各类融资行为发生后 5 个工作日内告知联合授信委员会；

（六）企业通过联合授信委员会外的其他渠道，进行可能实质性改变企业债务状况的重大融资和重大对外担保前，应征得联合授信委员会同意；

（七）企业应允许在成员银行范围内共享企业提供的各类信息，并在银行业金融机构范围内共享企业融资台账信息，成员银行不得在约定的信息共享范围外泄露和滥用企业提供的信息。

银企协议中的约定事项应在成员银行与企业签订的融资合同中予以体现。

第十一条 联合授信委员会应建立联席会议制度，负责审议决定重大事项。联席会议是联合授信委员会的决策机构，其决议对全体成员银行有约束力。联席会议应制定明确的议事规则和工作流程。

第十二条 联席会议原则上每个季度召开一次。如遇重大事项，由牵头银行或占成员银行债权总金额三分之一以上比例成员银行提请，可召开临时联席会议。

第十三条　联席会议审议批准事项，涉及设定和调整企业联合授信额度、启动和解除风险预警、制定和修订成员银行协议和银企协议等重大事项，应经占成员银行债权总金额三分之二以上比例成员银行及全体成员银行过半数同意；其他事项应经占成员银行债权总金额二分之一以上比例成员银行同意。

第十四条　银行业金融机构向企业提供融资前，应查询该企业和企业所在集团联合授信机制的建立情况。已建立联合授信机制的企业，银行业金融机构应在成为联合授信委员会成员银行后，方可在联合授信额度内向该企业提供融资。

银行业金融机构在签署成员银行协议或以其他适当形式认可并承诺遵守成员银行协议后，自动加入联合授信委员会。牵头银行应做好相关登记和报备工作。

第十五条　对企业的存量融资额以及拟新增融资额合计不超过企业融资总额5‰的银行业金融机构，在企业不突破联合授信额度的前提下，可不加入联合授信委员会向企业提供融资。但应在每次融资行为发生或融资余额发生变动5个工作日内向联合授信委员会报告该笔融资的相关信息。

第十六条　对企业融资余额为零的成员银行可主动退出该企业的联合授信委员会。连续12个月对企业融资余额为零的成员银行，自动退出该企业的联合授信委员会。牵头银行应做好相关登记和报备工作。

第十七条　成员银行具有以下权利和义务：

（一）获得其他成员银行共享的企业信息；

（二）向联席会议提交议案；

（三）提请召开临时联席会议；

（四）遵守成员银行协议、银企协议和联席会议形成的各项决议；

（五）向成员银行真实全面地共享本行对企业的融资信息，以及企业向其报送的其他与融资相关的信息；

（六）调查收集企业其他相关信息，并及时与各成员银行共享；

（七）成员银行协议中约定的其他权利或义务。

第十八条　联合授信委员会应从成员银行中推选产生一家牵头银行，并可增设副牵头银行。担任牵头银行应符合以下条件：

（一）向企业提供的实际融资额居所有债权银行业金融机构前三位；

（二）与企业无关联关系。

第十九条　牵头银行不再符合作为牵头银行条件或不愿意继续履行牵头银行职责的，联席会议应改选牵头银行。牵头银行履职不到位，可由二分之一以上成员银行提议改选牵头银行。

第二十条　牵头银行应牵头履行以下职责：

（一）制定联合授信机制的各项工作制度；

（二）召集成员银行联席会议；

（三）研究认定企业集团的全部成员，提交联席会议审议；

（四）测算企业联合授信额度，设置融资风险预警线，提交联席会议审议；

（五）建立和维护企业融资台账，监测企业整体负债水平，监督企业银企协议履行情况；

（六）监督成员银行协议和联席会议各项决议的执行，向联席会议或银行业协会提出违约成员银行处理建议；

（七）按照本办法要求，代表联合授信委员会向银行业协会报送融资台账等应报送或备案的信息；

（八）成员银行协议中约定的其他权利和义务。

第三章　联合风险防控

第二十一条　联合授信委员会应对企业运行管理、经营效益、重大项目投资、对外担保、关联交易、交叉违约等信用风险有关情况进行监测。

信息搜集、共享工作由牵头银行组织实施。各成员银行应按照成员银行协议，向牵头银行提供相关信息；牵头银行应及时向各成员银行分发相关信息。

第二十二条　各成员银行应健全信用风险管理体系，落实统一授信、穿透管理等要求，确保向联合授信机制报送信息真实准确。

第二十三条　联合授信委员会可以根据企业的风险状况提出风险防控要求，但不得统一规定对企业的利率、期限、抵（质）押要求等融资条件。成员银行在不违反成员银行协议的前提下，自行确定融资条件，自主做出授信决策、独立进行审批，并按照本行对企业风险的评估，实施后续管理和资产分类。

第二十四条　联合授信委员会应根据企业经营和财务情况测算其可承受的最高债务水平，就测算依据和测算结果与企业充分沟通，协商一致后共同确认企业联合授信额度。企业实际融资总额不得超过双方确认的联合授信额度。

联合授信委员会测算企业联合授信额度时应至少考虑以下要素：资产负债水平、利润及其增长率水平、经营现金流、所属行业、所在区域、还款历史、经营年限等。

第二十五条　联合授信委员会应会同企业定期复评企业联合授信额度，企业因经营需要需调整联合授信额度的，可向联合授信委员会申请复评。

第二十六条　计算企业集团实际融资总额时，应包括各成员银行认定的该企业集团所有成员（不含集团内金融类子公司）的融资。

第二十七条　联合授信机制建立后，由牵头银行牵头组建专职小组，建立并维护企业融资台账。

融资台账应至少包括企业联合授信额度、实际融资和对外担保情况、剩余融资额度、融资违约情况等内容。

已确认的企业实际融资及对集团外企业担保，应在企业融资额度使用台账中逐笔登记，并等额扣减企业剩余融资额度。

第二十八条　牵头银行应在成员银行间共享融资台账，并报送银行业协会。

第四章　联合风险预警处置

第二十九条　当企业发生以下情况之一时，进入企业融资风险预警状态：

（一）企业实际融资达到联合授信额度90%或联合授信委员会设置的融资风险预警线；

（二）银行对企业融资中出现数额较大的不良资产，企业发行的债券违约或出现其他重大风险事件；

（三）企业所处外部环境、公司治理、经营管理、对外投资、对外担保、关联交易等方面出现重大变化，有可能引发企业偿付困难的。

第三十条　进入风险预警状态后，牵头银行要组织召开联席会议，研究应对方案。对企业可能加大成员银行债权风险的新增融资，银行业金融机构要采取更加审慎严格的信贷审批标准、风险管控措施和相应风险缓释手段。

第三十一条　当预警情形已消除，或联合授信委员会认定相关预警信息对各成员银行债权不构成重大风险时，可解除风险预警状态。

第三十二条　当企业可能发生偿债风险时，联合授信委员会应与企业的其他债权人联合组建债权人委员会，集体研究债务重组等措施，有序开展债务重组、资产保全等相关工作。

第五章　联合惩戒及监督管理

第三十三条　银行业协会应建立配套的统计信息系统，监测联合授信机制建立和运行情况，动态更新企业融资信息，并向银行业金融机构提供信息查询服务。

第三十四条　联合授信委员会授权牵头银行向银行业协会备案以下事项：

（一）联合授信机制成立后应在5个工作日内报备；

（二）修改银企协议或成员银行协议，做出调整联合授信额度等重大决策的，应于10个工作日内报备；

（三）企业进入风险预警状态应立即报备。

第三十五条　银行业协会应向银行业监督管理机构全面开放相关统计信息系统，并定期报告联合授信机制建立和运行情况。

第三十六条　对于违反银企协议，提供虚假信息，超出联合授信额度对外融资，逃废成员银行债务的企业，可由牵头银行组织成员银行按银企协议约定进行联合惩戒。情况严重的，银行业协会可将企业列入失信企业名单，并推送至全国信用信息共享平台，按照有关规定实现跨领域联合惩戒。

第三十七条　对不履行约定义务的成员银行，联合授信委员会可依据成员银行协议予以处理。

第三十八条 对存在以下行为之一的银行业金融机构，银行业协会可采取相应的自律惩戒措施。对拒不纠正整改，影响联合授信机制运行，可能引发重大风险事件的，银行业协会应向银行业监督管理机构报告，银行业监督管理机构可依据有关规定采取监管措施或依法实施行政处罚：

（一）银行业金融机构在未加入联合授信委员会前向已建立联合授信委员会的企业提供融资，符合第十五条规定情形的除外；

（二）成员银行违反成员银行协议，并未按照联合授信委员会要求采取纠正措施；

（三）成员银行违反银企协议，损害企业合法权益；

（四）未按要求向银行业协会报送和备案相关信息。

第六章 附 则

第三十九条 本办法由中国银行保险监督管理委员会负责解释。

第四十条 按照本办法规定应建立联合授信机制的企业，相关债权银行业金融机构应在本办法实施 3 个月内建立联合授信机制。

第四十一条 联合授信机制建立时，若企业存量实际融资总额超过联合授信机制确定的联合授信额度，联合授信委员会应与企业协商确定达标过渡期，报银行业协会备案。过渡期原则上不超过 3 年。

超过联合授信额度的存量融资由联合授信委员会成员银行协商确定退出次序。

第四十二条 本办法自印发之日起施行。

后　记

2018 年 6 月，中国银保监会发布《银行业金融机构联合授信管理办法(试行)》，有关银行业监管机构、银行业协会、银行业金融机构以及企业（集团）等，都对其给予高度重视。如何准确把握、理解该办法的规定，便成为当务之急。各地银行业协会曾多次举办有关培训会，组织有关专家宣讲联合授信政策，取得一定的效果。但是如何把握联合授信政策边界，如何防控联合授信业务风险，银行业、企业界相关工作人员仍有诸多的诉求。

“世界上没有一家银行是因谨慎放贷而破产的，只有因过度发放贷款而倒闭”，这句话也许是联合授信政策施行的初衷。笔者在中国银行业协会的长期工作中，有幸多次参与联合授信等有关监管政策制定及研讨工作，收获颇丰。《银行业联合授信政策与案例解析》一书是笔者的工作心得，我们试图对联合授信相关政策进行系统的解读，并对联合授信相关的法律风险进行实证分析，希望本书能对银行业、企业界有关人士了解、把握联合授信政策有所启迪。

本书在组织撰写过程中得到了中国银保监会、中国银行业协会有关领导与专家的大力支持，得到银行业金融机构、银行业协会以及有关法律服务机构的大力支持，在此一并表示感谢。

本书是全体作者集体智慧的结晶，全书的撰写分工如下：

卜祥瑞：第一章、第二章、第三章（其中第三章有关数据分析由李朋乐提供），第六章第一节（与王晓明合著），第二节（与孙慧合著）。

王晓明：第四章案例一、案例二、案例三，第五章案例六。

孙　瑞：第四章案例四、案例五。

李晓波：第四章案例六、第五章案例五。

郭香龙：第四章案例七。

程慧平：第五章案例一、案例二。

李　凡：第五章案例三、案例四。

孙威、李丽：第六章第三节。

全部书稿完成后由卜祥瑞、王晓明进行统稿。

本书能够顺利出版，由衷感谢中国财政经济出版社编辑王丽老师，她不仅对全书文字进行了编校，还亲自组织有关发行工作，在此表示衷心的感谢！

联合授信实施工作非常复杂，由于作者水平有限，本书难免存在不当之处，恳请业界有关专家及读者批评指正。

作者

2019 年 9 月于北京